제2판

무역 계약론

이우영 · 김철호

CONTRACTS
for the International
Sale of Goods

三 英 社

2판 머리말

무역계약을 체결함에 있어 무역거래조건을 결정하는데 핵심 준거규범으로 역할을 하는 기존 INCOTERMS 2010을 개정한 INCOTERMS 2020이 2020년 1월 1일부터 시행됨에 따라 이에 대한 내용을 반영하고, 또한 본서 제1판의 미흡한 내용을 보완하기 위해 본 개정판을 출간하게 되었다.

본 개정에서는 본서의 내용을 추가·보완하였는데, 특히 제3장 무역계약의 성립에서는 서식분쟁(battle of forms)에 관한 내용을 추가하였으며, 제5장 무역관습과 정형거래조건에서는 최근 개정된 INCOTERMS 2020의 내용으로 수정·보완하였다. 또한 제6장 무역계약 당사자의 법적 지위를 비롯한 제7장 계약위반과 권리구제의 개요, 제8장 매수인의 권리구제, 제9장 매도인의 권리구제 및 제10장 공통적 권리구제 부분에서는 기존에 부족하였던 내용을 추가·보완하였다.

그리고 본서 개정을 위해 자료정리 및 원고 교정을 위해 고생한 최철호 박사님께 감사드리며, 본 개정판의 출판에 많은 도움을 주신 삼영사 고성익 사장님과 편집을 위해 수고해 주신 편집부의 모든 분들에게 감사의 인사를 드린다.

2021년 8월
칠암캠퍼스 연구실에서
공저자 씀

머리말

무역거래는 서로 다른 국가에 영업소를 두고 있는 매매당사자가 합의한 계약내용에 따라 매도인은 물품인도와 소유권을 이전하고, 매수인은 그 대가로 대금을 지급하는 국제상거래이다. 따라서 무역거래는 서로 다른 국가에 있는 매매당사자 간의 합의, 무역계약의 내용을 기초로 실행되는데 여기에는 물품매매관련 계약을 비롯하여 운송계약, 보험계약, 대금결제 관련 계약 등 많은 부수적인 계약들도 함께 이루어져야 한다. 따라서 무역거래를 수행함에 있어 무역계약의 체결과 이행에 관한 국제상관습 및 법리에 관한 기본 지식을 사전에 습득하고 이를 활용할 수 있어야 한다.

무역계약은 매매당사자 간의 합의를 기초로 이루어지지만, 무역계약과 관련한 모든 사항을 완전하게 합의하기는 곤란하다. 따라서 매매당사자 간의 계약에서 합의가 이루어지지 않았던 부분은 상관습이나 무역거래에 적용될 법률, 즉 준거법이 중요한 역할을 하게 된다. 그러나 국내거래의 경우에는 동일한 상관습과 국내법을 따르면 되지만, 국제간의 무역거래에서는 각국의 법규범체계가 서로 상이할 뿐만 아니라 동일한 용어에 대해서도 각국의 언어상, 관습상 차이로 그 해석에 이견이 발생할 수 있어 어느 한 국가의 국내법을 준거법으로 정하는 문제는 항상 논란의 소지를 갖고 있었다.

이에 국제물품매매와 관련하여 세계적으로 통일된 규범에 대한 필요성이 대두되어 20세기 초부터 통일규범을 제정하기 위해 노력한 결과 1980년 "국제물품매매계약에 관한 UN 협약"(United Nations Convention on Contracts for the International Sale of Goods ; CISG ; 비엔나협약)이 마련되어 1988년 1월 1일부터 발효되고 적용되고 있다. 이러한 비엔나협약은 국제물품매매에 관하여 국제적으로 통일된 상관습을 성문화하여 국제물품매매거래를 원활하게 수행할 수 있도록 각국의 국내법과는 별도로 국제물품매매거래에 적용하기 위해 협약형태로 제정하여 이 협약에 가입한 국가간의 물품거래에 관하여 통일적으로 적용함으로써 국제적인 통일규범으로서의 역할을 하고 있다.

무역계약은 국제물품매매에 관한 가장 기본적인 연구영역으로서 특히 국제물품매매의 법리적 측면과 실무적인 측면을 포괄하는 분야이다. 따라서 무역계약에 관한 기본원리를 이해하고 이를 원만하게 수행하기 위해서는 국제물품매매거래에 관한 관습이나 무역거래를 규율하는 각종 법규범과 법리에 대한 충분한 사전 지식이 요구된다. 이에 본서에서는 무역계약에 대한 기본 법리와 실무적인 내용을 국제적 통일규범으로 자리 잡고 있는 비엔나협약을 중심으로 정리하여 무역계약분야를 공부하는 학생들뿐만 아니라 실무자들에게 무역계약과 관련한 기초지식을 습득하고 활용하는데 도움을 주고자 본서를 집필하였다.

본서는 제3편 제10장으로 구성되어 있다.

제1편 무역계약의 기초에서는 무역계약에 관한 기본적인 내용을 이해할 수 있도록 무역계약의 기본적인 개념과 비엔나협약의 성립과 적용 등에 관한 내용을 중심으로 구성하였다.

제2편 무역계약의 성립 및 이행에서는 무역계약의 성립에 관한 이론적인 내용과 더불어 무역계약서의 작성 및 주요 조항, 무역관습과 정형거래조건 및 무역계약 당사자의 법적 지위에 관한 내용으로 구성하였다.

그리고 제3편 무역계약 위반과 권리구제에서는 계약위반과 권리구제에 관한 법리를 비롯하여 매수인과 매도인의 권리구제 및 당사자의 공통적인 권리구제를 중심으로 구성하였다. 특히 매수인과 매도인의 권리구제 및 당사자의 공통적인 권리구제에 관한 내용은 비엔나협약의 내용을 중심으로 기술하였다.

본서를 통해 무역계약에 관한 기본지식과 실무적 지식을 파악함으로써 궁극적으로 무역계약의 기초 및 무역계약에 관한 이론과 법리를 쉽게 이해하고 활용하는데 도움이 되었으면 하는 바람이다.

본서의 집필 내용에 부족한 점이 적지 않을 것으로 사료되며, 향후 동학 선배제현의 질책과 충고를 통하여 지속적으로 그 내용을 보완하여 나갈 것임을 밝혀 두는 바이다.

또한 본서가 출간되기까지 많은 조언과 격려를 해 주신 선후배 및 동료 교수님께 감사드리며, 언제나 말없이 바라보며 위로와 격려를 해 주신 가족들에게도 고마움을 표한다. 그리고 본서와 관련한 자료수집과 교정을 도와 준 경남과학기술대학교 대학원 박사과정을 수료한 최철호 선생의 수고에 고마움을 전하며, 특히 본서의 출판에 많은 도움을 주신 삼영사 고성익 사장님을 비롯한 편집부 관계자들께 심심한 감사의 인사를 드리는 바이다.

2018년 7월

칠암동 연구실에서

공저자 씀

Contents

PART 1 무역계약의 기초

Chapter 2 무역계약과 비엔나협약 / 37

PART 2 무역계약의 성립과 이행

Chapter 3 무역계약의 성립 / 55

Chapter 4 무역계약서의 작성과 주요 조항 / 85

PART 3 무역계약 위반과 권리구제

Chapter 7 계약위반과 권리구제의 개요 / 261

Chapter 8 매수인의 권리구제 / 279

Chapter 10 공통적 권리구제 / 319

부록 / 337

PART

1

무역계약의 기초

Chapter

1

무역계약의 개요

Chapter 1

무역계약의 개요

I 무역계약의 개요

1 무역의 개념

1) 무역계약의 의의

계약(contract)이란 일정한 채권관계의 발생을 목적으로 하는 복수 당사자 사이에 서로 대립하는 의사표시의 합치에 의하여 성립되는 법률행위를 말한다. 따라서 무역계약(international trade contract)은 일정한 채권관계의 발생을 목적으로 하는 서로 다른 국가에 거주하는 당사자 사이에 서로 대립하는 의사표시의 합치에 의하여 성립되는 법률행위를 말한다. 즉, 서로 다른 국가에 거주하는 매매 당사자인 매도인이 매수인에게 물품의 인도와 함께 물품의 소유권(property)을 양도할 것을 약속하고, 매수인은 이를 수령하고 매도인에게 이에 대한 대금을 지급할 것을 약속하는 국제물품매매계약(contract for the international sale of goods)을 말한다.

국제물품매매계약에 관한 UN협약(United Nations Convention on Contracts for the International Sale of Goods, 1980 : CISG : 비엔나협약, 이하에서는 비엔나협약이라 한다) 즉, 비엔나협약에 의하면 상이한 국가에 영업소를 가지고 있는 계약 당사자 간에 물품매매를 위해 체결되는 법률적 구속력을 가지는 합의로 볼 수 있다.

영국물품매매법(Sale of Goods Act 1979 : SGA, 이하 SGA라 한다)에 의하면 "물품매매계약이라 함은 매도인이 대금이라는 금전의 대가를 받고 매수인에게 물품의 소유권을 이전하거나 이전하기로 합의하는 계약을 말한다."(SGA 제2조 제2항 제1호)[1]고 정의하고 있다.

또한 미국통일상법전(Uniform Commercial Code 2012 : UCC, 이하 UCC라 한다)에서도 "매매는 대가를 받고 매도인으로부터 매수인에게 권리를 이전하는 것"(UCC 제2-106조 제1항)[2]이라고 규정하고 있으며, 미국의 제2차 계약법 리스테이트먼트(Restatement)는 "계약이란 그 위반에 대하여 법이 구제를 부여하거나 또는 그 이행을 법이 어떠한 방법으로든 의무로서 인정하는 단일 또는 일종의 약속"이라고 정의하고 있다.[3]

우리 민법도 "매매는 당사자 일방의 재산권을 상대방에게 이전할 것을 약정하고 상대방이 그 대금을 지급할 것을 약정함으로써 그 효력이 생긴다."(민법 제563조)라고 규정하고 있어 계약과 관련하여 영미법과 우리 민법 등 주요 법규에서는 일정한 채권관계의 발생을 목적으로 복수 당사자 간에 서로 대립하는 의사표시의 합치에 의하여 성립되는 법률행위라는 취지로 규정하고 있다.

우리 법에서는 둘 이상의 당사자 간의 법률관계를 성립시키기 위해서는 의사표시의 합치가 필요하며 이러한 의사표시의 합치, 즉 합의를 계약으로 보고 있으며, 영미법에서는 계약의 본질을 약속(promise)으로 표현하고, 그 행위를 한 자에 대하여 법적 구속력을 가지는 것으로 보고 있다.

따라서 계약이란 청약자와 승낙자 간에 적어도 하나 이상의 약속으로 구성되어 있으며, 자신이 행한 약속에 대한 대가로 다른 사람의 약속을 받아들이는데 동의하는 것을 의미한다.

여기서 약속(promise)이란 어떤 일방이 타방에 대해 어떤 종류의 사건이 존재한다는 것을 선언 또는 보증(declaration or assurance)하는 것으로, 장래에 일정한 행위 또는 부작위를 할 의사를 선언하거나 보증함으로써 상대방에 대해서도 이러한 선언이나 보증을 행할 것을 청구할 수 있는 권리를 부여하는 것

1 SGA, § 2-2(1). A contract of sale of goods is a contract by which the seller transfers or agrees to transfer the property in goods to the buyer for a money consideration, called the price.

2 UCC, §2-106(1). A sale consists in the passing of title from the seller to the buyer for a price.

3 A contract is a promise or a set of promises for the breach of which the law gives a remedy, or the performance of which the law in some way recognizes as a duty(American Law Institute, Restatement of The Law).

이다. 또한 약속이란 구두나 서면 등 어떤 특정한 방법으로 분명하게 밝힌 내용을 수약자(promisee)가 정당하게 이행할 수 있도록 행위 또는 부작위의 의사표명(manifestation of intention)을 하는 것이다. 따라서 약속에는 약속자와 수약자란 두 당사자가 존재하기 때문에 물품매매계약은 두 당사자 간에 청약자와 승낙자로서 상호의사표시에 대한 합의를 의미한다.

그리고 합의(agreement)란 일방의 당사자와 타방의 당사자 간에 상호적 동의의 의사표시이기 때문에 물품매매계약은 물품매매를 위한 합의라 할 수 있다.

이러한 계약은 당사자들의 공통의 기대와 의도를 표현하기 위해 합의라는 형식을 취하게 되는데, 이는 곧 법적으로 구속력이 있는 합의를 의미한다. 그리고 물품매매는 매매계약에 의해 물품의 소유권이 매도인으로부터 매수인에게 이전되는 경우를 말하며, 물품매매의 합의는 물품의 소유권 이전이 장래에 행해지거나 계약의 성립 후에 일정한 조건이 충족될 것을 전제로 하는 계약을 의미한다. 또한 물품매매의 합의는 기한이 도래하거나 물품의 소유권 이전을 전제로 하는 조건이 충족될 때, 비로소 매매가 이루어진다.

이처럼 무역계약은 당사자 간에 합의한 계약내용이 약속대로 이행될 것이라는 기대를 확신시켜 주고 그 위반 시에는 그에 대한 보상을 해 줄 것이라 보증함으로써 향후 무역거래의 이행을 촉진하는 중요한 역할을 하는 데 의의가 있다. 이러한 무역계약은 일반적으로 물품매매계약을 주계약으로 하고 운송계약, 보험계약, 외국환거래계약, 중재계약 등의 매매계약을 이행하기 위한 여러 가지 종속계약을 수반한다.

대부분의 무역거래는 물품매매를 목적으로 하고 있어 일반적으로 무역계약이라고 하면 국제물품매매계약을 의미한다. 그러나 최근 국제거래의 대상이 물품은 물론 기술, 자본, 각종 서비스, 해외건설 및 플랜트 등 다양화되고 있어 광의의 무역계약은 국제물품매매계약뿐만 아니라 판매점 또는 대리점계약, 국제 라이선싱계약, 국제 합작투자계약, 국제입찰, 건설공사계약, 플랜트수출계약, 차관계약, 운송이나 보험 등 각종 서비스계약 등 모든 국제계약을 포함하는 개념으로 사용되고 있다.

2) 무역계약의 특징

무역거래는 물품매매가 중심이며, 무역매매 역시 물품매매가 무역계약의 기초를 이루고 있는데, 이러한 무역매매에 관한 법률적 관계는 국내에서 이루어지는 물품매매와 크게 다를 바가 없다. 다만, 매도인과 매수인이 각각 다른 국가에 위치하고 있다는 점에서 차이가 있다. 즉 매도인과 매수인이 서로 다른 국가에 위치해 있다는 것은 국가간의 매매가 이루어진다는 의미인데, 국제거래가 이루어진다는 것은 서로 다른 법규범과 상관습 등이 작용함으로써 여러 가지 불확실하고 복잡한 문제들이 발생한다.

즉, 매매 당사자들이 서로 다른 국가에 위치하고 있어 서로를 잘 알지 못할 뿐만 아니라, 지급능력이나 신용상태도 알기 어려운 경우가 많으며, 계약불이행의 경우 취해야 할 법적 절차도 외국법의 적용으로 번거롭고 까다롭게 될 수도 있다. 따라서 매도인은 자연히 대금을 수령하지 않고서는 물품을 매수인에게 인도하기를 주저하게 되고, 매수인도 마찬가지로 물품을 받지 않은 상태에서는 대금지급을 꺼리게 된다. 이러한 문제를 해결하기 위해 신용장(letter of credit)이라는 제도를 활용하여 어느 정도 해결하고 있다. 그리고 매도인은 수출입 인·허가 문제, 수출입 통관 및 매매대금 지급 및 영수와 관련한 외환거래에 관한 정부의 규제에도 세심한 주의를 기울여야 한다.

한편 무역거래에서는 물품이 매도인으로부터 매수인에게로 운송되어야 하는데, 장거리 운송이 불가피하며, 이에 따른 운송과정에서의 물품의 훼손·멸실 등의 위험이 크기 때문에 물품에 대한 보험에 부보하는 것이 필수적이다.

결과적으로 무역계약은 국내 물품거래와는 달리 은행, 운송인 및 보험자가 관여하는 경우가 대부분이며, 이 외에도 보험중개인, 대리상, 운송주선업자 등과 같은 중개인 등 수많은 이해관계자들이 개입함으로써 무역거래는 수많은 문서들이 발행된다. 특히 무역거래는 선하증권, 보험증권 및 환어음과 같은 다양한 증권 등이 발행된다. 따라서 물품에 대한 권리, 보험, 운송 및 대금지급을 받을 권리 등은 이들 증권의 배서양도 또는 단순한 교부로써 이전된다. 이처럼 무역거래는 서류를 통하여 거래가 이루어지는 특징을 가지고 있다.

그리고 무역계약에서 매매의 대상인 물품과 관련한 내용뿐만 아니라 물품인도 및 대금결제, 보험, 클레임, 준거법 등에 관한 내용들을 결정해야 한다. 일반적으로 무역거래에 관한 상세한 내용들은 이들 당사자 간의 합의에 의하여 결정되는 것이 원칙이지만, 오늘날 무역실무에서는 매매계약의 당사자는 이미 정하여진 계약서식을 채택하여 이용함으로써 당사자의 권리와 의무, 위험 및 비용 등을 거의 자동적으로 분배하여 시간과 노력을 절약하고 있다. 이와 같이 정형화된 계약서의 각 조항은 명시적인 반대의 문언이 없는 한 계약의 내용으로서 효력을 가진다. 그러나 이와 같은 정형화된 계약서를 사용하지 않는 경우도 있고, 정형화된 계약서를 사용한다고 하더라도 구체적인 문제에 관하여는 애매한 점이 있기 마련이며, 특히 외국의 법률을 준거법으로 할 때에는 법규해석상의 어려움으로 인하여 더욱 분쟁이 발생할 소지가 많다. 따라서 국제매매거래를 위한 법규범의 통일은 중요한 의미가 있다.

2 계약자유의 원칙

1) 계약자유의 원칙의 의의

무역계약은 당사자 간에 자유의사에 따라서 계약내용을 합의하여 약정하는 것이 기본원칙이다. 즉, 계약자유의 원칙(principles of the liberty of contract)은 당사자의 의사에 따라 자유롭게 선택한 상대방과 계약의 내용과 형식에 관해 합의하고, 법이 그 합의를 법적 구속력이 있는 것으로 승인하는 원칙을 말한다. 따라서 계약에 관한 법규정들은 원칙적으로 당사자의 의사에 의해 그와 다른 내용을 합의하더라도 무방한 임의규정이며, 당사자들의 의사가 명확하지 않은 경우에 이를 보충하기 위한 것이다.

2) 계약자유의 원칙의 내용

계약자유의 원칙에는 다음과 같은 4가지 내용이 있다.

첫째, 계약체결을 체결할 것인지 여부에 관한 계약체결의 자유, 즉 계약을 체결하느냐 않느냐의 자유를 말한다.

둘째, 상대방 선택의 자유. 즉 계약을 체결할 때 누구하고 체결할 것인가를 밖으로부터 강요당하지 않고 자기 마음대로 결정할 수 있는 자유를 말한다.

셋째, 계약 내용 결정의 자유, 즉 강행법규나 선량한 풍속 기타 사회질서에 위반되지 않는 한 전적으로 계약을 체결하는 양 당사자가 그 계약의 내용을 자유롭게 결정할 수 있는 자유를 말한다.

넷째, 계약체결 방식의 자유, 즉 당사자의 합의만으로도 계약은 성립되며, 계약의 성립요건으로써 일정한 방식을 필요로 하지 않는다.

3) 계약자유의 원칙의 제한

19세기 말에서 20세기에 들어오면서 자본주의가 고도로 발전하고 개인간 재산소유가 현저하게 불평등해지면서, 경제적 강자와 약자 사이의 대립과 갈등이 심화되자 계약자유의 원칙은 사회적 측면에서 볼 때 경제적 강자에게 유리한 제도로 변질되었다.

따라서 계약자유의 원칙은 경제적 약자에게는 유명무실할 뿐만 아니라 경제적 약자를 지배하는 제도로 변질되기에 이르렀다. 경제적 약자는 경제적 강자가 제시하는 계약조건에 따라 계약을 체결할 수밖에 없게 되었으며(부종계약), 계약자유의 원칙을 관철하면 경제적 강자를 보호하게 되는 반면, 경제적 약자를 압박하는 결과에 이르렀다.

20세기 현대의 법률 이념은 계약자유의 원칙에 대하여 제약을 가하는 것이 사회정의를 실현하는 길이 된다고 생각하여, 계약자유의 원칙에 대한 여러 제한이 가해지고 있다. 계약자유의 원칙이 제한 받는 예는 다음과 같다.

첫째, 계약체결의 자유에 대한 제한을 들 수 있다. 여기에는 공법상 체약 강제와 사법상의 체약강제를 들 수 있다. 공법상 계약체결 강제는 공익적 독점기업의 체약의무, 공공적·공익적 직무담당자의 체약강제, 통제경제시 체약강제 등을 들 수 있다. 예를 들면, 국민의 일상생활에 중요한 사업이나 재화를 공급하는 공익적 독점기업은 정당한 이유 없이는 급부 제공을 거절하지 못한다. 공공적·공익적 직무에 관하여는 정당한 이유 없이 직무의 집행을 거절할 수 없고, 비상상태에 의한 통제경제 아래에서는 체결금지 또는 강제가 주요 재화의 관리 및 분배를 위한 중요한 방법이 된다.

사법적 체약강제는 사법상의 체결에서는 일정한 자가 청약을 한 경우에, 상대방은 이를 거절하지 못하는 것으로 함으로써 계약이 성립한 것으로 다루는 경우가 민법상 인정되어 있다. 예컨대 전세권 설정자가 부속물의 매수를 청구하는 경우(민법 제316조) 등을 들 수 있다.

둘째, 상대방 선택의 자유에 대한 제한을 들 수 있다. 예컨대, 노동조합의 조합원이라는 이유로 고용을 거부해서는 안되며, 사업주는 근로자 모집 및 채용에 있어 여성을 차별할 수 없다.

셋째, 계약내용 결정의 자유에 대한 제한을 들 수 있다. 여기에는 강행법규를 위반하거나 선량한 풍속, 기타 사회질서에 위반하는 사항을 내용으로 하는 계약은 무효이다. 약관에 의해 계약을 체결하는 부합계약의 경우에 계약 내용 결정의 자유에 제한을 받는다 하겠다. 그리고 특정한 경우에 있어 당사자가 어떤 물건에 관하여 계약을 맺으려면 반드시 그 법규가 정하는 내용의 계약을 맺어야만 하는 경우가 있다. 우리의 경제질서는 자유경제이나 일정한 중요물자의 가격이 법령으로 규제되어 있어 규제된 계약의 성립을 볼 수 있다.

넷째, 계약방식의 자유에 대한 제한을 들 수 있다. 여기에는 법률관계의 명확화 내지 사후분쟁의 방지를 위해 일정한 방식, 즉 서면이나 등기 등을 요구하는 경우를 들 수 있다. 그리고 계약의 성립에 국가의 인가 내지 허가 등이 요구되는 경우를 들 수 있다.

다섯째, 계약의 효력에 대한 제한을 들 수 있다. 계약이 유효가 되기 위해서는 일정한 행정관청의 동의, 인가, 허가 등을 필요로 하거나 일정한 증명이 있어야 하는 수가 있다. 이러한 제한은 주로 국가시책의 실현이 사인의 거래행위에 의하여 방해될 염려가 있을 때 사용하는 것이다.

4) 계약자유의 원칙과 법규범의 적용

당사자 간에 무역계약이 체결되면 계약자유의 원칙에 따라 당사자들이 합의한 내용이 우선한다. 그러나 당사자 간의 합의내용이 완전하지 않을 수 있으며, 또한 계약과 관련한 모든 내용을 합의할 수 없을 뿐만 아니라 시간적, 경제적으로도 비효율을 초래할 수 있다. 따라서 계약과 관련한 기본적인 사항이나 세부적인 사항에 관해서는 준거법으로 선택하여 해결하는 경우가 바람직하다. 또한 준거법에서 다루지 못하고 있는 내용에 대해서는 상관습 등에 의해 해결할 수 있다. 그러나 계약내용과 관련한 합의사항이나 관습 또는 준거법을 적용한다고 하더라도 각국의 국내법상 강행법규에 저촉받는 경우에는 국내법상의 강행법규가 우선적으로 적용된다.

무역계약과 관련한 해석기준을 살펴보면, 먼저 무역계약에서 당사자 간의 언어, 관습, 법규범 등이 다르기 때문에 일단 계약체결 시에 획일적인 당사국 법규범의 불합리성을 배제하기 위해 당사자의 합의를 최우선으로 하는 계약자유의 원칙(principles of the liberty of contract)이나 당사자 자치의 원칙(doctrine of the autonomy of parties)이 적용되고 있다.

둘째, 국제상관습 및 국제상관습법은 계약의 묵시조항(implied terms)으로서 당사자가 합의한 계약 내용의 해석기준으로 적용된다.

셋째, 우리나라 국제사법에서는 당사자가 준거법을 지정하지 않았을 때는 행위지법에 따르도록 규정하고 있다(지정준거법 적용).

넷째, 지정준거법이 없거나 당사자의 의사가 불명확할 때는 약정의 성질에 따라 법정지의 섭외사법이 정하는 준거법이 적용되며(법정 준거법 적용), 당사국 간의 국제조약도 계약의 규범으로 적용될 수 있다.

다섯째, 당사자의 유효한 약정, 관습 및 관습법, 지정 준거법, 국제조약 등이 있다 하더라도 관련국가의 경제 및 법질서를 위해 강행규정이 있을 때는 이 강행규정이 우선적으로 적용될 수 있다.

3 무역계약의 법적 성질

무역계약은 국가를 달리하는 국제물품매매계약으로서 매도인인 수출상이 매수인인 수입상에게 계약물품과 소유권을 이전하고, 매수인은 이에 대해 물품을 수령하고 그 대금을 지급하기로 약속하는 계약이다. 이러한 무역계약은 매도인과 매수인간의 물품인도와 대금지급 등의 당사자 간의 합의에 의해 계약이 성립되고 이행된다는 점에서 무역계약은 당사자 간의 합의에 의한 낙성계약(consensual contract) 및 불요식계약(informal contract)이며, 물품인도와 대금지급이라는 유상계약(remunerative contract, onerous contract) 및 쌍무계약(bilateral contract)이라는 법적 성격을 지니고 있다.

1) 낙성계약

낙성계약(consensual contract)이란 물품을 일정한 조건으로 매매하고자 하는 일방 당사자, 즉 청약자의 청약에 대하여 청약을 받은 피청약자의 승낙, 즉 양 당사자 간의 합의에 의해 이루어지는 계약을 말한다. 이는 일방의 당사자가 일정한 조건으로 물품을 판매하겠다는 청약에 대하여 상대방이 승낙함으로써 성립하는 계약을 말하는 것으로 물품의 점유이전, 소유권의 이전이나 문서의 작성 및 교부와 같은 사실이 계약성립의 요건이 되는 것이 아니라는 것이다.

이러한 점에서 물품의 인도, 소유권의 이전과 같은 법률적 사실이 존재하지 않으면 성립되지 않는 요물계약과 구분된다. 요물계약(substantial contract)이란 당사자의 합의 이외에 물품의 인도나 소유권의 이전과 같은 특별한 법률사실이 있어야 계약이 성립되는 것을 말한다.

매매계약은 매도인의 청약에 대하여 매수인의 승낙으로 성립되기 때문에 낙성계약의 전형적인 형태로, 실질적인 계약이 이행되기 전의 상태에서 당사자 간의 합의에 의해 무역계약이 성립된다.

2) 유상계약

유상계약(remunerative contract, onerous contract)이란 계약당사자가 서로 대가의 관계에 있는 급부를 할 것을 목적으로 하는 계약을 말한다. 무역계약은 수출상의 물품인도에 대하여 수입상의 대금지급이라는 상호대가관계를 원칙으로 한다. 예컨대 매도인이 물품인도에 대한 매수인의 대금지급이 있어야 하는 계약으로 물품인도와 대금지급은 상호 대가적인 의미를 가지는 급부와 반대급부로 볼 수 있다. 물품매매계약에서는 우선 쌍방의 채무를 발생케 하고 급부도 서로 대가를 이루어 그 대가에 대한 보상으로서 금전지급을 원칙으로 하여야 한다.

이에 반해 무상계약(gratuitous contract)은 계약당사자의 일방만이 채무를 부담하거나, 당사자 쌍방이 급부를 하더라도 그 급부 사이에 대가적 관계가 없는 계약을 말한다. 매매, 임대차, 도급계약 등은 유상계약에 속하고, 증여, 사용대차는 무상계약에 속한다.

3) 쌍무계약

쌍무계약(bilateral contract)이란 계약의 성립에 의하여 당사자는 상호 채무를 부담하는 계약, 즉 매도인의 물품인도의무에 대해 매수인은 대금지급의무를 지게 되는 것을 말한다. 즉, 계약에 의하여 매도인은 대금청구의 권리를, 매수인은 매도인에 대하여 물품인도청구의 권리를 가지게 된다. 따라서 쌍무계약은 대체로 채무가 상호 대가적인 의존관계를 가지기 때문에 물품인도와 대금지급이라는 동시이행조건(concurrent condition)의 문제나 위험부담의 문제가 발생할 수 있다.

이에 대해 편무계약(unilateral contract)은 증여의 경우와 같이 당사자 일방만이 급부를 하고, 상대방은 이에 대응하는 반대급부를 하지 않는 계약을 말한다. 증여가 대표적인 예이며, 편무계약은 쌍무계약과는 달리 동시이행의 항변권이나 위험부담의 문제는 발생하지 않는다.

4) 불요식계약

불요식계약(informal contract)이란 의사표시가 계약서의 작성 등 일정한 방식을 요구하지 않는 계약을 말한다. 이는 문서(writing)와 구두(oral)에 의한 명시적(express) 또는 묵시적(implied) 의사표시에 의해 자유로운 방식으로 계약이 성립되는 것을 말한다. 이는 계약형식상의 자유, 계약 내용의 구성시 거래조건 약정의 자유 그리고 계약상대방 선택의 자유가 있음을 의미한다.

따라서 무역계약은 계약자유의 원칙(principles of the liberty freedom of contract)에 따라 계약의 성립에 어떤 형식요건이 필요 없이 증인을 포함한 어떤 방법으로라도 입증이 가능한 경우 계약의 효력이 인정된다. SGA는 "매매계약은 날인에 관계없이 서면 또는 구두로 하거나, 일부서면, 일부구두로 하거나 당사자들의 묵시적 행위에 의하여 체결할 수 있다."고 규정하여(SGA 제4조 제1항) 계약의 형식을 요구하지 않고 있어 물품매매는 서면에 의하지 않고 구두로도 체결할 수 있다.

그러나 오늘날 기업간에는 계약관련 표준양식이 사용되고 있는데, 이러한 표준계약양식이 당사자들의 자유로운 협상을 약간 제한하고 있지만, 특정계약을 체결하거나 가격, 수량, 인도일 등에 관한 협상 여부에 대해서는 여전히 당사자의 자유의사에 맡기고 있다.

이에 대해 요식계약(formal contract)은 당사자의 합의 외에 물건의 인도나 기타 급부의 완료가 있어야 성립할 수 있는 계약으로 요물계약이라고도 한다. 민법에서 규정하고 있는 전형계약 가운데 현상광고가 여기에 속하며, 통상 할부거래와 신용매매, 선박매매, 주식매매와 부동산 매매 등이 이에 속한다.

Ⅱ 무역계약의 대상

무역계약의 대상에는 물품을 비롯한 서비스, 자본, 노동, 기술 등 다양하지만, 일반적으로 무역계약의 주대상은 물품(goods)이다. 이하에서는 물품을 중심으로 살펴보고자 한다.

1 물품의 정의

SGA는 물품에 대해 다음과 같이 정의하고 있다. 즉, "물품은 무체동산과 금전을 제외한 모든 유체동산을 포함한다."(goods includes all personal chattels other than things in action and money)(SGA 제61조 제1항).

여기서 유체동산(personal chattels)이란 소유자가 현재 점유하고 있는 모든 물품(goods)으로써, 매매계약의 목적물인 물품은 무체동산(things in action)과 금전(money)을 제외한 모든 동산이라 할 수 있다.

우리 민법 제98조에서는 물건을 부동산과 동산으로 구분하고 있다. 즉, "부동산은 토지 및 그 정착물을 말하며, 동산은 부동산 이외의 물건"을 말한다(민법 제98조). 부동산이란 옮길 수 없는 재산, 즉 토지나 건물, 수목 등을 말하며, 이러한 부동산은 소유권을 취득하기 위해서는 등기를 요한다. 동산이란 형질이나 성질 등을 바꾸지 않고 옮길 수 있는 재산을 말하는데, 동산의 소유권 취득을 위해서는 점유 이전이 있으면 된다. 그리고 토지나 건물 등 부동산은 아니지만 등기, 등록 등의 공시방법을 갖추도록 하여 부동산에 준하여 취급하는 준부동산이 있는데, 여기에는 자동차, 항공기, 선박, 건설기계, 어업권, 광업권 등이 있다.

2 매매법상 물품의 분류

SGA상의 물품은 크게 현물과 선물로 구분하고, 현물은 다시 특정물과 불특정물로 구분하고 있다.

현물(existing goods)은 매매계약의 대상이 되는 물품으로써 매도인이 현재 소유하고 있는 물품을 말한다. 이에 반해 선물(future goods)은 매매계약 체결 이후에 매도인이 제조 또는 취득하는 물품을 말한다. 이러한 선물에는 계약체결 당시 매도인이 아직 소유 또는 점유하고 있지 않지만, 장래에 취득하는 물품과 계약체결 당시 현존하지 않는 물품을 말한다.

그리고 특정물(specific goods, ascertained goods)은 매매계약이 성립될 당시에 계약의 목적물로 특정되고 합의된 물품으로, 이후 추가적인 선택이나 대체의 여지가 없는 물품을 말하며, 확정물이라고도 한다. 즉, 매매계약의 목적물로서 선택된 현물을 말하며, 특별한 경우를 제외하고는 특정물의 매매는 거의 행해지지 않는다. 이에 반해 불특정물(unascertained goods)은 매매계약의 목적물로 구체적으로 선택되지 않고 단지 상품의 종류, 품질, 명세 등만 정해져 있거나 또는 매매하기로 예정되어 있는 물품을 말하는데, 불확정물이라고도 한다. 예를 들어, 매도인이 창고에 보관 중인 여러 물품 중에 일부를 판매하기로 하는 경우는 현물이지만 불특정된 경우이므로 이 불특정물은 선물뿐만 아니라 현물도 포함하는 개념이다.

매매계약의 목적물이 불특정물인 경우에는 매도인은 그러한 불특정물을 그대로 매수인에게 인도할 수 없는데, 이때 매도인은 어떤 행위에 의하여, 즉 창고 내에 보관되어 있는 물품 중에서 매수인에게 인도하고자 하는 물품을 따로 분류하여 저장하는 행위 등에 의해 불특정물을 특정하지 않으면 안 된다. 이러한 불특정물을 특정물로 만드는 특정한 행위를 무조건 충당(unconditional appropriation)이라 한다. 즉, 충당이란 매도인이 계약의 목적물인 불특정물을 특정물로 특정하는 행위로써 이러한 충당을 통하여 매도인이 매수인에게 물품의 인도 및 물품에 대한 소유권과 위험을 이전하는 것을 말한다.

Ⅲ 무역계약의 법원과 준거법

1 법 원

1) 법원의 의의

법원(法源, source of law)이란 법의 존재 형식을 말한다. 즉, 법이 어떤 형태로 존재하고, 또 어떻게 작용하는지를 의미한다. 일반적으로 법원은 법을 적용하는 법관이 재판을 할 때 적용해야 하는 기준을 말한다. 따라서 일반인들에게 어떤 것을 법으로 인식해야 하고, 이에 따라 어떤 행위를 강제력 있는 법으로 다루어야 하는지를 선택할 수 있는 기준을 말한다.

이러한 법원에는 법전의 형태로 존재하는 성문법(成文法, statute law)과 법전에 규정되어 있지 않지만 법으로서 인정되는 불문법(不文法, unwritten law)이 있다.

성문법은 일정한 형식과 절차에 의하여 문자로 기록되고 문서의 형식으로 제정되는 법을 말하며, 이를 제정법이라 한다. 즉, 성문법은 법령으로, 법령이란 헌법을 최상위로 하는 법률체계를 말한다. 여기에는 헌법, 민법, 형법 등의 일반법은 물론 대통령 및 총리, 장관의 명령 및 규칙과 지자체의 조례 등이 이에 속한다.

불문법은 성문법이 아닌 법을 말하며, 불문법에는 보통 관습법, 판례법, 조리 등이 있다. 여기서 관습법은 국회 등 입법기관에 의해 제정되어 법 규정으로 작성되어 있지 않고 일상생활에서 관습에 의해 규율되는 규범을 말한다. 판례법은 법원에서 재판을 통하여 매번 같은 판결이 반복됨으로써 법 규정으로 제정되지 않은 채 계속적으로 적용되는 원칙을 말하며, 조리는 도덕성 등을 이유로 사물의 이치에 맞도록 선량한 풍속이나 사회질서를 이유로 최종적으로 의지하는 이치를 말한다.

민법은 법원과 그 적용순서에 대해 "민사에 관하여 법률에 규정이 없으면 관습법에 의하고 관습법이 없으면 조리에 의한다."(민법 제1조)고 규정하고 있다. 즉, 민법은 법원에 대해 법률, 관습법 및 조리를 열거하고, 이들의 적용순서에 관하여 법률, 즉 제정법이 1차적으로 적용되고, 제정법이 없는 경우에 관습법이 적용되며, 관습법도 없으면 조리에 따르도록 규정하고 있다.

따라서 계약법의 법원이라고 할 때 그것은 실질적인 의미에서 계약법의 존재형식을 말하는데, 무역계약과 관련한 법원으로는 무역계약법과 관련한 국제조약, 국제통일규칙, 국제관습법 및 국내법 등 다양한 형태로 존재한다.

2) 무역계약관련 주요 법원

당사자 간에 매매계약이 체결되면 당사자 간의 합의 또는 약정이 우선적으로 적용된다. 그러나 당사자 간의 계약체결이 동일한 지역간 또는 동일 업종간에 계속 반복되면서 자연히 지역적・업종별 관행(trade usage)이 형성되었으며, 각국의 상관습(mercantile custom)이나 상관습법(mercantile custom law)으로 발전해 왔다. 이러한 과정을 통해 형성된 상관습이 국제적으로 상위함에 따라 발생하는 국제거래의 불편과 분쟁을 예방하기 위해 국제통일규칙이나 국제협약의 형식으로 더욱 발전되었다. 국제무역거래와 관련한 국제통일규칙 내지 국제협약의 대표적인 예로는 국제상업회의소(International Chamber of Commerce, 이하 ICC라 한다)의 국내・외 거래조건에 적용하기 위한 ICC 규칙(ICC Rules for the Use of Domestic and International Trade Terms; INCOTERMS; 이하 INCOTERMS라 한다), 화환신용장에 관한 통일규칙 및 관례(Uniform Customs and Practice for Documentary Credits : UCP, 이하 UCP라 한다), 유엔국제무역법위원회(UNCITRAL)에 의해 제정된 1980년 국제물품매매계약에 관한 UN협약(United Nation Convention on Contracts for the International Sale of Goods, 1980; CISG : 비엔나협약, 이하 비엔나협약이라 한다) 등을 들 수 있다.

그리고 각국의 국내법으로서 무역계약과 관련한 주요 법원으로는 ① 영국물품매매법(Sale of Goods Act, 1979 : SGA), ② 미국통일매매법(Uniform Sale Act, 1906 : USA), ③ 미국통일상법전(Uniform Commercial Code, 2012), ④ 미국 리스테이트먼트(Restatement of Contract, 2nd), ⑤ 우리나라 민법 및 상법 등을 들 수 있다.

그러나 계약법의 법원으로서 이들 규정들이 무역계약에 그대로 적용되는 것은 아니다. 즉, 무역계약과 관련한 국제협약과 국제상거래상의 각종 통일규칙이 제정되어 있다 하더라도 이들 규범 외의 사항에 대해서는 부득이 자국의 국내법이 적용될 수밖에 없다. 이때 어느 국가의 법규범을 적용하느냐 하는 것이 준거법의 결정문제이다. 일반적으로 준거법은 당사자 간의 합의에 의해 결정되거나 각국의 국내법상 강행법규에 저촉을 받는 경우에는 이의 적용을 받아야 한다.

2 준거법

1) 준거법의 의의

무역계약은 당사자 간의 합의에 의하여 이루어지지만, 당사자 간의 계약에서 모든 내용을 합의하는 것은 불가능하다. 따라서 이러한 무역계약의 내용을 보충하는 법규범이 필요하다. 특히 무역계약은 국제물품매매계약으로 이를 규율할 국제적 통일법규범이 존재하지 않기 때문에 무역계약과 관련한 각국의 국내 법규범이 적용될 수밖에 없다.

그러나 각국의 국내 법규범의 내용이 서로 상이한 내용들이 존재하기 때문에 무역거래에서 불확실성이 존재하고 있다. 따라서 무역계약과 관련하여 어느 나라의 법을 준거법으로 적용할 것인지를 결정해야 하는 문제가 있다. 즉, 준거법(governing law)이란 계약을 해석하는 기준이 되는 법으로서, 당해 계약의 내용 및 계약 이행과 관련하여 당사자 간의 분쟁이 발생하였을 경우 이를 해석하는 근거가 되는 법을 말한다.

일반적으로 준거법의 지정은 먼저, 계약자유의 원칙 내지 당사자 자치의 원칙에 따라 계약 당사자가 자유롭게 지정할 수 있다.

둘째, 당사자들이 준거법을 지정하지 않거나 준거법 지정과 관련하여 당사자들의 의사가 불분명한 경우에는 섭외사법에 따라 행위지법에 의하여 결정된다.

셋째, 당사자들이 지정한 준거법이 없거나 당사자의 의사가 불분명할 때에는 법률관계의 성질에 따라 법정지의 섭외사법이 정하는 준거법이 적용된다.

국제물품매매계약에서 준거법의 지정은 당사자 자치의 원칙에 따라 당사자들의 의사에 따라 결정되는 것이 원칙이다. 그러나 당사자들의 의사가 불분명할 때에는 행위지법이나 법정지의 섭외사법에 따라 준거법이 결정된다.

현재 무역계약에서 가장 많이 이용되는 FOB 계약과 CIF 계약시에 준거법의 결정내용을 살펴보면, 먼저 FOB 계약의 경우에는 특약이 없는 한 본 계약이 선적지 조건임을 감안할 때 대부분 행위지법이 준거법이 된다.

그러나 CIF조건으로 계약을 체결하는 경우에는 본 계약이 선적지 조건이라 하더라도 계약이 체결된 장소와 이행장소 역시 준거법을 결정하는데 중요한 요소가 된다. 따라서 계약체결 장소가 중요시 될 때에는 계약지법(lex loci contractus)이 준거법이 되며, 계약 이행장소가 중요시 될 때에는 행위지법(lex loci solutionis), 즉 계약이행지법이 준거법이 될 것이다. 그러나 이때 계약지법과 행위지법이 동일할 때는 큰 문제가 없겠지만, 계약체결지와 이행지가 다른 경우에는 명확한 원칙이 없기 때문에, 준거법의 일반원칙에 따라야 한다.

2) 준거법의 적용원칙

준거법의 적용을 위한 일반원칙으로 주관적 입장과 객관적 입장을 들 수 있다.

(1) 주관적 입장

국제물품매매계약은 국제간에 당사자 간의 채권계약이므로 그 내용이 매우 다양하여 준거법을 결정할 때 일률적으로 결정할 수 없으며, 당사자 자치의 원칙 또는 계약자유의 원칙에 따라 당사자의 합의사항을 최우선으로 해야 한다는 관점이다.

현재 영국, 독일, 프랑스 등 주요국의 입법판례가 대부분 주관적 관점의 입장을 취하고 있다. 그러나 당사자자치의 원칙이 현재 각국의 국내법에서 일부 제한을 받고 있기 때문에 국제사법상 당사자자치의 원칙에도 당연히 이와 같은 제한요인이 반영되어야 한다.

(2) 객관적 입장

객관적 입장에서의 준거법 결정원칙은 계약과 현실적으로 가장 밀접하게 관련된 법률을 준거법으로 채택해야 한다는 입장이다. 이는 채권계약을 구성하는 많은 객관적 요소들(당사자자치의 원칙에 의한 당사자의 의사표시도 하나의 객관적 요소에 속함)을 연결점으로 채택하자는 입장이다. 현재 미국, 스위스, 중남미 등 소수의 국가에서 채택하고 있는 입장이다. 이와 같은 객관적 입장에서 준거법을 결정하는 데는 다음과 같은 원칙이 적용된다.

ⓐ 계약지법(lex loci contractus)을 적용하는 경우는 계약이 A국에서 체결되고 계약의 전부 또는 일부가 A국에서 이행될 때

ⓑ 행위지법(lex loci solutionis)을 적용하는 경우는 계약이 A국에서 체결되었더라도 계약의 전부 또는 상당부분이 B국에서 이행되었을 때[4]

ⓒ 국기주의(law of flag)를 적용하는 경우는 국제해양법에서 공해를 항해하는 선박이나 적하에 소재법이 없을 때

첫째, 위 ⓐ, ⓑ, ⓒ 중 계약지와 행위지(이행지)가 동일할 때는 별 문제가 없다.

둘째, 계약지와 행위지가 다를 경우에는 행위지법(이행지법)이 우선한다.

(3) 무역실무상 준거법의 적용 순서

무역실무상 실제로 준거법을 적용할 때 주관적 입장과 객관적 입장이 충돌하지 않고 선택할 수 있는 순서를 살펴보면 다음과 같다.

ⓐ 준거법에 대해 당사자 간에 명시적 의사표시가 있으면 그에 따른다. 다만, 준거법 선택이 선의일 것, 합법적일 것, 그리고 공서양속에 반하지 않을 것을 조건으로 한다.

ⓑ 당사자가 준거법에 관한 의사표시를 명시적으로 하지 않았을 경우에는 법정은 계약조항, 계약에 관계하고 있는 주위의 여건으로부터 준거법을 선택한다. 이것을 준거법의 묵시적 선택(an implied choice of law)이라 한다. 따라서 준거법이 명시적으로 표시되어 있지 않은 경우의 법률의 선택을 편의상 묵시

4 행위지법을 입법주의로 하고 있는 국제조약은 Montevideo 조약이며, 우리나라 섭외사법에서도 당사자가 준거법을 지정하지 않았을 대는 행위지법(이행지법)에 의하도록 규정하고 있다.

적 선택과 추정적 선택으로 구분할 수 있다.

먼저 준거법의 묵시적 선택의 경우, 당사자가 그 계약에 관해 생길 수 있는 분쟁을 해결하기 위해 법정을 명시적으로 선택한 경우에는 그 법정지법(lex fori)을 선택한 것으로 본다.

둘째, 준거법의 추정적 선택의 경우, 이때는 계약 당사자의 행위나 계약 전반의 여건에서 추정하여 계약지법, 행위지법, 국기법에 따라 선택된다. 즉, 법정은 계약당사자가 계약 체결 시에 스스로 선정한 것으로 생각되는 법률체계를 발견하도록 노력하고, 모든 여건에서 자연적으로 타당한 법률을 찾아야 하는데 그 순서는 다음과 같다.

첫째, 특히 그 계약의 전부 또는 일부가 그 장소에서 이행될 경우에는 계약체결지법이 고려되며, 계약의 어떤 부분도 그 체결지에서는 이행되지 않았을 경우에는 계약행위지법이 고려된다.

둘째, 경우에 따라서는 계약이행지법이 계약체결지법에 우선하는 경우가 있다.

셋째, 가끔 계약당사자의 일방 또는 쌍방의 영업장소의 소재지법이 적용된다.

넷째, 해상물품운송의 경우 선박에 관계있는 계약에 있어서는 국기법이 적용된다.

이상과 같이 실무상 준거법의 선택에 의하면 주관주의 입장이 우선하며, 그 다음으로 객관주의 입장을 취하고 있다.

우리나라 섭외사법에서는 당사자 자치의 원칙에 따라 당사자가 준거법을 지정하지 아니하거나 당사자의 의사표시가 불분명할 때는 행위지법에 의한다고 규정하여 주관적 입장을 취하고 있다. 그리고 헤이그협약[5](ULIS 및 ULF)에서도 주관적 입장에 원칙을 두고 객관적 입장을 원용하고 있다.

5 유엔 사법통일을 위한 국제기구(UNIDROIT)가 국제물품매매에 관한 통일법을 제정하기 위해 1930년부터 노력한 결과 1964년 헤이그에서 개최된 외교회의에서 「국제물품매매에 관한 통일법(Uniform Law on the International Sale of Goods: ULIS)」과 「국제물품매매계약의 성립에 관한 통일법(Uniform Law on the Formation of Contracts for the International Sale of Goods: ULF)」을 채택하였다.

Chapter

2

무역계약과 비엔나협약

Chapter

2 무역계약과 비엔나협약

I 비엔나협약의 성립

1 협약의 필요성

국제물품매매계약은 서로 다른 국가에 위치해 있는 매도인과 매수인간의 원활한 매매계약의 이행을 위해서는 물품매매와 관련한 국제적 통일법규를 마련하는 것이 중요하다. 매매계약은 원칙적으로 매매 당사자 간의 합의를 기초로 이루어지지만, 매매거래와 관련한 모든 사항을 완전하게 합의하여 계약서에 문서화하기는 곤란하다. 따라서 사전에 당사자 간에 합의에서 누락된 부분을 보완하기 위해 적용될 법률, 즉 준거법이 필요하다.

그러나 국제물품매매에 관한 국제적인 통일법규범이 존재하지 않을 뿐만 아니라 각국의 법규범이 서로 상이하기 때문에 분쟁이 발생할 가능성이 존재한다. 따라서 매매계약 당사자는 당해 계약에 적용될 법규의 내용을 알지 못하고서는 자신의 계약상의 권리와 의무에 대한 구체적인 내용을 파악할 수 없기 때문에 당해 계약에 적용될 법률을 사전에 확정하는 것이 매우 중요하다. 그러나 매매계약 당사자 일방의 국내법을 적용하는 경우에는 타방 당사자가 그 법규범의 내용을 잘 알지 못할 수 있기 때문에 불리할 수 있다. 따라서 이러한 문제를 해결하기 위해 유엔국제거래법위원회(United Nations Commission On International Trade Law : UNCITRAL, 이하 UNCITRAL이라 한다)가 국제물품매매계약에 적용하기 위한 국제통일법규범을 마련하였다.

UNCITRAL은 국제물품매매계약에 적용하기 위한 통일법으로 "국제물품매매계약에 관한 UN 협약"(United Nations Convention on Contracts for the International Sale of Goods, 1980 : Vienna Convention, 1980)을 제정하여 1988년 1월 1일부터 발효되어 적용되고 있다. 비엔나협약은 국제물품매매에서 국내 법규의 적용을 배제하고 통일된 관습을 성문화하여 국제물품매매거래를 원활하게 하기 위한 것이다. 즉, 국제매매에 관한 각국의 국내법과는 별도로 국제거래에만 적용하기 위한 법률을 협약 형태로 제정하여 이 협약에 가입한 국가 간의 거래에 관하여 통일적으로 적용하고 있다.

2 비엔나협약의 성립과정

1) 헤이그협약의 성립

국제물품매매에 관한 통일규범을 제정하려는 노력은 20세기 초부터 진행되었는데, UNIDROIT(International Institute for the Unification of Private Law : 사법통일을 위한 국제기구)는 1935년에 국제물품매매에 적용할 통일법에 대한 예비 초안을 발표하였다. 그러나 제2차 세계대전의 발발로 그러한 작업이 중단되었다가 1956년과 1963년에 각각 수정 초안을 발표하였다. 그리고 같은 기간에 계약의 성립에 적용할 통일법 작업도 함께 진행하여 1958년에 초안이 마련되었다.

UNIDROIT에서 작성한 두 가지 통일법 초안, 즉 "국제물품매매에 관한 통일법 협약"(Hague Convention Relating to a Uniform Law on the International Sale of Goods : ULIS)과 "국제물품매매계약의 성립에 관한 통일법 협약"(Hague Convention Relating to a Uniform Law on the Formation of Contract for the International Sale of Goods : ULF)은 1964년 4월 헤이그에서 개최된 28개국 외교회의에서 채택되었다. 이 두 협약은 헤이그 외교회의에서 채택되었는데, 이를 "헤이그협약(the Hague Convention)"이라 한다.

그러나 이 헤이그 외교회의에 참석한 국가가 28개국에 불과하였으며, 협약의 적용 범위가 너무 넓고, 당사자의 자치를 허용하지 않아 유연성이 떨어지며, 서유럽국가의 법을 기초로 하였으며, 매도인의 이익을 보호하는데 중점을 두었다는 등의 이유로 개발도상국 및 제3 세계 국가들의 지지를 받지 못했다. 그 결과 헤이그협약은 1972년 발효되었지만, 가입국이 9개국에 불과하여 세계적인 통일법으로 자리 잡지 못했다.

2) 비엔나협약의 성립

1965년 제20차 유엔총회에서 국제상거래에 관한 사법(private law)의 발전과 법전화를 위한 연구가 필요하다는 결의안을 채택하였다. 이 결의안에 따라 1966년 제21차 유엔총회는 국제거래법의 점진적인 조화와 통일을 추진하기 위한 새로운 세계적인 위원회로서 "유엔국제거래법위원회"(The United Nations Commission on International Trade Law : UNCITRAL)가 설치되었다.

1968년 제1회 UNCITRAL 회의에서는 그때까지 겨우 3개국만이 비준한 헤이그협약 대신에 새로운 국제통일매매법을 제정하기로 결의하였다. 헤이그협약에 대한 각국의 태도로 미루어 보아, 이 협약이 폭넓은 지지를 받기가 어렵다고 판단하여 세계 각국으로 하여금 헤이그협약에의 비준·가입을 권고하기 보다는 차라리 새로운 협약을 성립시키는 것이 더욱 타당한 것으로 생각되었기 때문이다. 따라서 UNCITRAL은 실무위원회(working group)를 구성하여 새로운 통일법 제정에 착수하는 한편, 국제매매에 있어서 제한기간에 관한 협약의 작성을 위한 실무위원회도 구성하였다. "국제매매에서 제한기간에 관한 협약"(The convention on the Limitation Period in the International Sale of Goods)은 1972년에 완성되어 1974년 6월 14일 뉴욕에서 열린 외교회의에서 채택되었다.

그리고 국제통일매매법 초안은 1976년에 완성되어, 1978년 완성된 매매계약의 성립에 관한 협약 초안과 함께 내용 검토를 위해 1978년 6월 UNCITRAL 회의에 상정되었다. UNCITRAL은 이들 두 협약을 하나의 협약으로 통합하기로 결의하고, 이 통합된 초안을 새로운 국제통일매매법 초안으로 채택하였다.

새로운 국제통일매매법 초안은 1980년 3월 10일 비엔나에서 개최된 외교회의에서 토의를 거쳐 수정·보완 후 1980년 4월 11일 6개 공용어(아랍어 중국어, 영어, 프랑스어, 러시아어, 스페인어)로 된 협약이 확정됨으로써 현재의 비엔나협약이 성립되었다.

비엔나협약은 11개국이 비준함으로써 1988년 1월 1일자로 발효되었는데, 2021년 6월 현재 94개국이 비준, 가입 등을 하였으며, 우리나라는 2004년 2월 17일에 비준서를 기탁하여 2005년 3월 1일부터 발효되었다.

Ⅱ 비엔나협약의 성격

1 비엔나협약의 내용

비엔나협약은 서문과 함께 총 4부 101개 조항으로 구성되어 있는데, 제1부(제1조 내지 제13조) 본 조약의 적용 범위와 총칙(Sphere of Application and General Provisions), 제2부(제14조 내지 제24조) 계약의 성립(Formation of the Contract), 제3부(제25조 내지 제88조) 물품매매(Sale of Goods) 및 제4부(제89조 내지 제101조) 최종규정(Final Provision)으로 구성되어 있다.

이 중에서 제3부는 다시 5개의 장으로 구성되어 있는데, 제1장(제25조 내지 제29조) 총칙(General Provision), 제2장(제30조 내지 제52조) 매도인의 의무(Obligation of the Seller), 제3장(제53조 내지 제65조) 매수인의 의무(Obligation

표 2-1 비엔나협약의 구성

제3편 물품의 매매 (64개 조문)	제1장 총칙(제25조~제29조)
	제2장 매도인의 의무(제30조~제52조) 제1절 물품의 인도와 서류의 교부(제31조~제34조) 제2절 물품의 적합성과 제3자의 권리주장(제35조~제44조) 제3절 매도인의 계약위반에 대한 구제(제45조~제52조)
	제3장 매수인의 의무(제53조~제65조) 제1절 대금의 지급(제54조~제59조) 제2절 인도의 수령(제60조) 제3절 매수인의 계약위반에 대한 구제(제61조~제65조)
	제4장 위험의 이전(제66조~제70조)
	제5장 매도인과 매수인의 의무에 공통되는 규정(제71조~제88조) 제1절 이행기 전의 계약위반과 분할인도계약(제71조~제73조) 제2절 손해배상액(제74조~제77조) 제3절 이자(제78조) 제4절 면책(제79조, 제80조) 제5절 해제의 효과(제81조~제84조) 제6절 물품의 보관(제85조~제88조)
제4편 최종규정 (13개 조문)	제89조~제101조 CISG의 효력발생, 가입, 탈퇴, 일부조항의 유보 등

of the Buyer), 제4장(제66조 내지 제70조) 위험의 이전(Passing of Risk) 및 제5장(제71조 내지 제88조) 매도인과 매수인의 공통의무(Provisions Common to the Obligations of the Seller and of the Buyer)에 관한 내용으로 구성되어 있다.

여기서 특별히 유의해야 할 규정으로는 제2장 매매당사자의 의무와 제3장 구제방법, 제4장 위험의 이전에 관한 규정들이다.

2 비엔나협약의 특징

비엔나협약은 헤이그협약에 비하여 실용적이고 유연한 태도를 취하고 있는 것으로 평가되고 있는데, 구체적인 특징을 살펴보면 다음과 같다.

첫째, 비엔나협약은 국제물품매매, 즉 영업소가 다른 국가에 소재하는 당사자들 간의 계약을 적용대상으로 한다(비엔나협약 제1조). 이처럼 적용범위를 국제물품매매에 한정한 이유는 통일법이 가장 시급하게 필요한 분야가 바로 국제물품매매분야이고 국내 물품매매분야까지 적용대상으로 확장하는 경우에는 많은 국가들의 지지를 얻기 어렵기 때문이다. 국제물품매매분야는 통일법의 필요성이 크지만 국내 물품매매분야는 통일법규의 필요성이 상대적으로 적으며, 또한 많은 국가들에게 국내 물품매매분야에 적용되는 규범을 통일시키는 것을 기대하기 어렵기 때문에 국제물품매매계약만을 규율하는 방법을 채택하였다. 즉, 비엔나협약은 각국의 물품매매법 자체의 통일을 목적으로 하지 않고 있기 때문에 각국은 기존의 국내 물품매매법의 전통을 계속 유지할 수 있다.

둘째, 비엔나협약은 통일된 계약중심적 접근방법(unified contractual approach)을 취하고 있다. 즉, 당사자들은 이 협약의 적용을 배제하거나 달리 규정할 수 있고, 물품매매계약에 따른 당사자의 권리·의무를 확정함에 있어 매매계약의 내용, 즉 당사자의 의사가 우선한다.

셋째, 비엔나협약은 매도인과 매수인 간의 이익을 고려하여 합리적인 균형을 유지하고 있다. 헤이그협약이 매도인에게 다소 유리한 내용으로 구성되어 있다는 점에서 비판을 받았는데, 이러한 비판을 통해 매도인과 매수인의 이익에 대한 균형을 맞추고자 하였다. 매도인의 입장에서나 매수인의 입장에서도 모두 수용할 수 있는 보편성을 가지고 있으며, 또한 거래계에서 확립된 관행을 기초로 한 보편성을 가지고 있다.

넷째, 비엔나협약은 대륙법과 영미법의 차이를 극복하여 양대 법체계의 조화를 도모하고 있다. 비엔나협약은 영미법계 국가와 대륙법계 국가 간의 타협의 산물로,[1] 비엔나협약의 접근방법이 실제적이고 간명하고 이론적 원칙보다 거래 당사자의 이해를 용이하게 하여 실무적 편의라는 관점에서 큰 진전을 이루었다.

Ⅲ 비엔나협약의 적용범위

1 비엔나협약의 적용에 관한 일반원칙

비엔나협약은 영업소가 서로 다른 국가에 소재하는 당사자 간의 계약을 그 적용대상으로 한정하고 있다. 이처럼 적용대상을 국제물품매매거래의 성립과 매도인과 매수인의 권리·의무로 한정함으로써 가급적 물품매매법의 통일을 이끌어 내고자 하였다.

비엔나협약의 적용범위에 속하는 사항에도 준거법 규정에 관한 국제사법원칙이 개입될 여지를 남겨 두고 있어(비엔나협약 제7조 제2항) 각 국가가 이 협약의 가입 여부를 결정함에 있어 부담을 최소화시키고 있다.

비엔나협약의 적용에 관한 규정은 헤이그협약보다 훨씬 간편하게 규정되어 있어서 손쉽게 접근할 수 있도록 하고 있다. 비엔나협약은 당사자의 영업소가 모두 체약국 내에 있는 경우에 당사자 간에 직접 적용될 수도 있고, 국제사법이 정하는 바에 따라 체약국의 법률이 적용될 경우 간접 적용될 수도 있으며, 또한 당사자 간의 합의에 따라 비엔나협약을 적용하기로 한 경우에도 적용될

1 비엔나협약의 경우 매매계약의 성립과 그에 따른 효력, 즉 당사자들의 권리와 의무, 계약의 이행에 따른 채무의 소멸, 계약위반에 따른 상대방의 구제, 매매계약의 해석은 모두 물품매매계약만을 위한 독립된 하나의 규범체계에 의해 통일적으로 규율되는 점에서 우리 체제와는 차이가 있고, 영국(Sale of Goods Act)이나 미국(Uniform Commercial Code)의 체제와 유사하다.

수 있다. 즉, 비엔나협약은 그 적용에 있어 직접 적용뿐만 아니라 간접 적용을 규정하여 협약의 적용범위를 확대하고 있다. 또한 체약국은 비엔나협약에 서명, 비준, 수락 또는 가입에 있어 그 국가가 비엔나협약 제2편의 규정(계약의 성립)에 구속되지 않는다는 취지 또는 제3편의 규정(물품의 매매)에 구속되지 않는다는 선언을 할 수 있는 규정을 두고 있어 비엔나협약의 적용을 유보할 수 있게 하였다(비엔나협약 제92조).

2 비엔나협약의 직접적용

비엔나협약은 "해당 국가가 체약국일 경우에 당사자의 영업소가 상이한 국가에 소재하는 당사자 간의 물품매매계약에 적용한다."고 규정하여 직접 적용의 요건을 명시하고 있다(비엔나협약은 제1조 제1항 a호). 또한 당사자나 협약의 규정에 의하여 그 적용이 배제될 수도 있음을 규정하고 있다(비엔나협약 제3조, 제6조 및 제12조). 따라서 비엔나협약의 직접 적용의 요건은 당사자가 상이한 국가에 영업소 내지 일상의 거소가 있을 것, 국제성에 대한 인식가능성이 있을 것, 당사자의 본거지가 있는 국가가 체약국일 것 그리고 비엔나협약의 적용 배제에 관한 당사자 간의 합의가 없을 것 등을 요건으로 하고 있다.

1) 상이한 국가에 있어서의 영업소

비엔나협약에서 매매계약이 '국제적'이라는 것은 계약 당사자가 상이한 국가에 영업소를 가지거나 당사자가 영업소를 가지지 아니하는 경우에는 그 일상의 거소(비엔나협약 제10조 제2항)를 가지는 경우이다. 어느 당사자가 하나 이상의 영업소를 가지는 경우의 영업소는 계약의 체결 시 또는 그 이전에 당사자들에게 알려지거나 또는 그들이 처한 상황을 고려하여 이 협약과 가장 밀접한 관계를 가지는 영업소를 말한다(비엔나협약 제10조 제1항).

이 국제성과 관련하여 비엔나협약이 헤이그협약과 다른 점은 매도된 물품이 국경을 통과하지 않아도, 같은 국가 내에서 청약과 승낙이 표시되거나 또는 매도된 물품이 매매계약이 성립한 국가에 인도된 경우에도 매매계약의 국제성이 인정된다는 것이다. 비엔나협약은 의도적으로 이러한 특별한 제한 규정을 포기하고 있다.

2) 국제성의 가시성

비엔나협약에 의하면 "당사자가 상이한 국가에 영업소를 가지고 있다는 사실은 계약의 체결 시 혹은 그 이전에 당사자가 행한 계약 또는 거래에서 또는 당사자가 밝힌 정보로부터 드러나지 아니한 때에는 이를 무시할 수 있다."고 규정하고 있다(비엔나협약 제1조 제2항). 이 규정은 비엔나협약이 적용될 것이 예상되지 아니하는 경우에는 비엔나협약이 적용되지 않도록 하여 당사자를 보호하는 것에 그 뜻이 있다.

3) 체약국 간의 적용

당사자가 상이한 국가에 영업소 내지 일상의 거소를 가지는 경우라 하더라도 당사자의 영업소 내지 일상의 거소가 위치해 있는 국가들이 비엔나협약의 체약국이어야 한다는 것이다. 양 당사국이 계약의 청약 시점에 체약국이거나 늦어도 계약체결의 시점에 체약국일 때에 적용된다.

4) 당사자에 의한 적용배제가 없을 것

당사자는 이 협약의 적용을 배제하거나 그 효과를 변경할 수 있다(비엔나협약 제6조). 그와 같은 당사자의 적용 배제는 아무런 방식 없이 할 수 있다. 그러므로 직접 적용이 가능하려면 이런 당사자 의사에 의한 비엔나협약의 적용배제가 없어야 한다.

3 비엔나협약의 간접적용

비엔나협약에 의하면, 이 협약은 당사자들이 상이한 국가에 영업소를 가지되, 그 해당 국가가 비체약국인 때에 법정지국의 국제사법의 규칙에 의하여 체약국의 법률을 적용하게 되는 경우에 비로소 적용된다(비엔나협약 제1조 제1항 b호). 이는 적용범위의 확대를 위한 간접 적용의 요건으로는 계약의 당사자가 상이한 국가에 영업소를 가지고 있어야 하며, 그 당해 국가가 비체약국인 때에는 법정지국의 국제사법에 의해 체약국의 법률이 적용되어야 하며, 비엔나협약 제95조에 의한 유보가 없어야 한다.

1) 당사자들은 상이한 국가에 영업소를 가지고 있을 것

비엔나협약의 간접 적용에 있어서도 이 협약 제1조 제1항에 의하여 당사자들은 상이한 국가에 영업소를 가지고 있어야 양 당사자 간의 물품매매계약에 적용한다. 또한 비엔나협약 제1조 제2항에 의하여 당사자가 상이한 국가에 영업소를 가지고 있다는 사실이 계약의 체결 시 혹은 그 이전에 당사자가 행한 계약 또는 거래에서 또는 당사자가 밝힌 정보로부터 드러나야 이 협약이 적용되며, 그러한 정보로부터 상이한 국가에 영업소를 가지고 있다는 사실을 알 수 없는 때에는 비엔나협약은 적용되지 않는다.

2) 체약국 법률이 지정되어야 할 것

비엔나협약이 직접 적용되지 아니할 때에는 곧 바로 법정지의 국제사법 규정에 의하여 체약국의 법률이 준거법으로 지정되어야 한다. 왜냐하면 이러한 국가에 있어서만 비엔나협약은 현행법이고 문제된 법률관계에 간접적으로 적용될 수 있기 때문이다.

3) 비엔나협약 제95조에 의한 유보가 없을 것

비엔나협약에서는 "어느 국가든지 비준, 수락, 승인 또는 가입서를 기탁시 이 협약 제1조 제1항 제b호의 규정에 구속되지 아니함을 선언할 수 있다."고 규정하여 적용 유보를 할 수 있도록 하고 있다(비엔나협약 제95조). 따라서 체약국의 법률이 당해 거래의 준거법으로 지정되어 있다고 하더라도 비엔나협약 제95조에 따라 그 체약국이 비체약국과의 거래에서는 비엔나협약의 적용을 배제한다고 선언한 때에는 비엔나협약이 간접적으로도 적용되지 않는다. 따라서 비엔나협약에 의한 유보로 인하여 법정지의 국가가 이 협약 제1조 제1항 제b호의 적용을 배제하지 않아야 한다.

Ⅳ 비엔나협약의 적용배제

1 비엔나협약의 적용에 관한 당사자 자치의 인정

비엔나협약은 그 적용에 있어서도 "당사자는 이 협약의 적용을 배제하거나 또는 제12조에 의하여 이 협약의 어느 규정에 관하여는 그 적용을 배제하거나 또는 그 효력을 변경할 수 있다."고 하여 당사자 자치의 원칙을 인정하고 있다(비엔나협약 제6조). 즉, 비엔나협약은 당사자들이 비엔나협약의 적용을 배제하거나 또는 비엔나협약 제12조에 의하여 비엔나협약의 일부 규정의 적용을 배제하거나 그 효력을 변경할 수 있기 때문에 당사자들이 준거법으로 국내법을 적용하고자 하는 경우에는 그에 따라 비엔나협약의 적용이 배제될 수 있다.

2 비엔나협약의 물적 적용제한

1) 소비자의 구매행위

비엔나협약은 비상업용 구매행위, 즉 개인, 가족 또는 가정용으로 매입한 물품 등 소비자 매매에 관하여는 적용되지 않는다(비엔나협약 제2조 a호). 다만, 매도인이 계약 체결시 또는 그 이전에 물품이 그와 같은 용도로 매입된 것을 알지 못하였거나 또는 반드시 알았어야만 할 의무가 없었던 경우에는 비엔나협약이 적용된다(비엔나협약 제2조 a호 단서). 이 규정은 일반 소비자의 구매행위에까지 고도의 전문적·기술적인 비엔나협약을 적용한다는 것은 적당하지 않기 때문에 그 적용을 배제한 것이다.

2) 경매, 강제집행, 기타 법률에 의한 경우와 주식, 지분, 투자증권, 유통증권 또는 통화의 매매

경매, 강제집행, 기타 법률에 의한 매매에 관하여는 비엔나협약이 적용되지 않고 각 체약국의 국내법이 적용된다(비엔나협약 제2조 b호, c호). 이들 거래는 경매나 강제집행 등이 행하여지는 곳의 국내법을 적용하는 것이 적당하기 때문이다. 또한 주식, 지분, 투자증권, 유통증권 또는 통화의 매매는 각국의 경제 정책상 강행법으로 규율하는 분야이기 때문에 비엔나협약을 적용하는 것이 적당하지 않아 비엔나협약이 적용되지 않는다(비엔나협약 제2조 d호).

3) 선박, 부선, 호버크래프트 또는 항공기의 매매

비엔나협약은 선박, 부선, 호버크래프트 또는 항공기의 매매에는 적용되지 않는다(비엔나협약 제2조 e호). 이들 선박 등은 그 범위, 법적 성질 등에 관하여 각 국마다 그 법적 처리기준이 상이하고, 국내 선박법·항공법 등으로 그 거래 절차, 등기·등록을 규정하는 경우가 대부분이기 때문이다.

4) 전기의 매매

비엔나협약은 전기의 매매에는 적용되지 않는다(비엔나협약 제2조 f호). 전기의 공급 등에 관하여는 각국의 국내 특별법으로 규제를 하는 경우가 많기 때문에 전력의 매매는 일반적으로 무역거래의 대상이 되지 않는다.

3 비엔나협약상 주문생산계약 및 서비스 매매

비엔나협약은 물품을 제조하거나 생산하여 공급하는 계약은 매매로 본다. 그러나 그 물품을 주문한 당사자가 그 제조 또는 생산에 필요한 재료의 중요한 부분을 제공하는 경우에는 그러하지 아니하다(비엔나협약 제3조 제1항). 또한, 비엔나협약은 물품을 제공하는 당사자의 의무 중에서 중요한 부분이 노동 기타 서비스의 공급에 있는 계약에 관하여는 적용하지 않는다(비엔나협약 제3조 제2항). 이 규정은 설비건설에 있어서와 같이 노동, 기타 서비스의 채무가 물품의 공급에 관한 채무보다 비중이 큰 경우를 고려한 것이다. 이때 '중요한 부분'이란 것은 그 가격의 50% 이상으로 보아야 한다는 입장도 있으나, 각 거래업계의 관례를 비추어 결정해야 할 문제이다.

4 계약 또는 관례의 유효성 및 소유권 이전

비엔나협약은 매매거래의 성립과 그 계약상의 매도인과 매수인의 권리와 의무에 관하여만 규율한다. 특히 이 협약에서 달리 명시규정이 있는 경우를 제외하고, 이 협약은 다음의 사항을 규율하지 아니한다(비엔나협약 제4조).

(a) 계약 혹은 그 조항 또는 관례의 효력

(b) 매매 목적물의 소유권에 관하여 계약이 가지는 효과

즉, 본 협약은 이러한 두 가지 경우에 대하여서는 이 협약에서 달리 명시규정이 없는 이상 체약국의 국내법에 맡기고 있다. 따라서 계약의 체결 능력, 착오, 사기 및 공공질서 위반으로 인한 무효 등의 효과에 대해 국내법에서 규율하며, 관례의 효력도 규율한다.

또한, 계약은 만일 그 원인관계에 있는 매매가 비도덕적이거나 위법한 경우에는 무효이기 때문에, 국내법에 의하여 무효이다. 일정한 계약체결을 금지하는 수출입관리 또는 소비자보호법과 같은 경제적 규제는 이 협약의 적용을 받는 계약을 무효로 할 수 있다.

5 비엔나협약상 제조물 책임

비엔나협약은 매매의 목적물로 인한 사람의 사망 또는 상해에 대한 매도인의 책임에 관하여는 적용되지 아니한다(비엔나협약 제5조). 이 규정은 하자있는 물품의 제조·판매 또는 공급으로 인하여 사람을 사망이나 상해사고에 대하여 그 제조자, 매도인, 공급자에게 손해배상책임을 묻는 이른바 제조물 책임(product liability)에 대하여는 적용되지 않고, 이에 관하여는 국제사법의 원칙에 따라 준거법에 맡기고 있다.

이 규정은 매매의 목적물로 인한 사람의 사망 또는 상해에 대한 매도인의 책임은 제조물 책임에 한정적으로 적용되지 않음을 예시한 것이기 때문에 매매의 목적물로 인한 손해배상책임까지도 배제되는 것은 아니다.

6 기타의 경우

계약체결당시에 상대방이 상이한 국가 내에 영업소를 두고 있다는 사실을 알지 못한 경우에도 비엔나협약은 적용이 배제된다(비엔나협약 제1조 제2항).

V 비엔나협약의 해석원칙

1 통일적 해석의 원칙

비엔나협약은 각국의 매매관련 법규범의 모순과 충돌을 극복하기 위해 마련된 것이기 때문에 각국에서 비엔나협약의 통일적인 해석이 무엇보다 중요하다. 따라서 비엔나협약은 각국의 법원에서 서로 다른 의미로 해석되는 것을 방지하기 위하여 여러 가지로 배려하고 있는데, 통일적 해석의 원칙을 보장하기 위해 "해석에 있어서는 그 국제적 성질과 그 적용상 통일증진의 필요성 및 국제거래상 신의의 준수를 고려하여야 한다."고 규정하고 있다(비엔나협약 제7조 제1항). 이 규정은 국제협약의 통일성을 유지하고 증진하기 위해 가급적 국내법에 의존하는 것을 피하고, 본 협약 자체를 통한 해석을 할 수 있도록 하기 위한 것이다. 여기서 국제거래에서 신의성실의 준수란 유사한 사례에 대한 다른 국가의 법원에 의한 해석과 판결을 참조하여 그 내용을 존중하여야 한다는 의미이다.

2 협약 자체에 의한 법률흠결보완의 원칙

비엔나협약에 의하여 규율되는 사항으로써 협약 중에서 명시적으로 해석하고 있지 아니한 경우에는, 이 협약이 근거를 두는 일반원칙에 따라 해석하여야 하고, 그러한 원칙이 없는 때에는 국제사법의 규칙에 의하여 적용되는 법률에 따라 이를 해석하여야 한다고 규정한다(비엔나협약 제7조 제2항). 이 규정도 제7조 제1항의 경우와 마찬가지로 국내법에 의존할 것이 아니라 원칙적으로 비엔나협약의 일반원칙뿐만 아니라 확대적용 또는 유추적용 등의 방법으로 본 협약 자체 내에서 해결하되, 만일 그러한 원칙이 없는 때에는 부득이 국제사법의 원칙에 따라 해결하도록 한 것이다.

비엔나협약 제7조 제2항에서 규정하는 이 협약의 일반원칙에 대해 Honnold는 다음과 같이 예를 들고 있다.

① 계약의 상대방 당사자에 대한 충실성
② 상대방 당사자와 협력할 의무
③ 손해를 줄일 의무
④ 합리적인 사람과 같이 행동하는 것
⑤ 상대방 당사자가 원용하는 표현에 꼬투리를 달지 아니할 의무
⑥ 계약위반의 법적 효과에 대한 예상 가능성, 약속 의무의 법적 효과
⑦ 계약의 유지 등을 말한다.

3 당사자자치의 존중 및 관행과 관례 존중의 원칙

비엔나협약의 적용에 있어서 당사자의 진술 기타의 행위는 상대방이 그 자의 의도를 알았거나 또는 모를 리 없는 경우에는 그 의도에 따라 해석하여야 한다(비엔나협약 제8조 제1항). 만일 그 의도를 알지 못하였거나 또는 인식할 수 없는 때에는 당사자의 진술 기타의 행위는 상대방과 같은 종류의 합리적인 사람이 그와 같은 상황에서 이해한 바에 따라 해석하여야 한다(비엔나협약 제8조 제2항). 그리고 당사자의 의도 또는 합리적인 사람이 이해한 바를 정함에 있어서는, 당사자 간의 교섭, 당사자 간에 확립된 관례, 관행 및 당사자의 그 후의 행위를 포함하는 관련사항에 상당한 고려를 하여야 한다(비엔나협약 제8조 제3항).

당사자는 그들이 합의한 관행과 당사자 간에 확립한 관행에 구속된다고 규정하고 있는데(비엔나협약 제9조 제1항), 이는 계약의 내용과 성립에 관한 당사자의 자치를 확인한 것이다.

다른 합의가 있는 경우를 제외하고, 당사자가 알았거나 당연히 알 수 있었을 관행으로서, 국제거래에서 당해 거래와 같은 종류의 계약을 하는 자에게 널리 알려지고, 언제나 준수되고 있는 것을 당사자의 계약 또는 그 성립에 묵시적으로 적용한 것으로 본다(비엔나협약 제9조 제2항). 여기서 묵시적 합의에 의하여 적용되는 것으로 간주되는 관행은 국제무역 실무계에서 널리 알려지고 일반적으로 준수되고 있는 것에 한한다. 따라서 국내 관행 또는 지역 관행으로 일반적으로 널리 준수되고 있지 않은 관행은 외국의 당사자가 그 존재를 알았거나 또는 당연히 알 수 있었다는 이유만으로 국제거래에 적용될 수는 없다.

PART

2

무역계약의 성립과 이행

Chapter

3

무역계약의 성립

Chapter

3 무역계약의 성립

I 무역계약의 성립요건

1 무역계약의 체결과정

일반적으로 무역계약은 당사자 자치의 원칙(the principle of party's aunto-omy)에 의하여 당사자 간의 의사합치, 즉 합의에 의하여 성립한다. 당사자의 의사합치는 당사자 일방의 청약(offer)과 이에 대한 동의를 나타내는 상대방의 승낙(acceptance)에 의하여 이루어진다.

이러한 계약의 체결과정을 실무적 측면에서 단계별로 살펴보면 다음과 같다.

① 무역 마케팅활동으로써 해외시장조사를 통하여 목적시장을 선정하고, 그 목적시장에 있는 잠재력과 능력을 갖춘 유망한 거래처를 발굴한다.

② 목적시장에서 유망한 거래처를 발굴하여 선정하면, 선정된 거래처에 거래제의(business proposal : trade inquiry)를 하는데, 이를 위해 거래권유장(circular letter)을 보낸다. 거래권유장은 미지의 바이어에게 자사를 소개하는 첫 번째 서신이기 때문에 상대방이 자사에 대해 좋은 인상을 심어 주고 자사와 거래를 하도록 매력적으로 작성해야 한다. 이러한 거래권유장에는 거래처인 상대방을 알게 된 경위, 자사의 업종 및 취급상품, 자사의 자국 내에서의 위치, 경험, 생산규모, 대금결제 및 가격조건 등 거래조건, 거래시의 이익, 주문에 응할 수 있는 수량, 신용조회처 등을 기재해야 한다.

③ 무역거래는 격지자간의 거래이기 때문에 상대방에 대해 잘 알지 못하는 경우가 많다. 따라서 거래상대방에 대한 철저한 조사가 요구된다. 이를

위해 본격적인 거래를 하기 앞서 거래 상대방의 신용상태를 확인하는 것은 향후 거래 가능성을 파악하고 거래시 위험 요소를 사전에 예방한다는 차원에서 매우 중요하다. 신용조사는 상도덕(character), 자본(capital), 능력(capacity) 등 3C's를 중심으로 이루어진다.

④ 상대방의 신용도에 대해 문제가 없는 경우에는 계약을 체결하기 위한 교섭이 진행된다. 특히 일방 당사자의 청약(offer)과 그러한 청약에 대한 상대방의 승낙(acceptance)에 의하여 계약은 성립된다. 만약 청약을 받은 당사자, 즉 피청약자가 조건부 승낙(conditional acceptance)을 하는 경우가 있는데, 이는 원청약(original offer)에 대한 거절임과 동시에 새로운 반대청약(count offer)으로서의 효력을 가진다.

⑤ 무역계약이 청약자와 피청약자의 승낙에 의해 성립되지만 이러한 청약과 승낙이 단 한번으로 계약이 체결되는 경우는 드물고 실무에서는 청약의 종류와 내용에 따라 또는 당사자 간에 거래조건에 대한 합의가 어려운 경우에는 청약과 반대청약의 교섭과정을 반복하는 가운데서 모든 계약조건이 확정되고 계약은 성립된다.

⑥ 거래당사자는 마지막 단계로 무역계약의 모든 조건을 확정하면 계약은 성립하게 된다.

2 무역계약의 성립요건

무역계약은 계약당사자 일방의 청약과 상대방의 승낙이라는 합의(agreement)에 의해 계약이 성립되지만, 그 합의가 법적으로 구속력을 갖기 위해서는 다음과 같은 요건을 갖추어야 한다.

1) 적법성 및 실현가능성

계약의 목적과 내용이 적법하거나 실현 가능해야 한다. 따라서 계약의 주요 구성요소를 이루는 내용이 불확정적이거나 밀수품의 매매 또는 공서양속에 반하는 물품 등의 매매계약은 무효이다.

2) 당사자의 행위능력

계약당사자의 행위능력(capacity)이 있어야 한다. 행위능력이란 독자적으로 법률행위, 예컨대 계약을 유효하게 할 수 있는 능력을 말한다. 즉, 스스로 법률행위를 할 수 없는 제한능력자(무능력자)가 아니어야 한다. 이러한 제한능력자에는 미성년자, 일정한 요건이 갖추어진 경우에 가정법원의 심판에 의하여 비로소 제한능력자로 되는 피한정후견인(한정치산자), 피성년후견인(금치산자)이 있다. 미성년자와 피한정후견인은 법정대리인의 동의가 있으면 법률행위를 스스로 할 수 있으나, 피성년후견인은 혼자서 법률행위를 할 수 없다. 이들 제한능력자가 독자적으로 행한 법률행위는 취소할 수 있다.

3) 당사자의 자유로운 의사에 의할 것

매매당사자가 자유의사에 의한 합의(manifestation of mutual assent)로 계약을 성립시켰다는 동의의 진실성이 있어야 한다. 즉, 매매당사자의 의사표시가 착오(mistake), 사기(fraud)나 강박(duress)에 의한 경우가 아니라야 한다. 착오 등에 의한 계약은 하자있는 계약으로서 처음부터 무효이거나 취소될 수 있다.

4) 약인이 있을 것

우리나라에서는 매매계약은 당사자의 합의만으로 성립하는데 비해, 영미법에서는 합의의 요건 외에 약인(consideration)이 필요하다.

약인(consideration)이란 대륙법계에서는 볼 수 없는 전통적인 영미법에서 발전해 온 이론으로써 일반적 상거래에서 수행되는 채권계약과 호의적인 증여를 구별하기 위해 발달한 영미식 제도이다. 약인이란 물품매매계약에서 물품인도에 대한 매도인의 약속(promise)에 대해 매수인은 대금지급을 약속하거나, 매수인의 대금지급 약속에 대해 매도인이 물품인도를 약속하는 것과 같이 매매당사자 간의 대가에 대한 상호교환(bargained for exchange)을 말한다. 따라서 영미법에서는 약인을 계약상 약속의 대가로써 제공되는 행위, 즉 금전 또는 재산권의 양도, 행위 및 행위의 금지에 대한 법률관계의 변동을 의미한다.

이러한 영미법의 약인이론은 최근 약속에 의한 금반언(promissory estoppel),

서면계약, 우회적 해석 등을 통해 약인 없이도 계약이 유효하게 집행될 수 있다고 보고, 이를 완화하는 방향에서 계약이 체결되는 양상을 나타내고 있다.

이상과 같은 요건을 충족하는 경우에 계약은 유효하게 성립하며, 이렇게 유효하게 성립된 계약은 당사자를 법적으로 구속한다. 따라서 만일 이렇게 성립된 계약을 위반하는 경우에는 상황에 따라서 의무이행을 강제하거나 손해배상을 청구할 수 있다.

Ⅱ 청 약

1 청약의 개념

1) 청약의 의의

청약(offer)이란 청약자가 피청약자의 승낙에 의해 일정한 계약내용을 성립시키기 위한 일방적인 의사표시 내지 법적 구속력이 있는 계약을 체결하고자 하는 의사표시이다. 이러한 청약자의 청약에 대하여 피청약자가 그 청약을 승낙하면 즉시 매매계약이 성립되어 양 당사자를 구속하게 될 것이라는 명시적 또는 묵시적 의사표시(expressed or implied expression)를 말한다.

비엔나협약상 청약은 “1인 또는 2인 이상의 특정인을 향하여 행한 계약의 체결을 위한 제의(proposal)는 그 내용이 충분히 확정적이고 그에 대한 승낙이 있는 경우에는 구속받겠다는 의사를 표시한 것”이라고 규정하고 있다(비엔나협약 제14조 제1항). 따라서 어떤 제의가 청약으로 되기 위한 요건으로는 첫째, 청약은 1인 또는 2인 이상의 특정인을 상대로 계약을 체결하기 위한 제의라야 하며, 둘째 승낙이 있다면 이에 구속된다는 의사를 표시하고 있어야 하며, 셋째 청약의 내용은 충분히 확정적이어야 한다.

즉, 청약은 그 청약자가 청약이라는 의사표시를 명확하게 표시하고 있어야 하는데, 만약 그렇지 못한 경우 단순히 청약의 유인으로 본다(비엔나협약 제14조

제2항). 또한 청약의 내용이 확정적이어야 한다는 것은 청약의 목적물과 그 수량 및 그에 대한 대금이 확정되어 있어야 한다. 따라서 어떤 제안이 목적물을 나타내고 명시적 또는 묵시적으로 그 수량과 대금을 정하거나 또는 이를 정하는 조항이 있는 경우에는 내용이 충분히 확정되어 있는 것으로 볼 수 있다(비엔나협약 제14조 제1항). 다만, 대금에 관한 사항이 결여되어 있는 경우에는 보충규정을 두고 있다.

즉, 계약이 유효하게 성립하였으나, 그 대금이 명시적으로 또는 묵시적으로 정해지지 아니하거나 또는 이것을 정하기 위한 조항을 두지 아니한 경우에는, 당사자는 다른 약정이 없으면 계약체결 시에 당해 거래와 유사한 상황 하에서 매도되는 물품에 관하여 일반적으로 청구되는 가액을 묵시적으로 계약대금으로 정한 것으로 본다(비엔나협약 제55조). 따라서 대금에 관한 사항이 결여된 청약은 예외적으로 그 유효성이 인정된다.

청약의 주요 내용을 살펴보면, 거래대상물품, 거래방식 및 거래특성에 따라 다양하지만, 일반적으로 ① 품명(commodity name), ② 규격(grade or specification), ③ 원산지(origin), ④ 유효기간(validity), ⑤ 선적일자(shipping date), ⑥ 포장방법(packing method), ⑦ 수량(quantity), ⑧ 단가(unit price), ⑨ 대금결제방법(payment condition), ⑩ 기타 분할선적(partial shipment), 환적(transshipment), 검사(inspection), 클레임(claim), 중재(arbitration), 불가항력(force majeure) 등을 들 수 있다.

청약발행 시 유의사항을 살펴보면 다음과 같다.

① 품명(commodity)

일반 상품의 경우에는 큰 문제가 없지만 비슷한 종류의 상품이 여러 가지 있는 상품이나 상품명의 경우에는 혼동을 일으키지 않도록 명확하게 기재해야 한다. 품명은 제조업체에서 받은 청약내용을 그대로 옮기는 것이 혼동을 피할 수 있다.

② 규격(grade or specification)

동일한 품목이라도 그 품질이나 규격에 따라 가격의 차이가 많이 생길 수 있다. 따라서 후일 분쟁 등이 발생하지 않도록 규격의 표시를 정확히 기재해야 한다.

③ 원산지(origin)

상품에 따라서는 원산지가 어디인지에 따라 가격 차이가 많이 생길 수 있다. 예를 들면, Wine이라도 프랑스산과 스페인산은 서로 다르며, 동일 국가 내에서 생산되는 것이라도 지역과 생산연도에 따라 품질의 차이가 있을 수 있다. 특히 1차 산품의 청약에서 원산지의 표시가 매우 중요하다. 최근 FTA협정 체결 국가간의 거래일수록 원산지증명서는 정확해야 하고 그 중요성이 증가되고 있다.

④ 유효기간(validity)

청약의 종류에 관계없이 청약에는 유효기간이 명시되어 있다. 특히 확정청약(firm offer)의 경우 청약을 철회할 수 없기 때문에 더욱 중요한 의미를 갖는다. 확정청약은 상대방과 일정한 조건으로 계약 체결할 것을 제시하고 상대방이 승낙하면 자신이 제시한 청약 내용에 구속될 것을 확약하는 것이므로 청약의 유효기간을 무한정으로 할 수는 없다. 특히 물품의 국제 시세는 수시로 변하고 있는데, 유효기간을 과도하게 길게 정한 경우에는 국제 시세가 하락하면 비쌀 때 발행된 청약으로 인하여 손해를 입을 수 있다.

따라서 모든 청약에는 특정기간 또는 합리적인 기간(reasonable time) 동안만 유효하다는 것을 명시해야 한다. 특히 국제 시세의 변동이 심한 원면, 원맥 등 1차 산품과 관련한 청약은 대개 1주일 이내의 유효기간을 제시하는 것이 일반적이며, 급격한 환율변동 등이 있을 때는 유효기일을 단축할 수도 있고, 비고(remark)란에 환율변동이 있을 때 가격이 변동될 수 있음을 명시해 두는 것이 바람직하다.

⑤ 선적일자(shipping date, delivery date)

매수인에 대한 매도인의 물품 인도의무와 관련한 중요한 계약조건으로 반드시 언제까지 계약상품을 선적해 줄 수 있다는 선적일자가 표시되어야 한다. 일반적으로 선적일이 빠를수록 매수인에게 유리하지만, 경우에 따라서는 적기 판매 및 보관상의 문제 등을 이유로 선적을 언제부터 언제 사이에 이행해 달라고 요구하는 수도 있다. 특히 계절을 타는 상품, 즉 크리스마스 장식용구 등과 같이 적기에 선적하지 못하면 치명적인 손해를 입는 상품은 정확한 선적기일을 제시하여야 한다.

⑥ 포장(packing)

상품마다 통상 거래될 때 포장되는 상태가 다르다. 대개 "Standard Seaworthy Export Packing" 또는 "Export Standard Packing"으로 표시하여 방수재료로 포장한 상품을 나무상자에 넣고 철대로 묶는다. 철근과 같은 살화물(bulk cargo)의 경우에는 포장되지 않은 상태로 거래되지만, 일반 상품은 포장된 상태로 거래가 이루어지므로 어떤 종류의 포장재 또한 포장에 몇 단위씩 들어가는지 알려 주어야 한다.

⑦ 수량(quantity)

상품을 무한정 공급할 수 있는 것은 아니기 때문에 정해진 기일 내에 공급할 수 있는 수량만 청약하여야 한다. 특히 매입청약(buying offer)일 때는 수량이 정해져 있으며, 또한 수량의 기준도 개수(piece), 무게(weight), 길이(length), 용적(measurement) 등 다양하며 이들의 단위도 각각 상이하므로 그 수량의 단위에 주의하여야 한다.

⑧ 단가(unit price)

청약에서 가장 중요한 것이 단가이다. 상품규격과 마찬가지로 각국의 화폐단위가 다르므로 거래에 적용되는 화폐를 분명히 명시해야 한다. 특히 Dollar나 Franc으로 표시될 때는 여러 나라가 이러한 화폐단위를 사용하며 그 가치기준도 다르다. 따라서 Dollar의 경우 U.S. dollar, Hongkong dollar 등 어느 국가의 화폐단위인지 분명히 해야 한다. 결제통화를 어느 나라 통화로 결정하느냐 하는 것은 환위험을 회피하는데 중요하기 때문에 일반적으로 안전성, 교환성, 유통성 등을 고려하여 통화를 결정해야 한다.

⑨ 대금결제방식(payment)

대금결제방식을 송금결제방식으로 할 것인가, 신용장방식으로 할 것인가 또는 추심결제방식으로 할 것인가를 결정해야 하며, 또한 물품 인도기일과 대금지급일간의 시차를 고려한 대금결제기간을 제시해야 한다.

⑩ 기타

분할선적, 환적, 검사, 클레임 등 여러 가지 조건을 제시할 수 있으나, 이 모든 조건들이 청약에 반드시 명시되어야 하는 것은 아니다.

특히 과거에는 전보를 이용하여 청약을 할 때에는 거래성사에 영향을 미칠 만한 중요한 조건들만 명시하고 나머지는 계약 체결시에 추가 또는 보완하였다. 그러나 최근에는 전자통신수단의 발달로 e-mail 등을 활용할 수 있게 되면서 일반거래조건뿐만 아니라 특별조건 등 계약과 관련한 구체적인 세부사항도 쉽게 제시하여 정하고 있다.

2) 청약의 방법

청약의 방법은 반드시 서면(writing)으로 행할 필요는 없고, 구두(oral)로 행하는 것도 가능하다. 그러나 실무계에서는 전보(cable)나 텔렉스(telex) 또는 일정한 서식을 갖춘 청약서(offer sheet)를 이용하는 것이 일반적이다.

한편 전자무역의 경우에는 전자문서교환(electronic data interchange : EDI), 전자우편(e-mail) 등 정보통신기술을 이용한 전자적 매체가 주로 이용된다.

2 청약의 유인

청약의 유인(invitation to treat : invitation to offer)이란 거래 상대방으로 하여금 청약을 하도록 유도하는 계약체결을 위한 예비교섭단계(preliminary negotiation)의 의사표시이다. 따라서 상대방이 이를 수락하더라도 계약은 성립되지 아니하며 상대방을 구속하지 않을 뿐 아니라, 청약을 한 당사자의 승낙이 있어야만 비로소 계약이 성립된다. 즉, 청약의 유인은 타인으로 하여금 자기에게 청약하도록 유도하는 행위로 청약과 구분된다.

예컨대, 상대방을 특정하지 아니하고 신문이나 TV에 의한 광고, 견적서, 가격표, 카탈로그 등의 배포를 통하여 불특정인의 1인 또는 다수의 일반 대중을 상대로 하는 경우와 경매 및 입찰과 같은 것들은 단지 청약의 유인에 불과한 것으로 본다. 즉 광고, 가격표나 카탈로그의 우송 및 배포 등에 의한 불특정 다수를 상대로 하는 제안인 이른바 일반적인 청약(general offer)은 그 제안을 한 자가 청약이라는 의사표시를 명확히 표시하고 있는 경우를 제외하고, 단순히 청약의 유인으로 본다(비엔나협약 제14조 제2항).

그러나 실질적으로 청약과 청약의 유인 간에 명확히 구분하기 곤란한 경우가 많다. 이에 대해 제2차 계약법 Restatement(제25조 Comment a)에서는 "거래를 하고자 하는 의사표시는 그 의사표시를 한 자가 동의의 표시를 했을 때는 계약은 성립할 수 있지만, 통지를 받은 자가 인지하거나 인지했다는 이유만으로는 청약은 성립되지 않는다."고 규정하고 있다.

따라서 어떤 제의사항이 청약인가 또는 단순한 청약의 유인인가 하는 구분은 사용된 용어, 당사자 간에 교환된 의사표시, 의사표시가 행해진 상황에 따라 판단해야 한다. 즉, 계약의 주요 요소를 특정하여 확정적으로 제의한 경우에는 법적 구속력이 있는 계약을 의도한 것이므로 청약으로 볼 수 있을 것이며, 만일 청약 자체가 불완전하다 하더라도 사전에 합의된 사항으로 보충할 수 있는 경우에는 청약으로 해석할 수도 있다.

3 청약의 종류

청약은 발행주체에 따라 매도인이 발행한 청약인 매도청약(selling offer)과 매수인에 의한 매입청약(buying offer)으로 구분할 수 있다. 그리고 발행지를 기준으로 국내 발행청약과 국외 발행청약으로 구분할 수 있다. 국내 발행청약은 청약자가 거래상대국의 물품공급업자 및 본사를 대리하여 국내에서 발행 또는 의사를 표시한 청약으로 소위 오퍼상으로 불리는 물품매도확약서 발행업자가 발행하는 물품매도확약서(offer sheet)가 이에 해당되며, 국외 발행청약은 거래상대국의 물품공급업자 또는 제3자가 국외에서 발행 또는 의사표시를 한 매도청약을 말한다.

또한 청약의 유효기간 및 철회가능 여부를 기준으로 확정청약(firm offer)과 자유청약(free offer) 등으로 구분할 수 있다. 이하에서는 확정청약과 자유청약 및 조건부 청약(conditional offer)에 대해 살펴보고자 한다.

1) 확정청약

확정청약(firm offer)이란 취소할 수 없는 청약(irrevocable offer)을 의미한다. 즉, 상인이 일단 물품매매에 관한 의사를 가지고 서면으로 청약을 하였을 때, 그 청약조건은 약정기간 또는 약정기간이 명시되지 않았을 경우 합리적인 기간 내(within the reasonable time)에는 취소되지 않을 것이라는 청약자의 확약이 있는 것을 말한다. 따라서 그 기간 내에 상대방으로부터 승낙의 통지가 오면 청약의 내용대로 계약은 성립된다.

계약성립을 위한 확정청약의 예를 보면 다음과 같다.

"We offer you firm subject to your acceptance reaching us by June 20×× as follows."

2) 자유청약

자유청약(free offer)은 승낙기간이 지정되어 있지 않거나 청약의 내용이 확정적(firm)이라는 표시가 없는 청약으로서 상당한 기간 효력을 가지지만, 상대방이 승낙의 통지를 발송하기 전에는 언제든지 청약자가 일방적으로 청약을 철회 또는 변경할 수 있다. 이 경우에 계약의 성립을 확실하게 하기 위해서는 청약을 승낙하고 다시 청약자의 확인이 필요하다.

자유청약의 예를 보면 다음과 같다.

"We offer you the following merchandise on the terms and conditions mentioned hereunder."

3) 조건부 청약

조건부 청약(conditional offer)이란 청약의 내용에 특정한 조건이 포함되어 있는 청약을 말하며, 일반적인 것으로는 다음과 같은 것이 있다.

① 선착순매도조건부 청약

선착순매도조건부 청약(offer subject to prior sale)이란 매수인의 승낙이 청약자인 매도인에게 도달했을 때 해당물품의 재고가 있어야만 계약이 성립된다는 것을 조건으로 하는 청약으로 "offer subject to being unsold"라고도 한다.

이러한 청약은 여러 당사자들에게 동시에 청약을 할 때 이용된다.

② 승인조건부 청약

승인조건부청약(offer on approval)은 청약과 함께 물품을 보내서 상대방이 실험 또는 사용해 보아 만족하면 구입하는 것을 조건으로 하는 청약으로, 상대방이 만족하지 아니하면 일정기간 내에 반품할 수 있다. 이와 비슷한 청약으로는 물품을 일정기간 판매하다가 남으면 반품할 것을 조건으로 하는 "offer on sale or return"도 있다.

③ 확인조건부 청약

확인조건부 청약(offer subject to confirmation)은 "subject to our final confirmation"이라는 단서가 붙는 청약으로서 청약자에 대한 구속력이 없기 때문에 엄밀한 의미에서는 청약이 아니다.

"offer without engagement" 또는 "offer subject to change without notice" 또는 "offer subject to market fluctuation"과 같이 상대방의 승낙만으로 계약이 성립되는 것이 아니고 다시 청약자의 최종확인(confirmation)이 있어야만 계약이 성립된다. 따라서 이러한 청약은 청약의 유인(invitation to treat)에 해당되기 때문에 상대방인 피청약자의 승낙은 본래 의미의 청약에 해당되며, 청약자의 최종확인이 승낙으로 되어 계약이 성립된다.

4) 반대청약

반대청약(counter offer)은 매도인의 청약에 대하여 매수인이 가격, 수량, 선적조건 등에 관하여 청약내용의 일부 변경 또는 추가 제의하는 경우의 청약을 반대청약이라 한다. 즉, 반대청약은 청약자의 원청약에 대한 거절임과 동시에 원청약에 대한 새로운 청약(new offer)으로서 효력을 가진다.

반대청약의 예를 보면 다음과 같다.

"Your offer dated June 10, 20×× is too high. We can accept the offer at U.S. Dollars 10 per piece CIF New York."

5) 교차청약

교차청약(cross offer)이란 당사자들이 서로 동일한 내용의 청약을 행한 경우로써 독립적인 청약이 두 개가 존재하고 승낙은 없는 특수한 경우를 말한다. 예를 들어 A가 B에게 상품을 미화 100달러에 판매하고 싶다고 청약을 하고, 마찬가지로 B가 A 앞으로 상품을 미화 100달러에 구매하고 싶다고 청약을 한 경우를 말한다.

이러한 교차청약이 있는 경우에 매매계약이 성립하느냐 하는 점이다.

우리나라의 경우 교차청약에 대해 두 개의 의사표시가 객관적 및 주관적으로 모두 합치하고 있으므로 이에 대한 계약이 성립함을 인정하고 있다. 즉, 민법(제533조)은 두 청약이 상대방에게 도달한 때에 계약이 성립한다고 규정하고 있다.

그러나 영미법에서는 상대방이 알지 못하고 행한 청약은 상대방에 대한 승낙으로 인정하지 않으므로 교차청약에 의한 계약의 성립은 인정하지 아니하고 있다. 즉, 교차청약의 경우 청약만 있을 뿐 승낙이 없기 때문에 두 당사자의 의사표시가 합치되지 않았다고 간주하여 계약은 성립하지 않는다는 것이다.

따라서 교차청약에 의한 국제물품매매계약의 성립여부는 각국의 법률과 판례에 따라 상이하고 국제적으로 통일되어 있지 아니하다. 그렇기 때문에 매매계약 체결시 청약이 교차된다고 생각되는 경우에는, 즉시 상대방의 청약에 대하여 의사표시를 함으로 해서 후일 계약성립 여부에 관한 분쟁의 가능성을 사전에 예방하는 것이 바람직하다.

4 청약의 효력

1) 효력발생시기

청약의 효력이 발생하는 시기는 원칙적으로 청약이 피청약자인 상대방에게 도달하는 때에 효력이 발생한다(비엔나협약 제15조 제1항). 따라서 전달되지 아니한 경우에는 청약으로서 효력이 없다.

이와 함께 당사자 일방의 청약이 도달되기 전에 상대방 또한 동일한 청약을 하는 교차청약(cross offer)의 경우 그 효력이 문제로 되는데, 우리나라 민법은 두 청약이 상대방에게 도달한 때에 계약이 성립한다고 하여 유효한 청약으로 인정하고 있다. 그러나 영미법에서는 교차청약의 경우에는 원칙적으로 계약이 성립되지 아니한 것으로 본다.

2) 청약의 효력소멸

청약은 상대방의 승낙으로 그 효력이 소멸하게 되는데, 그 외에도 ① 청약자의 청약의 철회, ② 피청약자의 청약의 거절, ③ 피청약자의 반대청약(counter offer), ④ 청약의 유효기간의 경과, ⑤ 청약내용의 이행불능 또는 위법성, ⑥ 당사자의 파산이나 지급불능 등의 사유에 의해서도 청약의 효력은 소멸된다.

(1) 청약의 철회

청약의 철회(withdrawal)는 청약의 취소(revocation)와는 달리 청약자가 청약의 효력이 발생하기 전에 임의로 자신의 청약에 대한 의사표시를 회수함으로써 그 효력을 상실시키는 것이다. 이러한 청약의 철회에 대한 문제는 무역거래에서 파생하는 법적 문제를 해결하는데 중요한 효력소멸의 요인이 되고 있다. 청약의 철회에서 핵심은 바로 청약을 철회할 수 있는 시기와 그 효력발생에 대한 문제이다.

① 청약철회 가능 시기

영국법에서는 청약의 철회는 두 가지 원칙에 따르고 있는데, Anson에 의하면, 청약은 승낙 전에 철회가 가능하나, 청약이 승낙되면 철회를 할 수 없다는 점이다.

미국통일상법전 제2-205조에는 확정청약(firm offer)에 대해 철회가 불가능함을 규정하고 있다. 즉, "상인에 의해 서명되어 문서로 된 청약으로써 그 조항에 의해 효력이 지속한다는 취지로 보증된 것은 서면에 기재된 소정의 기간 중이나 혹은 기간이 정해져 있지 않을 때는 합리적 기간 중에 약인이 결여되었더라도 철회할 수 없지만, 철회불능기간은 어떠한 경우에도 3개월을 초과할 수 없다. 단, 이러한 보증조항이 피청약자에 의해 제공된 서식상에 있는 경우에는 청약자에 의해 서명되어야 한다."고 규정하고 있다.

즉, 확정청약이 철회될 수 없도록 하기 위해서는 ① 청약은 날인 또는 서명된 문서일 것, ② 상인에 의한 청약일 것, ③ 청약의 유효기간은 3개월을 초과하지 않을 것, ④ 피청약자로부터 제공된 서식에 유효기간이 기록되어 있는 경우에는 청약자가 날인 또는 서명할 것 등이다.

대륙법계에서는 확정청약은 그 기간 내 또는 기간이 정해져 있지 않을 경우에는 합리적 기간 동안 철회할 수 없다는 원리에 따르고 있다. 우리나라 민법 제527조에 의하면, "계약의 청약은 이를 철회하지 못한다."고 규정하고 있는데, 이는 청약에 대해 피청약자가 계약이행을 위해 무언가 준비를 시작하고 있을 경우에 피청약자를 보호하기 위함이다. 그러나 승낙의 기간을 정한 경우에도 청약자가 청약을 철회할 수 있다는 의사를 명시하고 있는 경우에는 동법은 적용되지 않는다.

그리고 민법에서는 "승낙의 기간을 정하지 아니한 계약의 청약은 청약자가 상당한 기간 내에 승낙의 통지를 받지 못한 때에는 그 효력을 잃는다."고 규정하고 있어(민법 제529조), 상당한 기간 내에는 철회하지 못하나 상당한 기간이 경과하면 그 청약은 효력을 잃는 것으로 보아 대륙법계의 철회불능의 원리를 따르고 있어 전통적인 영미법과는 대조를 이루고 있다.

한편 상거래의 경우에는 거래의 신속성을 요구하기 때문에 우리 상법에서는 "상인이 상시 거래관계에 있는 자로부터 그 영업부류에 속한 계약의 청약을 받은 때에는 지체없이 승낙여부에 대한 통지를 발송하여야 한다. 이를 해태한 때에는 승낙한 것으로 본다."고 청약에 대한 승낙여부에 대한 통지의무에 대하여 규정하고 있다(상법 제53조).

그리고 비엔나협약에 의하면, "계약이 체결될 때까지는 승낙의 통지를 하기 전에 취소의 의사표시가 도달한 경우 청약을 취소할 수 있다."고 규정하고 있으며(비엔나협약 제제16조 제1항), 청약을 취소할 수 없는 경우로써 ① 일정한 승낙기간을 정하거나 기타 방법으로 취소불능임을 표시하고 있는 경우, ② 피청약자가 청약을 취소불능인 것으로 신뢰하는 것이 합리적인 것으로 보고 행동하여 온 경우를 들고 있다(비엔나협약 제16조 제2항).

② 청약철회의 효력발생시기

청약철회의 효력발생시기와 관련하여 살펴보면, 청약의 철회통지는 청약과 마찬가지로 상대방에게 도달하지 않으면 안된다. 청약철회의 효력발생시기에 대해 영미법계, 대륙법계 및 비엔나협약(비엔나협약 제16조 제1항)에서 모두 도달주의 입장을 취하고 있다.

(2) 청약의 취소

피청약자가 승낙의 통지를 발송하기 전에 청약의 취소의 의사표시가 피청약자에게 먼저 도달하는 경우에는 청약을 취소(revocation)할 수 있다(비엔나협약 제16조 제1항). 그러나 예외적으로 청약이 승낙기간을 정하고 있거나 혹은 그것이 취소불능임을 나타내고 있는 경우, 피청약자가 청약을 취소불능으로 믿는 것이 합리적이고 또 피청약자가 그 청약을 신뢰하여 행동한 경우에는 이를 취소할 수 없다(비엔나협약 제16조 제2항 a호 및 b호).

취소의 효력은 의사표시에 관한 일반원칙에 따라 피청약자에게 도달한 때에 효력이 발생하지만, 그 취소의 의사표시는 피청약자가 승낙의 통지를 발송하기 전에 도달하여야 한다(비엔나협약 제16조 제1항).

(3) 청약의 거절

피청약자가 청약을 전면적으로 거절(rejection)하면 청약은 일단 그 효력이 소멸한다. 따라서 그 후에 다시 승낙의 의사표시를 하더라도 계약은 성립되지 않는다는 것은 영미법은 물론 우리 법도 마찬가지이다.

피청약자가 청약을 거절하면 청약의 효력은 소멸되며, 청약의 거절은 그 통지가 청약자에게 도달하면 효력을 발생한다. 따라서 청약철회의 통지와 같이 도달주의의 원리에 기반을 두고 있다. 그리고 청약을 일단 거절하게 되면 청약의 효력이 소멸하기 때문에 피청약자가 나중에 마음이 변하여 다시 승낙의 통지를 하여도 계약은 성립되지 않는다. 그러나 도달주의에 기본을 두고 있기 때문에 피청약자의 거절서신보다 이후의 승낙전보나 전화가 먼저 청약자에게 도착하면 계약은 성립된다.

비엔나협약에서도 "청약이 취소불능이라 하더라도 청약의 거절통지가 청약자에게 도달하는 때에 그 효력을 상실한다."고 규정하고 있다(비엔나협약 제17조).

우리 민법은 청약거절에 의한 효력 상실에 관한 명시규정을 두고 있지 않지만 피청약자가 청약을 거절하면 그 효력이 상실되는 것은 당연한 것으로 보고 있다.

그리고 미국 제2차 계약법 리스테이트먼트(제37조 제1항)에서는 "피청약자의 승낙의 권한은 청약자가 반대의 의사표시를 하지 않는 한 피청약자에 의한 청약의 거절로 소멸한다."고 규정하고 있다.

이러한 청약은 반드시 명시적으로 행해질 것을 요하지 않는다. 청약자가 피청약자로 하여금 그 청약을 승낙할 의향이 없다고 추정할 수 있는 수단이면 충분하다.

한편 우리 상법에서는 "상인이 상시 거래관계에 있는 자로부터 그 영업부류에 속한 계약의 청약을 받은 때에는 지체없이 낙부의 통지를 발송하여야 한다. 이를 해태한 때에는 승낙한 것으로 본다."고 규정하고 있다(상법 제53조). 상인 간의 계속적인 거래관계에 있는 경우에는 청약을 받았을 경우, 승낙 여부 내지 청약에 대한 거절의 의사표시를 신속하게 해야 할 필요성이 있다.

그러나 무역실무상 일반적인 상거래에서는 청약자가 청약할 때 승낙여부의 통지가 없으면 승낙한 것으로 생각한다는 문구가 삽입되어 있지 않는 한, 승낙 여부에 대한 통지가 없으면 그 청약은 거절된 것으로 간주하는 것이 일반적인 원칙이다.

(4) 반대청약

반대청약(counter offer)은 무역거래에서 피청약자가 청약에 대해 무조건 승낙을 하지 않고 청약의 내용에 조건을 붙이거나 청약의 내용을 변경하여 의사표시를 하는 경우를 의미하는데, 이는 원청약에 대한 거절임과 동시에 새로운 청약에 해당된다. 따라서 청약자에 대한 피청약자의 의사표시가 있으면 반대청약인가 아닌가를 충분히 고려해야 한다. 이것이 만일 단순한 조회에 불과하거나 조건변경이 가능한 경우에는 반대청약이 아니므로 청약을 거절하는 것은 아니기 때문에 계약이 성립할 수도 있다.

우리 민법에 의하면 "승낙자가 청약에 대하여 조건을 붙이거나 변경을 가하여 승낙한 때에는 그 청약의 거절과 동시에 새로 청약한 것으로 본다."고 규정함으로써 반대청약은 일단 청약의 거절로 보고 있다(민법 제534조).

비엔나협약에 의하면 "청약에 대한 조건부 승낙의 경우는 승낙의 거절로 보는 동시에 새로운 청약(a new offer) 또는 반대청약으로 본다."고 규정하고 있어(비엔나협약 제19조 제1항) 우리 민법과 같은 견해를 나타내고 있다.

그리고 "청약의 중요부분을 변경하지 않는 부가적 조건 또는 상이한 조건을 포함하고 있을지라도 청약의 조건을 실질적으로 변경하는 것이 아닐 경우에는 청약자가 부당히 지체하지 아니하고 구두로 상이점에 대한 이의를 제기하거나 그러한 취지의 통지를 하지 않는 한, 승낙에 포함된 변경과 함께 청약조항이 계약조항이 된다."(비엔나협약 제19조 제2항)고 규정함으로써 영미법과 조화를 이루고 있다. 그러나 가격, 대금지급, 품질, 수량, 인도장소 및 시기, 분쟁해결, 책임범위 등 실질적인 청약내용의 변경은 반대청약으로 본다고 규정하고 있다.

(5) 시간의 경과

일반적으로 청약의 효력은 시간이 경과(passing of time)함으로써 실효(lapse)된다. 청약의 유효기간이 정해져 있는 확정청약은 그 기간이 경과하면 효력이 소멸하고, 유효기간이 없는 경우에는 상당한 기간이 경과하면 효력이 소멸한다.

영미법에서도 청약에 대한 시효, 즉 유효기간은 청약의 효력존속기간으로써 청약을 행한 자가 당해물품의 거래관습이나 시세 등을 고려해서 자유로이 결정할 수 있다. 따라서 청약은 유효기간이 경과하면 실효된다.

유효기간이 명시되지 않은 경우에는 언제까지 유효한 것인지에 대해 법적 규정상 어려움이 뒤따른다. 일반적으로 유효기간이 없는 청약은 합리적인 기간(a reasonal time)을 경과할 때 실효된다. 여기서 합리적인 기간이란 상황에 따라 차이가 있는데, 곧 부패하기 쉬운 상품이나 가격변동이 심한 상품은 비교적 단기간에 청약이 실효되며, 청약을 전신으로 행한 경우에도 단기간에 실효된다.

우리 민법에서는 "승낙의 기간을 정한 계약의 청약은 청약자가 그 기간 내에 승낙의 통지를 받지 못한 때에는 그 효력을 잃는다."고 규정하고(민법 제528조 제1항), "승낙의 기간을 정하지 아니한 계약의 청약은 청약자가 상당한 기간 내에 승낙의 통지를 받지 못한 때에는 그 효력을 잃는다."고 규정하고 있다(민법 제529조). 그리고 상법에서는 "대화자간의 계약의 청약은 상대방이 즉시 승낙하지 아니한 때에는 그 효력을 잃는다."고 규정하고 있다(상법 제51조).

그런데 무역실무상 합리적 기간을 얼마로 볼 것인가에 대해 법적 근거가 없기 때문에 대단히 곤란한 경우가 많다. 실제로 1개월로 잡은 경우도 있지만 이 역시 주변 상황이나 또는 관행에 따라 결정할 문제이다.

(6) 당사자의 사망

영미법에서는 청약자나 피청약자가 사망할 경우 청약은 소멸한다. 그 이유는 당사자가 합의에 도달할 수 없기 때문이다. 그러나 우리나라 등 대륙법계에서는 당사자의 사망은 계약에 영향을 미치지 않는 것으로 보고 있다. 결국 당사자의 사망은 개개의 계약의 성질에 따라 다르다고 보는 것이 타당하다. 그러나 무역계약의 경우 당사자가 개인인 경우보다 법인이나 기업형태를 취하고 있으므로 당사자의 반대의 의사, 거래의 관행 및 당사자의 개성이 중시되어야 할 특별한 사정이 없는 한 당사자의 사망이 청약의 효력에 영향을 미치지 않는다고 보아야 할 것이다.

(7) 후발적 위법

비엔나협약이나 영국에서는 후발적 위법(subsequent illegality)이 청약에 미치는 효력에 대한 규정은 없지만, 미국에서는 청약이 이루어진 후에 계약의 이행이 위법일 때 청약의 효력은 소멸된다. 예를 들어, 알콜 음료를 판매하겠다는 청약이 이루어진 후에 그 청약을 승낙하기 전에 알콜 판매행위를 금지하는 법률이 제정되었다면 그 청약의 효력이 소멸하는 경우이다. 또한 승낙 후 입법화될 때에도 계약은 성립되지만 후발적으로 이행불능일 때에는 계약은 소멸하게 된다.

Ⅲ 승 낙

1 승낙의 의의

승낙(acceptance)이란 청약자(offerer)의 청약에 대하여 그 청약에 따라 계약을 성립시킬 목적으로 청약자에게 행하는 피청약자(offeree)의 동의의 의사표시이다. 비엔나협약에서는 승낙에 대해 "청약에 대한 동의를 나타내는 뜻을 표시한 피청약자의 진술 기타 행위"라고 규정하고 있다(비엔나협약 제18조 제1항). 따라서 청약자의 청약에 대한 피청약자의 승낙의 의사표시가 있으면 청약의 내용 그대로 계약이 성립한다. 이러한 승낙은 청약의 모든 조건에 대한 전적인 동의를 표시하는 것이기 때문에 무조건적(unconditional)이고 절대적(absolute)이어야 한다. 그렇지 않고 청약의 조건에 대한 변경이나 조건부가 등의 경우에는 승낙으로서의 효력은 발생하지 않고, 반대청약(counter offer)으로서 원청약(original offer)에 대한 거절(rejection)임과 동시에 새로운 청약(new offer)으로 된다.

2 승낙의 방법

승낙의 방법은 청약과 마찬가지로 별도로 정해져 있지 않는 한, 서면이나 구두 또는 행위에 의해서도 가능하다. 그리고 청약자는 승낙의 방법 또는 수단을 청약시에 자유로이 지정할 수 있다, 예컨대 전화, 전보, 텔렉스, 팩스, 전자문서교환방식(EDI), 우편 중 어떠한 방법으로 할 것인가를 자유로이 지정할 수 있으며, 만약 당사자가 청약서상에 미리 승낙의 방법을 지정하고 있는 경우에는 그 지정된 방법에 따라야 한다.

청약자가 특정한 승낙의 방법을 지정하고 있음에도 불구하고 피청약자가 지정한 것과 다른 방법으로 승낙한다면, 이는 반대청약이 되며 청약자가 이를 수리하지 않는 한 계약은 성립하지 아니한다. 따라서 청약자의 수리여부가 계약의 성립여부를 결정하게 되므로 이는 청약자에게 계약성립 여부에 대한 자유

선택권이 주어지는 것을 의미하므로 피청약자의 법적 지위는 불안하게 된다.

일반적으로 무역실무계에서는 ① 청약서상에 승낙의 방법이 분명하게 지정되어 있는 경우에는 그 지정된 방법에 따르며, ② 청약에 대한 승낙방법이 지정되어 있지 않다면 상황에 따라 합리적인 방법과 수단에 따른다. 예컨대 청약이 전보로 된 경우에는 전보로, 텔렉스로 된 경우에는 텔렉스로, 항공우편으로 된 경우에는 항공우편으로 승낙의 통지를 하면 된다.

한편 청약자의 청약에 대하여 피청약자가 무조건 승낙을 하지 않을 경우 청약을 거절하든지 아니면 청약조건을 변경하거나 원청약조건에 새로운 조건을 부가하여 승낙하는 경우가 있다. 이러한 경우에는 피청약자의 새로운 조건의 제의는 원청약을 거절하면서 동시에 반대청약이 성립되어 그 자체로서는 계약이 성립되지 않는다. 그러므로 피청약자의 반대청약에 대해 청약자가 이를 재확인함으로써 마침내 계약은 성립하게 된다.

그리고 청약의 중요한 조건에 대해 불충분한 애매한 내용으로 승낙을 하는 경우에는 당사자 간의 합의가 불완전한 경우에 해당하는 것으로 물론 계약은 성립하지 않는다. 단지 승낙의 암시만으로 제시한 승낙의 경우 승낙으로 간주하기에는 불충분하며, 이러한 암시를 믿고 행한 청약자는 주변상황에 따라 보호되어야 한다는 뜻에서 결국 애매한 승낙은 승낙으로서의 효력을 가지지 못한다.

연착된 승낙의 경우 우리 민법에서는 "원칙적으로 승낙의 기간을 정한 계약의 청약은 청약자가 그 기간 내에 승낙의 통지를 받지 못한 때에는 그 효력을 잃는다."고 규정하고 있다(민법 제529조). 그러나 승낙의 통지가 그 기간 후에 도달한 경우라도 보통 그 기간 내에 도달할 수 있는 발송일 때에는 청약자는 지체없이 상대방에게 그 연착의 통지를 하거나 그 도달 전에 지연의 통지를 하지 아니하면 승낙의 통지는 연착되지 아니한 것으로 보아 계약이 성립한다. 또한 청약자가 연착된 승낙을 새로운 청약으로 보아(민법 제530조), 그에 대하여 승낙함으로써 계약을 성립시킬 수 있다.

비엔나협약에서도 "연착된 승낙의 경우 청약자가 상대방에게 그 사실을 지체없이 구두로 통지하거나 그와 같은 취지의 통지를 발송하면 승낙으로서의 효력을 갖는다."(비엔나협약 제21조 제1항). 그리고 "연착된 승낙이 기재된 서신

기타 서류가 정상적으로 송달되었다면 청약자에게 기간 내에 도달하였을 것이라고 볼 수 있는 상황에서 송달되었을 경우에는 연착된 승낙이라도 승낙으로서의 효력을 갖는다. 다만, 청약자가 지체없이 상대방에게 청약이 실효된 것으로 생각한다는 구두통지를 하거나 그와 같은 취지의 통지를 발송한 때에는 그러하지 아니하다."(비엔나협약 제21조 제2항). 이 경우 계약의 성립시점은 연착된 승낙이 도달한 때로 소급한다.

그런데 문제로 되는 것은 청약을 받은 당사자에게 승낙여부에 대한 통지의무가 있는가 하는 것이다. 우리 상법(제53조)에서는 상인이 어느 정도의 계속적 거래관계가 있는 상대방으로부터 청약을 받았을 경우에는 즉시 승낙여부의 통지를 하여야 하는데, 이를 게을리한 경우에는 승낙한 것으로 간주한다. 따라서 승낙여부의 통지를 하지 않고 침묵하고 있을 경우에도 승낙으로 간주될 수 있으므로, 상대방으로부터 송부되어 온 청약을 방치해 두는 것은 매우 위험한 일이다.

3 승낙의 효력발생시기

승낙은 청약의 내용에 따라 계약을 성립시키고자 하는 의사표시이기 때문에 그러한 승낙의 의사표시가 어느 시점에서 효력이 발생되는가에 따라 계약의 성립시기가 결정된다.

의사표시의 효력발생시기와 관련하여 발신주의, 도달주의 및 요지주의(了知主義)로 구분할 수 있다. 먼저, 발신주의는 피청약자가 승낙의 의사표시를 발송한 때 계약이 성립한다는 주장이며, 도달주의는 피청약자의 승낙의 의사표시가 청약자에게 도달한 때 계약이 성립한다는 주장이다. 그리고 요지주의는 단지 물리적으로 승낙의 의사표시가 청약자에게 도달할 뿐만 아니라 현실적으로 청약자가 그 내용을 인지한 때에 계약이 성립한다는 주장이다.

승낙의 효력발생시기와 관련하여 비엔나협약은 "승낙기간 내에 동의의 의사표시가 청약자에게 도달한 때에 그 효력이 생긴다"(비엔나협약 제18조 제2항)고 규정하여 의사표시의 효력발생시기와 관련하여 일반원칙으로서 도달주의를 취하고 있다. 한국 민법 및 영미법에서도 승낙은 상대방에게 도달하여야 함을 기본원칙으로 하고 있으며, 다만 격지자간의 거래에서 우편이나 전보에 의한 승낙의 의사표시의 경우에는 예외적으로 발신주의를 취하고 있다.

따라서 대화자간의 거래의 경우 승낙은 동의의 의사표시가 청약자에게 도달한 때로부터 그 효력이 발생하며, 격지자간의 거래의 경우 우리 민법 및 영미법에서는 승낙자가 청약자에게 승낙에 대한 의사표시를 우편이나 전보를 통하여 발신하는 순간에 승낙으로서 효력이 발생되어 그 시점에서 계약이 성립하게 된다.

표 3-1 기존의 의사표시수단에 의한 승낙의 효력발생시기

통신수단 \ 준거법			한국법	영미법	독일법	비엔나협약
의사표시에 관한 일반원칙			도달주의	도달주의	도달주의	도달주의
승낙의 의사표시	대화자간	대면	도달주의	도달주의	도달주의	도달주의
		전화, 텔렉스	도달주의	도달주의	도달주의	도달주의
		EDI	도달주의	도달주의	도달주의	도달주의
	격지자간	우편, 전보	발신주의	발신주의	도달주의	도달주의

Ⅳ 서식분쟁

1 서식분쟁의 의의

서식분쟁(battle of forms)이란 매도인과 매수인이 교환한 서식의 표면에 기재되어 있는 주요 거래조건은 일치하여도 기타의 조건, 특히 이면약관이 일치하지 않는 상황을 말한다. 즉, 매도인과 매수인이 서로 자기가 발행한 서식이 우선한다고 주장할 경우에는 자기의 서식과 상대방의 서식이 상이하다는 것을 이유로 계약의 성립 그 자체를 부정할 수 있다. 또한 계약이행상의 분쟁의 해

결에 자기 서식에 기재되어 있는 조항을 적용할 것을 요구함으로써 분쟁이 생길 수 있다.

최근 기업들은 제품을 대량으로 생산하여 대량으로 판매함으로써 제품의 발주는 개별적인 계약교섭에 의하기보다는 대부분 표준서식에 의하여 거래가 이루어지 있다. 물론 가격, 품질, 가격, 수량, 인도기일 등 주요 조건에 대해서는 당사자 간에서 합의가 이루어지지만, 품질보증, 클레임 제기기간, 중재 등에 관한 조항 등 직접적인 문제가 되지 않는 조건에 대해서 세밀하게 합의하기 보다는 미리 일방적으로 인쇄되어 있는 자신들의 서식을 교환하고 있다. 따라서 일방적으로 인쇄된 자신들의 서식을 교환함으로써 양당사자 간에 교환된 서식의 내용이 서로 상이하기 때문에 분쟁이 발생할 가능성을 내포하고 있다. 이처럼 서식의 내용이 상이하지만 아직 분쟁이 발생하지 않은 경우를 잠재적 서식분쟁이라 한다. 그러나 교환된 서식의 내용이 상이하기 때문에 당사자 간에 실제로 분쟁이 발생하고, 계약의 성립 그 자체 또는 분쟁의 해결에 즈음하여 어느 서식을 우선할 것인가에 대해 다투는 경우에는 잠재적 서식분쟁이 현실적으로 발생할 수 있다.

서식분쟁은 매매계약의 성립을 확신하고 있는 당사자가 교환한 계약서의 서식(forms) 내용이 상이하거나 이러한 서식이 상이하기 때문에 계약의 성립 그 자체가 유효한가 또는 계약은 성립하였더라도 어느 서식의 조항이 유효하게 있는가에 대해 문제가 된다. 이러한 서식분쟁은 단순히 잠재적 서식분쟁에 거치는 것이 대부분이고 현실화되는 경우는 거의 없지만, 만약 서식분쟁이 현실화된 경우에 유효하고 합리적인 처리방법을 고려해 두지 않으면 안된다.

2 서식분쟁이 발생하는 경우

먼저 실무적으로 잠재적 서식분쟁이 발생하는 경우는 다음 두 가지 경우를 들 수 있다.

첫째, 텔렉스, 전화에 의한 사전 교섭이 완전히 선행되지 않거나 또는 어느 정도 교섭이 행해진 후 계약의 성립 전에 일방 당사자가 상대방에게 자기 서식으로 청약을 하고, 이에 대해 상대방도 자기의 서식으로 승낙하여 송부하는 경우이다. 예를 들면, 매수인이 구매주문서(purchase order)를 매도인에게 송부하고, 이에 대해 매도인이 매수인에게 물품매도확약서(offer sheet)를 송부하는 경우이다.

둘째, 텔렉스나 전화 등에 의한 청약과 승낙에 의하여 계약이 성립한 후, 당사자가 계약의 내용을 확인하기 위해 각각 자기의 서식을 상대방에게 송부한 경우이다.

어느 경우에도, 서식의 표면에 기재되어 있는 주요 거래조건, 예를 들면 상품명, 품질, 수량, 가격, 인도기일, 인도조건, 대금결제조건 등에 대해서는 일치하고 있지만, 기타의 조건, 특히 이면에 인쇄되어 있는 약관에 대해서는 이들 서식의 내용이 일치하지 않는 경우가 대부분이다. 이러한 경우에 과연 계약은 성립한 것인가 또는 만일 계약이 성립되었다면 어느 서식이 계약내용을 구성하고, 또 어느 서식의 조항이 우선하는가에 대해 문제가 생긴다.

다음으로 잠재적 서식분쟁이 현실적으로 서식분쟁으로 발전하는 경우로서 첫째, 당사자가 계약을 이행하기 전에 물품의 시장가격이 등락함으로써 불리하게 된 당사자가 계약조항이 상이함을 이유로 계약으로부터 벗어나고자 하는 경우에 발생한다. 이 경우에는 가격등락으로 인하여 불리한 입장에 처하게 된 당사자(예컨대, 가격이 급등한 경우에는 매도인, 가격이 급락한 경우에는 매수인)가 계약의 불성립을 이유로 계약이행을 거절할 수 있는가가 문제로 된다.

둘째, 양 당사자의 서식내용이 상이함을 묻지 않고 계약은 이행되었지만, 그 후 상품의 품질, 성능 등에 대하여 분쟁이 생기는 경우에 어느 서식의 조항이 적용되는가가 문제로 되는 경우이다. 이 경우에는 양 당사자는 서로 자기 서식에 따라 해결하고자 하기 때문에 이 분쟁을 어떻게 하여 해결할 것인가가 문제로 된다.

3 서식분쟁의 해결방안

1) 전통적인 계약법의 해결방안– 완전일치의 원칙(mirror image rule)

전통적인 계약법에 있어서는 계약은 청약과 승낙에 의하여 성립되지만, 승낙은 청약의 조항에 대하여 최종적이고 무조건적 동의로서, 청약의 조항을 변경하거나 새로운 조항을 추가한 경우에는 승낙으로 될 수 없다. 이는 승낙이 아니고 반대청약으로 되어 원청약자는 이를 승낙하는 것도 거절하는 것도 가능하다. 이것은 승낙이 승낙으로서 계약을 성립시키기 위해서는 청약의 조항에 그대로 동의한 것이야 하고, 약간의 추가・변경도 허용되지 않음을 의미한다. 따라서 승낙은 청약을 거울에 비쳐진 영상과 같이 청약과 동일한 내용이어야 하는데, 이것을 영미법에서 "완전일치의 원칙"(鏡像의 原則, mirror image rule)이라고 한다.

서식 다툼을 완전일치의 원칙에 따라 판단하는 경우에는, 서식의 각각을 시간적 순서에 따라 청약과 승낙에 해당하는 문서를 발견할 수 있는 경우에는 법원은 계약의 성립을 인정하지만, 반대청약에 대한 승낙에 해당하는 문서를 발견할 수 없으면, 계약의 성립은 부정된다.

그런데 현실적으로는 청약과 승낙에 해당하는 문서는 존재하지 않고, 계약은 성립하지 않았다고 생각됨에도 불구하고, 당사자는 계약의 성립을 믿고서 계약의 이행에 상당하는 행위를 하는 경우가 종종 있다. 이러한 경우에 법률적으로 엄밀히 계약이 성립하지 않았다고 생각할 수 있지만, 당사자가 계약의 성립을 전제로 한 행동을 취한 경우에는 그 행동을 추인할 수 있다고 생각된다. 따라서 법원은 이러한 경우에 문서의 교환 후에 보여지는 당사자의 행위, 즉 계약의 이행에 해당하는 행위에 주목하여 그것을 행위에 의한 승낙으로 보고 계약의 성립을 인정하고자 하는데, 이것이 최후에 송부된 서식이 우선하는 원칙(last-shot Rule)이다.

2) 최후에 송부된 서식 우선원칙

최후에 송부된 서식 우선원칙(last shot rule)은 당사자 간에 교환된 서식만으로 청약과 승낙에 의한 계약의 성립이 인정되지 않는 경우, 당사자 간에서 최후에 송부된 서식이 청약(또는 반대청약)으로 되고, 그것이 당사자의 이행행위에 의하여 승낙된 것으로 본다. 그 결과 최후에 송부된 서식의 조항이 당사자 간의 계약내용으로 된다는 원칙이다.

이 원칙 하에서는 첫째, 매도인이 매수인에게 보낸 서식이 마지막인 경우, 매도인의 서식이 청약으로 되고, 매수인의 물품 수리 또는 대금지불이 승낙으로 된다. 이 경우에 계약의 내용은 매도인의 서식에 의한다.

둘째, 매수인이 매도인에게 송부한 서식이 마지막인 경우, 매수인의 서식이 청약으로 되고 매도인에 의한 물품의 인도가 승낙으로 된다. 이 경우에 계약의 내용은 매수인의 서식에 의한다.

이 원칙은 명확하고 확실하게 법적 안정성을 가져 오며, 거래조건의 사용자나 수령자는 거래조건의 내용을 미리 검토함으로써, 계약 내용을 예측할 수 있다는 장점이 있다.

반면, 최후의 의사 표시자에게 일방적으로 유리하고, 그러한 의사표시를 수령한 자에게 불리하며, 누가 최후의 약관을 보냈는가라는 사정에 의하여 결론이 달라질 수 있으므로 일방 당사자가 이를 악용할 소지가 있다. 현재 대부분의 보통법 국가들은 이러한 원칙을 더 이상 채택하지 않고 있으나, 그럼에도 불구하고 여전히 이 원칙은 전통적인 완전일치의 원칙 하에서 서식분쟁을 해결하고자 우리 민법, 영미법 및 비엔나협약에서 채택하고 있는 원칙이다.

3) 상이한 조건을 배제하고 공통조건만 인정하는 원칙 : 충돌조건배제이론

서식다툼에 대한 청약과 승낙의 일반원칙, 즉 청약에 대한 완전한 승낙만이 계약을 성립시킨다거나 청약만이 계약의 조건이 된다는 종래의 전통적인 이론에서 탈피하여, 청약과 승낙이 완전히 일치하지 않더라도 계약을 성립시킬 수 있는데, 이때 계약 내용은 양 당사자가 사용한 서식 내용 중 공통된 사항이라고 보는 방식을 말한다. 이를 충돌조건 배제이론(knock-out rule)이라 한다.

이러한 충돌조건 배제원칙의 배경이 된 것은 표준계약조건 중 재판관할조항이 문제가 된 1912년 프랑스 상사법원의 판례에서 양 당사자가 계약의 본질적인 것을 합의한 경우에는 계약이 성립한다고 보고 표준계약조건과 수기조건이 충돌한 경우 수기조건을 우선시하고 저촉하는 표준계약조건은 보통법에 의하여 보충되어야 한다고 한 것이다. 즉, 계약의 본질적인 내용에 대하여 합의한 경우 비본질적인 조건은 계약의 성립을 막지 못하고 어느 쪽 일방당사자가 아니고 양당사자가 합의한 공통조건을 계약내용으로 채택하는 것으로 보고, 공통된 부분을 제외한 상이한 내용을 서로 제거하고, 제거된 조항들은 법률의 일반원칙에 의해 보충된다는 것이다. 이는 오늘날 미국, 프랑스, 독일 등 많은 나라에서 채택하고 있고, 국제상사계약법에 관한 UNIDROIT 원칙(PICC)이나 유럽계약법원칙(PECL) 등의 국제규범에서도 채택하고 있는 방식이다.

이 원칙은 보다 합리적으로 서식분쟁을 해결할 수 있다는 장점이 있지만, 분명히 당사자들은 임의법규와 다른 내용을 적용시키고자 의도했었음에도 불구하고, 당사자들이 의도하지 않은 임의법규를 적용하도록 강제하는 것은 문제가 있다. 변경된 승낙을 수령한 원래의 청약자가 승낙자의 변경의도를 뻔히 알면서도 어차피 나중에 문제가 발생하면 충돌되는 부분은 배제되리라고 생각하고 악의적으로 계약이행을 감행할 수 있다는 비판이 있다.

4 서식분쟁의 실무적인 대책

1) 서식분쟁의 회피 방안

서식분쟁을 피하기 위해서는 모든 계약의 모든 조항에 대해서 당사자 간에 철저하게 합의하고 계약을 하나의 문서로 만들 수 있다면 이상적이다. 그러나 실제로 당사자들에게 이러한 세밀한 교섭을 행할 시간적 여유가 없는 경우가 많으며, 또 상품의 수급상황 등으로 인하여 당사자 간의 역학관계에 의해 반대청약을 하면 거래를 성사시키지 못할 것을 우려하는 당사자는 굳이 이러한 교섭을 행하지 않는다. 그 결과 상이한 조항을 가진 2개의 서식이 존재하게 되고 서식분쟁이 발생한다.

그러나 이러한 상황을 피하기 위해서 당사자가 전체 계약에 대해서 모든 조항을 일치시키기는 어렵다 하더라도 리스크가 가격의 변동이 격심한 지역이나 일정 금액 이상의 계약관련 거래에 대해서도 인쇄된 이면약관을 포함하여 모든 계약조항에 대해 상대방과 합의하는 것이 필요하다.

그리고 계약 이행 후에 분쟁이 발생한 시점에 어느 서식의 조항을 적용할 것인가에 대한 분쟁을 피하기 위해서는 물품의 성질상 어떤 분쟁이 제기될 것인가를 예측할 수 있는 경우에는 그것에 대응할 해결책을 당사자 간에 의논하고 계약에 명시해 두는 것이 최선의 방법이다. 만약 당사자 간에서 포괄계약서(Master Agreement)의 체결이 가능하다면 문제를 해결할 수 있다. 특히 빈번하게 거래를 하는 경우에는 당사자가 처음에 차분히 합의하여 쌍방에게 공평하고 합리적인 포괄계약서를 작성해 두는 것이 필요하다.

2) 서식의 다툼이 현실화된 경우

서식의 다툼이 현실화되는 것은 당사자가 계약을 이행하기 전에, 물품의 가격이 등락하여 불리하게 된 당사자가 서식상의 계약조항이 상이함을 이유로 계약에서 피하고자 하는 경우 및 계약의 이행 후, 물품의 품질, 성능 등에 대하여 분쟁이 발생하여 어느 서식의 조항이 적용될 것인가 다툼이 있는 경우를 말한다.

먼저, 당사자의 일방이 계약조항이 상이함을 이유로 계약으로부터 회피하고자 하는 경우를 살펴보면, 첫째, 계약이 이미 구두, 텔렉스 등에 의하여 성립되어 있고, 그 후에 확인서가 교환된 경우에는 계약은 구두, 텔렉스 등에 의해 이미 성립하였기 때문에 당사자는 계약에 구속되고, 그 후에 교환된 확인서의 조항에 차이가 있더라도 계약으로부터 회피하는 것은 불가능하다. 그럼에도 불구하고 당사자의 일방이 계약을 이행하지 않는 때에는 상대방은 계약위반을 이유로 손해배상을 청구할 수 있다.

둘째, 서식이 청약 및 승낙으로서 교환된 경우에는 청약에 해당하는 제1 서식과 승낙에 해당하는 제2 서식의 조항이 차이가 있으면, 전통적인 계약법의 이론, 즉 경상의 원칙 하에서 계약은 성립하지 않는다. 따라서 일반론으로서는 당사자는 계약으로부터 벗어날 수 있어 그에 대한 마땅한 대책은 없는 실정이다. 따라서 당사자의 일방이 이행하지 않아도 피해를 입은 상대방은 손해배상을 청구할 수 없다.

그러나 서식이 교환될 당시에는 당사자 쌍방이 계약이 성립하였다고 확신하고, 계약을 기초로 취한 행동임에도 불구하고, 그 후의 시세의 급변에 의하여 계약으로부터 벗어나고자 하는 것이 확실하게 입증가능한 경우에는, 전통적인 계약법의 이론에 기초한 경우에도 비엔나협약 제7조의 "국제무역에 있어서 신의의 준수" 등을 원용하면 법원에서 손해배상을 인정할 여지는 있다 하겠다.

그리고 계약은 이행되었지만, 그 후 물품의 품질, 성능 등에 대해서 분쟁이 발생하여 어느 서식의 조항이 적용되는가 다툼이 있는 경우를 살펴보면, 첫째, 이미 구두, 텔렉스 등에 의해 계약이 성립된 후, 확인서가 교환된 경우에는 두

개의 확인서에 상이한 조항 중 어느 것이 분쟁의 해결에 적용되는가 하는 점이다. 이것과 관련하여 전통적인 계약법의 이론에서는 해답을 찾기 어렵다. 그러나 최근 독일의 판례에서 보는 바와 같이 어느 조항을 우선시키는 것은 신의성실의 원칙에 반하는 것으로서 쌍방을 적용하지 않고, 그 조항에 대해서는 당해 거래에 적용되는 법률의 보충규정을 원용하는 것으로 고려되고 있다. 이러한 상황에서는 법원이 원용하는 법률의 보충규정이 우연히 자기의 조항과 일치하지 않는 한 자기의 서식의 조항을 관철시킬 방법은 없다 하겠다.

둘째, 서식이 청약 및 승낙으로서 교환된 경우에는 서식을 송부한 경우에 사전에 언제나 자신이 최후에 서식을 발송하는 것을 생각할 수 있다. 이 경우에는 "최후에 송부된 서식이 우선한다는 원칙"에 의해 이들의 서식이 반대청약으로 되고 상대방의 이행행위가 승낙으로 되는 결과 서식분쟁에서 이길 수 있다. 이것은 전통적인 계약법의 이론을 활용한 대책이지만, 상대방 역시 이점을 의식하여 최후에 서식을 발송할 수 있어 언제나 유효한 방법이라 할 수 없다.

이상에서 살펴본 바와 같이 현재 상황에서는 서식분쟁이 현실화된 경우에 실무적인 대책은 서식이 확인서의 경우에 계약으로부터 벗어나고자 하는 자에 대해서 손해배상을 청구할 수 있는 것 외에는 다른 방법이 없는 실정이다. 따라서 가능한 한 양당사자가 서로 논의하여 분쟁을 미연에 방지하는 방법밖에 없다 하겠다.

Chapter

4

무역계약서의 작성과 주요 조항

Chapter

4 무역계약서의 작성과 주요 조항

I 무역계약서의 이해

1 무역계약서의 의의

무역계약은 무역매매 당사자 간의 합의에 의해 성립되는 낙성·불요식계약이므로 반드시 계약서를 작성하지 않아도 법률적으로 계약은 성립된다. 일반적으로 매도인과 매수인은 장래의 거래 안전을 위해 상호간의 포괄적 준칙으로서 "일반거래조건협정서"(Agreement on General Terms and Conditions of Business)를 작성하여 거래관계를 개설하지만, 실제에 있어 구체적인 거래는 이후의 청약(offer)과 승낙(acceptance) 또는 주문(order)과 이에 대한 확인(acknowledgement)에 의하여 계약이 성립된다.

그러나 무역계약은 일반적으로 계약체결과 동시에 계약이 이행되지 않고, 계약을 체결하고 난 일정한 기일이 경과한 후에 계약이 이행된다. 따라서 계약체결 시점에 합의했던 계약관련 거래조건들을 계약서에 작성해 두지 않을 경우 분쟁이 발생할 경우 이를 해결하는데 많은 애로가 발생할 수 있다.

그렇기 때문에 실제 무역거래에서는 오퍼(offer) 또는 오더(order)에 의해 계약을 체결할 것이 아니라 반드시 매매계약서를 작성하는 것이 필요하다. 일단 성립된 계약은 매매당사자를 법적으로 구속하기 때문에 계약내용의 확인이나 이행상의 분쟁예방, 증거가치의 보전을 위해서라도 문서에 의한 합의, 즉 매매계약서(sales contract)에 의한 수출입관련 본 계약을 체결해야 한다. 즉, 후일 계약내용에 대한 착오와 분쟁을 예방하고, 합리적으로 분쟁을 해결하기 위해서는 계약서를 작성해 두는 것이 바람직하다.

2 계약서 작성방법

무역계약의 체결형태에는 개별계약(case by case contract)방식과 포괄계약(master contract)방식이 있다. 즉, 매매당사자 간에 개별거래 시마다 계약조건을 일일이 작성하는 개별계약방식과 사전에 기본적인 계약조건을 서면으로 합의해 두고 거래 시에 필요한 내용을 작성하는 포괄계약방식이 있다.

1) 개별계약

개별계약(case by case contract)은 매매당사자가 거래조건을 상호 합의하여 거래가 성립될 때마다 그 거래에 대한 계약서를 작성하여 계약을 체결하는 것을 말한다. 다시 말해서 매 거래건별로 오퍼(offer)나 오더(order)를 확정한 후 수출입관련 계약서를 작성하는 것으로 통상 거래상대방과 초기 거래에 주로 이용된다. 즉, 개별계약이란 특정 품목을 거래할 때마다 구체적인 거래조건에 대해 합의하는 방식으로 체결되는 계약을 의미하는데, 물품매도확약서(sales note)나 매입확약서(purchase order)가 주로 활용된다.

이러한 개별계약은 표면약관과 이면약관으로 구성되어 있다.

무역거래에 사용되는 매매계약서의 형식과 내용은 거래상품의 성질이나 거래의 상황 또는 이를 작성하는 회사에 따라 다르지만, 일반적으로 다음과 같은 내용이 기재된다.

먼저 표면약관은 회사명과 주소, 연락처 등이 인쇄되어 있는 서두, 매도계약서(sales contract) 또는 구매계약서(purchase contract) 등 계약서의 명칭, 계약의 성립 사실을 확인하는 계약성립 확인문언, 매매당사자, 상품명, 품질, 수량, 가격, 대금지급, 선적시기, 목적지, 포장 및 하인, 중량결정방법, 보험, 검사, 제조자명 등 주요거래조건 및 표면약관과 이면약관과의 관계 및 서명란 등으로 구성된다.

그리고 이면약관에는 일반적으로 모든 거래에 공통되는 무역거래일반조건으로써 무역계약의 당사자가 대리인이 아니라 계약상 권리와 의무의 당사자인 본인 대 본인계약(principal to principal basis contracts)이라는 점과 계약서 표면약관 사항인 품질, 수량, 가격 및 선적조건 등 개별 약정사항에 대한 해석기준을 정한다. 또한 계약불이행과 관련한 조항으로 불가항력조항, 클레임조항, 중재조항 및 준거법조항 등 수출입거래 시 일반적으로 적용되는 공통사항도 이면약관에서 규정한다.

2) 포괄계약

포괄계약(master contract)은 동일한 상대방과의 계속 거래시에 주로 이용되는 방법으로써, 거래할 때마다 거래조건 등을 재확인 내지 수출입관련 본 계약을 체결하는 번거로움을 피하기 위해 사용하는 것이다.

포괄계약방식은 수출입거래 당사자는 당사자 간의 향후 수출입거래준칙으로서 일반거래조건협정서(Agreement on General Terms and Condition of Business)를 수출입관련 본 계약으로 약정하는데, 이 일반거래조건협정서에는 개별계약 체결시 계약서의 이면조항에 포함되는 일반무역거래약정과 함께 매 거래건별로 오퍼(offer)나 오더(order)를 확정하는 방법을 정하고, 이렇게 정한 방법에 따라 간단한 오퍼(offer)나 오더(order)를 교환함으로써 무역계약 내용을 확정한다.

이러한 포괄계약은 매매당사자가 서로 오랫동안 거래를 하였거나, 같은 품질의 물품이 정기적으로 정량 선적되는 경우의 거래 시 제조건 등을 재확인 내지 계약하는 번거로움을 없애기 위해 이용된다.

포괄매매계약서는 이미 설명한 바와 같이 거래관계 개설약정서, 즉 일반거래조건약정서와 형식과 내용이 거의 동일하다. 그리고 플랜트(plant)나 선박 또는 대형 산업기계류와 같은 대규모의 개별매매에서의 무역계약서도 역시 포괄매매계약서와 유사한 형식과 내용으로 작성된다.

일반적으로 매매계약서의 작성은 일방 당사자가 합의내용을 정리하여 2부의 계약서를 작성하고, 이에 서명한 후 상대방에게 보낸다. 이를 받은 상대방은 그 내용에 이의가 없으면 계약서 2부 모두에 서명한 후, 1부는 돌려보내고 다른 1부는 자신이 보관한다.

3) 계약서의 구성

무역계약서가 법률적으로 효력을 갖기 위해서는 일정한 양식을 갖추어야 하는 것은 아니다. 일반적으로 무역계약서에는 물품 및 물품인도와 관련한 품질,

수량, 가격, 인도, 대금결제, 포장, 보험과 같은 기본적인 조건들이 포함되며, 계약불이행 및 분쟁 등에 대비한 불가항력조항, 클레임조항, 중재조항, 준거법 조항 등을 포함하고 있다.

계약서에는 이러한 조건들이 명시적으로 기재되지만, 거래의 처음부터 끝까지 쟁점이 될 수 있는 모든 문제를 계약서에 일일이 나열하는 것은 현실적으로 어려운 일이다. 이처럼 명시된 조건 외의 사항들은 무역관습에 따르게 된다. 예컨대, 가격과 함께 정형거래조건을 표시함으로써 물품인도 과정에서 발생하는 비용 및 위험을 누가 부담하는지 그리고 서류의 제공 등 제반의무는 누가 부담하는지의 문제를 쉽게 정리할 수 있다.

Ⅱ 무역계약서의 작성

1 일반거래조건협정서

1) 일반거래조건협정서의 의의

일반거래조건협정서(Agreement on General Terms and conditions of Business)란 무역거래에서 일반적으로 적용되는 기본적인 거래조건을 당사자 간에 합의하여 정한 내용을 명시한 협정서로, 이는 법률과 관습이 서로 다른 국가간에 이루어지는 무역거래를 신속하고 원활하게 수행하기 위해 작성하는 것을 말한다. 이러한 일반거래조건협정서에서는 당사자 간에 구체적으로 약정해야 하는 사항들은 제외하고 어느 경우에도 공통적으로 적용되는 사항들을 다루는데, 거래의 기본조건, 상품에 관한 기본조건, 매매계약에 관한 조건, 무역분쟁의 해결에 관한 조건 등을 주된 내용으로 한다.

무역계약이 성립되고 본격적인 거래가 이루어지게 되면 일회성이 아닌 지속적이고 반복적인 거래관계가 형성되는 경우가 많다. 이러한 경우에 매번 거래할 때마다 개별거래에 관한 내용 중에 주요 부분은 변경될 수 있으나 일반적이고 기본적인 사항은 지속적이고 반복적으로 동일하게 이루어지는 경우가 많다. 이러한 경우 매매 당사자 간에 계약의 일반적이고 기본적 사항을 합의한 후 문서화하여 서로 서명하고 교환한다면 업무를 간소화하고 효율화할 수 있다. 또한 장차 발생할 수 있는 분쟁을 예방하는 데 도움이 되기 위해서 필요한 것이 일반거래조건협정서이다.

이러한 일반거래조건협정서는 거래가 이루어지는 단계에서 본격적 거래가 이루어지기 직전이나 청약에 대한 승낙을 통해 계약이 성립된 후에 작성하는 것이 일반적이다.

2) 일반거래조건협정서의 필요성

첫째, 매매당사자 간에 이루어지는 장래의 거래에 대한 일반적이고 보편적 기준을 미리 설정함으로써 오해나 분쟁의 여지를 줄여 줌으로써 무역계약의 성립 시간을 단축시킬 수 있으며 이를 통해 업무가 간소화된다.

둘째, 매매계약에 관한 구체적 거래조건은 오랫동안 거래를 해 오던 당사자라 하더라도 서로 간에 착오나 다른 사유에 의해서 다툼이나 분쟁이 발생할 여지가 있다. 따라서 매매계약에 관한 일반거래조건에 대해 상호 합의한 내용이 있다면 그만큼 오해나 분쟁의 소지가 줄어들게 되어 무역분쟁을 예방하는 효과가 있다.

셋째, 무역은 언어, 문화, 관습, 법률 등이 서로 상이한 국가 간에 이루어지는 상거래이기 때문에 실제 거래가 이루어지는 동안 서로에 대한 이해부족으로 거래가 지속적으로 진행되지 않는 경우도 있다. 일반거래조건협정서를 체결하여 둔다면 상관습의 상이에 따른 오해와 분쟁의 소지를 줄이거나 없앨 수 있다.

3) 주요내용

일반거래조건협정서의 주요 내용은 다음과 같다.

첫째, 거래형태에 관한 조건을 들 수 있다. 거래형태는 당사자 간의 거래라 할 수 있는 본인 대 본인(principal to principal)의 거래인지, 본인과 대리인(principal to agent)의 거래인지 아니면 대리인 간(agent to agent)의 거래인지를 명시한다.

둘째, 계약성립에 관한 조건을 들 수 있다. 계약은 일반적으로 청약에 대한 승낙으로 계약이 성립하게 된다. 이러한 경우 비엔나협약의 규정을 준용하는 경우도 있고, 당사자 간의 합의에 의하여 청약과 승낙에 관한 사항을 별도로 명시할 수 있다.

셋째, 계약물품에 관한 조건을 들 수 있다. 약정 물품의 품질, 가격에 관한 일반적인 사항 등을 정하는 것으로 수입상은 주로 물품의 품질에 대한 관심이 상대적으로 높으므로 수입상의 의견이 까다롭게 제시되는 경우도 있다.

넷째, 계약이행에 관한 조건을 들 수 있다. 계약이행은 대상 물품을 선적하고 그에 대한 대가로 대금을 수령하는 일련의 과정을 말한다. 여기에는 선적에 관한 사항, 대금지급에 관한 사항, 보험 및 포장 등에 관한 기본적 사항을 명시하게 된다.

다섯째, 분쟁해결에 관한 조건을 들 수 있다. 당사자 간에 클레임이 발생하거나 무역분쟁이 발생하였을 때 이를 해결하기 위한 내용, 방법, 형식, 절차 등에 관한 사항을 명시하게 된다.

여섯째, 기타의 조건으로 보편적인 내용이 아니라 할지라도 수입상과 수출상의 거래방식이 한쪽에서는 일반적으로 보편화되어 있는 경우에 그 내용을 명시함으로써 장기적 반복적으로 동일한 효과를 발생하게 하는 것을 말한다. 예를 들어, 수입상의 경우 항상 일정한 기준 이상의 물품만을 수입해야 하는 경우 수출할 때마다 공인검사기관의 검사를 받도록 하는 내용을 명시할 수 있고, 수출상의 경우에는 대금결제의 중요성이 크기 때문에 D/A 또는 D/P거래를 회피할 수도 있다. 이러한 경우 신용장 또는 T/T거래를 선호하되 T/T거래 시 결제시기에 관한 기준을 미리 내용에 포함시켜 둘 수도 있다.

4) 일반거래조건협정서의 예

Agreement on General Terms and Conditions of Business
This Agreement entered into between GNTECH Co., Ltd., Jinju, Korea, (hereinafter called the Seller) and ABC Corp., New York, USA, (hereinafter called the Buyer), witness as follows;

1. Business : Both Seller and Buyer act as Principals and not as Agent.
2. Goods : Goods in business, their unit to be quoted, and their mode of packing shall be stated in the attached list.
3. Quotations and Offers : Unless otherwise specified in e-mails or letters, all quotations and offers submitted by either party to this Agreement shall be in U.S. Dollars on CIF New York basis.
4. Firm Offers : All offers shall be subjected to a reply within the period stated in respective e-mail. When 'immediately reply' is used, it shall mean that a reply is to be received within three days in either case, however, sundays and all official holidays are expected.
5. Orders : Any business closed by e-mail shall be confirmed in writing without delay, and orders thus confirmed shall not be cancelled unless by mutual consent.
6. Credit : Banker's irrevocable Letter of Credit shall be issued in favor of the seller within ten(10) days from the date of contract. Credit shall be made available twenty-one(21) days beyond shipping promises in order to provide for unavoidable delays of shipment.
7. Payment : Drafts shall be drawn under irrevocable Letter of Credit at sight for full invoice value.
8. Shipment : All goods sold in accordance with this Agreement shall be shipped within the stipulated time. The date of Bill of Lading shall be taken as conclusive proof of the date of shipment. Unless expressly agreed upon, the port of shipment shall be at the Seller's option.
9. Marine Insurance : All shipments shall be covered ICC(A) Clause for a sun equal to the amount of the invoice plus ten(10) percent, if no other conditions are particularly agreed upon. All policies shall be made out in U.S. Dollars and payable in NEW York.
10. Quality : the seller shall guarantee all shipment to confirm to samples, types, or descriptions, with regard to quality and condition.
11. Damage in Transit : The seller shall be all goods in good condition, and the buyer shall assume all risks of damage, deterioration or breakage during transportation.
12. Claims : Claims, if any, shall be e-mail within fourteen(14) days after arrival of goods at destination. Certificates recognized by surveyors shall be sent by mail without delay. All claims which can not be amicably settled between Seller and Buyer shall be submitted to Arbitration in Seoul. The arbitrators are consisted of three members. The decision of the arbitrators shall be final, and the losing party shall bear expenses thereof.

13. Force Majeure : The Seller shall not be responsible for the delay of shipment in all cases of force majeure, including mobilization, war, riots, civil commotion, hostilities, blockade, requisition of vessels, prohibition of export, fires, floods, earthquakes, tempest, and any other contingencies, which prevent shipment within the stipulated period. In the event of any of the aforesaid causes rising, documents proving its occurrence or shall be sent by the Seller to the Buyer without delay.

14. Delayed Shipment : In all cases of force majeur provided in Article 13, the period of shipment stipulated shall be extended for a period of twenty-one(21) days. In case shipment within the extended period should still be prevented by a continuance of the causes mentioned in Article 13 or the consequences of any of them, it shall be at the Buyer's option either to allow the last shipment of goods or to cancel the order by giving the Seller the notice of cancellation by e-mail.

15. Shipping Notice : Shipment effected against the contract of sale shall be immediately e-mailed.

16. Shipping Samples : In case shipment samples be required, the Seller shall forward them to the Buyer prior to shipment.

17. Marking : All shipments shall be marked as arranged otherwise.

18. Teletransmission Expenses : Expenses relating to teletransmission shall be borne by the respective senders.

In witness whereof, GNTECH Co., Ltd., has hereunto set their hand on the 20th of May 20xx, and ABC Corp., has hereto set their hand on 30th of May 20xx. This Agreement shall be valid on and from the 1st of June 20xx, and any of the Articles in the Agreement shall not be changed or modified unless by mutual consent.

(Buyer) ABC Corp.	(Seller) GNTECH Co., Ltd.
(signed)	(signed)
President	President

5) 일반거래조건협정서의 해석

일반거래조건협정서
본 협정서는 한국 진주시의 GNTECH주식회사(이하 매도인이라 칭함) 및 미국 뉴욕의

ABC상사(이하 매수인이라 칭함)간에 다음과 같은 사항을 정한다.

1. 거래 : 매도인·매수인의 쌍방은 본인으로서 거래하며 대리인으로서 행동하는 것이 아니다.
2. 물품 : 거래물품, 제시단위 및 포장형태를 별첨목록에 기재한다.
3. 견적 및 청약 : 전자우편 또는 서신에 별도의 규정이 없는 한 본 협정 당사자에 의한 견적 및 청약은 모두 뉴욕항 운임·보험료포함인도조건에 의한 미화를 기준으로 한다.
4. 확정청약 : 확정청약은 모두 개개의 전자우편에 제시되어 있는 기간 내의 회답을 조건으로 간주한다. '즉답'이라는 용어를 사용하였을 때에는 회답이 3일 이내에 도착한다는 것을 의미한다. 다만 어떠한 경우에도 일요일 및 공휴일은 제외한다.
5. 주문 : 전자우편에 의하여 결정된 거래는 지체 없이 서면에 의해 확인하는 것으로 하고 이렇게 확인된 주문은 당사자 쌍방의 동의에 의하지 않는 한 취소할 수 없는 것으로 한다.
6. 신용장 : 계약체결일자로부터 10일 이내에 은행취소불능신용장이 매도인 앞으로 발행되도록 한다. 신용장은 부득이한 선적지연에 대비하기 위하여 그 유효기간을 선적약정 기일보다 21일간 길게 한다.
7. 대금결제 : 환어음은 신용장에 의거하여 일람출급으로 하고 송장금액 전액에 대하여 발행되는 것으로 한다.
8. 선적 : 본 협정에 의하여 매매되는 물품은 모두 약정기간 내에 선적되는 것으로 한다. 선화증권의 일자는 선적일을 최종적으로 입증하는 것으로 간주한다. 별도의 약정이 없는 한 선적항은 매도인이 자유로이 선정한다.
9. 해상보험 : 특히 다른 조건을 약정하지 않는 한 모든 화물은 송장금액에 10%를 가산한 것에 ICC(A) 조건의 보험을 부보하는 것으로 한다. 모든 보험증권은 미화로써 표시되며 또한 뉴욕에서 지급되는 것으로 한다.
10. 품질 : 매도인은 모든 선적화물의 품질 및 상태에 관하여 견본, 규격 혹은 명세와 일치할 것을 보증한다.
11. 운송중의 손상 : 매도인은 모든 물품을 양호한 상태로 선적하고 매수인은 운송 도중 손상·변질 혹은 파손에 관한 모든 위험을 부담하는 것으로 한다.
12. 클레임 : 클레임이 있을 때에는 물품이 목적지에 도착한 후 14일 이내에 전자우편으로써 행하고 검사인이 확증한 증명서를 지체 없이 우편으로 제시토록 한다. 매도인과 매수인간에서 화해할 수 없는 클레임은 모두 서울에서 중재에 붙여지고 그 중재인은 3명으로 구성된다. 중재인들의 결정은 최종적이며 패소자는 그 중재비용을 부담토록 한다.
13. 불가항력 : 약정기간 내에 선적을 방해하는 동원, 전쟁, 소요, 폭동, 적대행위, 항만봉쇄, 선박징발, 수출금지, 화재, 홍수, 지진, 폭풍, 기타 예측하기 어려운 사건 등의 불가항력적인 사건이 발생했을 경우에는 매도인은 선적지연에 대하여 책임을 지지 않는다. 전기한 제 요인이 발생했을 때에는 매도인은 이것의 발생, 혹은 존재를 증명하는 서류를 지체 없이 매수인에게 송부하여야 한다.

14. 선적지연 : 본 협정서 제13조에 규정한 불가항력일 경우에는 약정된 선적기간을 21일간 연장하는 것으로 한다. 유예기간 내의 선적이 제13조에 기재된 제 요인이 계속 혹은 그 결과에 의하여 아직 방해되고 있을 경우에는 지연화물의 선적을 용인하든가 아니면 전자우편으로서 해약통지를 매도인에게 행함으로써 주문을 취소할 것인가 하는 것은 매수인이 자유로이 결정토록 한다.
15. 선적통지 : 매매계약에 대하여 행한 선적은 즉시 전자우편으로 통지한다.
16. 적송품 견본 : 적송품의 견본을 필요로 할 때에는 매도인은 그와 같은 견본을 선적 전에 매수인에게 송부토록 한다.
17. 화인 : 모든 선적화물에는 별도로 약정한대로 화인을 표시한다.
18. 전보료 : 전송료는 각각의 발신인이 이를 부담한다.

상기 사항의 증거로서 GNTECH주식회사는 20xx년 5월 20일에 서명하고 또 ABC상사는 20xx년 5월 30일에 서명하였다. 본 협정서는 20xx년 6월 1일부터 효력을 발생하며 본 협정서의 조항 어느 것이든 당사자 쌍방의 의견이 일치하지 않는 한 변경 혹은 수정되지 아니한다.

(매수인) ABC상사	(매도인) GNTECH주식회사
(서명) ____________________	(서명) ____________________
대표이사	대표이사

2 포괄매매계약서

1) 포괄매매계약서의 의의

포괄계약(master contract)은 동일한 상대방과의 계속 거래 시에 주로 이용되는 방법으로써, 거래를 할 때마다 거래조건 등을 재확인 내지 수출입관련 본계약을 체결하는 번거로움을 피하기 위해 사용하는 것이다.

포괄계약방식은 수출입거래 당사자는 당사자 간의 향후 수출입거래준칙으로 일반거래조건협정서(Agreement on General Terms and Condition of Business)를 수출입관련 본 계약으로 약정한다. 이 일반거래조건협정서에는 개별계약체결시 계약서의 이면조항에 포함되는 일반무역거래조건의 약정과 함께 매 거래건별로 오퍼나 오더를 확정하는 방법을 정하고, 이렇게 정한 방법에 따라 간단한 오퍼나 오더를 교환함으로써 무역계약 내용을 확정한다.

이러한 포괄계약방식은 매매당사자가 서로 오랫동안 거래를 하였거나, 같은 품질의 물품이 정기적으로 정량 선적되는 경우 거래 시 모든 조건 등을 재확인 내지 계약하는 번거로움을 없애기 위해 이용된다. 포괄매매계약서는 거래관계 개설약정서, 즉 일반거래조건약정서와 형식과 내용이 거의 동일하다.

2) 포괄매매계약서의 구성요소

(1) 제명, 서두 및 전문

① 제명(heading, title)

제명은 계약서의 명칭인 바, Sales Contract, Sales Agreement, Agreement on Terms and Conditions of Sales of Goods 등으로 표시한다.

② 서두

포괄매매계약서의 서두는 "This Agreement enter into ~"(이 계약은 ~ 체결되어)로 시작하여, "WITNESSETH"(이하를 증명한다)로 끝난다. 여기서 witnesseth는 witness(증명하다)의 고어체이며, 계약서에 상투적으로 들어가는 표현이므로 굳이 우리말로 번역하지 않아도 무방하다.

그리고 계약당사자의 명칭과 영업소의 소재지를 기재하며, 계약일자가 기재되기도 한다. 또한 "hereinafter called the Seller/Buyer"(이하에서는 매도인/매수인이라 한다)라는 표현으로 이 계약에서 당사자의 입장과 약칭을 표시한다.

여기서 "~라 한다."라는 표현으로는 called 또는 referred to를 쓴다. 그리고 여기서의 hereinafter의 here는 앞에 나온 말을 대신하는 말로 여기서는 this agreement를 의미한다. hereunder, hereby, hereto 등에서도 또한 같다.

③ 전문

전문은 WITNESSETH 바로 다음에 이어지는 것으로 "WHEREAS, ~" (~이기 때문에)로 시작되므로, 이를 whereas clause 또는 recitals라 부른다.

이러한 전문은 약인조항으로 끝맺음을 하는데, 이는 영미식 계약서에 상투적으로 표시되는 것으로, "NOW, Therefore, in consideration of the foregoing and the obligations hereunder, the parties hereto agree as follows;"(그리하여 위의 기재내용과 이 계약상의 의무를 약인으로 하여, 이 계약의 당사자는 다음과 같이 합의한다)와 같은 내용으로 작성된다.

(2) 당사자관계

당사자관계는 양당사자가 "본인(principal) 대 본인(principal)"의 관계인지 또는 "본인(principal) 대 대리인(agent)"의 관계인지를 표시하는 부분이다.

본인(principal)이라 함은 자기의 계산과 책임으로 행동하는 자, 즉 독립된 영업주체를 말하며, 대리인(agent)은 본인으로부터 부여받은 권리와 의무의 범위 내에서 본인을 위하여 행동하고, 본인으로부터 소정의 보수를 받는 자를 말한다.

당사자 관계를 나타내는 제명(조항명칭, heading, title)으로는 privity, principal to principal basis, business(영업당사자) 등을 쓴다.

(3) 정의규정

계약서에 사용된 여러 가지 용어에 대한 정의를 내림으로써 용어의 해석에 대한 당사자 각각의 의견 차이에서 야기될 수 있는 분쟁을 예방하기 위하여 정의규정(definition article)을 두는 경우가 많다.

(4) 일반규정

계약의 핵심내용이 되는 품목명, 품질조건, 수량조건, 가격조건, 불가항력조항, 선적지연에 관한 조항 등 매매조건과 각종 조항을 기재한다.

기타 플랜트나 철도차량 및 대형 산업기계류와 같은 중장기 연불계약의 경우에는 계약금액의 상환과 연불금융에 따른 이자를 포함한 금융상환에 관한 조항, 원부자재의 가격상승에 따른 계약가격의 조정을 위한 escalation clause, 시설의 가동을 위한 기술지도에 관한 조항 및 부품의 공급조항과 A/S조항 등이 설정되기도 한다.

(5) 말미조항

말미조항은 정의규정과 일반규정인 계약서의 본문에 이어 계약서 말미에 기재되는 부분인데, 대체로 다음과 같이 표기한다.

"IN WITNESS WHEREOF, the parties hereto have caused this Agreement to be executed by their duly authorized representatives in duplicate as of the day and year first written, each party retaining one original."

(위 기재 내용을 증명하기 위하여 양 당사자는 표기의 일자에 그 대표자로 하여금 이 계약서의 2통에 서명하게 하여 그 원본 1통을 각각 보유하도록 한다.)

(6) 기명 날인과 서명

마지막으로 계약서에 양 당사자를 대표하는 자의 이름과 직책을 기재하고 직접 서명하면 계약서는 완성된다.

3) 포괄매매계약서의 예

SALES AGREEMENT

This Agreement("Agreement")is made this [1st] day of [March, 2021] by and between [ABC Corp.], with its registered office at [140, West 51st Street, New York, N.Y., U.S.A.] ("Buyer") and [GNTECH Co., Ltd.], with its registered office at [33, Dongjin-ro, Jinju, Gyeongsangnam-do, Korea] ("Seller) :

WITNESSETH

WHEREAS, the Buyer desires to purchase from the Seller and the seller desires to sell to the Buyer [five million sets of T.V.] during a period of [5] years.

Now, THEREFORE, in consideration of the Premises and covenants herein contained, the parties hereto agree as follows :

Article 1. Sale of Goods

1.1 The Buyer shall purchase from the Seller and the Seller shall sell to the Buyer newly manufactured [T.V.Set] ("Goods") subject to the terms and conditions herein provided.

Article 2. Quantity, Specification and Quality

2.1 For [5] years commencing [March 1, 2021], the Buyer shall purchase from the Seller and the Seller shall sell to the Buyer [one million(1,000,000) pieces] of the Goods per year to make the total quantities of the sale of the Goods [five millon(5,000,000) pieces] during [March 1, 2021] to [February 28, 2026].

2.2 The specification of the Goods shall be prescribed and specified in Specification attached hereto as Exhibit (I).

Article 3. Price

3.1 The agreed unit Price of each Goods("Price")is [Two Hundred United States Dollars (US$ 200)] on [C.I.F New York] basis.

3.2 The Price is fixed and effective up to shipments per formed on or before [the end of September, 2021] and thereafter the Price shall be readjusted every (6) months according to Seller's request.

Article 4. Payment

4.1 Except otherwise agreed by the parties, all the payment for the Goods shall be made in United States Dollars by an irrevocable letter of credit in favor of the Seller, [confirmed by first class International bank designated by the Seller].

The letter of credit shall be established by the Buyer at least [two months] prior to each scheduled shipment date to be stipulated in Exhibit (Ⅱ) and to be negotiable at sight against draft and to be valid for no less than [thirty (30) days] after the latest date allowed for the shipment, The Buyer shall bear all banking expenses associated with the establishing of the letter of credit.

Partial shipment, transshipment and partial negotiations of letter of credit shall be permitted and the letter of credit shall be worded accordingly.

4.2 Delay by the Buyer in establishing the letter of credit shall extend the time for performance of this Agreement by the Seller to such extent as may be necessary to enable it to make delivery in the exercise of reasonable diligence after such letter of credit has been established. Should opening the letter of credit be delayed for causes for which the Buyer is liable, Buyer shall pay the Seller amount equal to [two-tenth of one percent(0.2%)]of the amount of relevant letter of credit per each full week as liquidated damages in net cash or sight draft within [three days] from receipt of relevant bill from the Seller.

However, the total amount of liquidated damages shall not be more than [one percent (1%)] of the amount of relevant letter of credit. Should opening of letter of credit be delayed by more than [five (5) full weeks], the Seller may terminate the Agreement without prejudice to the Seller's rights under the Agreement, including claim of said liquidated damages.

Article 5. Shipment of the Goods

5.1 The Goods shall be delivered by the Seller to the Buyer at [any Korean port] in accordance with the Shipment Schedule attached hereto as Exhibit (Ⅱ) ("Shipment Schedule").

5.2 The Seller shall arrange the suitable vessel of any flag, subject to freight being available, to transport the Goods to the destination, [New York, U.S.A] or other seaport designated by the Buyer on relevant letter of credit provided that C.I.F. price is not increased.

The Seller shall notify by telex or facsimile, the Buyer of necessary information at least [7] days before each shipment so that the Buyer may make arrangement for receipt and inland trasportation, if necessary, of the Goods.

Article 6. Late Delivery

6.1 In the event that the Seller delays shipment of the Goods in accordance with the shipment Schedule for reasons solely attributable to the Seller, the Buyer shall grant the Seller [seven days] grace, without liquidated damage on each specified delivery.

After that [seven days] grace, the Buyer have the right to claim [one percent(1%)] of the contract price of the Goods of which shipment shall have been delayed, per each full week from [seven days] after the scheduled delivery date until actual shipping date thereof.

The total amount of the liquidated damage under the Agreement shall be limited to [six percent (6%)] of the contract price of the Goods delayed.

6.2 If the aforesaid delay of delivery exceeds [six (6) full weeks], the Buyer have the right to cancel the Agreement, without prejudice to Buyer's right under the Agreement, including claim of said liquidated damages.

6.3 In the event of Force Majeure, liquidated damage for late delivery shall not be applied.

Article 7. Packing and Marking

7.1 The Goods shall be packed and marked in the manner customary for exporting. In case special instructions are necessary, Buyer shall furnish Seller with such instructions in time for preparation or shipment of the goods.

Article 8. Insurance

8.1 Seller shall effect marine insurance on all shipments on [ICC(B)] for 110% of the invoice amount.

Article 9. Warranty

9.1 Each goods supplied by the Seller is hereby expressly warranted to be free from defect in material and workmanship under normal use and service.

9.2 This Warranty shall be limited to a period of [12 months] after delivery thereof to the Buyer under storage in a roofed warehouse.

9.3 The above warranty shall not apply to the Goods, which is used for a purpose for which it was not designed or which has been subject to normal wear and tear, damage caused by accident, misuse, abuse, damage occurring during shipment.

9.4 The Seller's liability under this warranty shall be IN LIEU OF ALL OTHER LIABILITIES OF THE SELLER for defect in material or workmanship of the Goods or ANY OTHER WARRANTIES, EXPRESS OR IMPLIED, statutory or at common law WHICH THE BUYER HEREBY WAIVES. In no event shall the seller be liable for consequential or indirect damages regarding the Goods.

Article 10. Claim

10.1 Any claim by the Buyer of whatever nature arising under this contract shall be made by cable within [thirty(30)days] after arrival of the goods at the destination specified in the bills of lading. Full particulars of such claim shall be made in writing, and forwarded by registered mail to Seller within [fifteen [15] days] after cabling. The Buyer must submit with particulars sworn surveyor's reports when the quality or quantity of the goods delivered is in dispute.

Article 11. Force Majeure

11.1 Except for the payments due for the Goods delivered by the Seller, any party("Affected Party") hereto shall not be responsible to the other party("Non-Affected Party") for nonperformance [either in whole or in part] or delay in performance of the terms and conditions of the Agreement, due to war, war-like operation, acts of God, riot, strikes, sabotage or other labor disturbances in the plant : lockout of the manufacturing plant : epidemics, floods, earthquakes, typhoon, embargoes, laws and regulations of the Buyer's country or seller's country : or any other causes beyond the control of the parties. In case of any such event the terms of this Agreement relating to time and performance shall be suspended during the continuance of the event.

11.2 Within [five (5) days] from the date of commencement of the event, the Affected Party shall advise the Non-Affected Party by telex, facsimile or cable of the date when such delay in performance commenced, and the reasons therefor as enumerated in this Agreement : likewise, within [five (5) days] after the delays ends, the Affected Party shall advise Non-Affected Party by telex, cable or facsimile of the date when such delay ended, and shall also specify the redetermined time by which the performance of the obligation hereunder is to be completed.

Article 12. Breach, Indemnity

12.1 In the event either party breaches an obligation under this Agreement or toward a third party, delays or interferes with the other party in the performance of this Agreement, it shall be liable to the other party for any reasonable direct damages thereby sustained by the other party. In the event a third party commences any proceeding for which a party hereto intends to claim indemnity, such party shall promptly notify the other party and allow suitable participation in all stages of the proceeding and settlement thereof. Failure to promptly notify or allow suitable participation by the other party shall reduce the right of indemnity by the extent of actual resultant prejudice.

12.2 It is specifically understood and agreed by both parties that the Buyer shall be solely responsible for the observance of any restriction against importation of the Goods imposed by any [federal or local authority] and shall defend and save harmless the Seller from any liabilities and obligations under the restriction or any claims arising out of the infringement of the restriction.

Article 13. Taxes/Duties, Contingent Charges

13.1 Any duties, tariffs for import and export or other taxes or charges which are now assessed or imposed or which may hereafter be assessed or imposed by [U.S.A] Government or other competent authorities other than [Korea] in connection with the Goods and/or transactions thereof shall be borne and paid by the Buyer.

13.2 Increase in freight, insurance premiums and/or surcharge, due to war, threat of war, warlike conditions, port congestion or other emergency or contingency unforeseen or not existent at the time of concluding the Agreement, shall be for the Buyer's account.

Article 14. Aftersales Service

14.1 The Seller may, upon request of the Buyer and consent of the Seller, dispatch some experienced technicians to some places in [U.S.A] for the purpose of rendering effective after-service in connection with the Goods.

Article 15. Infringement

15.1 The Buyer shall be liable for and hold the Seller harmless from and against all losses and damages incurred and suits and claims brought by third party due to possible infringement of trademark, patent, copyright or other proprietary rights of the third party in connection with the Seller's manufacture and sale of the Goods according to the Specification attached hereto as Exhibit(I).

Article 16. Termination

16.1 The Agreement may be terminated upon occurrence of any of the following event :

i) Agreement in writing of the parties ;

ii) By the non-defaulting party, upon default by the other party in the performance of any of its obligations under the Agreement, if not remedied within [30 days] after receipt of written notice from the non-defaulting party ;

iii) By the other party, upon either party's (a) making an assignment for the benefit of creditors, being adjudged bankrupt, or becoming insolvent : (b) having a reasonable petition filed seeking its dissolution or liquidation not stayed or dismissed within [sixty (60) days] : or (c) ceasing to do business for any reason ;

iv) By the Seller, if the Buyer fails to open relevant letter of credit by more than [five (5) full weeks] as stipulated in Article 4.2 hereof ;

v) By either party, if a force majeure condition under Article 11 hereof makes it unreasonble to proceed with the Agreement in the foreseeable future.

16.2 Upon termination of the Agreement, neither party shall be discharged from any antecedent obligations or liabilities to the other party under the Agreement unless otherwise agreed in writing by the parties.

16.3 Nothing in the Agreement shall prevent either party from enforcing the provisions thereof by such remedies as may be available in lieu of termination.

Article 17. Arbitration

17.1 All disputes, controversies, or differences which may arise between the parties, out of or in relation to or in connection with this contract or for the breach thereof, shall be finally settled by arbitration in Seoul, Korea accordance with the Commercial Arbitration Rules of The Korean Commercial Arbitration Board. The award rendered by the arbitrator(s) shall be final and binding upon both parties concerned.

Article 18. Trade Terms and Governing Law

18.1 The Trade Terms under this agreement shall be governed and interpreted under the provisions of INCOTERMS 2020.

18.2 This Agreement shall be governed by and construed in all respects under and by the laws of Korea.

18.3 In the event of conflict between the laws of Korea and INCOTERMS 2020, INCOTERMS 2020 shall prevail and govern.

Article 19. Assignment

19.1 Either party shall not assign this Agreement to any other person without the other party's prior consent in writing. In the event of assignment with the written consent of the other, the one shall not be relieved from its obligations under this Agreement and shall be held responsible for its performance.

Article 20. Non-Waiver

20.1 No claim right of either party under this Agreement shall be deemed to be waived or renounced in whole or in part unless the waiver or renunciation of such claim or right is acknowledged and confirmed in writing by such party.

Article 21. Notice

21.1 Unless otherwise agreed by the parties, all notices, invoices and communications under this Agreement shall be sent to the parties at their addresses set forth in initial paragraph of the Agreement. All notices shall be sent by registered airmail and where circumstances require, notices may be sent by cable, facsimile or telex which shall be confirmed by registered air mail.

Article 22. Entire Agreement

22.1 This Agreement constitutes the entire agreement between the parties, all prior representations having been merged herein, and may not be modified except by a writing signed by a duly authorized representatives of both parties.

Article 23. Effective Date and Term

23.1 This Agreement shall become effective upon signing of the duly authorized representatives of both parties and remain in full force and effect up to [February 28, 2026] unless terminated earlier pursuant to Article 16.

"IN WITNESS WHEREOF, the parties hereto have caused this Agreement to be executed by their duly authorized representatives in duplicate as of the day and year first written, each party retaining one original."

ABC CORP.	GNTECH CO., LTD.
By : ____________________	By : ____________________
Title : __________________	Title : __________________

4) 포괄매매계약서 해석

매매계약서

이 계약은 [2021. 3. 1][ABC사](이하 매수인 : 미합중국 뉴욕주 뉴욕시 웨스트 51가 140 소재)와 [GNTECH(주)](이하 매도인 : 대한민국 경상남도 진주시 동진로 33 소재)간에 체결되었다.

매수인과 매도인은 향후 [5]년간 [500]만대의 [T.V]를 매매하고자 희망하므로 여기에 기재된 약속을 약인으로 하여 당사자들은 다음과 같이 합의한다.

제1조 (상품매매)

매수인과 매도인은 이 계약에 규정된 조건으로 신제품 [T.V. 세트] (이하 상품)를 매매하기로 한다.

제2조 (수량・규격・품질)

① [2021. 3. 1]부터 [2026. 2. 28]까지 향후 [5]년간, 매수인은 매도인으로부터 [매년 100만대]씩 총 [500만대]의 상품을 매입하고 매도인은 이를 매수인에게 판매한다.

② 상품의 명세는 첨부된 표(I)의 명세서에 기재된 바와 같다.

제3조 (가격)

① 합의된 상품의 단가는 [뉴욕항 운임보험료 포함가격]으로 [미화 200불]이다.

② 위의 가격은 [2021. 9월말]이전에 선적된 상품에 적용되고, 그 이후의 가격은 매도인의 요청에 의하여 매 [6]월마다 조정한다.

제4조 (지급)

① 당사자 간에 달리 합의하지 않는 한, 상품대금은 매도인을 수익자로 하는 [매도인이 지정한 국제적인 제1급 은행이 확인한] 취소불능신용장으로 결제하여야 한다. 신용장은 표 (2)에 기재한 예정 선적일자보다 최소한 [2개월]전에 개설되어야 하며 동 신용장은 일람출급 화환어음으로 결제되며, 허용된 최후 선적일로부터 최소한 [30일]동안 유효한 조건이어야 한다. 매수인은 신용장 개설과 관련한 은행비용을 부담한다. 분할선적, 환적, 신용장에 의한 분할 결제 등이 허용되어야 하며 그러한 조건이 신용장에 명시되어야 한다.

② 매수인이 신용장을 지연하여 개설하는 경우, 이 계약의 이행기간은 신용장개설 후, 합리적으로 노력하여 상품을 인도할 수 있을 만큼 연장된다. 매수인의 귀책사유로 신용장의 개설이 지연되는 경우에는, 매수인은 지연되는 1주일마다 관련신용장 금액의 [0.2%]를 예정손해금으로서 매도인의 청구를 받은 후 [3일]이내 현금이나 일람출급 어음으로 매도인에게 지급하여야 한다. 그러나 예정손해금은 관련신용장 금액의 [1%]를

초과하지 못한다. 신용장의 개설이 [5주]이상 지연되는 경우에는 매도인은 위 예정손해금의 청구를 포함하여 이 계약에 의한 매도인의 권리를 침해함이 없이 이 계약을 해제할 수 있다.

제5조 (선적)

① 표 (2)로 첨부된 선적스케줄에 따라, 매도인은 상품을 [대한민국의 항구]에서 매수인에게 인도한다.

② 매도인은 [미국, 뉴욕]이나, C.I.F. 가격이 증가되지 않는 범위 내에서, 관련신용장에서 매수인이 지정한 기타 항구를 목적항으로 운송하는 운임선급의 적절한 국적선을 수배하여야 한다. 매도인은 매수인이 상품의 인수 및 내륙수송을 위한 필요한 조치를 취할 수 있도록 선적시마다 선적일 [7일]전에 텔렉스나 모사전보로써 매수인에게 관련정보를 통지하여야 한다.

제6조 (인도지연)

① 매도인의 귀책사유로, 선적스케줄에 의한 선적이 지연되는 경우에는 매수인은 예정된 인도에 관한 예정손해금 없이 [7일간]의 유예기간을 행해야 한다. [7일간]의 유예기간 후, 매수인은 예정된 인도기일 [7일]후부터 실제로 선적된 일자까지 매주마다 선적이 지연된 상품의 계약금액의 [1%]를 손해배상으로 청구할 권리를 가진다. 예정손해금의 총액은 지연된 상품의 계약금액의 [6%]를 초과하지 못한다.

② 상품의 인도가 [6주]이상 지연되는 경우, 매수인은 위 예정손해금의 청구를 포함하여 이 계약에 의한 매수인의 권리를 침해함이 없이 계약을 해제할 권리를 가진다.

③ 불가항력의 경우, 인도지연에 대한 예정손해금은 적용되지 아니한다.

제7조 (포장과 하인)

상품은 수출시 사용하는 관례적인 방법으로 포장되고 화인이 표시되어야 한다. 특별지시가 필요한 경우에는, 매수인은 매도인에게 상품선적을 위한 적절한 시일 내 동 지시를 통지하여야 한다.

제8조 (보험)

매도인은 모든 적하에 대하여 송장금액의 110%에 상당한 금액으로 [협회적하약관(B)] 조건의 해상보험에 부보하여야 한다.

제9조 (담보)

① 매도인이 인도한 모든 상품에 대하여 정상적인 사용을 조건으로 재료와 기술상의 하자

가 없음을 명시적으로 담보한다.

② 하자 담보는 매수인의 창고에 입고된 후부터 [12개월]까지 유효하다.

③ 위 담보책임은 상품이 예정외의 목적에 사용되거나, 상품이 마멸, 사고에 의한 손상, 오용, 남용,, 운송중 손상 등의 경우에는 적용되지 않는다.

④ 이 담보조항에 의한 매도인의 책임은, 상품의 재료나 기술상의 하자에 대한 매도인의 기타의 모든 책임으로 대신할 수 있거나, 명시적으로 또는 묵시적으로 매수인이 유보하는 성문법이나 보통법상의 기타 담보책임으로 대신할 수 있다. 그러나 어느 경우에든, 매도인은 상품에 관한 파생적, 간접적 손상에 대하여는 책임을 지지 않는다.

제10조 (클레임)

이 계약으로 인하여 발생하는 어떠한 종류의 매수인의 클레임도 상품이 선하증권에 기재된 목적지에 도착한 후 [30일]이내에 전신으로 제기하여야 한다. 전신 후 [15일]이내에 동 클레임의 명세는 서면으로 작성되어 등기우편으로 매도인에게 송부하여야 한다. 상품의 품질이나 수량이 문제가 되는 경우에는 매수인은 상세한 검사보고서를 제시하여야 한다.

제11조 (불가항력)

① 매도인이 인도한 상품대금의 지급을 제외하고, 어느 당사자도 전쟁, 준전시상태, 천재지변, 파업, 태업 또는 기타 노동쟁의, 공장폐쇄, 전염병, 홍수, 지진, 폭풍, 수출금지, 매수인 또는 매도인 국가의 법규, 기타 당사자가 통제할 수 없는 사유로 계약조건을 불이행[전부 혹은 일부]하거나 이행을 지연한 경우에는, 상대방에 대하여 그로 인한 책임을 부담하지 않는다. 위의 경우, 기간 및 이행에 관한 이 계약의 조건은 불가항력 사유가 지속되는 동안만큼 연기된다.

② 채무불이행 당사자는 불가항력 사유가 발생한 날로부터 [5일]이내에 상대방에게 텔렉스, 모사전보 또는 전신으로써 지연사유의 개시일자와 이 계약에 열거된 지연 사유를 통보하여야 한다. 또한 채무불이행 당사자는 지연사유가 종료된 후 [5일]이내에 상대방에게 텔렉스, 모사전보 또는 전신의 방법으로 지연사유의 종료일자와 예상되는 계약의무이행 완료일자를 통보하여야 한다.

제12조 (계약위반, 보상)

① 일방 당사자가 계약상 또는 제3자에 대한 의무를 위반하거나, 계약이행을 지연하거나, 상대방의 계약이행을 방해하는 경우에는 상대방이 입은 합리적인 직접손해에 대하여 책임을 진다.

제3자가 법적인 절차를 개시하고, 동 절차에 의하여 일방 당사자가 상대방에게 배상을 주장할 수 있는 때에는, 일방은 즉시 상대방에게 통지하여 상대방 당사자가 위 절차 및 그의 해결을 위한 모든 과정에 적절히 참여할 수 있도록 하여야 한다. 일방이 위의 통지를 하지 않거나, 상대 당사자가 위의 절차에 적절히 참여하도록 하지 못한 경우에는, 그 상대당사자가 입은 실질적인 손해만큼 배상권리가 경감된다.

② 특히, 양 당사자는 매수인만이 [미국 연방 또는 지방당국]이 부과하는 상품수입에 관한 규제사항을 준수할 책임이 있으며 또 규제사항에 의한 책임과 의무 또는 규제사항 위반에 의한 어떠한 클레임에 대해서도 매도인을 보호하여야 하며, 매도인은 면책되는 것으로 양해하고 합의한다.

제13조 (세금, 관세, 예상하지 못한 비용)

① 상품 또는 이 거래와 관련하여, [미국]정부 또는 [한국]이외의 기타 당국에 의하여 부과되거나 부과될 수 있는 수입과 수출의 조세, 관세 혹은 기타 세금, 경비 등은 매수인의 부담으로 매수인이 지급한다.

계약체결시 예상할 수 없었거나, 존재하지 않았던 전쟁이나 전운, 전쟁상태, 항만적체 혹은 기타 긴급상황으로 인한 운임 인상, 보험료 인상 그리고 혹은 추가경비 등은 매수인의 부담으로 한다.

제14조 (사후판매서비스)

매수인의 요청과 매도인의 동의에 따라, 매도인은 이 건의 상품과 관련하여 효율적인 사후서비스를 위하여 [미국] 내로 유능한 기술자를 파견할 수 있다.

제15조 (권리침해)

표 (1)로서 첨부된 명세서에 따라 제조된 상품과 관련하여 매수인은 상표, 특허, 저작권 또는 기타 제3자의 재산권 침해로 인하여 제3자가 제기한 손해 및 손실 그리고 소송이나 클레임에 대하여 책임을 지며, 매도인은 면책이 된다.

제16조 (계약종료)

① 이 계약은 다음 경우에 종료한다.

1. 서면에 의한 당사자의 합의에 의하여;
2. 계약의무불이행이 있고, 이에 따른 채무불이행 당사자가 상대방의 서면에 의한 이행최고 후 [30일]이내에 구제조치를 하지 않을 때, 그 상대방에 의하여 ;
3. 일방이 (a)일부 채권자들만의 이익을 확보해 주기 위한 사해행위를 하거나, 파산선고를 받거나, 지급불능인 상태가 되는 경우, (b)해산 또는 청산을 구하는 소가 [60일]이내 정지되지 않거나, 기각되지 않은 경우, (c)기타 이유로 영업을 중단한 경우, 그 상대방에 의하여 :
4. 이 계약 제4조 제2항에 규정된 바와 같이 매수인이 [5주]이상 관련 신용장을 개설하지 않은 경우, 매도인에 의하여 ;

5. 이 계약 제11조 불가항력 상황으로 인하여 계약을 지속한다는 것이 불합리한 경우에, 어느 일방 당사자에 의하여 ;

② 이 계약이 종료되는 경우, 상대방에 대하여 종료이전의 이 계약에 의한 책임과 의무를 지지 않는다. 다만, 당사자들이 서면으로 이와 다른 약정을 한 경우에는 그러하지 아니하다.

③ 이 계약의 어느 조항도, 어느 일방이 계약 종료를 대신하여 이용가능한 구제조치로서 이 계약의 조항을 강제하는 것을 방해하지 못한다.

제17조 (중재)

이 계약으로부터, 또는 이 계약과 관련하여 또는 이 계약의 불이행으로 말미암아 당사자 간에 발생하는 모든 분쟁, 논쟁 또는 의견 차이는 대한민국 서울특별시에서 대한상사중재원의 상사중재규칙에 따라 중재에 의하여 최종적으로 해결한다. 중재인[들]에 의하여 내려지는 판정은 최종적인 것으로 당사자 쌍방에 대하여 구속력을 가진다.

제18조 (무역조건의 해석기준 및 준거법)

① 이 계약에 의한 무역조건은 INCOTERMS 2020에 의하여 준거되고 해석된다.

② 이 계약은 한국법에 의하여 준거되고 해석된다.

③ INCOTERMS 2020과 한국법이 상충되는 경우에는 INCOTERMS 2020이 우선적으로 적용된다.

제19조 (계약의 양도)

어느 일방 당사자도 상대방의 서면에 의한 사전동의 없이는 이 계약을 제3자에게 양도하지 못한다. 상대방의 서면동의에 의하여 계약을 양도하는 경우에도, 양도한 당사자는 이 계약에 대한 의무를 면하지 못하며 계약이행에 대하여 책임을 진다.

제20조 (권리불포기)

이 계약에 따른 당사자의 클레임이나 권리의 전부 또는 일부는 그러한 클레임이나 권리의 포기를 서면으로 승인하거나 확인하지 않는 한 포기한 것으로 간주되지 않는다.

제21조 (통지)

당사자 간에 달리 합의하지 않는 한, 이 계약에 의한 모든 통지, 송장, 통신 등은 이 계약의 서두에 기재된 주소로 송부되어야 한다. 모든 통지는 등기우편으로 이뤄져야 하며 상황에 따라 전신, 모사전보, 텔렉스로 통지하는 경우에는 항공등기우편으로 확인하여야 한다.

제22조 (통합조항)

이 계약은 당사자가 합의한 모든 것이며 종전의 모든 표시는 이 계약에 통합되어 있으며 양 당사자 간의 정당한 권한을 가진 대리인의 서명이 있는 서면에 의하지 않고는 변경할 수 없다.

제23조 (효력발생일 및 기간)

이 계약은 정당한 권한을 가진 양 당사자의 대리인이 서명한 즉시 효력을 발생하며 [2026. 2. 28]까지 유효하다. 다만, 제16조에 따라 계약이 조기에 종료하는 경우에는 그러하지 아니하다.

위 기재 내용을 증명하기 위하여 양 당사자는 표기의 일자에 그 대표자로 하여금 이 계약서의 2통에 서명하게 하여 그 원본 1통을 각각 보유하도록 한다.

ABC 상사	GNTECH 주식회사
By: ____________________	By: ____________________
Title: __________________	Title: __________________

3 물품매도확약서

1) 물품매도확약서의 의의

물품매도확약서(offer sheet)는 무역대리업자가 무역거래에 있어서 매매당사자에게 물품의 명세 및 가격조건 등을 주 내용으로 하여 매입 및 매도의사를 문서로 발행한 물품공급에 관한 확약서를 말한다. 국내 무역업자가 발행한 것을 국내발행 오퍼, 외국의 수출업자가 발행한 것을 국외발행 오퍼라고 한다.

2) 물품매도확약서의 예

① GNTECH Co., Ltd.

33 Dongjin-ro, Jinju, Gyeongnam

52725 KOREA

Tel : +82.55.751-3891 Fax : +82.55.751-3890

OFFER SHEET

② Messrs : ABC. CORP.

③ Our Ref : GN12345

④ Date : March. 01, 2017

⑤ We are pleased to offer you on the following terms and conditions described as follows

⑥ Origin : Republic of Korea

⑦ Shipment : Within 30 days after receipt of your L/C

⑧ Destination : NEW YORK, USA

⑨ Packing : EXPORT STANDARD CARTON PACKING

⑩ Payment : By an irrevocable negotiation L/C AT SIGHT in our favor

⑪ Price Term : CIF NEW YORK, USA INCOTERMS 2020 IN USD/PC

⑫ Validity : March. 31, 2021

⑬ Advising Bank :

⑭ Remark :

No.	⑮ Commodity & Description	⑯ Q'ty	⑰ Unit Price	⑱ Amount
	Man's Shirts S/N : 3159M 77 Size Only Color Breakdown White Blue Red	 1,000 1,000 1,000	 USD20.00 USD20.00 USD20.00	
		3,000		USD60,000.00

Yours Very Truly

⑲ Accpted by

⑳

3) OFFER SHEET 작성요령

항목	작성요령
① 회사명	청약자 회사이름, 주소, 연락처 등을 기재한다.
② Messrs	피청약자의 회사이름을 기재한다.
③ Our Ref.	청약자의 참조번호를 기재한다.
④ Date	청약하는 일자를 기재한다.
⑤ 청약문구	아래와 같이 청약한다는 문구를 기재한다.
⑥ Origin	청약하는 제품의 원산지를 기재한다.
⑦ Shipment	선적조건을 기재한다. 선적조건은 신용장을 통지받은 날로부터 몇 일 이내 혹은 T/T 선수금을 받은 날로부터 몇 일 이내 등과 같이 조건부로 명시하는 것이 효과적이다.
⑧ Destination	가격조건에 따라 달라질 수 있으나 목적항 또는 최종목적지를 기재한다.
⑨ Packing	포장방법에 대하여 기재하며 특별한 포장방법을 합의하지 않는 경우에는 수출회사의 일반적인 포장방법을 명시한다.
⑩ Payment	대금결제조건을 구체적으로 기재한다. "우리 회사를 수익자로 하는 취소불능 일람불 매입신용장"
⑪ Price term	INCOTERMS(2010)의 가격조건과 통화종류 및 제품단위를 기재한다. "한피스당 미화로 운임보험료 포함(CIF) 가격임"
⑫ Validity	청약의 유효기일을 기재하며 free offer를 하고자 하는 경우에는 기재하지 않아도 된다.
⑬ Advising Bank	신용장 결제방식의 경우에는 통지은행을 기재하고 만약 무신용장인 경우에는 송금 받고자 하는 은행의 BIC(Business Identifier Code)와 수출자의 은행계좌번호(A/C)를 기재한다.
⑭ Remarks	한정된 청약서 양식으로 인하여 특별히 명시하고자 하는 기타사항을 기재한다.
⑮ Commodity	제품명과 제품의 상세 specification을 기재한다.
⑯ Q'ty	제품의 수량을 기재한다.
⑰ Unit Price	제품의 단가를 기재한다.
⑱ Amount	제품금액 총합계를 기재한다.
⑲ Accepted by	매수인이 서명하는 난이다.
⑳ Yours Very ~	매도인(청약자)의 이름과 서명을 하는 곳으로써 실서명을 하여도 되고 서명감을 찍어도 된다.

4 구매주문서

1) 구매주문서의 의의

구매주문서(purchase order)는 매도인이 발행한 물품매도확약서 또는 견적송장(proforma invoice)에 의거하여 매수인이 발행하는 주문서를 말한다.

구매주문서는 물품발주서와 같은 성격을 가지고 있으며, 기업에서 구매담당자가 공급업체의 견적서를 토대로 필요한 물품의 품명, 규격, 수량, 단가, 납품일자 등을 기입하여 공급업체에 구입의사를 표시할 때 사용하는 문서이다.

구매주문서를 작성할 때에는 공급업체가 정확히 어떠한 물품이 필요한지 쉽고 정확하게 알 수 있도록 형식에 맞추어 명확하게 기재하는 것이 바람직하다.

계약서라는 것이 불요식성의 원칙이 적용되어 규정된 형식을 요하지 않고 계약의 사적 자치원칙에 의거 당사자 간에 필요한 사항을 규정하고 합의하면 되므로 구매주문서 등도 일정한 형식을 요구하지는 않는다.

2) 구매주문서의 예

① ABC CORP.

140, West 51st Street, New York, N.Y. 10051
U.S.A
Tel : (201)932-9000 Fax : (201)932-9001

PURCHASE ORDER

② Messrs.

GNTECH Co., Ltd.
33 Dongjin-ro, Jinju,
Gyeongnam, KOREA

③ P/O NO. : GN12345
④ Date : March. 01, 2021

We are pleased to place an order the under mentioned goods in accordance with the terms and conditions as follows:

⑤ Description	Man's Shirts S/N : 3159M 77 Size Only White, Blue, Red 1,000pcs/each color

⑥ Quality	As per the sample no. GNSM93340 on Jan. 15, 2021
⑦ Packing	EXPORT STANDARD CARTON PACKING
⑧ Quantity	3,000pcs
⑨ Unit Price	USD20.00/pc
⑩ Amount	USD60,000.00
⑪ Price Term	CIF NEW YORK, USA INCOTERMS 2020 IN USD/PC
⑫ Loading Port	Busan, Korea
⑬ Discharge	New York, USA
⑭ Insurance	Covered by Supplier
⑮ Payment	By an irrevocable at sight negotiation L/C in favor Gntech Co., Ltd.
⑯ Shipment	APR. 15, 2021

Authorized by ________________

President

3) 구매주문서(PURCHASE ORDER) 작성요령

항목	작성요령
① 회사명	구매자(Buyer) 회사이름, 주소, 연락처 등을 기재한다.
② Messrs	판매자(Supplier)의 회사이름을 기재한다.
③ P/O NO.	P/O의 구매자 참조번호를 기재한다.
④ Date	구매주문서의 일자를 기재한다.
⑤ Description	제품명과 제품의 상세 specification을 기재한다.
⑥ Quality	제품의 품질조건을 기재. 샘플과 동일한 품질 요청 가능하다.
⑦ Packing	포장방법에 대하여 기재하며 특별한 포장방법을 합의하지 않는 경우에는 수출회사의 일반적인 포장방법을 명시한다.
⑧ Quantity	제품의 수량을 기재한다.
⑨ Unit Price	제품의 단가를 기재한다.
⑩ Amount	제품금액 총합계를 기재한다.

⑪ Price term	INCOTERMS(2010)의 가격조건과 통화종류 및 제품단위를 기재한다. “1피스당 미화로 운임보험료 포함(CIF) 가격임”
⑫ Loading Port	선적항을 기재한다.
⑬ Discharge	하역항을 기재한다.
⑭ Insurance	보험관련 사항을 기재. CIF 조건이므로 공급자가 보험에 부보해야 한다.
⑮ Payment	대금결제조건을 구체적으로 기재한다. “OO 회사를 수익자로 하는 취소불능 일람불 매입신용장”
⑯ Shipment	선적 기한을 기재한다.

5 물품매매계약서

1) 물품매매계약서의 의의

물품매매계약서(sales contract)란 매매계약을 체결하고 매도인과 매수인간에 매매계약의 내용을 증명하기 위해 주고받는 문서, 즉 물품매매에 대한 계약 내용을 상세히 기재한 문서를 말한다.

보통 한 장으로 매매계약서를 작성하여 전면(face, front)을 구성하고 그 이면(back)에 매매에 적용할 상세한 조항을 기재한다.

전면에는 거래목적물과 매매조건 등 청약에 기재하는 내용과 동일한 내용이 기재되며, 이면에는 불가항력조항(force majeure clause)과 중재조항(arbitration clause) 및 준거법조항(governing law clause) 등 여러 가지 조항들이 기재된다. 만약 당사자가 거래관계 개설시에 “일반거래조건협정서(Agreement on General Terms and Conditions of Business)”를 작성해 둔 경우와 당사자 간에 과거부터 매매가 계속적으로 이어져 오는 경우에는 이면조항의 기재는 불필요하며 백지 상태로 남게 된다.

일반적인 계약서와 마찬가지로 물품매매계약서는 2부를 작성하여 각각 판매자와 구매자의 서명 또는 날인을 한 뒤 1부씩 보관한다.

2) 물품매매계약서의 예 1

SALES CONTRACT

① Ref. No. : GN12345

② DATE : March. 05, 2021

③ The Buyer : ABC CORP.
140, West 51st Street, New York, N.Y. 10051
TEL : (201)932-9000 FAX : (201)932-9001

④ The Seller : GNTECH Co.,Ltd.
33 Dongjin-ro, Jinju, Gyeongnam, Korea
Tel : +82.55.751-3891 Fax : +82.55.751-3890

⑤ The Seller and the Buyer have mutually agreed to conclude this sales contract under the following articles and conditions :

⑥ Description of Goods	⑦ Q'ty	⑧ Unit Price	⑨Amount
Man's Shirts S/N : 3159M 77 Size Only White, Blue, Red 1,000pcs/each color	3,000PCS	USD20.00	USD60,000.00
TOTAL	3,000PCS		USD60,000.00

〈 Terms and Conditions 〉

⑩ Price Term : CIF NEW YORK, USA INCOTERMS 2020 IN USD/PC

⑪ Shipment : Within 30 days after receipt of your L/C

⑫ Destination : NEW YORK, USA

⑬ Origin : Republic of Korea

⑭ Packing : EXPORT STANDARD CARTON PACKING

⑮ Payment : By an irrevocable negotiation L/C AT SIGHT

⑯ Bank Info. :

⑰ Remarks :

The Seller
GNTECH Co., Ltd.

The Buyer
ABC CORP.

3) 물품매매계약서 작성요령

항목	작성요령
① Ref No.	계약서 작성 참조번호를 기재한다.
② Date	계약하는 일자를 기재한다.
③ Buyer	매수인 관련 사항을 기재한다.
④ Seller	매도인 관련 사항을 기재한다.
⑤ 계약문구	아래와 같이 계약한다는 문구를 기재한다.
⑥ Goods	제품명과 제품의 상세 specification을 기재한다.
⑦ Q'ty	제품의 수량을 기재한다.
⑧ Unit Price	제품의 단가를 기재한다.
⑨ Amount	제품금액 총합계를 기재한다.
⑩ Price term	INCOTERMS(2010)의 가격조건과 통화종류 및 제품단위를 기재한다. "한피스당 미화로 운임보험료 포함(CIF) 가격임"
⑪ Shipment	제품의 선적기한을 기재한다.
⑫ Destination	제품의 목적지(하역항)을 기재한다.
⑬ Origin	제품의 원산지를 기재한다.
⑭ Packing	포장방법에 대하여 기재하며 특별한 포장방법을 합의하지 않는 경우에는 수출회사의 일반적인 포장방법을 명시한다.
⑮ Payment	대금결제조건을 구체적으로 기재한다. "취소불능 일람불 매입신용장"
⑯ Bank Info.	신용장 결제방식의 경우에는 통지은행을 기재하고 만약 무신용장인 경우에는 송금 받고자 하는 은행의 BIC(Business Identifier Code)와 수출자의 은행계좌번호(A/C)를 기재한다.
⑰ Remarks	특별히 명시하고자 하는 기타사항을 기재한다.

4) 물품매매계약서의 예 2

SALES CONTRACT

____________, as Seller, hereby confirms having sold to __________ as Buyer, the following goods by this sales contract made on the above date and on the terms and conditions hereinafter set forth.

	ITEM NO.	COMMODITY & SPECIFICATION	QUANTITY	UNIT PRICE	AMOUNT
◎					
◎					
◎					
◎					
◎					
TOTAL AMOUNT					

□ Time of Shipment : [DATE MONTH YEAR]
□ Port of Shipment :
□ Port of Destination :
□ Payment

	AT SIGHT L/C	By an irrevocable letter of credit payable at sight
	USANCE	By an irrevocable, confirmed and unconditional letter of credit
	DP	By documents against payment
	DA	By bill(s) of exchange drawn on Buyer due ________ days from B/L date
	DD	By a D/D(Demand Draft) within ________ days after the date of B/L
	TT	By a T/T(Telegraph Transfer) within ________ days after the date of B/L
	MT	By a M/T(Mail Transfer) within ________ days after the date of B/L

□ Insurance : Seller to cover the [CIF] price plus ________% against All Risking War and SRCC Risks
□ Packing : [Export standard packing]
□ Marking : ______________________________
□ Special Terms & Conditions :

□ This Contract is subject to the general and conditions set forth on back hereof :

	Seller	Buyer
By	______________	______________
Address	______________	______________
Title	______________	______________
Name	______________	______________

〈GENERAL TERMS AND CONDITIONS〉

Article 1. Quantity : Quantity set forth in this Contract is subject to a variation of _______ percent more or less at Seller's option.

Article 2. Shipment : Date of bill of lading shall be accepted as a conclusive date of shipment. _______ days grace in shipping shall be allowed. Partial shipment and/or transshipment shall be permitted unless otherwise stated in this Contract. Seller shall not be responsible for any delay in shipment due to Buyer's failure to provide timely a letter of credit in conformity with this Contract, nor shall Seller be responsible for any damages incurred by Buyer due to either delay in arrival of the ship and/or airplane designated by Buyer beyond the prearranged date of shipment.

Article 3. Packing and Marking : Packing and Marking shall be performed at Seller's option. In case special instructions are necessary, Buyer should provide Seller with such instructions in a timely manner. all the additional cost thereby incurred shall be borne by Buyer. Shipping Mark shall be made as shown in the oblong of the front page of this Contract.

Article 4. Insurance : In case of CIF or CIP basis, ________% of the invoice amount shall be insured In the case of the Goods sold on CIF or CIP terms, Seller shall obtain insurance on the Goods at _____% of the Invoiced Amount, unless otherwise agreed : any additional insurance required by Buyer to be at his own expense : unless otherwise stated, insurance to be covered for marine insurance only FPA or ICC (C) Clause. Seller may, if he deems it necessary, insure against additional risks at Buyer's expense.

Article 5. Increased costs : If Seller's costs of performance are increased after the date of this Contract by reason of increased freight rates, taxes or other governmental charges or insurance rates, or if any variation in rates of exchange increases Seller's costs or reduces Seller's return, Buyer agrees to compensate Seller for such increased cost or loss of income. Further, if at any time Buyer requests shipment later than agreed and Seller agrees thereto, Seller may, upon completion of manufacture, store the Goods and charge all expenses thereby incurred to Buyer, plus reasonable storage charges when Seller stores the Goods in its own facilities.

Article 6. Payment

☐ AT SIGHT L/C An irrevocable letter of credit, without recourse, available against Seller's sight drafts shall be established through a prime bank satisfactory to Seller within ______ days after the date of this Contract and be kept valid at least ________ days after the date of last shipment. The amount of such letter of credit shall be sufficient to cover the Contract amount and additional charges and/or expenses to be borne by Buyer.

☐ USANCE For the payment of the Contract Price specified hereof the Buyer shall provide the Seller with the irrevocable, confirmed and unconditional letter of credit (hereinafter called "L/C") in the amount of USD ______ at ______ months usance basis(after the date of draft issued by the Seller or bill of lading) in favor of the Seller to be opened within _____ days from the signing date of the Contract under the agreed terms and conditions by the Seller and Buyer.

	DP

After shipment, the Seller shall deliver a sight bill(s) of exchange drawn on the Buyer together with the required documents to the Buyer through a bank. The Buyer shall effect the payment immediately upon the first presentation of the bill(s) of exchange and the required documents, i.e. D/P.

	DA

After shipment, the Seller shall deliver bill(s) of exchange drawn on the Buyer, payable ______ days after ______, together with the required documents to the Buyer through a bank for acceptance. The Buyer shall accept the bill(s) of exchange immediately upon the first presentation of the bill of exchange and the required documents and shall effect the payment on the maturity date of the bill(s) of exchange.

	DD

The Buyer shall pay the invoice value of the goods by means of D/D(Demand Draft) within ______ days after the receipt of the required documents : within _____ days after the date of the Bill of Lading.

	TT

The Buyer shall pay the invoice value of the goods to the Seller's account with the bank designated by the Seller by means of T/T(Telegraph Transfer) within _____ days after the receipt of the required documents : within _____ days after the date of the Bill of Lading.

	MT

The Buyer shall pay the invoice value of the goods by the Seller by means of M/T(Mail Transfer) within _____ days after the receipt of the required documents : within ______ days after the date of the Bill of Lading

Article 7. Inspection : The inspection of the Goods shall be done according to the export regulation of the Republic of Korea and/or by the manufacturer(s) which shall be considered as final. Should any specific inspector be designated by Buyer, all additional charges incurred thereby shall be at Buyer's account and shall be added to the invoice amount, for which the letter of credit shall be amended accordingly.

Article 8. Warranty : The Goods shall conform to the specification set forth in this

Contract and free from defects in material and workmanship for months from the date of shipment. The extent of Seller's liability under this warranty shall be limited to the repair or replacement as herein provided of any defective Goods or parts thereof. Provided, however, this warranty does not extend to any of the said Goods which have been : (a) subjected to misuse, neglect, accident or abuse, (b) improperly repaired, installed, transported, altered or modified in any way by any other party than Seller or (c) used in violation of instructions furnished by Seller. Except for the express limited warranties set forth in this article, seller makes no other warranty to buyer, express or implied, and herby expressly disclaims any warranty of merchantability or fitness for a particular purpose. In no event shall Seller be liable to Buyer under this Contract or otherwise for any lost profits or for indirect, incidental or consequential damages for any reason.

Article 9. Claims : Any claim by Buyer of whatever nature arising under this Contract shall be made by facsimile, cable, or e-mail within ______ days after arrival of the Goods at the destination specified in the bills of lading. Full particulars of such claim shall be made in writing, and forwarded by registered mail to Seller within _______ days after such fax, cabling, or e-mailing. Buyer must submit with particulars the inspection report sworn by a reputable surveyor acceptable to the Seller when the quality or quantity of the Goods delivered is in dispute. Failure to make such claim within such period shall constitute acceptance of shipment and agreement of Buyer that such shipment fully complies with applicable terms and conditions.

Article 10. Remedy : Buyer shall, without limitation, be in default of this Contract, if Buyer shall become insolvent, bankrupt or fail to make any payment to Seller including the establishment of the letter of credit within the due period. In the event of Buyer's default, Seller may without prior notice thereof to Buyer exercise any of the following remedies among others :

(a) terminate this Contract :

(b) terminate this Contract as to the portion of the Goods in default only and resell them and recover from Buyer the difference between the price set forth in this Contract and the price obtained upon resale, plus any incidental loss or expense : or

(c) terminate the Contract as to any unshipped balance and recover from Buyer as liquidated damages, a sum of five (5) percent of the price of the unshipped balance. Further, it is agreed that the rights and remedies herein reserved to Seller shall be cumulative and in addition to any other or further rights and remedies available at law.

Article 11. Force Majeure : Neither party shall be liable for its failure to perform its obligations hereunder if such failure is the direct result of circumstances beyond that party's reasonable control, including but not limited to, prohibition of exportation, suspension of issuance of export license or other government restriction, act of God, war, blockade, revolution, insurrection, mobilization, strike, lockout or any labor dispute, civil commotion, riot, plague or other epidemic, fire, typhoon, flood.

Article 12. Patents, Trade Marks, Designs, etc. : (a) Buyer acknowledges and agrees that : (i) any and all Seller's intellectual property rights are the sole and exclusive property of Seller or its licensors :

(ii) Buyer shall not acquire any ownership interest in any of Seller's intellectual property rights under this Agreement :

(iii) any goodwill derived from the use by Buyer of Seller's intellectual property rights inures to the benefit of Seller or its licensors, as the case may be :

(iv) if Buyer acquires any intellectual property rights, rights in or relating to any Goods (including any rights in any trademarks, derivative works or patent improvements relating thereto) by operation of law, or otherwise, such rights are deemed and are hereby irrevocably assigned to Seller or its licensors, as the case may be, without further action by either of the parties : and

(v) Buyer shall use Seller's intellectual property rights solely for purposes of using the Goods under this Agreement and only in accordance with this Agreement and the instructions of Seller.

(b) Buyer shall not:

(i) take any action that interferes with any of Seller's rights in or to Seller's intellectual property rights, including Seller's ownership or exercise thereof :

(ii) challenge any right, title or interest of Seller in or to Seller's intellectual property rights :

(iii) make any claim or take any action adverse to Seller's ownership of Seller's intellectual property rights :

(iv) register or apply for registrations, anywhere in the world, for Seller's trademarks or any other trademark that is similar to Seller's trademarks or that incorporates Seller's trademarks :

(v) use any mark, anywhere that is confusingly similar to Seller's trademarks :

(vi) engage in any action that tends to disparage, dilute the value of, or reflect negatively on the Goods or any Seller's trademarks :

(vii) misappropriate any of Seller's trademarks for use as a domain name without prior written consent from Seller : or

(viii) alter, obscure or remove any Seller's trademarks, or trademark or copyright notices or any other proprietary rights notices placed on the Goods, marketing materials or other materials that Seller may provide.)

Article 13. Governing Law : All matters arising out of or relating to this Contract are governed by and construed in accordance with the laws of Republic of Korea.

Article 14. Arbitration : Any dispute arising out of or in connection with this contract shall be finally settled by arbitration in Seoul in accordance with the Arbitration Rules of the Korean Commercial Arbitration Board.

Article 15. Language : This Agreement may be executed in English and in other languages (including Korean). In the event of any difference or inconsistency among different versions of this Agreement, the English version shall prevail over in all respect.

Article 16. Trade Terms : All trade terms provided in the Contract shall be interpreted in accordance with the latest INCOTERMS 2020 of International Chamber of Commerce.

5) 물품매매계약서 해석

물품 매매계약서

________(이하 매도인)와 ________사(이하 매수인)는 ___년 월 일 다음과 같이 계약을 체결한다.

	품목번호	상품 및 명세	수량	단가	금액
합 계					

□ 선적시기 : ________년________월________일
□ 선 적 항 : ________________________항
□ 도 착 항 : ________________________항
□ 대금지급

	AT SIGHT L/C	일람불취소불능 신용장
	USANCE	기한부 취소불능확인 신용장
	DP	인수도지급
	DA	선적일로부터 ___일 만기 환어음
	DD	요구불어음
	TT	선적일로부터 ___일 이내 전신환
	MT	우편환

□ 보험
매수인이 CIF가격의 110% 부보(ALL risks War and SRCC risks)
□ 포 장 : Export Standard Packing

□ Marking : ______________________________

□ 특약사항

□ 기타 본 계약과 관련된 사항은 아래의 일반조건에 따른다.

	매수인	매도인
당사자명 :	______________________	______________________
주　　소 :	______________________	______________________
대표자명 :	______________________	______________________
서　　명 :	______________________	______________________

〈일반거래조건〉

제1조(수량)

본 계약에 정한 수량은 매도인의 선택에 따라 _____% 범위 내에서 증감할 수 있다.

제2조(선적)

선하증권에 기재된 일자가(B/L date) 선적일이 된다. 선적에는 _____일의 준비기간이 허용되어야 한다. 계약에 별도 규정이 없는 경우 분할선적 및 환적이 허용된다. 매수인이 지정한 선박의 항해가 사전 결정된 선적일보다 늦어진 경우 매도인은 선적지연에 대해 책임이 없다.

제3조(포장)

포장에 관한 사항은 당사자 간 합의에 따라 정한다. 만약, 매수인이 특별한 지시를 하는 경우, 매수인은 매도인이 동 지시를 따르는데 충분한 시간을 갖도록 적절한 시간을 두고 매도인에게 통보하며 이로 인하여 발생되는 추가 비용은 매수인이 부담한다.

제4조(보험)

CIF와 CIP 조건일 경우, 별도 합의가 없는 한 청구서 (계약)금액의 _____%를 부보한다. 매수인이 요청하는 추가보험은 매수인의 부담이다. 별도로 정하지 않는 한 보험은 해상보험만 FPA 또는 ICC (c)조항에 따라 커버한다. 매도인은 필요한 경우, 매수인의 비용으로 추가보험을 부보할 수 있다.

제5조(비용증가)

매도인의 원가가 본 계약체결일 이후에 운임인상, 세금 기타 정부 부과금 또는 보험료로 상승되거나, 환율변동이 매도인의 원가를 상승시키거나 매도인의 수익을 감소시키는 경우, 매수인은 매도인의 이러한 원가상승이나 수익감소를 보상하기로 한다. 또한 매수인이 선적연기를 요청하고 매도인이 이에 동의하는 경우 매도인은 생산완료 후 제품을 보관할 수 있으며 이에 따른 모든 비용은 매수인의 부담으로 한다. 상품이 매도인의 시설에 보관되는 경우 적절한 보관료가 추가된다.

제6조(대금지급)

	AT SIGHT L/C

무상환 일람불 취소불능 신용장이 본 계약일로부터 __일 이내에 매도인이 동의하는 일류은행을 통해 개설되고, 동 신용장은 최종선적일로부터 최소한 _____일 동안 발효되어야 한다. 신용장금액은 계약금액 및 매수인이 부담할 추가 비용을 커버해야 한다.

	USANCE

계약금액을 지급하기 위하여 매수인은 매도인에게 본 계약체결일로부터 _______일 이내에 (어음발행일 또는 선적일 기준) ________월의 기한부 취소불능확인 신용장을 액면금액 _______, 수혜자를 매도인으로 하여 매도인과 매수인이 합의한 조건으로 개설한다.

	DP

선적 후, 매도인은 매수인 앞으로 발행한 일람불어음 및 필요 (선적)서류를 은행을 통하여 매수인에게 제시한다. 매수인은 동 어음과 필요서류를 제시 받은 즉시 대금을 지급하여야 한다.

	DA

선적 후, 매도인은 필요 (선적)서류와 함께 매수인 앞으로 발행한 만기가 _______로부터 _______일인 환어음을 은행을 통하여 매수인에게 인수제시한다. 매수인은 동 환어음 및 서류의 제시가 있으면 즉시 환어음에 인수서명 (날인)하고 어음의 만기에 결제하여야 한다.

	DD

매수인은 필요 (선적서류를) 받은 때로부터 _______일 이내에 (또는 B/L 상의 선적일로부터 ______일 이내에) 상품대금을 요구불어음(D/D)으로 지급한다.

	TT

매수인은 필요 (선적서류를) 받은 때로부터 _______일 이내

에 (또는 B/L 상의 선적일로부터 _____일 내에) 상품대금을 전신환(T/T)으로 (매도인이 지정한 은행의 매도인 구좌로) 송금한다.

	MT

매수인은 필요 (선적서류를) 받은 때로부터 _______일 이내에 (또는 B/L 상의 선적일로부터 _____일 내에) 상품대금을 우편환(M/T)으로 지급한다.

제7조(상품검사)

상품검사는 대한민국 수출관련규정에 따르거나 제조업자가 하고 동 검사는 최종적이다. 매수인이 특별검사인을 지정하는 경우 이로 인한 추가비용은 매수인의 부담으로 하여 매도인의 청구서에 포함되고 신용장금액도 따라서 변경된다.

제8조(품질보증)

상품은 본 계약에 규정된 명세에 부합해야 하며 선적일로부터 _____개월간 소재 및 제조공정에 하자 없음을 보장한다. 매도인의 본 보증에 따른 책임한도는 하자상품 또는 그 부품의 수리 또는 교환에 그친다. 본 보증은 (a) 상품이 오용되거나, 허술히 다뤄지거나, 사고가 나거나, 또는 남용된 경우 (b) 매도인 이외의 자가 부적절하게 수리, 설치, 운반, 변경한 경우 (c) 매도인의 지시사항을 위반하여 사용된 경우에는 적용되지 아니한다. 본 조항에 규정된 명시적 보증을 제외하고는 매도인은 매수인에 대하여 명시적이든 묵시적이든 다른 어떤 보증도 하지 아니하며 상품성보장 및 특정목적 적합성 보장은 하지 않음을 선언한다. 어떤 경우에도 매도인은 매수인에게 본 계약상 또는 기타 사유로 영업이익상실, 간접적·우연적·결과적 손해에 대한 책임이 없다.

제9조(클레임)

본 계약 하에서 발생하는 매수인의 모든 클레임은 선하증권에 기재된 도착항에 상품이 도착한 날로부터 ____일 이내에 fax나 cable로 제기한다. 클레임의 상세한 내역은 서면으로 작성하여 위 fax나 cable 일자로부터 _____내에 등기우편으로 매도인에게 제출한다. 매수인은 상품의 수량과 품질에 관한 다툼이 있는 경우 위 클레임상세와 함께 매도인이 인정한 검사인이 작성한 검사보고서를 제출한다. 위 기한 내에 위 클레임을 제기하지 못할 경우는 선적품의 인수로 되고 동 선적이 해당 조건을 충족시키고 있음을 매수인이 동의한 것이 된다.

제10조(계약의 해지 등)

매수인이 지급불능, 파산 또는 적시의 신용장개설을 포함하여 매도인에 대한 지급을 하지 않는 경우, 매도인은 매수인에 대한 사전 통보 없이 다음의 권리를 행사할 수 있다.
① 본 계약의 해지(해제)
② 불이행 부분에 대하여 계약을 해제하고 이를 재매도하여 매수인으로 부터는 계약금액과 재매도가액과의 차액을 징구
③ 미선적부분에 대하여 계약을 해제하고 매수인으로부터 미선적 금액의 ______%를 손해배상액으로 징구

제11조(불가항력)

당사자 일방은 그 의무불이행이 수출면허의 정지 기타 정부제한, 천재지변, 전쟁, 해상봉쇄, 혁명, 내란, 동원, 파업, 직장폐쇄 또는 기타 노사분규, 민란, 소요, 질병 또는 기타 역병, 화재, 태풍, 홍수의 경우에는 그 의무 불이행에 대하여 책임지지 아니한다.

제12조(지적재산권)

매수인은 매수인이 선정하거나 매수인이 동의한 특허, 상표, 저작권, 디자인, 패턴등과 관련된 일체의 침해책임으로부터 매도인을 면책시켜야 한다.

제13조(준거법)

본 계약은 한국법에 따른다.

제14조(중재)

본 계약 및 그 불이행과 관련하여 발생되는 모든 분쟁은 대한민국 서울에서 대한상사중재원의 중재규칙에 따라 중재로 해결한다. 중재인이 내린 판정은 최종적인 것으로 관련당사자 쌍방을 구속한다.

제15조(언어)

이 계약서는 영어와 기타의 다른 언어로 작성될 수 있다. 서로 다른 언어로 작성된 계약서 간에 차이 또는 불일치가 있는 경우, 영문 계약서가 모든 면에서 우선한다.

제16조(무역용어)

본 계약의 모든 무역용어는 국제상업회의소의 INCOTERMS 2020에 따라 해석한다.

Ⅲ 계약상품에 관한 조항

무역거래의 주요 내용이 되는 계약상품과 관련한 조건으로는 품질조건, 수량조건, 가격조건 및 포장조건 등이 있다.

1 품질조항

1) 품질조항의 의의

품질조항(terms of quality)이란 무역거래 시 상품의 기준이 되는 품질에 대한 여러 가지 내용을 계약서에 약정하는 조항으로, 품질 결정방법, 품질 결정시기, 품질 증명방법 등이 명시된다.

2) 품질의 결정시기

무역거래는 격지자간의 거래로 장거리, 장시간에 걸쳐 운송이 이루어지기 때문에 선적시의 품질과 양륙시의 품질이 다를 수 있다. 따라서 품질조항에서는 무역거래의 대상이 되는 물품의 품질결정시기와 관련하여 선적품질조건으로 할 것인지 양륙품질조건으로 할 것인지를 결정하여야 한다.

선적 품질조건은 선적 완료시점을 품질결정시기로 정하는 조건으로, FAS, FOB, CFR 또는 CIF조건 등 선적지 조건에 의한 거래에서는 대체로 '선적품질조건'을 따르고 있다.

양륙품질조건은 물품의 양륙시점을 품질결정시기로 정하는 조건으로, DAP, DPU, DDP 등 INCOTERMS상의 D Group의 조건들이 여기에 속한다.

한편 곡물거래에서 사용되는 특수한 품질조건으로서 Rye Terms, Tale Quale Terms, Sea Damaged Terms 등이 있다. Rye Terms는 물품도착 시 손상된 경우 매도인이 변상하는 것으로 '양륙품질조건'이며, Tale Quale Terms는 '선적품질조건'으로 선적할 때까지만 매도인이 책임을 지는 조건이다. 그리고 Sea Damaged Terms는 원칙적으로 선적품질조건이나 해상운송 중에 발생한 바닷물 등의 조류 또는 응고 등에 기인하는 품질손해에 대하여는 매도인이 부담하는 이른바 선적품질조건과 양륙품질조건을 절충한 조건부 선적 품질조건이다.

3) 품질의 결정방법

어떠한 품질수준의 물품을 거래의 대상으로 할 것인가 하는 품질결정의 방법은 다음과 같다.

(1) 견본매매(Sales by Sample)

거래 목적물의 품질을 제시된 견본에 의하여 약정하는 방법이다. 매매의 당사자가 제시한 견본과 동일한 품질의 물품을 인도하도록 약정하는 방법이며, 오늘날 가장 많이 이용되고 있는 방법이다.

(2) 표준품 매매(Sales by Standard)

① 보통표준품질조건(Usual Standard Quality : USQ)

공인검사기란 또는 공인표준기준에 의해서 보통품질을 표준품의 품질로 결정하는 조건이다.

② 평균중등 품질조건(Fair average Quality : FAQ)

동종 상품 중 평균적이며 중등의 품질을 뜻하는 것으로, 곡물매매에서 많이 쓰인다. 이는 선적지에서 해당 계절 출하품의 평균중등품을 표준으로 하고 선물거래일 때는 전년도 수확물의 평균중등품의 가격을 기준으로 정하고 인도물품의 품질수준은 새로운 수확물의 평균중등품으로 한다.

③ 판매적격 품질조건(Good Merchantable Quality : GMQ)

목재, 광석 등 내부의 부패나 기타 잠재하자가 외관상으로 확인하기 어려운 물품의 경우 수입지에서 하자가 있을 경우 매수인이 매도인에게 배상을 요구할 수 있는 조건이다

(3) 상표매매(Sales by Trade mark)

'통명거래'라고도 하며, 생산업자의 상표나 생산되는 특수물품 품명의 상표나 통명에 의하여 매매계약을 체결하는 방법이다.

(4) 명세서매매(Sales by Description)

선박, 철도 등의 거대한 기계류 등은 물품의 소재와 구조, 성능, 규격이 적힌 설명서나 명세서, 설계도 등을 통해 품질을 약정한다.

(5) 규격매매(Sales by Grade)

상품의 규격이 국제적으로나 수출국의 공적 규정으로 특정되어 있는 경우에는 품질수준을 안심할 수 있는데, 이때 이용되는 품질약정방법이다.

(6) 점검매매(Sales by Inspection)

매수인이 현물을 직접 보고 품질을 확인한 후 매매계약을 체결하는 방법이다.

4) 품질 증명방법

품질 증명방법은 품질의 증명시기와 직결된다. 선적 품질조건에서는 이러한 입증책임이 매도인에게 있으므로 매도인은 공인검사기관으로부터 검사증명서 내지 품질증명서를 발급 받아 매수인에게 제공해야 한다. 특별히 농산물이나 천연산물의 경우는 공공기관의 검사, 관계 조합이나 협회의 검사 및 물품별 전문검사기관의 검사에 의한 품질증명서나 감정보고서를 이용하여 품질을 증명하기도 한다.

그리고 양륙품질조건에서는 매수인이 품질수준의 미달 또는 운송 도중의 변질에 대한 입증책임이 있기 때문에 권위 있는 감정인의 감정보고서(survey report)에 의해 사실을 증명하고 배상을 청구하게 된다.

5) 품질조항 작성시 유의사항

품질조항을 작성할 때 유의할 사항은 다음과 같다.

① 견본매매에서 품질표시는 물품의 성질에 맞게 해야 한다. 예를 들어, 엄격한 제조공정을 거쳐 대량 생산되는 규격품에 한해서는 "same as sample"을 사용하며 농산물과 같이 견본과 유사한 제품에 대해서는 "similar to sample"이라는 표현을 하는 것이 바람직하다.

② 품질불량을 증명할 수 있는 내용을 거래약정에 포함시키는 것이 바람직

하다. 약정한 물품의 품질이 불량일 경우 매수인으로 하여금 그러한 품질불량을 증명할 수 있도록 국제적인 공인검사기관의 증명서를 첨부하도록 하는 약정 등이 필요하다.

③ 품질불량일 경우 그에 대한 처리는 현명한 방법으로 대처할 필요가 있다. 약정한 물품이 검사기관에 의해 불량으로 판명된 경우, 처리방법을 강구해야 하는데 '반송'을 할 경우에 반송비가 많이 소요된다. 따라서 가격조정이나, 위탁품으로 처분하는 등의 현명한 대처가 필요하다.

2 가격조항

1) 가격조항의 의의

가격조항(terms of price)은 매매계약의 대상이 되는 물품 가격에 관한 사항에 대해 약정하는 거래조항으로, 이와 관련한 주요 내용은 매매가격의 산정기준(basis of price), 가격표시 통화(currency) 등에 관한 내용을 들 수 있다.

2) 가격산정기준

매매가격을 결정하여 상대방에게 제시할 때 제조원가와 희망이익(expected profit) 이외에 어떠한 비용 요소를 포함하느냐에 따라 가격에 많은 차이가 발생할 수 있다. 일반적으로 상품의 수출입 가격에는 제조원가와 이윤 외에 포장비, 검사비, 수출승인이나 기타 정부기관 등에서의 승인을 받기 위한 비용, 상품이 소재지부터 선적항까지의 내륙수송비, 수출신고를 포함한 수출통관 비용, 선적・적재 및 적부비용, 해상운임이나 항공운임, 해상적하보험이나 운송보험에 부보시 소요되는 보험료, 도착항에서의 양하비, 창고료 등이 포함된다. 이 비용들의 포함 정도에 따라 FOB나 CIF와 같이 여러 가지 가격조건을 정형화하여 매매당사자의 선택에 따라 사용하고 있다.

3) 가격조항과 관련법규

매매계약에서 가격을 산정할 때 활용하는 정형화된 조건을 '무역거래조건'

혹은 '무역조건'이라 하는데, 현재까지 전세계적으로 가장 광범하게 사용되고 있는 것은 INCOTERMS로, 가격조건은 크게 '적출지 인도조건'과 '도착지 인도조건'으로 구분된다.

(1) 적출지 인도조건

① EXW(Ex Works)

매도인이 부담해야 하는 비용은 상품의 제조원가와 희망이익, 품질과 수량 등 각종 검사비 및 각종 증명서 및 관습적 포장비 등이다.

② FCA(Free Carrier)

매도인은 상품의 수출 통관을 마친 후 약정된 또는 매수인이 지정한 운송인의 관리 하에 물품을 인도할 때까지의 모든 비용을 부담한다.

③ FAS(Free alongside Ship)

본선의 선측에서 물품을 인도할 때까지의 일체의 비용을 매도인이 부담한다.

④ FOB(Free on Board)

매도인은 본선상에 상품을 인도할 때까지의 일체의 비용을 부담한다.

⑤ CFR(Cost and Freight)

매도인은 수출비용, 해상운임, 운송계약체결 의무의 이행에 필요한 비용 및 운송계약체결 시에 정기선에 의하여 부과되는 도착항에서의 양하비 등을 부담한다.

⑥ CIF(Cost, Insurance and Freight)

매도인이 CFR조건에서 부담하는 비용 외에 도착항까지의 보험료를 합친 비용을 부담한다.

⑦ CPT(Carriage Paid to)

매도인이 부담할 비용은 FCA 조건의 비용 이외에 도착지까지의 물품운송비용을 부담한다.

⑧ CIP(Carriage and Insurance Paid to)

매도인은 CPT가격에 도착지까지의 보험료를 추가로 부담한다.

(2) 도착지 인도조건

① DAP(Delivered At Place)

매도인은 기본원가, 사업부문별 간접원가, 포장비, 품질, 용적 등 물품점검 업무비용 및 기타 잡비를 부담한다. 또한 매도인은 목적지의 합의된 지점에서 양하하지 아니한 상태로 준비된 도착 운송수단에서 물품을 매수인의 임의처분 상태로 두어 인도완료할 때까지의 물품 운송비용을 부담한다.

② DPU(Delivered At Place Unloaded)

매도인은 기본원가, 사업부문별 간접원가, 포장비, 품질, 용적 등 물품점검 업무비용 및 기타 잡비를 부담한다. 또한 매도인은 합의된 지정목적지까지 양하비를 포함한 물품운송비를 부담한다.

③ DDP(Delivered Duty Paid)

매도인은 기본원가, 사업부문별 간접원가, 포장비, 품질, 용적 등 물품점검 업무비용, 수입통관관련 비용 및 기타 잡비를 부담한다. 또한 매도인은 수입통관을 한 후 목적지의 합의된 지점에서 양하하지 아니한 상태로 준비된 도착 운송수단상에서 물품을 매수인의 임의처분 상태로 두어 인도완료할 때까지의 물품 운송비용을 부담한다.

4) 가격의 표시통화

가격조항에서 중요한 문제 중의 하나가 가격을 표시하는 통화에 관한 것이다. 상품의 가격을 표시함에 있어서 자국통화로 할 것인지, 상대국의 통화로 할 것인지, 그렇지 않으면 제3국의 통화로 할 것인지를 당사자가 협의하여 계약서에 명시하여야 한다.

무역거래 시 수출국의 통화를 사용하면 환율 변동에 따른 위험을 매수인인 수입상이 부담하며, 반대로 수입국의 통화를 사용하면 환위험(exchange risk)은 매도인인 수출상이 부담한다. 제3국의 통화를 사용하면 수출입 양국의 통화가치의 변동이 심해 거래의 안정성이 결여된 경우에 사용된다.

매매계약에서 가격을 표시하는 통화를 선정할 때 유의할 점은 명칭이 같은 통화라도 통용지역에 따라 대외가치가 다른 것이 있다는 점이다. 예를 들면 Dollar에도 U.S. Dollar, Canadian Dollar, Hong Kong Dollar, Singapore

Dollar 등이 있기 때문에 반드시 통화명 앞에 국명을 붙여야 한다.

3 수량조항

1) 수량조항의 의의

수량조항(term of quantity)이란 무역계약에 있어 계약물품의 수량약정방법, 검량의 기준시기, 계량방법 및 수량증명방법 등을 결정하는 조항으로, 이는 매매계약에서의 총가격을 산출하는 중요한 기초가 된다.

2) 수량약정방법

수량조항에서 중요한 요소는 수량약정의 방법을 들 수 있다. 수량약정 방법이란 수량을 어떻게 표시할 것인가에 관한 것을 말한다.

(1) 수량단위

수량의 단위에는 중량, 용적, 개수, 포장, 길이, 면적이 주로 사용되고 있다. 무역거래에 있어 수량단위는 상품의 특성과 각국의 도량형에 따라 차이가 있기 때문에 명확히 규정해 둘 필요가 있다.

① 중량(weight)

중량단위는 kg, lb(pound), ton 등이 단위로 사용된다. Ton에는 'English ton'과 'American ton', 'Metric ton'이 있는데 각기 중량이 다르다. 따라서 수출계약 체결 시에 수량을 ton으로 표시하려면 반드시 위의 세 가지 가운데 어느 것인가를 분명히 표기해야 한다.

- Long Ton(L/T) = 1,016kgs = Gross Ton = 2,240lbs = English Ton
- Short Ton(S/T) = 907kgs = Net Ton = 2,000lbs = American Ton
- Metric Ton(M/T) = 1,000kgs = Kilo Ton = 2,204lbs = French Ton

② 용적(measurement)

액체나 목재 등의 측정은 용적을 기준으로 하여 liter, gallon, barrel, cubic meter, cubic foot 등의 단위가 사용된다.

gallon의 경우 미국에서 사용하는 'wine gallon'과 영국에서 사용하는 'imperial gallon'은 서로 다르므로 반드시 둘 중 구분하여 작성해야 한다.

- 1English Gallon(Imperial Gallon) = 4.546Liters
- 1American Gallon(Wine Gallon) = 3.7853Liters

③ 개수(number)

전자제품과 같은 일반 상품의 경우는 piece나 set로, 연필과 양말 등은 dozen(12개), 핀이나 조화(artificial flower) 등 값싼 잡제품의 경우에는 gross (12×12)의 단위를 사용한다(gross, small gross, great gross).

- 1Dozen = 12Pcs(Pieces)
- 1Gross Dozen = 12Dozen = 144Pcs(12×12)
- 1Great Gross Dozen = 12Gross = 1,728Pcs(12×12×12)
- 1Small Gross Dozen = 10Dozen = 120Pcs(12×10)

④ 포장(package)

면화, 시멘트, 비료, 통조림, 유류 등에는 bale, bag, case, can drum 등과 TEU(twenty feet equivalent), FEU(forty feet equivalent) 등의 포장 용기가 단위로 사용된다.

무용기 포장물에는 bundle, coil 등이 단위로 사용된다.

⑤ 길이(length)

길이의 단위로는 meter, yard, inch, foot 등으로 전선, 원단 등에 표시된다.

⑥ 면적(square)

면적의 단위는 square foot(sft) 등으로 유리, 합판, 타일 등에 사용된다.

- 1SF = 1평방 Foot×1Inch
- 480SF = 1용적톤(Measurement Ton : M/T) = 40Cubic Feet

(2) 수량표현방법

포장단위 상품이나 개개의 물품은 정확히 그 수량을 표시하여 그대로 인도하면 되지만, 포장이 되지 않은 상태로 거래하는 품목, 즉 살화물(bulk cargo)

의 경우에는 정확한 수량을 인도한다는 것은 사실상 불가능하며, 인도할 때 수량에 다소의 오차가 발생하는 것이 일반적이다. 따라서 이러한 살화물의 거래에 있어서는 수량부족이나 수량초과에 대해 약간의 차이를 인정해 주지 않으면 계약을 이행하기가 매우 어렵게 된다. 이를 위하여 다소의 과부족을 인정하는 약관을 설정하거나 또는 개략적 표현방법을 쓰는 것이 현명한 방법이다. 전자를 '과부족허용조항'이라 하고 후자를 '개산수량조건'이라 한다.

① 과부족허용조항

과부족허용조항(more or less clause)이란 일정한 수량의 과부족 한도를 정해두고 그 범위 내에서 상품이 인도되면 계약을 이행한 것으로 보는 것이다. 이러한 과부족허용조항은 수량 클레임을 제기하지 않도록 하는 수량표현방법으로 인도수량에 신축성을 부여하는 수량조건이다.

이러한 과부족허용조항의 예로는 다음과 같다.

"5% more or less at seller's option" or "Seller has the option of delivering(or shipping) 5% more or less on the contract quantity"

이는 표시된 수량에서 그 5%에 해당하는 수량이 부족하거나 초과해도 좋다는 것을 의미한다.

② 개산수량조항

개산수량조항이란 간단히 "약"(about, approximately, around, some, etc)이라 표현해도 인도수량의 신축성을 부여하는 효과를 거둘 수 있는데, 이렇게 수량을 약정하는 방법을 말한다.

과부족허용조항이나 개산수량조항에 의하여 수량을 표시하면 약간의 과부족이 허용되며, 과부족이 허용된 경우에는 수출입 대금결제에서 이를 감안하여 결제가 이루어져야 한다. 따라서 과부족분에 대하여 적용할 단가를 어떻게 정할 것인가가 정산기준가격에 관한 문제이다.

과부족 분량에 대한 정산기준가격은 원래의 계약가격(contract price), 선적일의 가격(day of shipment price) 및 도착일의 가격(day of arrival price)의 세 가지가 있는데, 아무런 약정을 하지 않았을 때에는 계약가격에 의해 정산하는 것이 상관습이다.

3) 검량의 기준시기

품질조항에서 살펴 본 바와 같이, 수량조항에서도 구체적으로 어느 시점의 수량을 검사, 확인하여 계약수량의 해당 여부를 판정할 것인가의 문제가 생긴다. 일반적으로 검량의 기준 시기는 크게 2가지 방법 중 하나가 사용된다.

(1) 선적수량조항

선적한 수량이 계약에서 정한 바에 합당한가의 여부를 선적 시점에서 검량한 결과로써 판정하는 조항이다. 따라서 이 조항에 의하면 선적시점에 약정 수량에 해당하는 한 운송도중의 감량에 대해서는 매도인인 수출상은 아무런 책임을 지지 않는다.

(2) 양륙수량조항

선적수량이 목적지에서 상품을 양륙하는 시점에서 검량을 하여 인도수량이 계약에 합당한가의 여부를 판정하는 조항으로, 양륙시의 수량을 최종적인 것으로 하는 조항이다. 따라서 검품이 이루어지기 전까지의 모든 감량에 대해서는 매도인인 수출상이 책임을 부담해야 한다.

4) 계량방법

선적수량을 계량하는 방법에는 다음의 3가지가 있다.

(1) 총중량

총중량(gross weight)이란 외부포장과 내부포장, 내부충전물 및 물품의 순수한 무게까지를 모두 합하여 계량하는 것을 말한다. 이러한 총중량은 일부 액체물품이나 밀가루 또는 면화 등 특수품목의 경우에만 채택될 뿐 그다지 많이 이용되는 방법은 아니다.

(2) 순중량

순중량(net weight)은 총중량에서 외부포장의 무게를 제외한 중량으로 계량하는 방법이다. 이 조건은 비누나 화장품 등과 같이 소매 시에 포장된 채로 판매되는 상품에 적용되며, 가장 보편적으로 채용되는 계량방법이다.

(3) 정미중량

정미중량(net net weight)은 물품 내용물만의 순수한 중량, 즉 순중량에서 내부포장과 충전물 등을 제외한 중량으로 계량하는 방법이다.

5) 수량의 증명방법

수량을 증명하는 방법에 있어서 선적수량조항은 매도인의 부정 또는 자의가 개입되기 쉬워 매도인에게는 유리하고 매수인에게 불리한 반면, 양륙수량조건은 매수인의 부정이나 횡포가 개입될 우려가 있는 매수인에게 유리하고 매도인에게는 불리한 조항이다. 따라서 무역거래에 있어 수량의 증명방법을 명확히 해 둘 필요가 있다.

① 선적수량조항일 경우

매수인은 원칙적으로 선적 시 그 수량에 대하여 미리 매도인의 동의를 얻어 정해진 검정기관이나 공인검량인으로부터 검량을 받아 작성되는 중량용적증명서를 매도인에게 제공할 수 있다. 당사자의 합의에 따라 선하증권면에 기재한 수량 또는 매수인이 작성한 중량표에 의해 수량을 증명하는 방법이 있다.

② 양륙수량조항일 경우

선적수량조항의 경우와 마찬가지로 원칙적으로 검정기관이나 공인검량인에 의한 용적중량증명서를 발급받아 매수인에게 제공하는 방법이 있다.

매도인이 수입국 세관검사를 활용하여 수량을 증명하는 방법이 있다.

Ⅳ 계약이행에 관한 조항

계약이행에 필요한 조항으로는 인도조항, 보험조항, 대금결제조항 등이 있다.

1 인도조항

1) 인도의 의의

물품인도는 물품의 점유권과 소유권을 어느 특정인이 타인에게 임의적으로 이전하는 것으로, 무역거래에서는 곧 선적(shipment)을 의미한다. 선적은 상품의 인도(delivery) 그 자체이거나 인도의 한 방법으로써 단지 해상운송에서의 선박에의 적재(loading on board)뿐만 아니라 항공기나 철도화차 등 모든 운송수단에의 적재(loading) 및 발송(dispatching), 복합운송인 경우 수탁(taking in charge), 우편에서의 발송(dispatching) 등을 포괄하는 의미이다.

2) 선적시기

무역계약의 체결에 있어 선적시기의 규정은 '단월조항', '연월조항', '특정일 이전 또는 이후 선적조항' 등으로 무역계약서에 규정된다.

(1) 단월조항

"Shipment shall be made during September, 2021"는 2021년 9월 중 선적하라는 의미로서, 만약 '9월 중 선적'이라고 합의하면 2021년 9월 1일부터 9월 30일까지 선적해야 하고, 특약이 없는 한 1회에 전량을 선적해야 하나 정당한 이유나 사정이 있으면 2회 이상 분할하여 선적할 수 있다.

(2) 연월조항

"Shipment shall be made during June and July, 2021"는 2021년 6~7월 선적하라는 의미로서, '6-7월 선적'으로 합의한 경우에는 2021년 6월 1일부터 7월 31일까지 선적해야 하고 계약된 수량의 전부를 일시에 적재하거나 또는

분할 선적할 수 있다

(3) 특정일 전후조항

① "Shipment shall be made till September 15, 2021"는 2021년 9월 15일까지 선적하라는 의미로서, '9월 15일까지 선적'이라고 합의하면 2021년 9월 15일까지 선적하면 된다.

② "Shipment shall be made within 30 days after receipt of L/C"는 L/C 수취일로부터 30일 이내라는 의미로서, L/C를 수취한 다음 날로부터 30일 이내에 선적하면 된다.

③ "Shipment shall be made by May 10, 2021"는 2021년 5월 10일이 최종 선적일이라는 의미로서, 2021년 5월 10일까지 최종적으로 선적하면 된다.

(4) 즉시선적

즉시선적이란 선적시기를 특정하지 않고 "prompt", "immediate shipment", "as soon as possible"과 같은 용어를 사용하여 선적시기를 규정하는 경우이다.

신용장통일규칙(제3조)에서도 이러한 표현이 사용된 경우는 선적날짜의 표시가 없는 것으로 무시(disregard)하도록 규정하고 있다. 만일 사용했을 경우 협정서나 계약서에 그 의미와 조항을 다음과 같이 명시하는 것이 좋다.

"Prompt shipment means shipment within two weeks after receipt of L/C"

3) 분할선적과 환적

(1) 분할선적

분할선적(partial shipment)이란 물량이나 금액이 많은 거래에 그 전부를 한꺼번에 선적하지 않고 몇 회로 나누어 선적하는 것을 의미한다. 분할선적은 매도인의 공급계획과 매수인의 판매계획이나 시황(market situation)에 따라 이루어진다. 계약체결 시 매매당사자는 분할선적을 원할경우 분할 횟수, 각 분할선적의 수량 및 각 분할선적의 선적시기 등을 약정해 두어야 한다.

만일 계약에 분할선적에 관한 사항이 규정되어 있지 않으면 신용장통일규칙에서는 이를 인정하는 것으로 해석하고 있다.

(2) 환적

환적(transshipment)이란 일단 선적한 상품을 내려서 동일한 선박이나 운송수단에 다시 싣거나 다른 선박이나 운송수단에 옮겨 싣는 것을 말한다. 환적과정에서 물품이 멸실되거나 손상될 위험이 크기 때문에 환적을 금지하고자 하는 경우에는 반드시 계약서나 신용장상에 환적금지문언, 즉 'transshipment is prohibited'라는 문언을 기재해야 한다.

신용장통일규칙에서는 항공운송이나 복합운송과정에서는 환적이 일반적으로 발생하므로 금지의 문언이 없는 한 환적을 인정하고 있다.

4) 선적지연

약정된 일자에 물품을 선적할 수 없어 발생하는 선적지연(delayed shipment)은 분쟁의 원인이 되므로 매도인은 협정서나 계약서에 그 사유와 처리방법에 대하여 명시해야 한다.

일반적으로 선적지연은 매도인측의 고의 또는 과실과 불가항력적인 사정에 의해 일어나는 경우가 많은데, 이러한 불가항력에 의한 선적지연의 경우에는 원칙적으로 매도인은 책임을 면하게 된다. 이 경우 어느 기간까지 지연이 허용되는지 협정서에 명시하여야 하지만, 일반적으로 3주 또는 1개월 정도의 선적기간이 자동 연장되는 것이 관례이다.

한편 매도인측의 고의 또는 과실이란 매도인의 태만, 과실 또는 고의로 계약기간 내에 선적을 불이행한 경우에는 매도인의 책임있는 사유에 의한 계약위반이 되기 때문에 매수인은 손해배상을 청구할 수 있다.

2 결제조항

1) 결제조항의 의의

결제조항(term of payment)이란 무역계약에서는 매도인의 물품인도에 대응하여 매수인은 대금결제를 해야 하는데, 이때 언제, 어떤 방식으로 대금결제를 할 것인지에 대하여 합의하여 명시하는 조항을 말한다. 수출입계약에서는 선적조항 등과 더불어 대금결제조항이 무역계약의 핵심이라 할 수 있다.

2) 결제시기에 의한 분류

대금결제조항은 우선 상품의 선적 혹은 인도시점을 기준으로 대금결제의 시기에 따라 선지급, 동시지급, 후지급 및 혼합지급 방식 등이 있다.

(1) 선지급방식

선지급방식이란 물품이 선적이나 인도되기 전에 미리 대금을 지급하는 방식을 말한다. 이러한 선지급방식에는 CWO(cash with order)방식, 단순송금방식, 선대신용장방식 등이 있다.

CWO(cash with order)방식은 상품의 구매를 위한 주문과 동시에 현금결제가 이루어지는 방식을 말하며, 단순송금방식은 주문과 함께 T/T(telegraphic transfer) 등에 의해 송금하는 방식을 말한다.

그리고 선대신용장방식은 선대신용장(packing L/C)에 의해 수익자인 매도인의 신용장 수취와 더불어 미리 대금부터 결제되는 방식을 말한다.

(2) 동시지급방식

동시지급방식이란 물품의 선적 또는 인도나 물품을 화체한 운송서류의 인도와 동시에 대금결제가 이루어지는 방식을 말한다. 동시지급방식에는 COD(cash on delivery)방식과 CAD(cash against document)방식이 있다.

COD방식은 현물인도와 동시에 현금결제가 일어나는 현물상환조건방식을 말하며, CAD방식은 선하증권을 포함한 보험증권, 상업송장 등 운송서류인도와 동시에 현금결제가 이루어지는 운송서류상환지급방식을 말한다.

(3) 후지급방식

후지급방식이란 물품의 선적 또는 인도나 운송서류의 인도가 있은 후 일정한 기간 후에 대금결제가 이루어지는 방식으로, 단기 연지급방식과 중장기 연지급방식이 있다.

단기 연지급방식이란 통상 물품의 선적이나 인도 후 또는 운송서류의 인도 후 1년 이내에 결제되면 단기 연지급방식이라 하며, 중장기 연지급방식이란 통상 물품의 선적이나 인도 후 또는 운송서류의 인도 후 1년 초과 10년 이내의 기간에 결제되면 중장기연지급방식이라 한다.

(4) 혼합지급방식

혼합지급방식이란 선지급, 동시지급 및 후지급 방식을 혼합한 결제방식을 말한다. 이러한 혼합지급방식에는 누진지급방식(progressive payment)을 들 수 있는데, 대금을 일시에 결제하지 않고 계약시, 선적시, 도착시 등으로 또는 공정에 따라 분할해서 지급하는 방식으로 분할지급의 형태를 말한다.

3) 결제방법에 의한 분류

대금결제의 방법에는 대금결제수단에 따라 분류하면 환어음결제, 현금결제, 송금환결제 및 물품결제 등이 있다.

(1) 환어음결제방식

환어음(bill of exchange)이란 어음의 작성자(발행인)가 제3자(지급인)에 대하여 어음에 기재된 금액을 일정한 기일에 어음상의 권리자(수취인 또는 지시인)에게 지급할 것을 무조건으로 위탁하는 증권을 말하는데, 환어음은 주로 원격지에 송금하는 수단으로 사용되고 있다.

무역거래에 있어서 환어음은 매도인이 매수인을 지급인으로 하는 어음을 발행하여 이를 매각 또는 추심하여 수출대금을 회수하는 이른바 역환방식(collection)을 활용하며, 신용장거래에서는 신용장 발행은행을 지급인으로 하는 어음을 발행한다.

화환어음이 발행되는 조건으로 이용되는 신용장을 화환신용장(documentary credit)이라 하며, 그렇지 않은 것은 무화환신용장 내지 무담보신용장(clean L/C)이라 한다. 오늘날의 무역결제는 화환어음에 의하는 것이 가장 보편적이다. 화환어음(documentary bill)이란 환어음에 선하증권이나 보험증권 등의 운송서류가 담보물로 첨부되어 당해 어음의 지급불능이나 지급거절과 같은 어음 사고가 발생해도 안전한 어음을 말한다.

무담보어음(clean bill)이란 환어음에 운송서류를 첨부하지 않고 어음만 발행함으로써 담보물이 첨부되지 않은 불안전한 어음을 말한다.

(2) 현금결제방식

현금으로 수출입대금을 직접 결제하는 방식으로 CWO와 COD, CAD 등이 있고, 이 밖에 수취증상환지급신용장(payment on receipt L/C)에 의한 결제방식도 있다.

(3) 송금환결제방식

송금환결제방식은 전신환(telegraphic transfer : T/T)이나 우편환(mail transfer : M/T) 등으로 송금하여 결제하는 방식이다.

전신환이란 외국환을 매매할 때 외화의 송금을 전신으로 위탁하는 방식을 말한다. 전신환은 신용장과 같은 서류를 사용할 필요가 없기 때문에 절차가 간편하며, 현금으로 대금결제를 하는 대신 통장간 입금이나 이체로 대체되기 때문에 수수료가 낮다.

우편환이란 송금을 할 때 우편을 이용하는 지급지시서를 가리킨다. 송금수표(D/D)는 은행이 작성하여 의뢰인에게 교부하고 의뢰인이 수취인에게 송부하지만, 우편환의 경우에는 의뢰인에게는 사본만 교부하고 원본은 지급은행으로 송부한다. 전신환에 비하여 도착이 늦으며, 우편기간동안의 이자문제, 환율변동에 따른 위험 등이 존재한다.

누진지급 또는 분할지급방식의 경우에도 이러한 T/T나 M/T가 활용되며 중장기연불수출입에서도 순수한 연불부분을 제외한 선수금부분과 공정별 지급부분은 일반적으로 송금환에 의해 결제된다.

(4) 물품결제

수출입 대가로 다른 물품을 수입 또는 수출하는 물물교환방식(barter trade system)이다. 순수한 물물교환무역, 즉 물품결제방식은 자원과 상품의 교역이라는 측면에서 이용되고 있다.

3 보험조항

1) 해상보험의 의의

해상보험(marine insurance)이란 해상항해사업(marine adventure)에 있어서 우연한 해상사고로 생기는 경제적 손실을 회복하기 위하여 많은 경제주체들이 합리적으로 산출한 자금을 갹출하여 회원 중에서 발생한 해상손해를 보상하는 경제적 제도를 말한다.

해상보험의 성격은 첫째, 해상보험은 손해보상을 목적으로 하는 보험이며, 둘째 해상보험은 항해에 관한 사고, 즉 해상위험(maritime perils)을 보험사고로 하는 보험이다. 셋째, 해상보험에 있어서 피보험자가 해상위험에 의하여 손해를 입기 위해서는 그에 상응하는 적하, 선박, 운임 및 희망이익 등의 피보험이익이 존재하여야 하고, 넷째 해상보험은 피보험이익에 발생한 손해의 보상을 목적으로 하고 있다.

2) 해상보험의 당사자

(1) 보험자

보험자(insurer, assurer)는 보험료를 받아 해상위험을 부담하는, 즉 손실을 보상하여 줄 것을 약속하는 자를 말한다. 우리나라의 경우 보험자는 법인체인 보험회사(insurance company)로 한정되어 있으나, 외국의 경우 Lloyd's 같은 개인보험업자(underwriter)도 있다.

(2) 보험계약자와 피보험자

보험계약자(policy holder)는 자기의 명의로 보험회사와 보험계약을 체결하고 보험료(insurance premium)를 지불할 의무를 지는 자를 말한다. 보험계약자는 보험계약을 체결할 때 보험자에 대하여 보험료 지급 외에도 보험계약에 관한 중요사항에 관한 고지의무(duty of disclosure)가 있으며, 만약 보험계약자 또는 피보험자가 고의 또는 과실로 중요한 사항을 부실고지(misrepresentation)하거나 불고지(non-disclosure)를 하였다면 보험자는 계약을 해지할 수 있다.

피보험자(insured, assured)는 피보험이익(insurable interest)의 주체로서 보험

자로부터 손해보상을 받을 권리가 있는 자이다.

여기서 보험계약자와 피보험자는 매매계약 형태에 따라서 동일인이 될 수도 있고 다른 사람이 될 수도 있다. 즉, 보험계약자와 피보험자가 동일인인 "자기를 위한 보험계약"을 체결하는 FOB조건 하에서는 보험계약자와 피보험자가 모두 동일한 매수인이지만, 보험계약자와 피보험자가 다른 "타인을 위한 보험계약"을 체결하는 CIF조건의 경우는 보험계약자는 수출상인데 반해 피보험자는 수입상이 되며 이 경우 수출상이 보험증권을 여타의 운송서류와 함께 매수인에게 배서에 의한 양도에 의해 피보험이익이 수입상에게 비로소 이전된다.

매매계약의 체결시에 먼저 매매 당사자 간에는 보험자와의 보험계약을 체결하는 보험계약자와 피보험이익을 가지게 될 피보험자에 대한 관계를 분명히 할 필요가 있다. 즉 FCA, FAS, FOB, CFR, CPT조건 등의 경우와 같이 매도인이 계약물품을 운송인에게 인도하고, 그 이후의 물품운송 중의 멸실, 손상에 대한 책임은 매수인이 부담하는 경우 매수인은 그 운송물품에 대한 보험계약자인 동시에 피보험자가 된다. 또한 DAP, DPU 및 DDP조건인 경우에 매도인이 물품을 목적지까지 운송할 의무가 있으므로 보험계약자와 피보험자는 매도인이 된다.

그러나 CIF나 CIP조건에서와 같이 보험부보의무는 매도인에게 있으나 물품운송의 위험은 매수인이 부담하는 경우에 있어서의 보험계약자는 매도인이 되지만 피보험자는 매수인이 된다는 점에 유의하여야 한다.

이상에서와 같이 운송화물에 대한 보험은 무역거래조건에 따라 매도인 또는 매수인이 자기가 위험을 부담하는 운송구간에 대하여 보험에 부보할 책임을 지게 되며 이는 당사자 간의 매매계약조건에 의해 결정된다.

3) 해상보험의 주요 용어

(1) 피보험이익

피보험이익(insurable interest)이란 피보험자가 적하, 선박 등 보험의 목적(subject-matter insured)에 대하여 일정한 사고의 발생에 의해 경제적으로 손해를 입을 우려가 있는 경우에 그 보험의 목적에 대하여 가지는 이해관계를 말한다. 즉, 해상보험에 있어서 피보험이익은 피보험자가 해상사업에 관한 사고의 발생과 관련하여 보험의 목적에 대하여 가지는 이해관계를 의미한다.

이러한 피보험이익의 요건을 살펴보면,

첫째, 경제적 이익이어야 한다. 즉, 피보험이익은 금전으로 평가할 수 있어야 한다.

둘째, 확정가능한 이익이어야 한다. 즉, 피보험이익은 특정의 우연한 사고와 손해간에 인과관계가 확정될 수 있어야 하며, 다른 피보험이익과 구별할 수 있어야 하며, 보험계약체결시점에 확정이 가능해야 하지만 늦어도 보험사고가 발생할 때까지는 피보험이익관계가 확정되어야 한다.

셋째, 적법해야 한다. 즉, 피보험이익의 보호자체가 법률적으로 인정될 수 있어야 하며, 실정법에 의해 이것을 보험에 부보하는 것이 금지되어 있지 않아야 한다.

(2) 보험가액과 보험금액

보험가액(insurable value)이란 보험사고가 발생한 경우에 피보험자가 입게 되는 경제적 손해의 최고한도액이며, 피보험이익(insurable interest)을 경제적으로 평가한 가액이다.

그리고 보험금액(insured amount)은 보험계약당사자 간의 합의에 의하여 보험자가 지급해야 할 손해보상의 최고한도액으로, 보험계약을 체결할 때에 당사자 간의 약정에 의하여 정하여진다. 이러한 보험금액은 손해발생시에 실제로 피보험자에게 지급하는 금액, 즉 보험금(claim amount)과 구별하기 위하여 약정보험금액이라고도 한다.

한편 보험금액과 보험가액과의 관계를 살펴보면, 먼저 보험가액과 보험금액이 동일한 경우를 전부보험(full insurance)이라 한다. 전부보험에 있어서는 보험자는 소손해면책액 또는 자기부담액이 없는 한 피보험자가 실제로 입은 손해액 전부를 보상하여야 한다.

둘째, 보험가액보다 보험금액이 적은 경우를 일부보험(partial insurance)이라고 한다.

셋째, 보험금액이 보험가액을 초과하는 경우를 초과보험(over insurance)이라 하는데, 만약 초과보험을 그대로 인정하게 되면 보험사고가 발생하지 않는 경우에는 피보험자는 초과보험료를 지불하고, 보험자는 부당한 보험료를 수령하는 결과가 되고, 보험사고가 발생하는 경우에는 피보험자가 보험가액 이상의 부당이익을 얻을 수 있어 보험을 투기적 목적으로 이용하거나 고의적인 보험사고를 초래할 우려가 있다. 따라서 이러한 이유로 각국에서 초과보험에 관하여 일정한 규제를 가하고 있다.

매매계약의 내용에 따라 물품운송에 대하여 책임을 지는 당사자가 보험자와 보험계약을 체결하는 경우에 그 보험금액과 보험담보의 범위를 결정하면 된다.

그러나 CIF나 CIP조건과 같이 보험계약자와 피보험자가 상이한 경우에는 보험금액에 대한 별도의 약정이 필요한 경우가 있다. 즉, CIF조건의 경우 "110 percent of the CIF invoice value"와 같이 송장금액에 10%를 부가한 금액으로 보험에 부보하게 되며, 이러한 가산비율에 따라 보험료(insurance premium)도 달라지므로 보통 송장금액에 10%를 가산한 최소 보험금액을 약정하게 된다. 특히 CIP의 경우는 복합운송에 의하므로 해상보험이 아닌 운송보험에 부보해야 하는데, 운송보험의 경우에는 해상적하보험처럼 정형화된 보험약관이 없으므로 개별적 보험약관에 의하여야 한다.

그리고 FOB조건에서는 특히 매수인이 자신의 비용부담과 책임 하에 매도인에게 보험계약체결을 의뢰하는 경우 보험금액에 대해서는 매수인의 별도의 지시가 있어야 한다.

(3) 보험금과 보험료

보험금(claim amount)은 보험계약에 의거 담보위험으로 피보험자가 입는 경제적 손해에 대하여 보험자가 피보험자에게 지급하는 보상금을 말한다.

그리고 보험료(insurance premium)는 보험계약시 보험자가 위험을 인수하는 대가로 보험계약자가 보험자에게 지불하는 대금을 말하며, 보험료율은 보험금액에 대한 백분율로 표시된다.

(4) 보험기간, 보험계약기간 및 보험료기간

보험기간(duration of risk : policy period)이란 보험자가 손해보상의 책임을 져야 하는 보험사고발생의 시간적 한계를 말한다. 즉, 보험자의 위험부담책임이 시작되어 끝날 때까지의 기간으로서 이를 책임기간 또는 위험기간이라고도 한다.

보험계약기간(duration of the policy)이란 보험계약의 성립에서 그 종료에 이르는 기간, 즉 보험계약의 존속기간을 말한다. 보험계약은 당사자의 합의에 의하여 유효하게 성립했음에도 불구하고 보험자의 책임은 계약성립 후까지 개시하지 않을 수도 있으며(보험계약이 성립하였음에도 불구하고 최초의 보험료를 지급한 후부터 보험자의 책임이 개시한다), 소급보험(retrospective policy)의 경우 계약성립 전의 일정기간에 발생한 손해를 보험자에게 보상시키는 경우가 있어 보험기간과 보험계약기간은 반드시 일치하지 않는다.

그리고 보험료기간(premium period)이란 당사자가 계약에서 정한 보험료급부에 대한 단위기간, 즉 보험자가 위험을 측정하고 보험료를 산출하기 위하여 표준으로 삼는 기간으로서 기간보험(time insurance)의 경우에는 통상 보험료 기간을 1년으로 정하고 있다.

(5) 고지의무

고지의무(duty to disclosure : representation)란 보험계약을 체결할 때 보험계약자 또는 피보험자가 보험자에게 보험계약상 중요한 사항에 대하여 사실 그대로 알려야 할 의무를 말한다(상법 제651조). 즉, 고지의무는 보험의 목적의 위험 정도나 성질에 영향을 미치는 중요 사실(material facts)에 대하여 보험계약자 또는 피보험자가 보험자에게 최대선의에 의거하여 계약이 체결될 수 있도록 구두 또는 서면으로 진술할 의무를 말한다.

이러한 고지의무의 대상이 되는 중요한 사실이란 「신중한 보험자가 보험료를 산정함에 있어서 또는 위험을 인수할 것인지의 여부를 결정함에 있어서 그 판단에 영향을 미칠 수 있는 사실」이다(MIA 제18조 제2항).

우리 상법상 고지의무의 위반시 효과를 살펴보면, 보험사고의 발생 전후를 불문하고 보험자는 보험계약을 해지할 수 있다. 보험사고가 발생한 후에 보험계약을 해지한 때에는 보험자는 보험금을 지급할 책임이 없고, 이미 지급한 보험금은 그 반환을 청구할 수 있다(상법 제655조). 그러나 보험계약자가 중요사실이 위험의 발생과 인과관계가 없다는 것을 증명한 때에는 보험금을 청구할 수 있고 또 이미 지급받은 보험금의 반환을 거절할 수 있다(상법 제655조 단서).

(6) 담보

해상보험에서의 담보(warranty)는 피보험자가 지켜야 할 약속을 말하는데, MIA(제33조 제1항)에서는 「피보험자가 특정의 것을 행하거나 행하지 않을 것, 혹은 어떤 조건을 구비할 것을 약속하는 것 또는 피보험자가 특정사실의 존재를 확인하고 또한 부인하는 것을 약속하는 것」이라고 정의하고 있다. 따라서 담보란 일반적으로 피보험자가 이행하여야할 조건을 의미하는데, 이러한 담보는 중요성 불문의 원칙(principle of non materiality)에 따라 그 종류나 중요성을 불문하고 엄격하게 문자 그대로 충족되어야 하며, 실질적으로 충족되는 것만으로는 불충분하다.

만약 담보가 엄격하게 충족되지 않는 경우에는 담보위반이 성립되어 보험자는 담보위반시점부터 면책되나, 담보위반 이전에 발생된 보험자의 책임에는 하등의 영향을 미치지 않는다(MIA 제33조 제3항). 그리고 담보위반은 그 발생의 이유여하를 불문하고 결과적으로 담보의 정확한 충족이 결여되기만 하면 성립된다.

(7) 인과관계

인과관계(causation)란 일반적으로 원인으로서의 어떤 상태와 사실이 발생하면 그 결과로서 다른 상태와 사실이 생긴다고 하는 원인과 결과와의 관계를 의미한다.

보험법상 문제로 되는 것은 원인으로서의 보험사고 또는 위험과 결과로서의 손해간의 인과관계이다. 해상보험은 해상위험 중 보험자가 담보하는 위험으로 인하여 손해가 발생한 경우에 그 손해를 보상하는 것이다. 따라서 어떤 손해가 발생한 경우 그 손해가 어떠한 원인에 의하여 발생한 것인가를 밝혀 그 원인이 담보위험인 경우에는 손해를 보상하지만 면책위험인 경우에는 보상하지 않는다.

4) 담보위험과 보상손해의 범위

해상적하보험은 물품이 운송 중 우발적 사고에 의하여 멸실 또는 손상됨으로써 화주가 입을 경제적 손실을 보상하는 것이므로 담보위험과 보상범위는 보험계약 당사자에게는 매우 중요한 문제가 된다.

(1) 담보위험

담보위험이란 보험자가 인수한 위험으로 이러한 위험으로 인하여 손해가 발생한 경우에 피보험자에게 보상해 주기로 약정한 위험을 말한다. 담보위험에는 당해 보험에서 보통약관으로 당연히 담보되는 위험과 특약을 통해 특별약관으로 담보되는 위험이 있다. 실제 손해가 발생하였을 경우에 보험자가 보상해 주는 담보위험은 보험증권의 약관 중에 열거하고 있는데, 여기에는 해상고유의 위험(perils of the sea), 화재, 강도, 투하 및 선원의 악행 등의 해상위험과 전쟁 등의 위험이 있다.

그러나 전쟁(war), 동맹파업(strike) 등의 위험은 추가보험료를 지불하고 특약에 의하여 증권면에 명시하지 않는 한 담보되지 않는다.

(2) 보상범위의 선택

보험약관에 열거된 담보위험 중 어느 것에 근인(近因)하여 생긴 손해는 원칙적으로 보험자가 보상해 주지만, 손해형태에 관하여 보험조건에 따라 보상해 주지 않는 경우도 있으므로 보상조건을 정해야만 한다.

한편 해상적하보험(marine cargo insurance)은 1912년 '런던보험업자협회' (The Institute of London Underwriters, 현 국제언더라이팅협회 : International Underwriting Association : IUA)가 제정하고 1963년에 개정된 협회적하약관(Institute Cargo Clauses : ICC)에서는 기본적 손해보상의 범위를 분손부담보 또는 단독해손부담보(Free from Particular Average : FPA), 분손담보 또는 단독해손담보(With Average, With Particular Average : W.A), 전위험담보(All Risks : A/R)의 세 가지로 구분하여 왔다.

그러나 1981년 ICC를 전면적으로 개편하여 F.P.A.와 유사한 ICC(C), W.A.와 유사한 ICC(B), A/R과 유사한 ICC(A) 등의 신약관이 채택됨에 따라 우리나라는 현재 구약관과 신약관인 ICC(A), ICC(B), ICC(C)가 혼용되고 있다.

ICC의 신약관은 보험자의 담보위험과 면책위험을 보다 명확하게 구분하여 이해하기가 쉽게 되어 있다. 특히 F.P.A. 또는 ICC(C)는 담보하는 손해의 정도가 가장 좁아 보험료가 가장 저렴하며 A/R과 ICC(A)의 범위는 반대로 가장 넓은 반면 보험료는 높다.

따라서 매매당사자는 보험조건을 약정함에 있어 ICC(B) 또는 ICC(C)조건으로 부보하는 경우 담보가 되지 않는 위험에 대해서는 물품의 성질을 감안하여 해수침손, 파손 등의 부가위험(extraneous risk)을 추가하여 담보위험을 설정하는 것이 중요하다.

4 포장조항

1) 포장조항의 의의

포장조항(terms of packing)이란 수출입 물품의 운송과정에서 물품의 변질이나 손상 및 멸실을 방지하기 위하여 어떠한 방법으로 포장(packing)을 하고, 하인(marking)을 표시할 것인지에 대하여 약정하는 조항을 말한다.

포장(packing) 혹은 수출포장(export packing)은 수출입 물품의 하역, 수송, 보관 및 매매에 있어서 그 물품의 품질 및 수량을 보호함으로써 상품으로서의 가치를 유지하기 위하여 적절한 재료나 용기로 포장하는 기술적인 작업 및 상태를 말한다. 화물포장의 목적은 물품의 변질이나 손상 및 멸실을 방지하는 데 있기 때문에 그러한 목적을 달성할 수 있는 가장 적합한 포장재를 선택하는 것이 중요하다.

2) 포장의 종류

포장의 종류는 다음과 같다.

먼저 개별적 포장(unitary packing)이란 소매(retail)의 단위가 되는 최소의 묶음을 개별적으로 하나씩 행하는 포장방법을 말하는데, 개별적 포장에는 상표나 브랜드(brand) 또는 제조업체의 이름이 기재되고 보기 좋게 디자인된 포장지가 사용된다.

내부 포장(interior packing)이란 개별적으로 포장된 물품을 수송 또는 취급하기에 편리하도록 보통 몇몇의 개별적인 포장을 합하여 행하는 포장방법을 말한다. 내부 포장은 외부 포장보다 튼튼한 포장재가 사용되어 내용물이 수분이나 습기 또는 광선이나 진동 등으로 손상되지 않도록 외부 포장의 내부에 판지나 솜 등을 채우거나 칸막이를 하는 것이므로 보통 판지나 합성수지가 사용된다.

외부 포장(outer packing)이란 수송도중의 변질, 파손, 도난, 유실 등을 막고 취급을 보다 더 간편하게 하기 위해 몇 개의 내부포장을 모아 다시 행하는 포장방법을 말한다.

3) 포장시 주의사항

수출화물의 포장은 충분히 튼튼하게 하여야 하지만, 화물의 중량 및 용적이 필요 이상으로 크게 되면 운송비의 부담이 커지게 된다. 따라서 화물을 포장할 때에는 가볍고, 부피가 작고, 튼튼하고, 값싸고, 보기 좋은 것으로 해야 하며, 이때 화물의 종류, 성질, 도착지, 운송 도중의 기후, 환적의 횟수, 도착국가의 화물포장에 관한 법규, 상관습, 포장비용, 운임 등을 충분히 고려하여 가장 합리적이고 안전한 포장을 하여야 한다.

보통의 포장은 매도인이 판단하여 임의로 하기도 하지만 분쟁의 예방을 위하여 그 소재나 포장단위를 적절히 선택하여 당사자 간에 미리 약정해 두는 것이 좋다.

4) 하인

(1) 하인의 의의

하인(marking)이란 매도인의 창고에서 매수인의 창고까지 전 운송기간 동안의 화물을 확인하여 혼란과 지연 없이 도착지까지 신속, 원활, 안전한 운송과 화물 및 화물관련 서류의 대조, 점검을 위하여 각 화물의 외부 포장에 특정기호와 포장번호, 목적지 또는 목적항 등을 표시하는데 이를 총칭하여 하인(shipping mark)이라 한다.

구분하여 표시하는 것이 바람직하다.

(8) 주의표시(care mark)

화물의 운송 또는 보관 시에 취급상의 주의사항을 표시하는 것으로, 이는 보통 포장의 측면에 표시되기 때문에 Side Mark라고 부른다. 주의 표시에는 use no hook, with care 등이 있다.

한편 매매계약 시에 포장(packing)과 하인(shipping marks)에 대한 약정의 예는 다음과 같다.

"Packing of the products shall be made in the manner usually effected by the seller in its export of such kind of the products. Shipping marks shall be as follows …… "

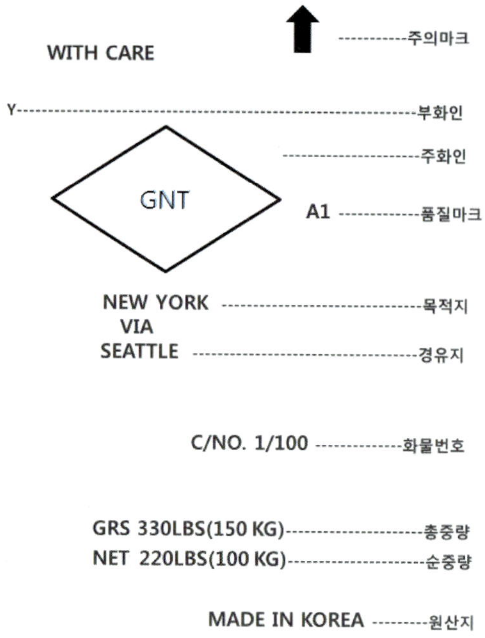

그림 4-1 하인의 형태

V 계약분쟁 및 구제에 관한 조항

계약 당사자는 계약 불이행 등 분쟁에 대비하여 미리 분쟁해결에 관한 약정, 즉 계약위반에 대한 구제와 관련한 사항을 약정해 두어야 한다. 즉, 클레임조항, 중재조항, 준거법조항, 재판관할권조항, 불가항력조항, 권리침해조항, 검사조항 등 각종 조항을 계약서에 약정하여 명시해 두어야 한다.

1 클레임조항

1) 무역클레임의 의의

무역클레임(trade claim)이란 무역거래과정에서 당사자 간에 계약내용의 이행여부와 관련한 무역분쟁(trade dispute)이 발생될 수 있는데, 단순한 불평(complaint)을 넘어서 손해배상과 같은 구체적인 청구를 수반할 경우 이를 무역클레임이라 한다.

클레임 조항(terms of claim)에는 클레임 제기기간, 클레임 제기근거, 클레임 제기방법 등이 반드시 포함되어야 한다.

클레임의 제기방법 및 제기기간에 대해서 다음과 같이 약정한다.

Claim : Claim shall be filed by cable within fourteen(14) days from the date of final discharge of the goods at destination. Claims after the elapse of fourteen days shall be considered as null and void.

분쟁이 있으면 목적지에서 화물을 양륙한 최종일로부터 14일 이내에 전신으로 제기한다. 14일이 경과한 후의 클레임 제기는 무효로 한다.

2) 무역클레임의 제기

무역거래에 있어서 계약조건의 위반이나 불이행이 있으면 피해당사자는 클레임을 제기하고 구상권을 행사하게 된다.

(1) 당사자의 선택

클레임의 제기사유를 발견하면 먼저 클레임 사유 발생의 원인 및 책임소재가 누구에게 있는지를 치밀하게 분석하여 당사자를 결정하여야 할 것이다.

클레임의 당사자는 첫째, 수출의 경우 ① 상대국의 수입상, ② 상대국의 신용장개설은행, ③ 선박회사(또는 보험회사) 중에서 정한다.

둘째, 수입의 경우 ① 상대국의 수출상, ② 외국의 제조업자, ③ 선박회사(또는 보험회사) 중에서 정하게 된다.

(2) 클레임의 제기기간

계약에 클레임의 제기기간을 약정한 경우에는 그 계약조항에 따른다. 그러나 물품검사통지의무에 관한 계약에 약정이 없는 경우에는 우리 상법 또는 외국 법률의 규정에 따라 물품검사 후 지체없이 클레임을 제기하여야 한다.

여기서 '지체없이'란 개개물건에 대한 검사를 완료할 수 있는 합리적인 기간을 의미하며, 그 기간을 일률적으로 규정할 수는 없는 사실적인 문제이다.

(3) 클레임의 통지

클레임의 사유를 발견하면 우선 그 개요에 대한 클레임통지서(claim notice)를 전신이나 텔렉스를 이용하여 발송한 후 곧이어 확정된 클레임 제기서장을 송부하여야 한다.

클레임제기서장에는 ① 클레임진술서(statement of claim), ② 손해명세서(particulars of loss sustained), ③ 검사보고서(survey report), ④ 청구서 및 기타의 증거서류를 첨부하여 클레임의 정당성을 상대방에게 납득시켜야 한다.

(4) 위약물품의 반송

제기한 클레임을 상대방이 수락하는 경우 손해배상금을 받거나 대체이행을 청구할 수 있게 된다. 그러나 상대방이 이를 거절하면 상사중재기관 또는 법원에 제소하여 판정을 받게 된다.

클레임 제기자가 우리나라 수입자인 경우 대체이행을 청구할 때에는 수입된 당해 물품을 반송하여야 한다. 또한 위약물품의 재수출은 대외무역법규의 규정에 따라 수출승인을 면제받아 수출할 수 있다.

3) 클레임의 수령

(1) 클레임의 내용파악

클레임통지의 내용 중에서 상대방의 표현이나 어조에 따라 요구사항의 강도를 측정하고 애매한 것은 즉각 확인하여 쌍방간의 의사가 명확하게 전달되어야 유효한 해결책을 강구할 수 있다.

거래된 물품의 성질과 여러 사정을 감안하여 유효기간 내에 클레임을 제기하였는지의 여부를 면밀히 검토하고 만일 시효가 지났다면 이를 배척하는 항변을 한다.

상대방이 제기한 클레임이 정당한 것인가의 여부를 확인하기 위하여 증거서류의 신뢰도를 검사하여야 한다. 만약에 검사보고서가 첨부되어 있을 경우에는 그 검사보고서를 작성한 날짜와 그 기관의 신용을 조사하여 만약 부실한 경우가 있으면 이를 항변하여야 한다.

(2) 클레임의 수락과 거절

상대방의 클레임이 정당하다고 인정되면 손해배상을 하거나 대체이행을 하여야 한다. 금전으로 손해배상을 하는 경우에는 외국환관리규정이 정한 바에 따라 외화송금에 대한 지급인증을 받아야 하고, 대체이행을 하는 경우에는 대외무역법 시행령상의 수출입승인 면제규정 및 관세법 제34조에 의거하여 수출한 물품의 재수입절차와 대체품의 재수출절차를 거쳐야 한다.

그리고 상대방의 청구가 부당하면 그에 대한 반증자료를 첨부하여 항변하고 청구거절의 의사표시를 한다.

4) 무역클레임의 해결방법

클레임의 해결에 있어서 이러한 내용이 당사자 간에 원만하게 타협(compromise)이 이루어지지 않게 되면 결국 제3자의 개입에 의한 알선(intercession), 조정(consolidation), 중재(arbitration) 등에 의해 해결을 모색하게 된다.

무역클레임이 일단 제기되면 당사자는 해결을 위한 성의와 신속한 대응이 필요하며, 여기에는 무엇보다도 당사자 간의 원만한 타협이 요구되나 제3자의 개입에 의해 해결되는 경우도 없지 않다.

무역클레임의 해결방법으로서는 ① 청구권의 포기, ② 화해, ③ 알선, ④ 조정, ⑤ 중재, ⑥ 소송 등이 있다. 이 가운데 청구권의 포기와 화해는 당사자 간의 해결방법이며 나머지는 제3자에 의한 해결방법에 속한다.

(1) 청구권의 포기

클레임의 포기(waiver of claim)란 피해자가 가해자에게 클레임제기를 일방적으로 철회하는 것을 말한다. 이러한 경우는 상대방에게 다른 조건을 제공하였거나 아니면 클레임 제기를 통하여 주의를 환기시키는데 그 의의가 있는 경우이다.

(2) 화해

클레임이 제기되면 우선 그 원인을 조사하여 책임의 소재를 밝히고 당사자 사이의 직접교섭에 의해 원만하게 해결하도록 노력하여야 한다.

화해(amicable settlement)는 당사자 사이의 교섭에 의하여 타협점이 모색되는 것으로서, 이것이 가장 바람직한 해결이고, 실제로 클레임의 대부분이 화해에 의해 해결되고 있다.

(3) 알선

화해에 의하여 해결책을 강구하지 못하였을 경우에는 제3자의 개입에 의해 해결을 하게 되는데 여기에는 알선, 조정, 중재 및 소송의 4단계로 해결하게 된다.

알선(intercession)은 상공회의소, 상사중재원, 대사관, 영사관 등과 같은 공정한 제3자가 당사자의 한편 또는 쌍방의 의도에 의하여 사건에 개입하여 주로 원만한 해결을 위한 조언을 해 주는 것이다. 그러므로 당사자 쌍방의 협력을 얻지 못하면 실패하게 된다. 이것은 강제력은 없지만 알선하는 제3자가 유력하다거나 당사자에 대한 영향력이 강한 경우는 성공할 확률이 높다.

알선이 조정이나 중재와 다른 점은 형식적인 절차를 필요로 하지 않고 당사자 한편의 의뢰에 의해 가능하다고 하는 점이다.

(4) 조정

조정(concilidation)은 당사자 쌍방이 공정한 제3자를 조정인(conciliation, mediator)으로 선임하고 조정인이 제시한 구체적인 해결방안에 합의함으로써 클레임을 해결하는 방법이다. 당사자 중 어느 한 편이 마음대로 조정에 붙일 수는 없고 양 당사자가 조정에 의해 분쟁을 해결할 것을 합의하지 않으면 안된다. 또한 제시된 조정안에 대하여 당사자 중 어느 한편이 불만이 있으면 조정은 성립되지 않는다.

한편 조정인은 해당분야의 전문적인 지식과 경험이 풍부한 자가 되며, 양 당사자가 조정안을 수락하면 강제력을 가지게 된다. 조정은 조정안 자체가 구속력이 없다는 점에서 불완전한 해결방법이긴 하지만 절차가 간단하여 많이 이용되고 있다.

(5) 중재

중재(arbitration)는 조정의 경우와 같이 당사자가 공정한 제3자를 중재인(arbitrator)으로 선임하고 분쟁의 해결을 전적으로 중재인에게 맡겨 그 중재판정에 따름으로써 해결하는 방법이다. 중재는 중재에 의해 해결할 것을 양 당사자 간에 사전에 합의하지 않으면 안된다는 점에선 조정의 경우와 같다.

그러나 조정의 경우 조정안의 수락여부는 당사자의 자유의사에 따르게 되나 중재의 경우에는 당사자가 중재판정을 거부할 수 없다. 이러한 점에서 소송과 비슷한 강행적인 면이 있으므로 중재판정이라고도 한다. 더욱이 1회의 판정에 의해 모든 것이 해결되고 상소의 길이 없는 점과 중재에 위탁한 사건은 소송에 의하여 다룰 수 없다는 점에서 크나큰 특징이 있다. 이 중재는 국내외 중재관계법규 및 국제협약의 법적 근거에 의해 뒷받침되고 있으며 민사소송에 따른 비용과 시간을 절약할 수 있다는 점 등에서 매우 효과적인 방법이다.

(6) 소송

소송(litigation)은 국가기관인 법원의 판정에 의하여 분쟁을 강제적으로 해결하는 방법이다. 소송은 사건의 내용에 따라 민사소송, 형사소송, 행정소송 등으로 분류할 수 있으나 클레임의 대부분은 민사소송이다. 이것은 화해나 알선, 조정 또는 중재에 의하여 분쟁을 해결할 수 없는 경우에 최후의 수단으로 국가 공권력의 발동에 의한 물리적인 힘에 의해 해결하는 방법이다.

그러나 무역거래에서는 상대방이 법역을 달리하는 외국에 있는 것이 보통이므로 2국간 조약으로서 당사국 상호간에 외국판결의 승인, 집행을 약속하고 있는 경우를 제외하고는 자국의 재판권이 상대국에 미치지 못한다는 장애가 있어 강제집행을 할 수 없다. 뿐만 아니라 소송에는 많은 시간과 비용이 소요되므로 이 방법에 의한 해결은 거의 이용되고 있지 않다.

2 중재조항

1) 상사중재의 의의

중재(arbitration)란 당사자 간의 분쟁해결을 법원의 판결 대신에 합의에 의하여 공정한 제3자인 중재인(arbitrator)에게 의뢰하여 구속력이 있는 판정(award)을 최종적으로 구하는 방법을 말한다. 따라서 상사중재(commercial arbitration)란 상행위에 의하여 발생되는 법률관계에 관한 중재를 말하며, 상거래 당사자들이 사법상의 분쟁을 쌍방의 합의에 의하여 법원에 소송을 제기하는 대신에 중재인에게 그 해결을 부탁하는 방법이다.

중재란 일종의 계약적 절차이며, 계약의 소산이다. 중재의 본질은 사적자치원칙에 따른 자주적 분쟁해결방법이다. 따라서 중재판정의 기준은 법의 지배보다는 선과 형평에 그 기준을 두고 있다. 다시 말하면 소송은 법에 의한 판단이고, 중재는 인격에 의한 판단이며 또한 당사자 간의 합의를 필요로 한다는 점에서 소송과는 차이가 있다.

만약 클레임이 당사자 간의 화해나 합의를 통해 해결되지 못했을 경우, 상사중재가 가장 보편적인 해결방법으로 활용되고 있다.

2) 중재절차

(1) 중재계약의 체결

중재계약(arbitration agreement)이란 계약상에 의한 것이거나 아니거나를 불문하고 일정한 법률관계에 대하여 당사자 간에 이미 발생하고 있거나 장래에 발생 가능한 모든 분쟁 또는 특정한 분쟁을 중재에 부탁하기로 하는 당사자 간의 합의이다.

중재는 소송과는 달라서 거래당사자나 분쟁당사자 간에 무역클레임을 중재로 해결하겠다는 의사의 서면합의, 즉 중재계약이 있어야만 가능하다. 이를 편의상 분쟁발생시점을 중심으로 하여 사전에 미리 약정하여 두는 중재합의와 사후에 약정하는 형식의 중재부탁합의로 구분된다.

중재에 의하여 무역분쟁을 해결하고자 하는 경우에는 먼저 당사자 간에 중재계약이 체결되어야 하는데, 이는 매매계약 중에 중재조항이 있거나 서신 또는 전보에 중재조항이 있으면 되고, 이것이 없는 경우에는 별도의 서면계약을 체결하여야 한다. 중재계약은 민법상의 계약의 성립 및 유효요건의 적용을 받는다. 중재계약의 당사자는 중재판정에 따라야 하되, 다만 중재계약이 무효이거나 효력을 상실하는 때에 한하여 소를 제기할 수 있다.

(2) 중재의 신청

중재의 신청은 일반적으로 유효한 중재계약(합의)이 성립된 후 상사중재규칙에 규정된 소정의 요금과 함께 대한상사중재원에 중재신청서를 비롯한 기타 서류를 제출하여야 한다.

(3) 조정

조정(concilidation)은 중재절차에 의한 판정을 거치지 않고 조정인을 개입시켜 분쟁을 해결하는 방식으로 중재절차에 앞서 당사자의 우의에 의한 조정을 시도하게 된다.

대한상사중재원에서 조정이 개시되면 중재인단 명부(panel of arbitrators)에서 선정하는 1인 또는 수인의 조정인을 선정하게 되고 조정인은 양당사자의 주장을 듣고 조정안을 제시한다. 조정인이 선정된 날로부터 30일 이내에 조정이 성립되어야 하며 그 이후는 중재절차가 재개된다. 만일 조정이 성립하면 그 효력은 중재판정의 효력과 동일하며 법원의 확정판결과 동일한 효력을 갖는다.

(4) 중재인의 선정

중재인(arbitrator)이란 당사자의 합의에 의하여 중재판정을 내리는 권한이 부여된 자를 말한다. 이러한 중재인의 선정은 중재판정에 큰 영향을 미치게 되므로 신중을 기해야 한다.

① 중재인의 선정방법

중재인의 선정방법에 있어서는 당사자가 직접 중재인을 선정하는 방법과 중재기관이 중재인을 선정하는 방법이 있다.

② 중재인의 수

중재인의 수는 일반적으로 중재계약에서 정할 수 있으며, 보통 홀수의 중재인을 정하는 것이 통례이다. 우리나라 상사중재규칙에는 당사자 간에 결정이 없으면 3인 또는 1인의 중재인으로 구성토록 되어 있다.

(5) 중재심문

중재인이 선정되어 중재판정부가 구성되면 사안의 파악 및 공정한 판정을 위하여 당사자에 대한 심문, 증거조사, 검증 등의 방법으로 심문절차를 진행하게 된다. 심문의 순서, 일시, 장소는 중재판정부가 결정하는데, 사무국은 당사자에게 늦어도 5일 전에 그 결정을 통지하여야 한다. 심문절차는 공개치 않으며 중재인이 수인인 경우에는 중재판정은 그 과반수의 찬성으로 하게 된다.

(6) 중재판정

① 중재판정의 의의

중재판정(Award)이란 중재계약의 당사자가 부탁한 분쟁해결을 위하여 중재인이 내리는 최종결정이며, 양 당사자를 구속하기 때문에 공평하고 정당하면서 확정적인 판정이 되어야 한다.

중재판정은 서면으로 작성하여 중재인이 서명 날인하고 중재판정에 대한 주문 및 이유의 요지와 작성연월일을 기재해야 한다. 중재인은 판정의 정본을 당사자에게 송달하고 그 원본은 송달증서를 첨부하여 관할법원에 이송 보관하게 되어야 비로소 중재절차는 종결된다.

② 중재판정의 효력

중재판정의 국내적 효력은 법원의 확정판결과 동일한 효력이 있다. 법원의 최고심 판결과 동일하므로 단심제임을 간접적으로 표현하고 있다. 항소 또는 상고는 있을 수 없으며, 당사자의 불복, 중재인의 판정 철회 또는 변경할 수 없다.

중재판정은 당사자를 구속하는 규범성, 즉 기판력을 갖는다. 권리의 존부확인, 급부명령이 있으면 이를 법원에서도 이에 반하는 판단을 할 수 없다. 그리고 중재판정의 집행은 중재판정에 기판력은 있지만 집행력은 국가전속사항이므로 부여되지 않는다. 개인의 재산권 보호에 목적이 있는 것이며, 법원의 적법 판결로 집행이 가능하다.

집행판결의 요건으로 적극적으로는 중재판정이 존재하여야 하고, 소극적으로는 중재판정 취소사유가 없어야 한다. 집행판결에는 담보제공 또는 제공없이 가집행할 수 있음을 선고하여야 한다.

한편 중재판정의 국제적 효력과 관련하여 법원판결의 국제적 효력은 각국의 법제에 따라 다르다. 우리나라에서 외국판결은 우리나라의 법률질서에 적합할 수 있는 일정한 요건을 갖춘 경우에만 그 효력을 인정하고 있다. 그러나 중재판정의 국제적 효력에 관하여 법원의 판결과 달리 중재판정이 각국의 상이한 국제거래관습 및 관행에 그 기초를 두고 있어 그 집행상 어려움이 많으므로, 소위 "뉴욕협약"이라 불리우는 1958년 "외국중재판정의 승인 및 집행에 관한 UN협약"이 채택되어 체약국의 경우에는 이 국제협약의 적용에 의하여 상사분쟁의 해결을 도모하게 되었다.

3) 중재조항

중재조항은 당사자 사이의 관계하는 계약상의 분쟁을 국가재판소의 재판에 의하여 해결하지 아니하고, 사인(私人)에 의하여 행하여지는 중재판정에 의하여 해결하기로 하는 당사자 간의 합의사항을 기재한 조항이다. 대부분의 나라에서 중재조항이 있는 경우에는 소송의 제기가 있더라도 피고가 중재조항의 존재를 주장(중재의 항변)하면 소송을 각하 또는 정지함과 함께 중재의 결론인 중재판정을 집행할 의무를 부담한다.

중재조항에는 중재에 붙일 사항, 중재장소, 중재기관, 중재절차 등을 명기하여 둘 필요가 있다. 중재기관을 선정함에 있어서는 권위 있는 중재기관의 중재규칙 내용을 검토한 후 중재기관을 결정하되 그 기관이 권장하는 중재조항을 계약서에 기재하는 것이 안전하고 확실하다.

따라서 분쟁해결을 중재에 의한다는 중재조항(arbitration clause)을 계약에 포함시켜 두어야 하며, 중재기관, 중재장소 및 준거법에 관한 사항을 그 내용으로 삽입해야 한다.

무역계약에서의 중재조항의 예는 다음과 같다.

Arbitration : All disputes, controversies, or differences which may arise between the parties, out of or in relation to or in connection with this contract or for the breach thereof, shall be finally settled by arbitration in Seoul, Korea accordance with the Commercial Arbitration Rules of The Korean Commercial Arbitration Board. The award rendered by the arbitrator(s) shall be final and binding upon both parties concerned.

이 계약으로부터 또는 이 계약과 관련하여 또는 이 계약의 불이행으로 말미암아 당사자 간에 발생하는 모든 분쟁, 논쟁 또는 의견 차이는 대한민국 서울특별시에서 대한상사중재원의 상사중재규칙에 따라 중재에 의하여 최종적으로 해결한다. 중재인(들)에 의하여 내려지는 판정은 최종적인 것으로 당사자 쌍방에 대하여 구속력을 가진다.

3 기 타

1) 불가항력조항

불가항력(force majeure)이란 주로 매매당사자의 고의나 과실이 없음에도 불구하고 의무이행에 따른 절대적 책임을 부담해야 하는 불이익을 사전에 제한하기 위하여 쓰이는 개념이다.

불가항력조항은 영미법상의 Frustration에서 유래한다. 영미법의 Frustration의 법리는 당사자의 책임으로 돌릴 수 없는 사유에 의해 사정이 현저하게 달라진 때에 계약조건대로의 내용을 그대로 인정할 수 없기 때문에, 계약은 소멸된다는 법리이다. 따라서 당사자가 계약체결 시에 미리 일정한 사유가 발생한 경우에 계약상의 책임을 면한다는 취지를 규정함으로써, 불가항력에 해당하는 사유가 발생한 경우에 계약을 자동으로 정지하거나 계약의 소멸에 대한 선택권을 부여한다.

Force majeure : ① Except for the payments due for the Goods delivered by the Seller, any party("Affected Party") hereto shall not be responsible to the other party("Non-Affected Party") for nonperformance [either in whole or in part] or delay in performance of the terms and conditions of the Agreement, due to war, war-like operation, acts of God, riot, strikes, sabotage or other labor disturbances in the plant : lockout of the manufacturing plant : epidemics, floods, earthquakes, typhoon, embargoes, laws and regulations of the Buyer's country or seller's country : or any other causes beyond the control of the parties. In case of any such event the terms of this Agreement relating to time and performance shall be suspended during the continuance of the event.

② Within [five (5) days] from the date of commencement of the event, the Affected Party shall advise the Non-Affected Party by telex, facsimile or cable of the date when such delay in performance commenced, and the reasons therefor as enumerated in this Agreement : likewise, within [five (5) days] after the delays ends, the Affected Party shall advise Non-Affected Party by telex, cable or facsimile of the date when such delay ended, and shall also specify the redetermined time by which the performance of the obligation hereunder is to be completed.

① 매도인이 인도한 물품대금의 지급을 제외하고, 어느 당사자도 전쟁, 준전시상태, 천재지변, 파업, 태업 또는 기타 노동쟁의, 공장폐쇄, 전염병, 홍수, 지진, 폭풍, 수출금지, 매수인 또는 매도인 국가의 법규, 기타 당사자가 통제

할 수 없는 사유로 계약조건을 불이행(전부 혹은 일부)하거나 이행을 지연한 경우에는, 상대방에 대하여 그로 인한 책임을 부담하지 않는다. 위의 경우, 기간 및 이행에 관한 이 계약의 조건은 불가항력 사유가 지속되는 동안만큼 연기된다.

② 채무불이행 당사자는 불가항력 사유가 발생한 날로부터 [5일]이내에 상대방에게 텔렉스, 모사 전보 또는 전신으로 지연사유의 개시일자와 이 계약에 열거된 지연사유를 통보하여야 한다. 또한 채무불이행 당사자는 지연사유가 종료된 후 [5일]이내에 상대방에게 텔렉스, 모사전보 또는 전신의 방법으로 지연사유의 종료일자와 예상되는 계약의무이행 완료일자를 통보하여야 한다.

2) 재판관할권 조항

재판관할권조항(jurisdiction clause)이란 만약 당사간의 화해나 중재합의가 이루어지지 못해 소송을 제기해야 할 경우에 어느 국가의 법원을 관할법원으로 할 것인가에 관하여 약정하는 조항을 말한다. 만약 계약 중에 중재조항을 규정하지 않은 경우에는 그 계약을 둘러싼 분쟁은 최종적으로 국가가 행하는 재판으로 해결하게 된다. 또한 중재조항이 존재하더라도 중재에 붙일 범위 외의 사항에 대하여는 마찬가지로 재판에 의하게 된다. 그 경우에 소송을 제기할 재판소를 당사자 간에 미리 약정하여 놓은 것이 재판관할에 관한 조항이다. 재판관할의 합의가 있는 경우에도 이러한 합의가 관계 당사국에서 유효한지 또는 선정된 재판소가 외국인(또는 외국법인)의 출소권을 인정하는지 또는 선정된 재판소는 판결의 집행을 처리하기에 적당한지 등을 검토할 필요가 있다.

한편 재판소의 지정을 막연히 한국재판소 또는 미국재판소라고 규정하는 것은 장래 한국 또는 미국의 어느 지방재판소라는 뜻인가의 문제가 생길 소지가 있으므로 이러한 규정방법은 피하고 런던, 뉴욕 등의 특정지의 재판소를 지정하여야 한다.

다음은 한국의 법원을 관할법원으로 하는 예이다.

Jurisdiction : The Courts the Republic of Korea shall have jurisdiction over all dispute which may arise between the parties with respect to the execution, interpretation and performance of this contract.

대한민국 법원은 이 계약의 집행 해석 이행과 관련하여 당사자 간에 발생할 수 있는 모든 분쟁에 대한 관할권을 가진다.

3) 준거법 조항

무역계약의 성립과 이행 그리고 그 해석에 관해서 어느 나라의 법률 규정을 적용할 것인가를 결정해야 하는데, 이러한 무역계약의 성립과 이행 및 해석의 기준이 되는 법률을 준거법(governing law)이라 한다.

계약서를 아무리 상세히 작성한다 하더라도 해석상 의문이 전혀 없도록 한다는 것은 사실상 매우 어렵다. 따라서 계약당사자로서는 계약의 성립, 이행, 해석이 어느 나라의 법률에 따라 행하여지는가는 대단히 중요한 문제이다. 준거법을 지정한 경우라도 그 지정된 법률이 적용되는 것은 계약의 성립, 이행에 관한 것 등의 실정법측면이며 소송의 경우 소송절차 등 소송법측면은 준거법과 관계없이 법정지법에 의하는 것으로 된다.

무역계약에서 준거법조항의 예는 다음과 같다.

Governing Law : This agreement shall be governed by and construed and interpreted under the laws of Korea.

이 계약은 한국법에 의하여 준거되고 해석된다.

4) 권리침해조항

권리침해조항(infringement clause)은 매수인이 지정한 상표, 디자인, 특허 및 기술 등을 채택하여 제조·공급한 물품에 향후 예기치 않은 특허침해문제가 발생할 수도 있는데, 이러한 내용에 대해 미리 계약서 내에 명시하여 매도인의 책임을 면제하도록 규정한 조항이다. 즉, 매수인의 주문에 따라 생산하여 수출한 물품에 대하여 제3자가 특허권을 보유한 경우라도 매도인은 이에 대해 면책된다는 조항, 즉 무역계약과 관련하여 매매당사자 중의 일방이 제3자의 권리를 침해하는 물품을 주문하거나 인도한 경우 제3자의 배상청구로부터 면책된다는 것을 규정한 조항이다. 권리침해조항의 활용방안으로 공업소유권 등에 관한 권리침해에 대해 면책문언을 약정한 것과 미국이나 선진국 등에 수출할 경우 필히 동 조항에 대한 약정을 계약서에 삽입시켜야 한다.

무역계약에서 권리침해조항의 예는 다음과 같다.

Infringement : The Buyer shall be liable for and hold the Seller harmless from and against all losses and damages incurred and suits and claims brought by third party due to possible infringement of trademark, patent, copyright or other proprietary rights of the third party in connection with the Seller's manufacture and sale of the Goods according to the Specification attached hereto.

첨부된 명세서에 따라 제조된 상품과 관련하여 매수인은 상표, 특허, 저작권 또는 기타 제3자의 재산권 침해로 인하여 제3자가 제기한 손해 및 손실 그리고 소송이나 클레임에 대하여 책임을 지며, 매도인은 면책이 된다.

5) 검사조항

검사조항(inspection clause)은 품질조건과 수량조건에 관련된 것이지만, 검사기관, 검사장소, 검사시기나 검사비용을 누가 부담할 것인가가 구체적으로 제시되어야 한다.

무역계약에서 검사조항의 예는 다음과 같다.

Inspection : Unless otherwise instructed by buyer, export inspection by The Korea Authorities, Manufacturers or Seller shall be considered as final in respect of quality and/or conditions of the contracted goods. When buyer requires special inspection by appointment buyer must inform seller of such name of inspector at the time contract and such inspection fees shall be borne by buyer.

구매자가 별도로 지시하지 않는 한, 한국 당국, 제조업자 또는 판매자에 의한 수출 검사는 계약된 상품의 품질 및/또는 조건과 관련하여 최종적인 것으로 간주한다. 매수인이 약정에 따라 특별 검사를 요구하는 경우, 매수인은 매도인에게 그러한 검사인의 이름을 알려주어야 하며, 그러한 검사 수수료는 매수인이 부담한다

Chapter

5

무역관습과 정형거래조건

Chapter

5 무역관습과 정형거래조건

I 무역관습의 개념

1 무역관습의 의의

관습(custom)이란 특정집단에 속하는 사람들의 오랜 시일에 걸친 계속적 행위에 의한 전통적인 행동양식으로 일반적으로 승인된 것을 말한다. 그리고 상관습(mercantile custom)은 상업에 종사하는 모든 상인들이 승인하고 준수하려는 거래양식을 의미한다. 따라서 무역관습(international trade custom)이란 무역업에 종사하는 상인들이 승인하고 준수하려고 하는 거래양식을 말한다.

무역관습은 광의로는 무역거래에 종사하는 상인들이 자기의 명의로 상행위를 수행할 때, 일상적으로 반복되는 상행위 자체에 관한 관행(usage) 및 관례(practice)를 말하며, 협의로는 무역거래에 적용되는 국제매매관습 또는 국제거래관습을 의미한다.

이러한 관습(custom)에 대해 규범적인 관점보다 행위의 관점에서 볼 때에는 관행(usage)이라고 하며, 관습에는 아직 미치지 못하지만 계속적으로 반복되는 사례를 관례(practice)라 한다. 관습이 사회일반에 법적 규범력을 지닐 때 관습법(customary law)으로 발전되는데, 관습법에까지 이르지 못한 것을 사실적 거래관습(factual trade usage)이라 하며, 관습법과 사실적 거래관습을 구분하고 있다.

무역관습은 기업활동의 신속성, 정형성 및 반복성을 도모하기 때문에 상관습법의 성립을 촉진시킬 뿐만 아니라 제정법을 보충해 주는 역할을 수행한다. 이러한 무역관습은 변하지 않고 고정되어 있는 것이 아니라 그 시대의 기술발전이나 각종 제도의 변화에 따라 끊임없이 변화하고 발전한다. 최근 정보통신기술의 급속한 발전에 따라 무역거래에서 전자무역이 새로운 국제무역관습으로 자리매김하고 있다. 즉, 전자무역관습이란 전자무역을 수행하는 관련 주체들이 전자무역업무를 수행하면서 서로 승인하고 준수하려는 거래양식이라 할 수 있다.

2 무역관습의 종류

무역관습은 그 적용범위에 따라 특정의 장소 및 항구 등과 같이 특정지역에만 적용되는 지역관습(local custom)과 많은 지역을 포함하는 광역권 내지 일국의 모든 경제영역에 적용되는 일반관습(general customs)으로 구분된다. 만약 거래관습이 일반관습인 경우에는 계약을 체결하였던 당사자가 이러한 일반관습을 알 수 있었거나 또는 알고 있었다고 추정할 수 있다. 그러나 계약당사자가 각기 다른 장소에 영업소 또는 거소를 두고 있었던 경우, 그것이 지역관습으로 있는 경우에는 계약을 체결하였던 당사자가 이러한 지역관습을 알 수 있었거나 또는 알고 있었다고 추정할 수는 없다.

예를 들면, 특정 항구나 업종에만 적용되는 관습으로 영국의 리버풀항에서 곡물의 양륙에 관한 관습이나 원양 어획물의 무역에 관한 관습의 경우에는 계약을 체결하였던 당사자가 그러한 관습을 알 수 있었거나 또는 알고 있었다고 추정할 수 없다.

비엔나협약에서는 "당사자들은 그들이 합의한 관습과 당사자 간에 확립되어 있는 관례에 구속되며, 또한 당사자는 별도의 합의가 없는 한, 그들이 알았거나 또는 알았어야 하는 관습으로서 국제무역에서 널리 알려져 있고 또한 당해 특정 업종에 포함되는 형태의 계약에서 당사자에 의해 관례적으로 준수되는 관습들이 당사자의 계약 또는 그 성립에 묵시적으로 적용되는 것으로 본다."고 규정하고 있다(비엔나협약 제9조).

이와 같이 무역계약에서 특정 장소의 거래관습이나 당사자 간의 확립된 거래와 관련한 관습이나 관행을 어느 정도 참조할 필요가 있으며, 특히 계약당사자는 계약내용에 대하여 합의할 때에는 당해 거래관습에 대한 불명확한 점을 없애기 위해서는 당해 매매계약에서 명시적인 조항을 추가할 필요가 있다.

3 무역관습의 발전과정

오늘날 무역거래는 원격지 거래로서 국제물품매매계약은 대부분 FOB계약이나 CIF계약으로 수행되고 있는데, 이는 모두 영국을 발상지로 하고 있다. CIF 매매관습은 순수한 해상매매계약조건으로 발전하였는데 반하여, FOB 매매관습은 대륙 국가인 미국에서 이용되면서 더욱 세분화되어 발전됨으로써 해상매매뿐만 아니라 육상매매 및 항공매매 등에도 활용할 수 있도록 다양화되었다.

무역관습의 변천과정을 살펴보면, 19세기 산업혁명을 계기로 범선시대의 무역관습은 기선시대의 무역관습으로 발전하였는데, 범선시대의 무역관습은 주로 물품을 매수인측인 양륙지 매매에 속하는 도착지 거래조건으로 상거래가 이루어졌다. 그러나 19세기 산업혁명을 계기로 교통기관 및 통신수단의 발전, 조선 및 항해기술의 발전으로 무역거래에 기선(steamship)이 이용되면서, 매도인측의 선적항에서 물품을 인도하는 이른바 FOB나 CIF 매매관습 하의 무역형태가 정착되어 오늘날에 이르고 있다.

특히 CIF 매매관습은 해상국가인 영국에서 순수한 해상매매관습으로 시작하여 국제매매관습으로 발전하여 왔다. CIF 매매관습의 특징은 선적화물에 대해 선하증권(bill of lading : B/L)이 발행되면 화물의 소유권은 선하증권의 양도를 통하여 이전된다. 따라서 화물에 대한 소유권의 이전은 선하증권의 수수에 의하여 이루어지고, 운송화물에 발생되는 손해는 보험증권(insurance policy)에 의하여 담보되며, 화물의 상세한 내역은 상업송장(commercial invoice)에 기재된다. 이러한 일련의 선적서류를 은행에 양도함으로써 수출업자는 대금을 회수하게 되는데, 이때 대금회수의 확실성과 안전성을 기하기 위하여 신용장(letter of credit : L/C)부 화환결제가 이루어진다. 수입업자는 선적서류가 내도하면 대금을 지급해야 하는데, 무역매매는 화물의 인도 못지않게 서류의 수수를 중요시하는 이른바 서류매매의 성격을 가지고 있다.

20세기에 들어서면서 무역거래가 격지자간 거래형태로 본격적으로 발전함과 동시에 세계무역은 급격하게 증가하게 되었으며, 또한 화물운송의 고속화가 이루어지게 되면서 화물운송기간이 획기적으로 단축되었다. 그러나 화물을 권리증권화한 양도성 서류(선하증권 등)의 전달 속도는 개선되지 않고 여전히 많은 시간이 소요되었다. 이로 인하여 목적지에서 화물인도가 지체되어 화물 체화현상이 발생하여 수하인이 제때 화물을 인도받지 못하는 등 곤경에 처하는 일이 빈번하게 발생하게 되었다. 즉, CIF 매매관습의 핵심인 서류매매라는 특성이 오늘날의 무역환경에서는 오히려 무역거래 원활화를 저해하는 요인으로 작용하게 되었다.

이에 따라 1950년대 스웨덴, 덴마크, 노르웨이 등 북유럽제국은 무역화물량 증가와 화물운송의 신속화에 대처하기 위해 무역절차 간소화의 일환으로 무역관계 서류의 표준화를 추진하였다. 특히 1960년대에는 스웨덴이 유엔 유럽경제위원회(United Nations Economic Commission for Europe : UNECE)를 중심으로 선진 각국에서는 무역서류 간소화 운동을 전개하게 되었다.

그 후 통신·운송기술의 발달 및 데이터 처리기술의 급속한 발전에 따라 우편, 케이블 등에 의한 정보전달이 텔렉스에 의한 전송으로 교체되었다. 이어 수작업에 의한 서류처리가 컴퓨터에 의한 신속·정확한 처리와 동시에, 항공운송의 발달과 컨테이너에 의한 다종 다량 화물의 고속운송이 행하여지게 됨에 따라 1976년에는 FOB Airport조건이 새로이 추가되었다.

그리고 컨테이너에 의한 복합운송이 활발하게 이루어짐에 따라 이러한 국제복합운송을 반영하기 위해 INCOTERMS 1980에서는 Free Carrier... (named point)(FRC, 운송인인도조건...지정지점) 및 Freight or Carriage and Insurance paid to...(named point of destination)(CIP, 운임보험료지급조건...지정목적지)가 새로이 추가되었으며, 1936년에 제정된 Freight or Carriage Paid to...(named point of destination)(운임지급조건...지정목적지)가 수정·보완되었다.

이와 더불어 1970년대에는 주요 선진국에서 통관절차의 간소화에 대한 검토가 계속 진행되면서, 1980년대 들어 컴퓨터 보급과 함께 정보통신기술의 발달에 힘입어 UN에서는 1987년 3월 EDI 관련 국제표준인 UN/EDIFACT(행정, 상업 및 운송부문에 관한 전자문서교환표준, United Nations/Electronic Data Interchange for Administration, Commerce and Transport)를 제정하였다. 또한 WCO(세계관세기구, World Customs Organization), ICC(국제상업회의소, International Commerce Chamber) 등의 국제기구에서도 관련 규칙을 개정하는 등 무역자동화를 위하여 적극적으로 노력하였다.

1980년대 중반 이후 무역계약 체결 이후의 거래에서 발생하는 서류 중심의 무역절차를 전자적으로 처리하기 위한 EDI방식의 폐쇄형 무역업무자동화 시스템 구축이 활발하게 추진되었다. 이에 따라 INCOTERMS 1990에서는 EDI방식의 활용이 일반화되면서 이를 위해 일부 거래조건에 대한 전신약호를 DCP → CPT, EXS → DES, EXQ → DEQ로 변경하였으며, EDI 통신문의 사용증가에 따라 기존의 운송서류와 동등한 EDI 통신문을 수용하여 유효한 문서로 인정하게 되었다.

특히 1990년대 중반 이후에는 인터넷을 활용한 전자무역거래알선사이트 내지 무역 e-마켓플레이스를 중심으로 무역계약 체결 이전까지의 마케팅을 e-마켓플레이스를 중심으로 수행하였다.

2000년대 들어와서는 인터넷 사용의 급속한 확산, 확장성 표시언어(ebXML), 보안 및 인증 등 관련 기술의 발달에 힘입어 모든 무역업무를 인터넷으로 통합 처리할 수 있게 되었다. 무역업무를 인터넷 기반 하에 수행하면서 관련 업무를 연결하여 처리할 수 있도록 하는 개방형 전자무역 시스템 구축과 국가 간 전자무역 네트워크 연계사업이 추진되고 있다.

전자무역의 활용으로 무역거래를 위한 정보수집을 비롯한 의사표시, 계약체결, 물품인도 및 서류제공, 물류운송 및 대금결제 등 무역거래의 모든 분야에 걸쳐 무역거래 관행의 변화를 초래하고 있다.

해외시장조사 및 거래처의 발굴을 위하여 웹사이트를 통하여 개별 기업, 무역유관기관 및 각국 정부가 제공하는 수많은 시장정보, 거래처정보 및 상품정보를 실시간으로 수집할 수 있다. 전자무역을 활용하는 경우 매도인과 매수인 간의 청약과 승낙의 의사표시는 전자우편, 인터넷 폰이나 팩스, 화상회의 시스템 등을 활용한 전자적 방식의 의사표시를 행하게 되며, 또한 무역계약 체결은 전자거래약정(Electronic Commerce Agreement : E-Agreement) 및 교환약정(Interchange Agreement : I-Agreement) 등을 이용하게 된다.

이에 따라 물품인도 및 서류인도는 유형재의 경우에는 종전과 마찬가지로 국제운송과정을 통하여 합의된 장소까지 계약물품을 운송하지만, 소프트웨어, 전자서적, 음성·음향물, 영상물 등의 전자적 형태의 무형재의 경우에는 사이버 공간상에서 전자적 형태로 물류가 이루어지게 된다.

그리고 물품의 인도증거서류 및 기타 제공서류가 종이문서에서 전자문서로 대체되어 EDI나 전자적 방식에 의해서 전자문서의 형태로 송수신된다.

또한 물류운송의 경우에는 인터넷을 통한 무역거래의 소매화로 인하여 물품 배송시스템에도 변화가 초래되는데, 인터넷을 통하여 직접 유통될 수 있는 디지털 제품을 제외한 책이나 음반 등 부피가 작고 특별한 취급을 필요로 하지 않는 물품 등은 주로 국제 택배 또는 우편서비스를 활용하여 운송된다. 즉, 디지털 제품의 경우에는 인터넷을 통해 직접 유통될 수 있으며, 유형재의 경우에는 전 세계적으로 종합 물류정보네트워크의 구성을 통해 화물의 이동을 확인할 수 있게 되면서, 무역업자는 효율적인 재고관리와 물류비용의 대폭적인 절감이 가능하게 되었다. 따라서 무역업자는 물류업자의 배송추적 시스템을 이용하여 운송 중인 물품의 배송상태를 실시간으로 추적할 수 있게 됨으로써 양질의 서비스를 제공받을 수 있을 뿐만 아니라, 통관이나 물품운송과 관련된 업무를 신속하게 처리할 수 있게 되었다.

그리고 대금결제부문에서는 전자자금이체(Electronic Fund Transfer), 무역카드시스템(Trade Card System), 전자신용장(Electronic L/C) 등 전자결제시스템으로 전환되어 가고 있다.

Ⅱ 정형거래조건

1 정형거래조건의 개념

1) 정형거래조건의 의의

정형거래조건(trade terms)이란 무역거래에 있어서 국제적으로 정형화된 표준적 거래조건, 즉 물품매매계약으로서의 FOB, CIF와 같은 기호 내지 약어를 말한다. 특히 무역거래의 내용 또는 조항은 명시조항(express terms)과 묵시조항(implied terms)으로 구성된다.

명시조항은 당사자간의 합의에 의해 계약에 명시적으로 삽입한 조항인 데 반하여, 묵시조항은 당사자가 법이나 관습에 의해 당연히 준수해야 하는 조항으로 당사자간에 명시적인 합의나 계약조항에 삽입되어 있지 않더라도 계약내용의 일부를 구성하게 된다. 무역계약은 당사자간에 모든 거래조건을 계약서에 작성하기 어렵기 때문에 실제 국제상관습 등 묵시조항에 의하여 보완되고 있는 실정이다. 물론 상관습을 계약에 적용시키기 위해서는 당사자의 합의를 필요로 하지만, 일반적으로 정형거래조건을 활용하여 국제물품매매를 수행하고 있다.

무역거래에서 매매당사자 간에 이러한 정형거래조건을 채택하게 되면 매도인과 매수인의 권리 및 의무는 대부분 자동으로 결정된다. 왜냐하면 당사자 간에 특별히 반대되는 명시조항이나 합의가 없는 한, 그러한 형태의 계약에 표준적인 권리·의무를 채택한 것으로 간주하기 때문이다.

2) 국제물품거래 방식

국제물품매매는 주로 다음 두 가지 방식으로 거래가 이루어진다.

첫째, 이미 정형화된 국제물품매매관습을 통하여 이루어지는데, 이는 원칙적이고 기초적인 무역계약의 내용을 형성한다. FOB조건, CIF조건과 같은 정형거래조건에 의하여 계약의 기본적인 사항, 즉 계약물품의 인도장소, 비용분담, 위험이전 및 당사자의 권리·의무 등이 자동으로 결정된다.

예컨대, CIF조건으로 매매계약을 체결한다면, 특약에 없는 한, 매매가격은 원가와 이윤 및 인도시점까지의 비용에 양륙항까지의 운임(F)과 보험료(I)를 포함한 가격으로, 매도인은 양륙항까지의 운송계약과 보험계약을 체결하여야 하며, 물품의 인도장소 및 시기는 선적항 본선 적재시점으로 된다. 따라서 매도인은 선적항의 본선에 물품을 적재하기 이전의 모든 위험과 비용을 부담하고, 수출승인이나 수출통관 등 제반 행정적인 업무를 처리하여 관련 서류를 제공하여야 한다.

둘째, 이미 채택된 정형거래조건을 기초로 하여, 여기에 소유권 이전을 위한 실질적인 계약조건을 구체화시켜 계약을 완결시킬 수 있다. 이는 정형거래조건에서 구체화되지 못한 품질조건·수량조건·가격조건·인도조건·결제조건·

포장조건 등에 대해서는 거래 시 전신(cable) 등에 의해 개별적으로 당사자 간에 약정함으로써 정형거래조건과 함께 하나의 계약내용을 구성하여 매매계약서를 작성하게 된다.

2 정형거래조건의 성격

정형거래조건은 그 기능상 다음 두 가지의 성격을 지니고 있다.

첫째, 가격조건으로서의 성격을 가진다. 정형거래조건은 무역가격을 산정하는 기초가 되며, 매매가격의 구성내용을 나타낸다.

예를 들면 "US$15.00 per case FOB Busan"의 경우에는 선적항인 Busan항의 본선에 적재할 때까지 소요되는 포장비용, 검사비용, 국내운송비, 수출통관 관련 비용, 본선 적재비용 등을 포함한 가격을 말한다. 또한 "US $20.00 per bale CIF New York"의 경우에는 선적항의 본선에 적재시까지 소요되는 비용과 선적항에서 양륙항인 New York까지의 운임과 보험료를 포함한 가격을 말한다.

그러므로 정형거래조건은 언제나 가격과 관련하여 사용되며, 이것은 직접적으로는 그 가격이 어떠한 구성요인에 의해 성립되어 있는가, 즉 매도인은 그러한 조건 하에서 어느 범위까지의 비용을 부담하는가를 나타내는 것이다. 매도인이 부담하는 비용의 범위를 알 수 있으면 매수인이 부담하는 비용의 범위도 자연스럽게 결정될 수 있기 때문에, 이러한 정형거래조건은 매도인과 매수인간의 비용부담의 분기점을 나타낸다고 할 수 있다.

둘째, 계약조건으로서의 성격을 가진다.

정형거래조건은 국제물품매매계약에 따른 당사자간의 계약상의 책임에 대해 규정하고 있다. 즉, 계약물품에 대한 위험부담이 매도인으로부터 매수인에게로 어느 시점에서 이전되는가 하는 위험부담의 문제와 함께 소유권의 이전시점도 알 수 있다. 예컨대, FOB Busan의 경우, Busan항에 있는 본선적재 시 물품인도가 이루어지는데, 이때 위험 역시 매도인에게서 매수인에게로 이전하며, 물품인도와 동시에 소유권이 이전하는 것으로 추정할 수 있다.

또한 CIF New York의 경우에는 선적항의 본선상에 적재시 물품인도와 동시에 소유권이 이전하는 것으로 추정할 수 있으며, 위험도 물품인소시점에 매도인에게서 매수인에게로 이전한다. 그리고 비용 분담의 경우에는 매매가격에 보험료(I)와 운임(F)이 포함되어 있기 때문에 매도인이 보험계약과 운송계약을 체결하고 보험료와 운임을 부담해야 한다.

이처럼 국제물품매매계약은 이러한 정형거래조건을 통하여 매매당사자 간에 물품인도, 위험이전, 비용분담 등 계약상의 책임을 정하고 있다는 점에서 가격조건으로서의 기능뿐만 아니라 계약조건으로서의 성격도 동시에 지니고 있는 것이다.

3 정형거래조건의 주요 내용

정형거래조건은 무역거래 당사자의 의무를 거래조건별로 표준화시켜 구성하고 있다. 정형거래조건상 당사자의 의무, 즉 매도인과 매수인의 계약상의 책임한계에 관한 주요 내용은 물품에 대한 ① 물품인도 시기와 장소, ② 위험이전 시기 및 장소, ③ 비용부담의 분기점, ④ 매도인의 제공서류, ⑤ 기타 당사자의 의무 등을 규정하고 있는데, 이를 거래조건별로 정형화한 것이 곧 정형거래조건(trade terms)이다.

이하에서는 정형거래조건의 주요 내용을 중심으로 살펴본다.

1) 물품인도 시기 · 장소 및 위험부담의 분기점

매도인이 매수인에게 물품을 인도하는 것은 단순히 물품인도뿐만 아니라 소유권이 이전하는 것으로 추정하며, 위험이전 및 비용분담과도 밀접한 관련을 가진다. 따라서 물품인도 시기 및 장소는 계약에서 중요한 의미를 가진다 하겠다.

위험의 이전(transfer of risk)이란 무역거래에 있어서 운송 중인 물품의 멸실(loss)이나 손상(damage)에 대한 위험이 언제, 어디에서 매도인에게서 매수인에 이전되는가의 문제이며, 각 거래조건에서는 물품이 멸실 또는 손상되었을 때에 누가 책임을 부담하는가를 정하고 있다.

이처럼 거래조건은 운송 중인 물품에 대해 발생된 멸실이나 손상에 대한 손해를 부담해야 하는 시기와 주체에 대해 규정한 것이라 할 수 있다. 그런데 정형거래조건에서는 물품의 인도시기 및 장소가 곧 매매당사자의 위험이전시기 및 장소가 된다.

2) 비용부담의 분기점

격지자 간의 거래인 무역거래는 계약을 이행함에 있어 여러 가지 많은 비용이 발생하게 된다. 무역거래와 관련한 비용의 주요한 것으로는 물품의 원가, 이윤, 검사비, 운임, 보험료, 통관비용, 선적비용, 수수료 등이 있다.

비용부담의 분기점은 이러한 각종 비용 가운데 어느 시점까지 발생된 비용은 매도인이 부담하고, 그 나머지 비용은 매수인의 부담으로 할 것인가의 문제로서 이것은 매매가격과 밀접한 관련을 가지며, 거래조건과 관련된다.

따라서 매매당사자가 선택하는 거래조건에 따라 매도인이 매수인에게 판매가격을 결정함에 있어서 물품의 가격에 포함되는 비용들의 범위가 결정되는데, 정형거래조건에서는 이러한 각종 비용의 범위를 나타내고 있다.

3) 매도인의 제공서류

무역매매는 격지자 간의 매매이므로 거래에 있어서 서류가 매우 중요한데, "INCOTERMS 2020"은 각 거래조건에서 제공해야 하는 운송서류(transport documents)의 종류와 그 적격요건을 제시하고 있다. 이러한 제공서류는 후술하는 바와 같이 매수인의 요청이 없더라도 매도인이 당연히 제공해야 하는 필수서류(required documents)와 매수인의 요청이 있을 때에 한하여 매수인의 비용부담으로 입수 또는 구비해서 제공하는 임의서류(optional documents)로 나누어진다.

4) 기타 당사자의 의무

거거래조건은 이 외에도 운송계약 체결의무, 부보의무, 매도인의 물품 인도방법과 인도완료 통지의무 및 매수인의 본선지정 통지의무와 물품인수 및 대금지급의무 등 여러 가지 당사자간의 의무를 포함하고 있다.

실제 무역거래에 있어서의 당사자는 "INCOTERMS 2020"에 규정된 11가지 거래조건 중 어느 조건을 선택할 것인지를 결정함에 있어서 매도인과 매수인

간의 물품에 대한 위험과 비용부담의 한계 내지 그 범위 등을 충분히 고려하여 결정하여야 할 것이다.

4 정형거래조건에 관한 국제규칙

오늘날 국제물품매매에 널리 이용되고 있는 정형거래조건에 관한 국제규칙으로서는 국제상업회의소가 1936년에 제정한 이후 8차례 개정된 2020년 무역거래조건의 해석에 관한 국제규칙(International Rules for the Interpretation of Trade Terms, 2020)을 비롯하여 국제법협회의 1932년 CIF계약에 관한 와르소·옥스포드규칙(Warsaw·Oxford Rules for CIF Contract, 1932), 그리고 미국이 독자적으로 제정한 1941년 개정미국무역정의(Revised American Foreign Trade Definition, 1941) 등과 함께 국내법인 미국 통일상법전(Uniform Commercial Code)이 정형거래조건을 규정하고 있다.

그러나 운송수단의 발달과 무역환경의 변화에 부응하여 새로운 거래조건의 형성이나 기존 거래조건 자체가 변형됨에 따라 이들 국제규칙 또한 개정되어 왔다.

1) 1932년 CIF계약에 관한 와르소·옥스포드규칙

국제법협회(International Law Association : ILA)는 해상매매관습인 CIF거래조건에 대해 국제적 통일을 도모하기 위해 1928년에 초안을 마련하여 Warsaw 회의에서 Warsaw규칙(Warsaw Rules, 1928)을 채택하였다.

CIF계약에 관한 Warsaw규칙은 전문 22개조로 구성되어 있으며, 영국의 CIF매매관습과 이와 관련한 판례를 토대로 작성되었다. 그 후 국제상업회의소의 지원 하에 1932년 Oxford에서 국제법협회에서 개정되었는데, 이것이 1932년 CIF계약에 관한 와르소·옥스포드규칙(Warsaw·Oxford Rules for CIF Contract, 1932)이다.

INCOTERMS, 2020이 11종의 거래조건을 포괄하고 있는 데에 비하여 와르소·옥스포드규칙은 그 명칭대로 CIF조건에서의 소유권 이전을 포함한 당사자의 권리·의무만을 다루고 있는 단행법규이다.

원래 CIF조건은 여타의 거래조건과는 달리 당사자 간의 법률관계인 권리·의무의 내용이 매우 복잡하기 때문에 당사자의 의무이행과 관련하여 여러 가지 문제가 야기될 소지가 많았다. 따라서 이러한 문제점을 미연에 방지하고 당사자의 의무를 명확히 하기 위하여 제정된 것이 바로 1932년 와르소·옥스포드규칙이다.

2) 1941년 개정미국무역정의

미국은 무역거래조건의 해석에 관하여 해상국가인 영국의 매매관습을 바탕으로 하고 있는 INCOTERMS의 FOB조건과는 별도의 미국식 FOB조건에 대해 규정하고 있다. 본래의 FOB조건이나 CIF조건은 해상운송을 전제로 하고 있으나, 미국은 그 지리적 특성으로 선박보다는 주로 육상운송수단의 이용에 적합한 거래조건이 발달하게 되었다. 이에 따라 전미무역협회(National Foreign Trade Council)의 주도 하에 1919년에 개최된 전미무역회의(National Foreign Trade Convention)에서 수출가격조건의 정의(Definitions of Export Quotations)를 채택하였다.

이는 1941년에 개정하여 개정미국무역정의(Revised American Foreign Trade Definitions, 1941)가 채택되었다.

1941년 개정미국무역정의는 1919년의 수출가격조건의 정의에 Ex(point of origin) 및 Ex Dock조건 등 2종을 추가함으로써 6종으로 늘어났다.

그리고 두번째 조항인 FOB 조건은 다시 다음과 같이 6가지로 세분화되어 여전히 미국적인 해석기준을 채택하고 있다.

① FOB(named inland carrier at named inland point of departure) : 지정 국내출하지에서 지정 국내운송인에의 인도조건

② FOB(named inland carrier at named inland point of departure) Freight prepaid to (named point of exportation) : 지정 국내출하지에서 지정 국내운송인에의 인도조건(지정 수출지까지의 운임 선급)

③ FOB(named inland carrier at named inland point of departure) Freight allowed to (named point of exportation) : 지정 국내출하지에서 지정 국내운송인에의 인도조건(지정 수출지까지의 운임 공제)

④ FOB(named inland carrier at named point of exportation) : 지정 수출지에서 지정 국내운송인에의 인도조건

⑤ FOB Vessel(named port of shipment) : 지정 선적항 본선인도조건

⑥ FOB(named inland point in country of importation) : 수입국내의 지정 지점에서의 인도조건

3) 미국 통일상법전

미국의 국내매매법이라 할 수 있는 통일상법전(Uniform Commercial Code : UCC)의 제2편 매매(Sales)편에 무역거래조건에 관한 규정을 두고 있다. 즉, 제2-319조에 FOB조건, FAS조건 그리고 제2-320조 및 321조, 322조에는 CIF조건, C&F조건 및 Ex Ship조건에 관한 규정을 두고 있다. 특히 미국통일상법전에 규정되어 있는 FOB조건은 다음과 같이 세 가지 유형으로 구분하고 있다.

첫째, FOB(place of shipment)는 적출지 매매로 개정 미국무역정의의 FOB조건 ①·②·③이 이에 해당한다.

둘째, FOB(place of destination)는 양륙지 매매로 개정 미국무역정의의 FOB조건 ④와 ⑥이 이에 해당한다.

셋째, FOB(vessel, car or other vehicle)는 적출지 매매로 개정 미국무역정의의 FOB조건 ⑤가 여기에 해당한다.

따라서 미국기업과의 FOB계약시에는 개정미국무역정의에 의할 것인지, INCOTERMS에 의할 것인지 또는 UCC에 의할 것인지를 명확히 할 필요가 있다.

4) INCOTERMS

INCOTERMS란 "International Commercial Terms"의 줄임말로 일반적으로 무역거래조건의 해석에 관한 국제규칙(International Rules for the Interpretation of Trade Terms)을 말한다.

무역매매계약의 당사자인 매도인과 매수인은 각각 상대방에 대하여 계약내용에 따라 계약을 이행할 의무를 지게 되는데, 이들이 계약에서 약정하는 수많은 의무사항을 계약을 체결할 때마다 일일이 합의하는 것은 번거로울 뿐만 아니라 필요한 내용을 포함시키지 못할 위험도 있다. 따라서 무역상인들은 오랜

상관습에서 체득하고 활용해 온 정형화된 무역관습을 기준으로 거래를 수행해 왔는데, 이러한 정형화된 무역관습을 기초로 매매계약을 체결하면서 이러한 불편함을 해결해 왔다. 200여 년 전부터 무역상인들이 사용해 온 정형거래조건은 오늘에 이르기까지 무역계약의 목적물인 물품이 매도인으로부터 매수인에게 이르기까지 운송과 수출입 통관을 비롯하여 가격적 측면에서 비용부담과 물품인도측면에서 물품인도 시기 및 장소와 더불어 위험부담관련 당사자를 구분해 주는 국제물품매매의 기본요소로 자리 잡고 있다.

국제상업회의소(ICC)는 국제물품매매에 불가결한 요소가 된 각종 정형거래조건들에 있어서 당사자들의 상대적 의무에 불확실성을 해소하고 그 해석의 통일을 기함으로써 불필요한 분쟁이나 낭비를 없애고 최소화하기 위하여 매매당사자의 상대적 의무를 정리하여 국제적인 표준무역관습인 INCOTERMS를 마련하였다.

그러나 INCOTERMS의 적용범위는 컴퓨터 소프트웨어와 같은 무형재는 포함되지 아니하고 유체동산에 해당하는 물품의 인도에 관하여 매매계약당사자의 권리와 의무에 관련된 것에 한정되어 있다. 즉, INCOTERMS는 물품매매계약에 따른 매도인과 매수인의 관계만을 다루고 있다. 따라서 운송계약이나 보험계약, 금융 및 결제계약 같은 종속계약과는 관련성은 있지만, INCOTERMS는 국제물품매매를 이행하기 위하여 체결하는 주 계약인 물품매매계약에 한하여 적용하는 것이다.

INCOTERMS의 제정 및 개정과정을 살펴보면 다음과 같다.

(1) INCOTERMS 1936

무역거래에 관한 관습과 용어를 통일하고자 하는 움직임이 제1차 세계대전 이후 주로 국제상업회의소(International Chamber of Commerce : ICC)와 국제법협회(International Law Association : ILA)에 의해서 활발히 전개되어 왔다. 1936년 1월에 국제상업회의소의 무역거래조건위원회(Trade Terms Committee)의 조사를 토대로 무역거래조건의 해석에 관한 국제규칙(International Rules for the Interpretation of Trade terms : INCOTERMS 1936)을 국제상업회의소 이사회가 INCOTERMS 1936을 정식으로 채택・공표하게 되었다.

INCOTERMS 1936은 1. 공장인도조건(Ex Works), 2. 지정출하지 철도인도조건(FOR/FOT), 3. 지정선적항 반입인도조건(Free), 4. 지정선적항 선측인도조건(FAS), 5. 지정선적항 본선인도조건(FOB), 6. 지정도착항 운임포함조건(C & F), 7. 지정도착항 운임·보험료 포함조건(CIF), 8. 지정목적지 운임지급조건(Freight or Carriage Paid to), 9. 지정목적지 반입인도조건(Free or Free Delivered), 10. 지정항 착선인도조건(Ex Ship), 11. 지정항 부두인도조건(Ex Quay)의 11가지 정형거래조건에 대한 정의와 계약당사자의 의무를 조항별로 규정하였다.

(2) INCOTERMS 1953

제2차 세계대전을 계기로 국제거래환경이 크게 변화하면서 정형거래조건의 재정비와 수정이 필요하게 됨에 따라 ICC는 1953년 5월에 오스트리아 비엔나(Vienna)에서 "INCOTERMS 1953"을 공표하였다. 1953년 개정규칙의 내용은 기존의 지정선적항 반입인도조건(Free)과 지정목적지 반입인도조건(Free or Free Delivered)을 제외한 9개 조건으로 하였다. 이들 2개 거래조건을 삭제한 것은 두 조건의 용어가 비슷하여 혼동하기 쉽고, 실용성이 낮은 지방적 관습이라는 점에서 제외된 것이다.

(3) Montreal Rules 1967과 INCOTERMS Supplement 1976

제2차 세계대전 이후 동서냉전 등 국제무역환경의 급격한 변화로 인하여 ICC는 1967년 제2차 몬트리올 총회에서 일명 "Montreal Rules, 1967"이라 불리는 "국경인도조건(DAF) 및 통관인도조건(DDP)에 관한 국제규칙"을 간행하였다. 이때는 INCOTERMS를 개정하지 않고 다만 "INCOTERMS 1953"에 추가하였다.

그리고 1970년대 항공운송의 등장으로 1976년에는 항공화물의 경우에 FOB계통 거래조건의 사용이 증가함에 따라 FOB Airport 조건이 1976년 Supplement에 추가되어 당시의 INCOTERMS는 모두 12가지 정형거래조건으로 구성되었다.

(4) INCOTERMS 1980

1970년대 이후 국제운송분야는 컨테이너운송의 활용이 크게 증가함에 따라 정기선을 통한 해상운송은 보다 신속하고 안전하고 편리하게 이루어질 수 있었으며, 국제운송의 궁극적 목표인 문전에서 문전까지(Door to Door)의 육・해・공을 일관하는 운송체계인 복합운송이 등장하게 되었다.

이에 따라 1980년에는 복합운송과 관련하여 Free Carrier(FRC) 및 Freight or Carriage and Insurance Paid to(CIP)조건을 신설하였다. "INCOTERMS 1980"에서는 EXW, FRC, FOR, FOA, FOB, CFR, CIF, DCP, CIP, EXS, EXQ, DAF, DDP 등 14가지의 각 조건마다 3자 부호(International Code)를 정하여 사용하도록 하고 있다.

(5) INCOTERMS 1990

1980년대 이후 국제복합운송 기술과 정보통신수단의 급격한 발전과 더불어, 세계무역량의 엄청난 증가에 따라 늘어나는 무역서류의 규모를 줄이기 위해 노력하였다. 선진국을 중심으로 소위 서류 없는 무역(Paperless Trade)을 위한 컴퓨터에 의한 전자문서교환(Electronic Data System : EDI)제도가 보편화되어, 기존의 무역거래조건을 체계적으로 보완할 필요성이 대두됨에 따라 이에 부응하여 개정된 것이 INCOTERMS 1990이다.

1990년 6월 1일부터 시행된 INCOTERMS 1990의 주요 개정내용은 다음과 같다.

① FRC조건을 FCA로 개칭하고 FOA, FOR/FOT를 흡수・통합하였다.

② 일부조건에 대한 전신약호를 DCP → CPT, EXS → DES, EXQ → DEQ로 변경하였다.

③ 13가지 정형거래조건을 각 특징별로 묶어 E군(EXW), F군(FCA, FAS, FOB), C군(CFR, CIF, CPT, CIP) 및 D군(DAF, DES, DEQ, DDU, DDP)으로 분류하였다.

④ 각 거래 조건별로 매도인과 매수인의 의무조항을 10개항씩 대칭되게 구분하여 규정함으로써, 이용자들이 이를 비교・검토하기 쉽게 하였다.

⑤ 종래의 DDP조건을 DDU와 DDP로 세분하여 규정하였다.

⑥ EDI 통신문의 사용증가에 따라 기존의 운송서류와 동등한 EDI 통신문을 수용함으로써 이것도 유효한 문서로 인정하도록 하였다.

⑦ 전체적으로 문장의 표현을 알기 쉽게 재정리하고 각 거래조건별로 사용될 수 있는 적용범위를 명시하였다.

(6) INCOTERMS 2000

INCOTERMS 2000은 INCOTERMS 1990의 기본적인 골격을 그대로 유지하면서 부분적으로 수정·보완이 이루어졌다.

INCOTERMS 2000에서는 INCOTERMS 1990과 마찬가지로 13개의 개별 거래조건을 4개 그룹의 유형으로 분류하고 있다. 이러한 INCOTERMS 2000의 구성유형을 정리하면 다음과 같다.

첫째, "E"조건군은 출하지인도(departure)조건으로서 매도인은 자신의 영업장 구내에서 매수인에게 물품을 인도하는 것이다. 여기에는 EXW가 있다.

표 5-1 INCOTERMS 2000의 구성

그룹	구분	INCOTERMS 2000	
Group E	적출지인도 (Departure)	EXW	Ex Works(공장인도)
Group F	운송비미지급인도 (Main Carriage Unpaid)	FCA	Free Carrier(운송인인도)
		FAS	Free Alongside Ship(선측인도)
		FOB	Free On Board(본선인도)
Group C	운송비지급인도 (Main Carriage Paid)	CFR	Cost and Freight(운임포함인도)
		CIF	Cost, Insurance and Freight(운임·보험료포함인도)
		CPT	Carriage Paid To(운임지급인도)
		CIP	Carriage and Insurance Paid To (운임·보험료지급인도)
Group D	양륙지인도 (Arrival)	DAF	Delivered At Frontier(국경인도)
		DES	Delivered Ex Ship(착선인도)
		DEQ	Delivered Ex Quay(부두인도)
		DDU	Delivered Duty Unpaid(관세미지급인도)
		DDP	Delivered Duty Paid(관세지급인도)

둘째, "F"조건군은 주 운송비 미지급인도(main carriage unpaid)조건으로서 매도인은 적출지에서 매수인이 지정한 운송인에게 물품을 인도하지만, 목적지까지의 주 운송비를 지급하지 않는다. 여기에는 FCA, FAS, FOB 등이 있다.

셋째, "C"조건군은 주 운송비 지급인도(main carriage paid)조건으로서 매도인은 기본적으로 목적지까지 운송 또는 운송 및 보험계약을 체결하고 그 비용을 지급하지만, 선적 이후의 위험과 추가비용을 부담하지 아니한다. 여기에는 CFR, CIF, CPT, CIP 등이 있다.

넷째, "D"조건군은 도착지인도(arrival)조건으로서 매도인은 목적지까지 물품을 운반하는데 따른 모든 비용과 위험을 부담하여 매수인에게 인도해야 한다. 여기에는 DAF, DES, DEQ, DDU, DDP 등이 있다.

(7) INCOTERMS 2010

INCOTERMS 2010은 무역거래에서 전자통신의 사용 증가, 미국의 9.11 테러 사건 이후 물품 이동의 안전에 대한 관심 증가, 운송실무의 변화, 미국의 무역거래조건을 삭제한 2004년 미국통일상법(Uniform Commercial Code) 개정 등에 따른 ICC 각국 국내위원회와 관련 이해관계자 단체의 개정 요청을 수용하여 2007년 11월부터 개정 작업이 진행되었다. 그 결과 2008년 11월에 1차 초안을, 2009년 9월에 2차 초안을, 2010년 1월에 3차 초안을 작성하였으며, 2010년 5월 6일에 최종안이 ICC 상거래법위원회의 승인을 받아 2010년 9월 16일 ICC 이사회에서 최종적으로 승인되었다. INCOTERMS 2010은 2010년 9월 27일 공식적으로 발표되었고, 2011년 1월 1일부터 시행되었다.

INCOTERMS 2010에서는 이것이 국내거래에서도 사용할 수 있도록 부제목을 종래의 ICC Official Rules for the Interpretation of Trade Terms에서 ICC Rules for the Use of Domestic and International Trade Terms로 변경하였다.

INCOTERMS 2010의 주요 개정 내용을 살펴보면 다음과 같다.

첫째, INCOTERMS의 구성을 변경하였는데 "운송수단에 관계없이 단수 또는 복수의 운송수단에 사용되는 거래조건"과 "해상운송에만 사용될 수 있는 거래조건"으로 크게 분류하였다. "운송수단에 관계없이 단수 또는 복수의 운송수단에 사용되는 거래조건"에 속하는 것으로 EXW, FCA, CPT, CIP, DAT, DAP 및 DDP가 있으며, "해상운송에만 사용될 수 있는 거래조건"에 속하는 것으로 FAS, FOB, CFR 및 CIF가 있다.

둘째, INCOTERMS 2000에서 규정하고 있던 FOB, CFR 및 CIF의 3개 거래조건과 관련한 위험과 비용부담의 분기점인 본선의 난간 (ship's rail)이 삭제되고 본선 적재(on board)로 변경하였다.

셋째, INCOTERMS 2010은 반입인도조건과 관련하여 기존 INCOTERMS 2000의 DEQ조건을 DAT조건(터미널 반입인도)으로 변경하였으며, INCOTERMS 2000의 DAF, DES, DEQ 및 DDU조건을 DAP(목적지 반입인도)조건으로 통폐합함으로써 기존 13개 거래조건에서 11개 거래조건으로 축소하였다.

넷째, INCOTERMS는 전통적으로 국제매매계약에 사용되었으나, EU와 같은 자유무역지대(free trade zone)가 점차 확대됨으로써 국제거래에서 국경의 의미가 퇴색되고 있다. 이에 따라 INCOTERMS 2010은 그 부제목에서 이 규칙이 국제매매계약 및 국내매매계약에 모두 사용 가능하다고 공식적으로 인정하였다. 이는 순수한 국내매매계약에서도 INCOTERMS를 통상적으로 사용한다는 점과 국내거래에서 종래의 통일상법전(Uniform Commercial Code: UCC)에서 규정하고 있던 선적조건과 인도조건 대신에 INCOTERMS를 사용하고자 하는 미국의 입장을 반영한 것이다.

다섯째, 각 INCOTERMS 2010 규칙 앞에는 사용지침(Guidance Note)을 두고 있다. 이는 어떠한 경우에 당해 규칙이 사용되어야 하는지, 위험은 언제 이전하는지, 매도인과 매수인 사이에서 비용은 어떻게 분담되는지의 문제와 같은 각 INCOTERMS의 기본적인 내용을 설명하는 것이다. 사용지침은 INCOTERMS 2010의 실질적인 규칙의 일부가 되지는 않고, 단지 사용자로 하여금 당해 거래에 적합한 INCOTERMS 거래조건을 정확하고 효율적으로 사용할 수 있도록 유도하고자 하는 목적을 갖는다.

여섯째, 이전의 INCOTERMS에서는 EDI 메시지에 의하여 대체 가능한 서류를 명시하고 있었다. 그러나 INCOTERMS 2010의 각 규칙 A1/B1에서 당사자간에 합의되었거나 관행이 있는 범위 내에서 전자적 형태의 통신에 종이에 의한 통신과 동일한 효력을 부여하고 있다.

일곱째, INCOTERMS 2010 규칙은 협회적하약관(Institute Cargo Clauses)이 개정된 이후 처음으로 개정된 것이므로 그 약관에 따른 변동사항을 반영하였다. 즉, INCOTERMS 2010 규칙은 운송계약과 보험계약을 다루는 각 A3/B3에서 보험에 관한 정보제공의무를 부과하고 있다. 또한 보험에 대하여 종전보다 더 상세하게 규정하고 있다. LMA/IUA(Loyd's Market Associations/The Joint Cargo Committee of International Underwriter Association of London ; 로이즈 시장협회/국제런던보험자협회 합동적하위원회)의 Institute Cargo Clause A, B, War와 Strike Clause가 최소한도의 부보요건인 ICC(C)에 추가 가능한 것으로 규정되었다.

여덟째, 미국의 9.11 테러사건 이후 물류상 보안에 관한 우려가 증대됨에 따라 물품이 그 고유한 성격 외의 이유로 생명이나 재산에 위협이 되지 않는다는 확인이 요구되었다. 따라서 INCOTERMS 2010에서는 INCOTERMS의 각 조건의 A2/B2와 A10/B10 규정에서 매도인과 매수인 사이에 보관사슬정보(chain of custody information)를 입수하는 것과 같이 보안관련 통관을 완료하거나 그 완료에 협조할 의무를 부여하고 있다.

아홉째, INCOTERMS 2010에는 지금까지 볼 수 없었던 1차 상품거래에서는 일반적인 물품의 운송 중의 전매를 언급한 규정이 도입되었다. 즉, FAS, FOB, CFR, CIF조건의 사용지침(guidance note)과 A4에 의하면 물품의 인도는 본선의 선측 또는 본선 위에 물품을 선적하는 것 및 그와 같이 인도된 물품을 조달하는(procure)것에 의하여 이행된다. 이 후자는 상품거래의 운송 중의 전매, 소위 「해상전매」를 상정한 것이며, 위험은 「조달된 때」=「매매계약체결의 시」에 이전하기 때문에 비엔나 매매협약 제68조 제1항의 규정과 일치한다고 생각된다.

열 번째, ICC는 INCOTERMS 규칙 CPT, CIP, CFR, CIF, DAT, DAP 및 DDP조건 하에서는, 매도인은 합의된 목적지까지 물품의 운송을 위한 운송수단을 수배를 해야 한다. 운임은 매도인이 지급하지만, 운송비용은 일반적으로 매도인이 판매가격에 포함시키기 때문에 실제로는 매수인을 위해 매수인에 의하여 지급된다. 운송비용은 경우에 따라서는 항구 또는 컨테이너 터미널 시설

내에서 물품을 취급하거나 또는 이동할 비용을 포함하고 있으며, 운송인 또는 터미널 오퍼레이터는 물품을 책임지고 떠맡을 매수인에게 이런 비용을 청구하는 일이 자주 있다. 이와 같은 상황에서 매수인은 동일한 서비스에 2회, 즉 1회는 판매가격의 일부로서 매도인에게, 그리고 1회는 별개로 운송인 또는 터미널 오퍼레이터에게 지급하는 것을 피하고자 한다. 따라서 INCOTERMS 2010은 A6/B6항과 관련한 INCOTERMS 규칙에서 그러한 비용을 명확하게 할당함으로써 이중지급이 발생하지 않도록 하고 있다.

Ⅲ INCOTERMS 2020

1 INCOTERMS 2020의 주요 특징

INCOTERMS 2020에서는 기존 INCOTERMS 2010과 체제상으로는 큰 변화가 없다. 그러나 DAT조건을 DPU조건으로 명칭을 변경하고 기존 DAT조건과 DAP조건 순으로 열거되었던 것을 DAP조건과 DPU조건 순으로 배치하였다. 그리고 세부적인 내용면에서는 기존 매도인과 매수인의 의무에 대하여 A1/B1에서 A10/B10에서 규정하고 있는 의무의 내용에 대한 명칭을 변경하고 그 순서를 재배치하였다는 점과 CIP조건에서 보험부보수준을 ICC(C)에서 ICC(A)로 강화하였다는 점이다.

이하에서 INCOTERMS 2020에서 변경된 주요 내용을 살펴보면 다음과 같다.

1) 사용자를 위한 설명문(Explanatory Note for Users) 제시

INCOTERMS 2010에서의 INCOTERMS 각 조건의 첫머리에 있던 사용지침(Guidance Note)을 “사용자를 위한 설명문”(Explanatory Note for Users)으로 명칭을 변경하고 각 조건에 대한 설명을 구체화하여 사용자가 좀 더 쉽게 이해할 수 있도록 하였다. 즉, 설명문에서는 각 규칙이 어떤 경우에 사용되어야 하는지, 위험은 언제 이전하는지 그리고 매도인과 매수인간에 비용분담은 어떠한지와 같은 INCOTERMS 2020의 각 조건에 대한 기본적인 내용을 설명하고 있다. 이러한 설명문의 목적은 (a) 사용자들이 당해 거래에 적합한 INCOTERMS 조건을 정확하고 효율적으로 찾도록 돕고, (b) INCOTERMS 2020이 적용되는 분쟁이나 계약에 관하여 결정을 내리거나 조언하는 사람들에게 해석이 필요한 사항에 관하여 지침을 제공하는 것이다.

2) FCA규칙에서 본선적재 선하증권에 관한 옵션 규정 신설

물품이 FCA규칙으로 매매되고 해상운송되는 경우에 매도인 또는 매수인(또는 신용장이 개설된 경우에는 그들의 은행)이 본선적재 표기가 있는 선하증권의 발행을 원할 수 있다.

그러나 FCA규칙에서 인도는 물품의 본선적재 전에 완료되기 때문에 매도인이 운송인으로부터 선적 선하증권(on board bill of lading)을 취득할 수 있는지는 결코 확실하지 않다. 왜냐하면 운송인은 자신의 운송계약상 물품이 실제로 선적된 후에야 비로소 선적 선하증권을 발행할 의무와 권리가 있기 때문이다. 이러한 상황에 대비하여 INCOTERMS 2020 FCA A6/B6에서는 추가적인 옵션을 규정하고 있다. 즉, FCA규칙에서 매도인과 매수인은 합의 하에 매수인이 자신의 위험과 비용으로 운송인에게 선적 선하증권의 발행을 지시할 수 있고, 또한 매도인은 은행을 통해 선적 선하증권을 제공할 의무가 있다.

3) 비용조항 등의 위치변경

비용관련 조항은 IINCOTERMS 2020의 각 조건 A9/B9에서 찾아 볼 수 있다. 이는 INCOTERMS 2010의 A6/B6에 상당하는 조항으로 비용관련 항목을 정리하여 제시한 것은 사용자들에게 비용에 관한 일람표를 제공하는 데 있다. 이에 따라 매도인과 매수인은 당해 INCOTERMS 규칙상 자신이 부담하는 모든 비용을 한 곳에서 찾아 볼 수 있다. 또한 비용관련 항목은 그 항목의 본래 조항에도 언급되어 있는데, 예를 들면 FOB조건에서 서류를 취득하는데 드는 비용은 A9/B9뿐만 아니라 A6/B6에도 찾아 볼 수 있다. 이는 특정한 서류에 관한 비용분담을 알고자 하는 사용자는 모든 비용을 열거하는 일반조항보다는 인도서류를 다루는 특별조항을 보는 경향이 더 클 것이라는 생각 때문이다.

4) CIF와 CIP간 부보수준의 차별화

INCOTERMS 2010에서는 CIF 및 CIP의 A3에서 매도인에게 "자신의 비용으로 협회적하약관(Institute Cargo Clause)이나 그와 유사한 약관의 C약관(C Clause)에서 제공하는 최소 담보조건에 따른 적하보험을 취득"할 의무를 부과하고 있었다.

그러나 INCOTERMS 2020에서는 CIF조건에서는 협회적하약관 C약관의 원칙으로 하되, 다만 당사자들이 보다 높은 수준의 부보를 하기로 달리 합의할 수 있도록 하였다. 그리고 CIP조건의 경우에 매도인은 협회적하약관의 A약관에 따른 부보를 원칙으로 하되, 당사자들은 의사에 따라 보다 낮은 수준의 부보를 할 수 있도록 하고 있다.

5) FCA와 D규칙에서 매도인 또는 매수인 자신의 운송수단에 의한 운송 허용

INCOTERMS 2010에서는 제3자 운송인이 물품을 운송하는 것으로 기본 전제로 하고 있었다. 그러나 INCOTERMS 2020에서는 FCA조건과 D그룹에 속하는 조건들에서는 제3자 운송인과 운송계약을 체결하도록 허용하는 것 외에도 매도인이 필요한 운송을 마련하는 것을 허용하고 있다. 그러나 운송계약이 포함되지 않는 EXW와 반드시 선박으로 운송해야 하거나 매도인이 운송계약을 체결해야 하는 FAS, FOB, CFR, CIF, CPT 및 CIP조건 등은 이에 해당되지 않는다.

6) DAT에서 DPU로의 명칭 및 순서 변경

INCOTERMS 2020에서는 DAT조건과 DAP조건과 관련하여 첫째, 양하 전에 인도가 일어나는 DAP규칙을 DAT규칙보다 이전에 배치하여 순서를 변경하였다. 둘째, DAT규칙의 명칭이 DPU(Delivered at Place Unloaded)로 변경되었다. 실무적으로 터미널이 아닌 장소에서 매도인이 매수인에게 운송수단으로부터 양하한 물품을 매수인의 임의처분 상태로 인도하는 경우도 빈번하다. 따라서 이번 개정에 이를 반영하여 터미널이 아닌 장소가 인도 장소인 경우에도 적용하기 위해 DAT 명칭을 DPU로 변경하고 DAP와의 순서도 변경하여 양하 전에 인도가 발생하는 경우와 양하 후 인도가 발생하는 경우로 명확하게 구분하여 체계화하였다.

7) 운송의무 및 비용 조항에 보안관련 요건 삽입

INCOTERMS 2010에서는 보안관련 요건이 개별 규칙의 A2/B2 내지 A10/B10에 약간의 언급이 있었다. 그러나 INCOTERMS 2020에서는 보안과 관련한 선적 관행이 어느 정도 확립되었으며, 또한 보안문제는 운송요건과 관련되기 때문에 보안관련 의무를 INCOTERMS 각 조건의 A4와 A7에 추가하였다. 이러한 보안요건으로 인해 발생하는 비용도 비용조항인 A9/B9에 규정하고 있다.

2 INCOTERMS 2020의 주요 내용

INCOTERMS 2020의 각 조건의 주요 내용을 살펴보면 다음과 같다.

1) 운송수단에 관계없이 사용되는 조건

(1) EXW(Ex Works, 공장 인도조건)

EXW조건은 운송방식에 관계없이 사용될 수 있는 조건으로, 국내거래에 적합한 조건이라 할 수 있다. 이러하 EXW조건은 매도인의 영업장소 또는 기타 지정장소(예컨대, 작업장, 공장, 창고 등)에서 매수인의 임의처분 상태로 물품을 놓아두었을 때 물품인도와 위험이전이 이루어지며, 이때를 기준으로 비용분담이 이루어지는 조건이다. 따라서 매도인은 운송수단에 물품을 적재할 필요가 없으며, 수출통관이 요구되더라도 수출통관을 이행할 필요가 없다.

매수인이 직접 또는 간접적으로 수출통관을 이행할 수 없을 때에는 매도인이 수출통관과 그에 관련된 비용을 부담하는 FCA 규칙을 선택하는 것이 바람직하다. 이러한 EXW조건은 매도인에게 최소의 일련의 의무를 지우는 조건으로, 매수인의 입장에서는 본 조건을 사용함에 있어 유의할 필요가 있다.

(2) FCA(Free Carrier, 운송인 인도조건)

FCA조건은 어떠한 운송방식에 관계없이 사용할 수 있으며 둘 이상의 운송방식, 즉 복합운송방식이 이용되는 경우에도 사용할 수 있다. FCA조건은 매도인이 자신의 영업장소 또는 기타 지정장소에서 매수인이 지정한 제1 운송인 또는 다른 당사자에게 물품을 인도하는 것을 의미한다. 또한 위험과 비용분기점은 물품인도와 동시에 매도인으로부터 매수인에게 이전하기 때문에 가능한 한 명확하게 지정장소의 지점을 명시하는 것이 바람직하다.

또한 FCA조건에서는 매도인이 수출통관을 이행해야 하며, 매수인은 수입통관 또는 제3국 통과를 위한 통관을 하거나 수입관세 납부 및 수입통관절차를 이행해야 한다.

(3) CPT(Carriage Paid To, 운송비지급 인도조건)

CPT조건은 FCA조건에서 매도인이 목적지까지 운송계약을 체결하고 운송비용을 추가로 부담하는 조건이라 할 수 있다. 즉, CPT조건은 FCA조건과 마찬가지로 운송방식에 관계없이 사용할 수 있으며, 둘 이상의 운송방식, 즉 복합운송방식이 이용되는 경우에도 사용할 수 있다.

CPT조건에서 FCA조건과 마찬가지로 물품인도는 매도인이 합의된 장소에서 매도인과 운송계약을 체결한 제1 운송인 또는 다른 당사자에게 인도하면 이때 위험도 이전하지만, 매도인은 지정목적지까지 물품을 운송하기 위한 운송계약을 체결하고 운임을 지급해야 한다. 즉, CPT조건에서는 위험이전시점과 비용분담지점이 서로 다르다.

위험이전 시점은 합의된 물품 인도장소에서 운송인에게 물품이 인도되는 시점에 위험이 이전하는 반면, 비용은 목적지까지 운임을 매도인이 부담해야 한다. 그리고 매도인이 자신의 운송계약상 지정 목적지에서 양하에 관하여 비용이 발생한 경우에 매도인은 당사자 간에 달리 합의되지 않은 한 자신이 부담해야 한다.

그리고 CPT조건에서는 매도인이 물품의 수출통관을 하여야 한다. 그러나 매도인은 물품의 수입을 위한 또는 제3국 통과를 위한 통관을 하거나 수입관세를 납부하거나 수입통관절차를 수행할 의무가 없다.

(4) CIP(Carriage and Insurance Paid To, 운송비·보험료지급 인도조건)

CIP조건은 CPT조건에 추가적으로 목적지까지 보험을 부보하고, 보험료를 추가로 부담하는 조건이라 할 수 있다. 즉, CIP조건은 첫째, 운송방식에 관계없이 사용할 수 있으며, 둘 이상의 운송방식, 즉 복합운송방식이 이용되는 경우에도 사용할 수 있다.

둘째, CIP조건은 매도인이 목적지까지 운송계약과 보험계약을 체결해야 한다. 즉, CPT조건처럼 제1 운송인에게 물품이 인도될 때 위험부담은 종료되지만, 비용부담은 매매계약에서 합의된 지정목적지까지 발생하는 운송비용과 보험비용을 매도인이 부담하여야 한다. 매도인이 자신의 운송계약상 지정 목적지에서 양하에 관하여 비용이 발생한 경우에 매도인은 당사자 간에 달리 합의되지 않은 한 자신이 부담해야 한다.

셋째, 매도인은 수출통관의무를 부담한다. 그러나 수입통관 및 제3국 통과를 위한 통관, 수입관세 및 수입통관절차를 이행할 의무는 없다.

한편 보험부보와 관련하여 살펴보면, CIP조건에서 매도인은 인도지점부터 적어도 목적지점까지 매수인의 물품의 멸실 또는 손상위험에 대하여 보험계약을 체결해야 한다. 이때 매도인은 보험부보조건으로 협회적하약관의 C약관에 의한 최소 담보조건이 아니라, 협회적하약관의 A약관이나 그와 유사한 약관에 따른 광범위한 담보조건으로 부보해야 한다. 다만, 당사자 간의 합의에 의해 협회적하약관 A약관보다 낮은 수준의 담보조건으로 보험에 부보할 수 있다. 그리고 보험금액은 최소한 매매계약에 규정된 대금에 10%를 더한 금액, 즉 매매대금의 110%이어야 하고, 보험의 통화는 매매계약의 통화와 같아야 한다.

(5) DAP(Delivered At Place, 도착지 인도조건)

DAP조건은 운송방식과 관계없이 사용할 수 있는 조건으로, 지정목적지에서 도착된 운송수단으로부터 물품을 양하 준비상태로 매수인의 임의 처분상태에 놓인 때 매도인이 매수인에게 물품을 인도한 것으로 된다. 이때 위험이 매수인에게 이전하며, 매도인은 인도시점까지의 비용을 부담하면 된다. 따라서 매도인은 도착운송수단으로부터 물품을 양하할 필요는 없으며, 그러한 지정장소까지 물품을 운송하는데 따른 위험과 비용을 부담한다.

DAP조건은 매도인이 수출통관의무를 부담하지만, 수입 또는 제3국 통과를 위한 통관, 수입관세부담, 수입통관절차에 대한 의무는 없다. 만약 당사자들이 물품의 수입통관, 수입관세의 납부, 모든 수입통관절차를 매도인이 할 것을 원한다면 DDP조건을 사용하여야 한다.

DAP조건은 INCOTERMS 2000의 DAF조건, DES조건 및 DDU조건을 대체한 것으로, 주의할 것은 지정목적지가 어떤 내륙장소만 의미하는 것이 아니고 지정 목적항과 같이 항구가 될 수 있다.

(6) DPU(Delivered At Place Unloaded, 도착양하인도조건)

DPU조건은 INCOTERMS 2010의 DAT조건을 명칭을 변경한 것으로, 운송수단에 관계없이 사용할 수 있는 조건이다. DPU조건은 물품이 지정 목적지 또는 지정 목적지 내에 합의된 지점에서 도착된 운송수단으로부터 물품을 양하하여 매수인의 임의 처분상태로 놓인 때 매도인이 물품을 인도한 것을 의미한다. 이러한 DPU 조건은 INCOTERMS 2020에서 매도인이 목적지에서 물품을 양하하도록 하는 유일한 조건이다.

이러한 DPU조건은 매도인이 수출통관의무를 부담하지만, 수입 또는 제3국 통과를 위한 통관, 수입관세부담, 수입통관절차에 대한 의무는 없다. 만약 당사자들이 물품의 수입통관, 수입관세의 납부, 모든 수입통관절차를 매도인이 할 것을 원한다면 DDP조건을 사용하여야 한다.

그리고 매도인은 물품이 지정 목적지 또는 지정 목적지 내에 합의된 지점에서 도착된 운송수단으로부터 물품을 양하하여 매수인의 임의처분상태로 둘 때까지 위험과 비용을 부담한다.

(7) DDP(Delivered Duty Paid, 관세지급 인도조건)

DDP조건은 운송방식에 관계없이 사용할 수 있는 조건으로, 지정목적지에서 수입통관 후 물품이 도착된 운송수단에 실어 둔 채 양하 준비된 상태로 매수인의 임의 처분상태에 놓이는 때, 매도인이 물품을 인도한 것을 의미한다.

매도인은 그 목적지까지 물품을 운송하는데 수반되는 모든 비용과 위험을 부담하여야 하며, 물품의 수출통관뿐만 아니라 수입통관과 운임 및 보험료 등 모든 비용을 부담해야 하므로 INCOTERMS 2020의 11개 조건 중 매도인에게 가장 높은 수준의 의무를 부과하는 조건이다. 즉, DDP조건은 매도인에게 최대 의무를 부과하고 있는 조건이며, 매도인에게 최소의무를 부과하고 있는 조건인 EXW조건과 대비된다.

2) 해상운송 및 내수로운송에 사용되는 조건

(1) FAS(Free Alongside Ship, 선측인도조건)

FAS조건은 지정 선적항에서 매수인이 지정한 본선의 선측, 예를 들어 부두 또는 바지선(barge)에 물품이 놓이는 때, 또는 이미 그렇게 인도된 물품을 조달한 때에 매도인이 물품을 인도한 것으로 되는 조건으로, 해상운송이나 내수로 운송에 사용되는 조건이다. 따라서 FAS조건은 매도인이 수출통관절차를 거쳐 물품을 본선의 선측에서 인도할 때까지 비용을 부담하지만 본선에 적재하는 선적비용(적재비용)은 매수인이 부담하는 조건이다. 또한 매도인은 지정선적항에서 본선의 선측에 물품이 인도되는 지점까지 위험과 비용을 부담한다. 그리고 이 조건은 1차 산품거래에 많이 사용되며, 물품이 컨테이너 터미널에서 운송인에게 교부되는 경우에는 적절하지 않다. 이러한 경우에는 FCA조건이 사용되어야 한다.

(2) FOB(Free On Board, 본선 인도조건)

FOB조건은 CIF조건과 함께 가장 많이 사용되는 조건으로 해상운송이나 내수로운송에만 사용되는 조건이며, 매도인이 수출통관의무를 부담한다. 그리고 지정선적항에서 매수인이 지정한 선박에 물품을 인도할 때 위험과 비용부담은 매도인으로부터 매수인에게 이전한다. 따라서 그 이후 목적항까지의 운임과 보험 등의 비용은 매수인이 부담한다. 또한 FOB조건에 상응하는 복합운송조건으로는 FCA조건을 들 수 있다.

(3) CFR(Cost and Freight, 운임포함 인도조건)

CFR조건은 FOB조건에서 매도인이 양륙항까지 운임을 부담하는 조건이다. CFR조건은 매도인이 물품을 선박에 적재하거나 또는 이미 그렇게 인도된 물품을 조달한 때 매도인의 이 물품을 인도한 것으로 되는 조건이다. 이때 위험이 매수인에게 이전되며, 매도인은 양륙항까지의 운임을 부담한다. 따라서 매도인이 해상운송계약을 체결하고 그 운임을 부담하고, 수출통관을 이행하고 운송서류를 매수인에게 신속히 제공해야 한다. 그리고 CFR조건에서 매도인은 매수인에 대하여 부보의무가 없기 때문에 매수인은 스스로 보험을 부보하는 것이 좋다. 또한 CFR조건은 당사자들이 물품을 선박에 적재함으로써 인도하기로 하는 해상운송이나 내수로운송에만 사용되어야 한다. 물품이 컨테이너 터미널에서 운송인에게 교부되는 경우에 일반적으로 둘 이상의 운송방식이 사용되는 경우에는 CFR조건이 아니라 CPT조건이 적절하다.

그리고 매도인이 수출통관을 이행하도록 하고 있다. 하지만 매도인이 물품의 수입 또는 제3국 통과를 위한 통관, 수입관세부담, 수입통관절차를 이행할 의무는 없다.

(4) CIF(Cost, Insurance and Freight, 운임·보험료포함 인도조건)

CIF조건은 CFR조건에 목적항까지 보험료를 추가로 부담하는 조건이다. 즉, CIF조건은 CFR조건처럼 선적항에서 물품을 선박에 적재할 물품인도가 이루어지며, 이때 위험이 매도인으로부터 매수인에게 이전한다. 그리고 매도인은 수출통관의무를 이행하고 지정목적항까지의 운임과 보험료를 부담해야 한다. 즉, 매도인은 매수인을 위하여 운송계약을 체결해야 하며, 또한 보험계약을 체결하고 보험증권을 양도해야 한다. 따라서 매도인의 위험과 비용부담의 분기점이 다르다. 보험계약 체결과 관련하여 매도인은 협회적하약관의 A약관과 같은 광범위한 담보조건이 아니라 협회적하약관의 C약관이나 그와 유사한 약관에 따른 최소 담보조건으로 부보해야 한다. 그러나 당사자들의 합의에 따라 협회적하약관 C약관보다 더 높은 수준의 담보조건으로 부보할 수 있다.

그리고 CIF조건은 해상운송이나 내수로운송에만 사용되는 조건으로, 물품이 컨테이너 터미널에서 운송인에게 교부되는 경우에는 일반적으로 둘 이상의 운송방식이 사용되므로 CIF조건보다 CIP조건이 적절하다.

표 5-2 INCOTERMS 2020 요약

거래조건 \ 구분	인도 및 위험이전	비용이전	수출입통관
EXW(Ex Works) (공장인도)	• 지정 인도장소(매도인의 영업장, 창고 등)에서 매수인의 처분에 맡겨진 때	• 매도인은 인도 및 위험이전까지 모든 비용부담	• 수출허가/통관 매수인 • 수입허가/통관 매수인
FCA(Free Carrier) (운송인인도)	• 매수인이 지정한 운송인 또는 제3자에게 인도된 때(매도인의 영업장 또는 기타의 장소)	상동	• 수출허가/통관 매도인 • 수입허가/통관 매수인
CPT(Carriage Paid To) (운임지급인도)	• 매도인에 의해 지정된 운송인 또는 제3자에게 물품을 인도한 때	• 매도인은 FCA 조건+지정된 목적지까지의 물품운송비(복합운송개념에서의 운송비)부담	상동
CIP(Carriage and Insurance Paid To) (운임·보험료지급인도)	• 매도인에 의해 지정된 운송인 또는 제3자에게 물품을 인도한 때	• 매도인은 CPT 조건+지정된 목적지까지의 적하보험료 부담	상동
DAP(Delivered at Place) (도착지인도)	• 지정된 목적지 또는 목적지 지정지점에서 도착한 운송수단에서 양하준비된 채로 매수인의 처분에 맡긴 때	• 매도인은 인도 및 위험이전까지의 모든 비용 부담(하역비 매수인부담)	상동
DPU(Delivered at Place Unloaded) (도착지양하인도)	• 지정목적지 또는 목적지 지정지점에 도착한 운송수단에서 양하하여 매수인의 처분에 맡긴 때	• 매도인은 인도 및 위험이전까지의 모든 비용 부담(하역비 매도인부담)	상동
DDP(Delivered Duty Paid) (관세지급인도)	• 지정된 목적지 또는 목적지 지정지점에서 도착한 운송수단에서 양하 준비된 채로 매수인의 처분에 맡긴 때	• 매도인은 인도 및 위험이전까지의 모든 비용 부담(하역비 매수인부담)	• 수출허가/통관 매도인 • 수입허가/통관 매도인
FAS(Free Alongside Ship) (선측인도조건)	• 물품이 지정선적항의 부두에 혹은 부선으로 선측에 인도되었을 때	• 매도인은 인도 및 위험이전까지 모든 비용부담	• 수출허가/통관 매도인 • 수입허가/통관 매수인
FOB(Free On Board) (본선인도조건)	• 물품이 지정선적항에서 매수인이 지정한 선박에 적재한 때	• 매도인은 적재시까지의 모든 비용부담	상동
CFR(Cost and Freight) (운임포함인도조건)	• 물품이 지정선적항에서 선박에 적재하여 인도한 때	• 매도인은 적재시까지의 모든 비용+목적항까지의 운임	상동
CIF(Cost, Insurance and Freight) (운임·보험료포함 인도조건)	상동	• 매도인은 적재시까지의 모든 비용+목적항까지의 운임 및 보험료	상동

3 INCOTERMS 2020에서 운송계약

1) 운송계약 체결 당사자

무역매매는 격지자간 거래로 물품매매계약과 더불어 매도인이 매수인에게 물품을 인도하기 위한 운송계약을 부수적으로 체결하여야 한다. 운송계약(contract of carriage)이란 서로 국가를 달리하고 있는 매도인으로부터 매수인에게 물품을 인도하기 위하여 체결되는 계약으로서 이는 물품의 소유권이전을 수반한다.

매매당사자 간에 누가 운송인과의 물품운송에 관한 계약을 체결할 것이며, 누가 물품운송에 따른 운임을 부담할 것인가는 일반적으로 매매계약에서 당사자 합의에 의해 정해지지만, 매매계약에 이에 관한 명시적 약정이 없을 경우에는 정형거래조건에 따라 결정된다.

INCOTERMS상의 운송계약 체결 당사자는 선적지 인도조건인 E그룹의 EXW조건 및 F그룹의 FCA조건, FAS조건과 FOB조건에서는 매수인이 운송계약을 체결하여야 한다. 그러나 FOB조건에서는 매수인의 요청과 관습에 따라 매수인의 위험과 비용으로 매도인이 운송계약을 체결할 수 있다.

그러나 선적지조건이지만 C그룹의 CFR조건, CIF조건, CPT조건 및 CIP조건에서는 매수인이 아닌 매도인이 운송계약을 체결해야 한다. 이는 매매계약을 체결할 때 대금에 운임이 포함된 조건으로 가격이 책정되어 있기 때문에 매수인이 아닌 매도인이 운송계약을 체결하여야 한다.

그리고 양륙지조건인 D그룹의 DAP조건, DPU조건 및 DDP조건에서는 매도인이 양륙지에서 물품을 인도해야 할 의무가 있기 때문에 매도인이 운송계약을 체결하고 운임을 지급해야 한다.

INCOTERMS 2020의 11가지 정형거래조건에 따른 운송계약체결 당사자를 살펴보면 다음과 같다.

표 5-3 INCOTERMS 2020상의 운송계약체결 당사자

무역거래조건	운송계약체결 당사자
EXW : 현장인도(Ex Works)	매수인
FCA : 운송인인도(Free Carrier)	매수인
CPT : 운송비지급인도(Carriage Paid To)	매도인
CIP : 운송비·보험료지급인도(Carriage and Insurance Paid To)	매도인
DAP : 도착지(Delivered At Place)	매도인
DPU : 도착지양하인도(Delivered At Place Unloaded)	매도인
DDP : 관세지급인도(Delivered Duty Paid)	매도인
FAS : 선측인도(Free alongside Ship)	매수인
FOB : 본선인도(Free on Board)	매수인
CFR : 운임포함인도(Cost and Freight)	매도인
CIF : 운임·보험료포함인도(Cost, Insurance and Freight)	매도인

2) 운송수단에 따른 거래조건

무역계약 체결시에 매매당사자 간에 물품운송방식을 정하게 되는데, 운송방식에 대한 별도의 약정이 없는 경우에는 정형거래조건에 따라 결정된다. INCOTERMS 2020에서는 운송수단에 따라 이용할 수 있는 거래조건으로 구분하고 있는데, 어떤 단일 또는 복수의 운송방식에 이용할 수 있는 거래조건과 해상운송 및 내수로운송에만 이용할 수 있는 거래조건으로 구분하여 규정하고 있다.

먼저 단일 또는 복수의 운송방식에 이용할 수 있는 거래조건으로서 EXW조건, FCA조건, CPT조건, CIP조건, DAP조건 및 DPU, DDP조건이 있다. 이러한 거래조건을 선택한 경우에는 해상운송이나 항공운송, 육상운송 또는 복합운송 등 운송수단에 관계없이 이용이 가능한 조건이다. 즉, 운송방식에 관계없이 적용할 수 있는 거래조건이다.

다음으로 해상운송 및 내수로운송으로만 이용할 수 있는 조건으로는 FAS조건, FOB조건, CFR조건 및 CIF조건을 들 수 있다. 이러한 거래조건은 물품이 해상이나 내수로운송으로만 운송되는 경우에만 이용 가능한 거래조건이다. 즉,

선박을 이용할 때만 적용되는 거래조건이다.

표 5-4 INCOTERMS 2010상의 운송방식 구분

제1그룹(운송방식 불문 조건)		제2그룹(선박운송 전용 조건)	
(Rules for Any Mode or Modes of Transport)		(Rules for Sea and Inland Waterway Transport)	
EXW	Ex Works	FAS	Free Alongside Ship
FCA	Free Carrier	FOB	Free On Board
CPT	Carriage Paid To	CFR	Cost and Freight
CIP	Carriage and Insurance Paid to	CIF	Cost Insurance and Freight
DAP	Delivered At Place		
DPU	Delivered At Place Unloaded		
DDP	Delivered Duty Paid		

4 INCOTERMS 2020에서 보험계약

1) 위험부담과 보험계약

보험계약은 원칙적으로 운송화물의 위험을 부담하는 자가 보험계약을 체결하여야 한다. 따라서 각종 무역거래조건별로 매매당사자가 부담해야할 위험의 분기점이 어디인지를 파악해야 한다.

무역매매물품은 수출업자의 공장·창고 등 생산 또는 보관장소로부터 수입업자의 공장이나 창고까지 운송되는 과정에서 여러 장소를 거치게 되는데, 매매계약의 조건에 따라 매매당사자 간의 물품인도시점이 다르며, 또한 위험의 이전시점이 달라진다.

INCOTERMS 2020상의 위험분기점을 살펴보면, EXW조건은 수출국의 매매목적물이 현존하는 장소이고, FCA조건, CPT조건 및 CIP조건은 수출통관절차를 완료한 물품을 최초의 운송인에게 인도완료한 시점이다. 그리고 FAS조건은 본선 선측, FOB조건, CFR조건 및 CIF조건은 본선적재시점이며, DAP조건은 물품이 도착운송수단으로부터 양륙된 준비된 상태로 지정목적지이나 목적지의 지정지점에서 매수인의 처분 하에 놓이는 때이다.

DPU조건은 물품이 도착운송수단에 양륙된 상태로 지정목적지나 목적지 지

정지점에서 매수인의 처분 하에 놓이는 때, 그리고 DDP조건은 수입통관된 물품이 지정목적지에서 도착운송수단에 실린 채 양륙 준비된 상태로 매수인의 처분 하에 놓이는 때이다. 따라서 이러한 매매계약의 조건에 따라 누가 보험계약을 체결하는가가 결정되어진다.

예를 들면, FOB조건의 경우 매도인은 선적항에서 본선에 물품을 적재하는 시점까지 위험을 부담하고 있으므로, 이때까지의 위험을 담보하는 보험은 매도인이 부보하고, 매수인은 선적 이후의 위험을 담보하는 보험계약을 체결하여야 한다. 그런데 CIF조건의 경우 위험부담의 분기점은 FOB조건과 마찬가지로 본선적재시점으로 동일하지만, 본선적재 이후의 위험에 대하여 위험부담자인 매수인이 보험을 부보하지 않고 매도인이 매수인을 위하여 양륙항까지의 위험을 담보하는 보험계약을 체결하고 보험료를 지급한다. 따라서 운송물품의 위험을 부담하는 자와 보험계약을 체결하는 자가 반드시 동일인이 아니라는 점이다.

예컨대, FOB계약이나 CFR계약에서는 매수인이 자신의 이익을 위하여 보험계약을 체결하므로 보험계약자임과 동시에 피보험자가 되는데, 이를 자기를 위한 보험(insurance for the proposer's own account)이라 한다. 반면 CIF계약이

표 5-5 INCOTERMS 2020상의 보험계약체결 당사자

무역거래조건	보험계약체결 당사자
EXW 현장인도(Ex Works)	매수인
FCA 운송인인도(Free Carrier)	매수인
CPT 운송비지급인도(Carriage Paid To)	매수인
CIP 운송비・보험료지급인도(Carriage and Insurance Paid To)	매도인
DAP 도착지(Delivered At Place)	매도인
DPU 도착지양하인도(Delivered At Place Unloaded)	매도인
DDP 관세지급인도(Delivered Duty Paid)	매도인
FAS 선측인도(Free alongside Ship)	매수인
FOB 본선인도(Free on Board)	매수인
CFR 운임포함인도(Cost and Freight)	매수인
CIF 운임・보험료포함인도(Cost, Insurance and Freight)	매도인

* CIF와 CIP조건은 보험계약자는 매도인, 피보험자는 매수인임.

나 CIP계약에서 매도인은 매수인을 위하여 보험계약을 체결하게 되는데, 이때 매도인이 보험계약자이고, 매수인이 피보험자가 된다. 이를 타인을 위한 보험(insurance for the third party)이라고 한다.

2) INCOTERMS 2020의 주요 거래조건과 보험계약

INCOTERMS 2020에서 규정하고 있는 거래조건 중 그 이용 빈도가 높은 FOB조건, CFR조건, CIF조건, CIP조건을 중심으로 살펴보고자 한다.

(1) FOB조건과 보험계약

FOB조건은 물품을 수출항의 적재 본선상에서 인도하는 조건으로 본선인도조건이라 한다. FOB조건의 경우 매도인은 자기의 위험과 비용으로 약정기간 내에 지정선적항에서 매수인이 운송계약을 체결해 둔 선박에 물품을 선적하여야 하며, 그때 소유권과 위험이 매수인에게 이전된다.

한편 매수인은 해상운송계약을 체결하고 그 선박에 계약물품이 선적된 때로부터 당해물품의 위험과 운임 및 그 이후에 발생하는 일체의 비용을 부담하여야 한다. 따라서 매수인은 선적 이후의 위험에 대비하여 자기의 비용으로 해상보험계약을 체결하여야 한다.

한편 매도인은 매수인의 보험부보에 지장이 없도록 선적사실을 지체없이 통지하여야 한다. 매수인은 이 선적통지에 의하여 확정보험계약을 체결하거나 또는 사전에 예정보험계약을 체결해 두게 된다.

(2) CFR조건과 보험계약

CFR조건은 선적항에서의 계약상품의 선적원가에 도착항까지의 운임을 가산한 운임포함조건이다. CFR조건의 경우 매도인은 보험에 관한 의무를 제외하고는 CIF조건과 동일한 의무와 위험을 부담한다. 따라서 선적 이후의 위험에 대하여 매수인이 보험계약을 체결할 수 있도록 매도인은 물품의 선적 후 지체없이 매수인에게 선적통지를 하여야 한다.

(3) CIF조건과 보험계약

CIF조건은 선적항에서의 물품의 원가(cost)에 도착항까지의 보험료(insurance)와 운임(freight)을 가산한 가격조건으로 운임 및 보험료 포함조건이라 한다.

이 조건에서 매도인은 자기의 위험과 비용으로 지정 목적항까지의 운송계약을 체결하여 약정기간 내에 물품을 선적하고, 또 해상보험계약을 체결한 후 선적서류를 정비하여 매수인에게 제공할 의무를 부담한다.

한편 매수인은 선적 이후의 물품에 관한 일체의 위험을 부담하고 선적서류와 상환으로 대금을 지급할 의무를 부담한다. 즉, CIF조건의 경우 물품에 대한 위험은 선적과 동시에 매수인에게 이전되지만, 매도인은 매수인을 위하여 도착항까지의 위험을 담보하는 보험계약을 체결하고 해상보험증권 또는 보험증명서류를 취득하여 매수인에게 제공하지 않으면 안 된다.

매도인이 매수인을 위하여 체결하는 보험조건은 보통 매매계약이나 신용장의 보험조항에서 지정되는데, 만약 이러한 지정이 없는 경우에는 무역관습에 따른다.

INCOTERMS 2020에서 규정된 내용을 살펴보면, 먼저 보험금액은 매매계약상의 표시통화로 CIF가액의 110%로 부보하여야 한다. 그리고 보험조건은 특약이 없는 경우에는 런던보험자협회(Institute of London Underwriter; ILU)가 제정한 협회적하약관 또는 이와 유사한 약관상의 ICC(C) 또는 그와 유사한 약관 등으로 부보해야 한다. 그러나 당사자들은 더 높은 수준의 담보조건으로 부보하기로 합의할 수 있다.

(4) CIP조건과 보험계약

CIP조건은 수출통관절차를 밟은 물품을 출하지에서 최초의 운송인에게 인도하기까지의 비용과 지정목적지까지의 운임과 보험료를 가산한 조건이다.

따라서 매도인은 지정목적지의 지정지점까지 통상의 운송경로와 관습적인 방법에 의한 보험계약을 체결하여야 하고, 매수인에게 보험증권 또는 보험증명서 등의 서류를 제공하여야 한다.

Incoterms 2020의 CIP조건 하에서 매도인은 협회적하약관의 C약관[ICC (C)]에 의한 제한적인 담보조건이 아니라 협회적하약관 A[ICC(A)]약관이나 그와 유사한 약관으로 광범위한 담보조건으로 부보하여야 한다. 그러나 당사자들은 더 낮은 수준의 담보조건으로 부보하기로 합의할 수 있다.

5 INCOTERMS 2020 거래조건 적용시 유의사항

INCOTERMS의 실무적용시 유의사항을 살펴보면 다음과 같다.

첫째, INCOTERMS 2020은 임의규칙의 성격을 가지고 있어 매매계약에 자동으로 적용되지 않는다. 따라서 매매계약 당사자들은 매매계약에서 INCOTERMS 2020을 적용하고자 할 경우 매매계약에서 분명하게 하여야 한다.

예컨대, CIF New York INCOTERMS 2020 또는 DAP No. 123, ABC Street, Importland INCOTERMS 2020 등으로 표시하여야 한다. 여기서 CIF 다음에 지정장소와 INCOTERMS 연도를 반드시 기입하여야 한다. 연도를 표기하지 않으면 어떤 버전의 INCOTERMS가 적용되는지 어려운 문제가 발생할 수 있기 때문에 반드시 INCOTERMS의 연도를 표기하여야 한다.

둘째, INCOTERMS는 물품의 인도, 위험이전, 비용분담, 운송계약과 보험계약체결의 당사자 등과 관련해서는 자세하게 규정하고 있으나, 물품의 소유권 이전이나 일방당사자에 의한 계약위반에 대한 효과 등에 관해서는 규정을 두고 있지 않다.

즉, INCOTERMS는 매매계약의 존부, 매매물품의 성상(性狀), 대금지급시기, 장소, 방법 또는 통화, 매매계약위반에 대한 구제수단, 계약상 의무이행의 지체 및 기타 위반의 효과, 제재의 효력, 관세부과, 수출 또는 수입금지, 불가항력 또는 이행가혹(force majeur of hardship), 지식재산권 또는 의무위반의 경우 분쟁해결의 방법, 장소 또는 준거법 등에 대해서는 다루고 있지 않다.

이러한 문제들은 통상적으로 매매계약상의 명시조항이나 준거법으로 다루어지고 있기 때문에 매매계약 당사자들은 그들의 계약에서 명시적으로 조항을 삽입하거나 준거법 조항을 마련해 두어야 한다.

셋째, 정형거래조건은 거래당사자인 매도인과 매수인 중 어느 한 사람이 우월한 지위에서 일방적으로 선정하는 것이 보통이다. 그러나 매매계약 당사자들은 물품, 운송방식, 운송계약과 보험계약 체결 당사자 등을 고려하여 당해 계약에 가장 적합한 거래조건을 선택해야 한다. 예를 들면 주로 해상운송조건인 FOB조건, CIF조건의 경우로서, 이들 조건은 우리나라 전체거래의 약 95% 이상 채택하고 있는 무역거래조건으로 물품은 선적항에서 물품이 본선에 적재된 때에 인도된다는 점이다.

따라서 항공운송이나 복합운송의 경우에는 FCA조건이나 CIP조건과 같은 복합운송조건을 이용하는 것이 바람직하다. 그리고 FOB조건, DPU조건 등 대부분의 무역거래조건들은 계약이행방법이 현물인도방식인데 반해, CIF조건은 서류인도방식에 의하여 계약을 이행한다. 그러므로 이 CIF조건 등에서는 매도인이 매수인에게 인도하는 선적서류에 하자가 없으면 정당하게 계약을 이행한 것으로 본다.

넷째, INCOTERMS 2020은 당사자들이 선택한 거래조건은 당사자들이 장소나 항구를 가능한 한 구체적으로 명시하는 것이 필요하다. 따라서 매매계약에서 어떤 항구나 장소 내라는 추상적인 표현보다는 구체적인 지점을 확정해 두는 것이 후일의 분쟁을 예방하는데 도움이 된다.

즉, FOB Busan INCOTERMS 2020에서 FOB 다음의 기재되는 지정장소(Busan)는 C규칙을 제외한 다른 규칙에서는 물품이 어디서 인도되는지, 즉 위험이 어디서 매도인으로부터 매수인에게 이전하는지를 표시하는 것이다. E규칙과 F규칙에서 지정장소는 물품인도장소이자 위험이전 및 비용분담의 기준점이 되며, D규칙에서 지정장소는 인도장소이자 목적지이므로 매도인은 그 지점까지 운송을 마련해야 한다. 그리고 C규칙에서 지정장소는 매도인이 그 운송은 마련하고 그 비용도 부담하여야 하는 물품운송의 목적지이지만 인도장소나 인도항구는 아니다.

다섯째, 당사자들은 물품과 운송수단, 운송 또는 보험계약 등 체결의무를 누가 부담하는지에 대해 이를 명확하게 하고 이에 부합하는 거래조건을 선택하여야 한다. 어떤 거래조건을 선택하든지 당사자들은 그들의 계약의 해석에 있어 거래의 이행에 사용되는 항구 또는 장소의 관행이 영향을 미칠 수 있음을 알아야 한다.

또한 INCOTERMS 2020은 매매계약의 어느 당사자가 운송 또는 보험계약체결의무를 부담하는지, 매도인이 매수인에게 언제 물품을 인도하는지, 어떤 비용을 부담하는지에 대해 규정하고 있다. 그러나 지급되어야 할 금액 또는 결제 방식에 대해서는 규정이 없으므로, 이러한 문제들은 일반적으로 당사자들의 명시조건이나 준거법에 의해 다루어진다. 따라서 이에 대비하여 당사자들은 매매계약에서 명시조항이나 준거법조항을 포함시키는 것이 중요하다.

Chapter

6

무역계약 당사자의 법적 지위

Chapter 6

무역계약 당사자의 법적 지위

I 당사자의 권리 · 의무 개요

매매계약에서 가장 중요한 것은 당사자의 권리와 의무이다. 우리 민법(제568조)은 매도인의 의무와 매수인의 의무를 하나의 조문에 일괄적으로 규정하고 있는데 비하여, 비엔나협약은 매도인의 의무와 매수인의 의무를 제3편 제2장과 제3장에 각각 구분하여 규정하고 있다.

또한 우리 민법은 매도인의 의무로 소유권이전의무를, 매수인의 의무로 대금지급의무만을 규정하고 있는데 비하여, 비엔나협약은 매도인의 의무에 관해 소유권이전의무 외에도 물품인도의무, 서류인도의무, 계약적합의무를 규정하고 있다.

그리고 매수인의 의무에 관해서도 대금지급의무 외에 인도수령의무와 물품

표 6-1 비엔나협약과 우리 민 · 상법과의 매매당사자 의무비교

	비엔나협약	우리나라 민 · 상법
매도인의 의무	소유권 이전의무 물품인도 의무+부수적 의무 서류인도의무	소유권이전의무
	계약적합의무	하자담보책임
매수인의 의무	대금지급의무	대금지급의무
	인도수령의무	해석상 인정
	물품검사 · 통지의무	물품검사 · 통지의무(상법)
공통의무	손해배상의무, 손해경감의무, 면책사유통지의무, 이자지급의무, 물품보관의무, 부가기간지정의무	

검사 및 통지의무를 규정하고 있다. 그 외에 물품인도의무에 부수하는 의무로 물품특정의무, 운송주선의무, 보험부보에 필요한 정보제공의무 등을 규정하고 있다. 이와 같이 비엔나협약은 매매 당사자의 의무를 우리 민법에 비하여 매우 상세하게 규정하고 있다.

그리고 비엔나협약은 제3편 제5장에 매도인과 매수인의 공통적인 의무로 손해경감의무(비엔나협약 제77조), 불가항력에 따른 면책사유 존재시 통지의무(비엔나협약 제79조 제4항), 계약해제로 인한 대금반환에서 이자지급의무(비엔나협약 제84조), 매수인의 수령지체 등으로 인한 물품보관의무(비엔나협약 제85조) 등을 규정하고 있다. 그러나 이들 규정은 일방 당사자의 계약위반에 따른 계약위반의 효과로서 상대방의 계약해제 및 손해배상청구 등에 부수하는 의무일 뿐 매매계약의 직접적인 효과로서 인정되는 의무는 아니다.

이하에서는 비엔나협약을 중심으로 매도인과 매수인의 의무에 대해 살펴보고자 한다.

Ⅱ 매도인의 의무

비엔나협약(제30조)은 매도인의 기본적인 의무에 관하여 물품인도와 더불어 서류교부 및 소유권이전에 대해 규정하고 있다. 즉, 매도인은 매매계약과 이 협약에 따라 물품을 인도하고 관련된 서류를 교부하여야 하며, 물품의 소유권을 이전하여야 한다. 따라서 매도인은 물품인도 의무를 비롯한 서류인도 의무 및 소유권이전 의무 외에도 물품인도에 수반하는 의무, 물품의 계약적합의무, 권리 적합의무 등 주요 의무를 부담한다.

이하에서는 국제물품매매계약에 있어서 매도인 주요 의무인 소유권이전의무, 물품인도의무, 서류교부의무, 물품적합의무 및 권리적합의무에 대해 살펴본다.

1 소유권이전 의무

1) 소유권의 의의

물품매매의 궁극적인 목적은 매도인은 물품의 소유권을 매수인에게 이전하고 그 대가로 대금을 지급받는 것이다. 따라서 물품매매계약에서 매도인은 매수인에게 매매 목적물인 물품의 소유권을 이전할 의무를 부담한다. 이러한 매도인의 소유권이전 의무는 물품매매계약에서 가장 기본적인 의무이자 핵심적인 의무로, 매수인의 대금지급의무와 대가관계에 있다.

비엔나협약(제30조)은 매도인의 기본적인 의무에 관하여 물품인도와 더불어 서류교부 및 소유권이전에 대해 규정하고 있다. 즉, 매도인은 매매계약과 이 협약에 따라 물품을 인도하고 관련된 서류를 교부하여야 하며, 물품의 소유권을 이전하여야 한다. 따라서 매도인은 물품인도 의무를 비롯한 서류인도 의무 및 소유권이전 의무 외에도 물품인도에 수반하는 의무, 물품의 계약적합의무, 권리 적합의무 등 주요 의무를 부담한다.

그러나 비엔나협약에서는 소유권이전 의무를 매도인의 가장 기본적인 의무로 천명하고 있으나, 소유권 이전에 관하여 각국의 법률체계와 법 이론이 서로 다르기 때문에 구체적인 내용에 대해서는 언급하고 있지 않다. 이는 국제거래에서 물품의 인도와 대금의 지급이 동시에 일어나지 않으며 또한 물품의 인도에도 제3자인 운송인이 개입되는 반면, 대금의 지급에는 제3자인 은행이 개입된다. 또한 인도에도 현실적 인도와 서류인도가 있기 때문에 소유권의 이전시기를 논하는 것은 쉬운 일이 아닐 뿐만 아니라 그 실익도 없기 때문이다. 따라서 매도인은 매매계약상의 준거법에서 요구하는 방식과 내용에 따라 매수인에게 소유권을 이전해야 한다.

여기서 소유권(property)이란 그 물품을 사용・수익・처분할 수 있는 권리로서 물품에 대한 완전한 지배권을 의미한다. 우리 민법에서는 "소유자는 법률의 범위 내에서 그 소유물을 사용・수익・처분할 권리"라고 규정하고(민법 제211조), "동산에 관한 물권의 양도는 그 동산을 인도해야 효력이 발생한다."고 규정하여 소유권에 대한 형식주의를 취하고 있다.

영국 물품매매법(SGA 제2조 제1항)에서는 "물품매매계약은 매도인이 대금이라는 금전상의 약인을 대가로 매수인에게 물품의 소유권(property)을 이전하거나 이전할 것을 약정하는 계약"으로 정의하여 property를 소유권이라는 의미로 사용하고 있다.

그리고 미국통일매매법(Uniform Sales Act, 1906; USA, 1906)에서는 Property와 title을 별도의 개념으로 사용하고 있지만, 미국통일상법전(Uniform Commercial Code, 1906; UCC) 제2-106조 제1항에서도 "매매계약은 물품의 현실적 매매 또는 장래에 물품을 매매하는 계약을 포함하며, 매매는 대금과 교환에 의하여 권원(title)이 매도인으로부터 매수인에게 이전하는 것"으로 규정하고 있는데, SGA와 USA에서 사용된 property라는 용어는 UCC에서는 title이라는 용어로 변경되어 있다. 또한 UCC 제2-401조 제1항에서는 ".... Any retention or reservation by the seller of the title(property) in goods...."이라는 문언에서 권원(title)과 소유권(property)을 동시에 표시하고 있는데, 이러한 법 조문상의 표현으로 보아 title과 property를 동의어로 사용하고 있다. 다만 당사자 간에서는 소유권(property)이라 하고, 제3자에 대해서는 권원(title)이라고 하여 양자를 구별하려는 의도로 해석된다.

그리고 소유권이라는 용어에는 property, title 외에도 ownership이라는 용어도 사용되고 있는데, property라는 용어는 ownership과 같은 의미로 사용되며, 일반적 소유권(general property)과 제한적 소유권(qualified property)으로 구분할 수 있다.

SGA에서는 "소유권(property)이란 물품의 일반적 소유권(general property)을 말하며, 단순히 특별소유권(special property)만을 의미하지 않는다."고 규정하고 있다(SGA 제61조 제1항). 따라서 매매의 본질은 대금을 얻기 위해 매도인이 매수인에게 물품의 일반적 소유권(general property)을 이전하는 것이다. 여기서 특별소유권(special property)이란 영국법에서 일반적으로 말하는 것으로 특별이익(special interest)과 같은 권리가 성립되었을 때 발생하는 것이다. 예컨대, 질권이 설정되었을 때 질권자는 특별소유권을 가지게 되고, 일반적 소유권(general property)은 질권 설정자에게 남게 된다.

또한 소유권을 수익권(beneficial right)과 담보권(security right)으로 구분할 수 있다. 수익권이란 물품을 매각해서 이익을 얻을 수 있는 권리를 말하며, 담보권이란 물품을 담보로 제공하여 자금을 대출받거나 보증용으로 사용할 수 있는 권리를 말한다. 따라서 수익권을 수익이익(beneficial interest)이라 부르며, 담보권은 담보이익(security interest)이라고 한다.

한편, 점유권(possession)은 물품에 대한 현실적 지배권을 말한다.[1] 즉, 물품의 사용, 수익 및 처분할 수 있는 권리를 포함하는 소유권의 일부 또는 일시적 권리만 부여한 것이 점유권이다. 일반적으로 소유권과 점유권은 동일인에게 속하는 것이 보통이나 종종 분리되는 경우도 있다.

예컨대, 수출물품이 선박에 적재된 경우 수출물품은 선장의 관리 하에 있게 되는데, 그러한 경우에도 그 물품의 소유권자는 여전히 매도인이지만, 선장 내지 선박회사는 점유자, 즉 수탁자(bailee)로서의 지위를 가진다.

매매계약은 본질상 물품의 소유권과 점유권을 매도인으로부터 매수인에게 이전하는 것이다. 따라서 무역거래에서 CIF조건의 매매계약에서와 같이 선하증권이 사용되는 경우에는 이 선하증권이 권리증권으로서 특별한 기능을 가진다. 그러나 EXW조건의 매매계약과 같이 선하증권이 사용되지 않는 경우에는 일반 매매법이나 관습이 적용된다.

2) 소유권 이전 시기

(1) 소유권 이전의 일반원칙

소유권 이전에 관한 이론에 따라 그 이전 방법이 다양하며, 각국은 이에 대해 서로 다른 법체계를 가지고 있어 소유권의 구성과 소유권 이전 방법을 통일하는 것은 매우 어렵다. 이에 따라 비엔나협약은 소유권 이전 의무를 매도인의 기본적인 의무로 천명하면서도 그 구체적인 내용에 대해서는 언급하지 않음으로써 이를 매매계약의 준거법이 요구하는 방식과 내용에 따라 매수인에게 소유권을 이전하도록 하고 있다.

일반적으로 물품에 대한 소유권은 매매계약이 성립하기 전에는 매도인에게 있고, 계약이 체결되고 이행된 후에는 매수인에게 이전된다는 것은 분명한 사

1 민법(제192조) ① 물건을 사실상 지배하는 자는 점유권이 있다. ② 점유자가 물건에 대한 사실상의 지배를 상실한 때에는 점유권이 소멸한다. 이하 생략.

실이지만, 소유권이 언제, 어디에서 매도인으로부터 매수인에게 이전하는가가 문제이다.

이하에서는 소유권이전과 관련하여 SGA의 내용을 중심으로 살펴보고자 한다.

SGA는 소유권 이전에 대하여 다음과 같은 두 가지 기본원칙을 두고 있다.

첫째, 소유권은 불확정물(unascertained goods)인 경우에는 물품이 특정물 또는 확정물(specific goods or ascertained goods)로 될 때까지 이전하지 않는다(SGA 제16조).

둘째, 특정물 또는 확정물의 경우 소유권은 계약 당사자의 의사에 따라 그 이전을 의도한 때 이전된다(SGA 제17조 제1항). 따라서 소유권은 물품이 특정되기 전까지는 이전하지 않는다.

여기서 특정물(specific goods)이란 매매계약 성립 시에 계약의 대상으로 특정되고 합의된 물품을 말한다(SGA 제61조). 특정물 매매에서는 매도인이 합의된 물품 이외의 물품을 인도하여 계약을 이행할 수 없으며, 불확정물로 계약했을 경우에는 매도인이 지정된 시점에 계약에서 합의한 물품을 인도함으로써 계약을 이행하는 것이다.

불확정물(unascertained goods)은 계약체결 시에 계약의 대상물로 확정되지 않은 물품으로 종류 및 품질에 따라 일반적으로 표시되는 물품을 말한다. 무역거래에서는 일반적으로 불확정물을 대상으로 하는 매매가 대부분이다. 이러한 불확정물은 ① 매도인에 의해 제조되거나 육성되고 있는 물품(goods to be manufactured or grown by the seller), ② 순수한 종류 전체를 나타내는 물품(purely generic goods), ③ 특정물 전체 중의 불확정된 부분(an unidentified position of a specified whole)을 들 수 있다.

(2) 당사자의 의사

소유권 이전에 대한 당사자의 의사 확정과 관련하여 SGA(제17조 제2항)에서는 "당사자의 의사를 확정시키기 위해서는 계약의 조항, 당사자의 행위 혹은 사안과 관련한 상황을 고려하지 않으면 안된다."고 규정하고 있다.

그리고 SGA(제18조)는 소유권 이전과 관련하여 당사자의 의사 확정에 관한 5가지 규칙을 규정하고 있는데, 제1규칙부터 제4규칙까지는 특정물(specific goods)에 관한 규정이며, 제5규칙은 불확정물(unascertained goods)에 관한 규정이다. 이러한 규칙은 일응 추정(prima facie presumption)에 관한 것이므로 SGA 제17조에 규정된 바와 같이 소유권 이전에 대하여 당사자의 의사가 명확해 질 경우에는 이에 따라야 한다.

① 제1규칙

인도 가능한 상태에 있는 특정물에 관한 무조건의 매매계약에 있어서 물품의 소유권은 계약의 성립 시에 매수인에게 이전한다. 대금지급 및 인도시기가 연기되더라도 소유권의 이전에 영향을 주지 않는다.

② 제2규칙

특정물 매매계약에 있어서 물품을 인도 가능한 상태로 만들기 위하여 매도인이 일정행위를 해야 할 경우에는 매도인이 그 행위를 하고, 매수인이 그 통지를 받기 전까지는 소유권은 이전되지 않는다.

③ 제3규칙

인도 가능한 상태에 있는 특정물 매매계약에 있어서 대금을 확정하기 위하여 매도인이 물품에 관한 중량·용적의 측정실험, 기타의 행위를 해야 할 경우에는 그 행위가 완료되고, 매수인이 그 통지를 받기 전까지는 소유권은 이전하지 않는다.

④ 제4규칙

승인조건부(on approval terms)나 환매조건부(on sale or return), 기타 유사한 조건으로 물품이 매수인에게 인도되는 경우에는 첫째, 매수인이 승인 또는 승낙의 뜻을 매도인에게 표시하거나 그 거래를 승인하는 어떤 행위가 있을 때 소유권이 이전하며, 둘째 매수인이 승인 또는 승낙의 의사를 매도인에게 표시하지 아니하고, 거절의 통지도 없이 물품을 유치하고 있는 경우에 물품에 관한 기간이 정해진 경우는 그 기간이 만료한 때, 그 기간이 정해져 있지 아니한 때에는 합리적인 기간이 만료한 때에 소유권은 매수인에게 이전한다.

⑤ 제5규칙

첫째, 불확정물 또는 선물(future goods)에 관한 설명서(description)에 의해 계약이 체결된 경우, 설명서에 적합하고 인도가능한 물품이 쌍방합의(명시적이거나 묵시적, 계약상 확정 전후 모두 가능)로 무조건 계약에 충당[2]될 때 그 물품은 매수인에게 이전한다.

둘째, 계약에 따라 매도인이 매수인에게 송부할 목적으로 물품을 매수인, 운송인, 기타 수탁자(bailee)에게 인도하고, 처분권을 유보하지 않은 경우에는 매도인은 무조건 당해 물품을 계약상 충당(appropriation)한 것으로 본다.

따라서 특정물의 경우에는 당사자의 의사에 의해 소유권이 이전하지만, 불특정물 매매의 경우에는 당해 물품이 충당, 즉 특정되지 아니하는 한 소유권은 이전하지 않는다.

이와 관련하여 UCC(제2편 제401조)에서도 SGA와 유사한 내용을 규정하고 있는데, 다음과 같다.[3]

---

2 충당(appropriation)이란 계약에 제공될 물품을 결정하는 것으로서 불확정물을 확정물로 하는 것을 말한다. 충당에는 조건부 충당과 무조건 충당이 있다. 조건부 충당의 경우에는 그 부가된 조건이 성취될 때까지 소유권은 이전하지 않고 조건성취에 의하여 비로소 이전하며 무조건 충당의 경우에는 소유권도 동시에 이전한다는 의사가 있다고 추정하고 충당과 동시에 소유권도 이전한다. 이처럼 충당은 ① 매매계약에서 물품이 무조건 충당되지 않으면 소유권은 매수인에게 이전되지 않으며, ② 매도인이 물품의 처분권을 유보하면 충당은 조건부로 되기 때문에 이러한 경우에는 그 조건이 성취되는 시점에서 소유권이 이전된다.

3 §2-401. Passing of Title : Reservation for Security : Limited Application of This Section.
Each provision of this Article with regard to the rights, obligations and remedies of the seller, the buyer, purchasers or other third parties applies irrespective of title to the goods except where the provision refers to such title. Insofar as situations are not covered by the other provisions of this Article and matters concerning title become material the following rules apply:

(1) Title to goods cannot pass under a contract for sale prior to their identification to the contract (Section 2-501), and unless otherwise explicitly agreed the buyer acquires by their identification a special property as limited by this Act. Any retention or reservation by the seller of the title (property) in goods shipped or delivered to the buyer is limited in effect to a reservation of a security interest. Subject to these provisions and to the provisions of the Article on Secured Transactions (Article 9), title to goods passes from the seller to the buyer in any manner and on any conditions explicitly agreed on by the parties.

(2) Unless otherwise explicitly agreed title passes to the buyer at the time and place at which the seller completes his performance with reference to the physical delivery of the goods, despite any reservation of a security interest and even though a document of title is to be delivered at a different time or place : and in particular and despite any reservation of a security interest by the bill of lading

(a) if the contract requires or authorizes the seller to send the goods to the buyer but does not require him to deliver them at destination, title passes to the buyer at the time and place of shipment : but

(b) if the contract requires delivery at destination, title passes on tender there.

① 물품에 대한 권원(title)은 매매계약 하에서 물품이 그 계약의 대상으로서 특정되기 전에는 이전하지 않는다. 기타 명백한 합의가 없는 한, 매도인은 물품이 계약의 대상으로서 특정됨에 따라 본법에 의해 한정된 특별소유권(special property)을 취득한다. 매수인에게 발송되거나 혹은 인도된 물품의 권원에 대한 매도인의 어떤 보유나 유보가 있더라도 그것은 실질적으로 담보이익(a security interest)의 유보에 한정된다. 이러한 본 조항과 담보부 거래편(제9편)의 각 규정에 따라 물품에 대한 권원은 당사자에 의해 명백히 합의된 방법과 조건에 따라 매도인으로부터 매수인에게 이전한다.

② 명백히 별도의 합의가 없는 한, 담보이익(security interest)이 유보가 있음에도 불구하고, 또한 권원증권이 다른 시간과 장소에서 인도된다고 하더라도 매도인은 물품의 물리적 인도에 관한 의무의 이행을 완료하는 때와 장소에서 권원은 매수인에게 이전한다. 그리고 선하증권에 의해 담보이익이 유보됨에도 불구하고,

(a) 계약에 따라 매도인에게 매수인측이 물품을 발송하기를 요구하거나 혹은 발송할 권한을 부여받고서 그 물품을 최종 목적지에서 인도하는 것을 요구하지 않는다면 권원은 발송한 때와 장소에서 매수인에게 이전한다. 다만,

(b) 계약에서 물품을 목적지에서 인도하기로 되어 있다면 권원은 목적지에서 물품을 제공할 때 이전한다.

③ 명백히 별도의 합의가 없는 한, 물품을 이동하지 않고 인도하도록 한 경우,

(a) 매도인이 권원증권을 교부한 때에는 권원은 그 서류를 인도한 때와 장소에서 이전한다.

(b) 물품이 계약체결 시에 이미 계약의 대상으로서 확정되어 있다면 서류가

---

(3) Unless otherwise explicitly agreed where delivery is to be made without moving the goods,
(a) if the seller is to deliver a document of title, title passes at the time when and the place where he delivers such documents : or
(b) if the goods are at the time of contracting already identified and no documents are to be delivered, title passes at the time and place of contracting.

(4) A rejection or other refusal by the buyer to receive or retain the goods, whether or not justified, or a justified revocation of acceptance revests title to the goods in the seller. Such revesting occurs by operation of law and is not a "sale".

인도되지 않는다 하더라도 권원은 계약체결 시에 이전한다.

④ 매수인이 정당한 이유 없이 물품인수나 보유를 거절 또는 거부하거나 혹은 정당한 이유가 있더라도 물품인수를 철회하는 경우에는 물품에 대한 권원은 매도인에게 당연히 귀속시킨다. 이와 같은 귀속은 법률의 효과에 의해 발생하는 것이며, 매매의 효과로 인하여 이루어지는 것은 아니다.

이상과 같이 UCC에서도 불확정물은 그 소유권이 이전하기 위해서는 물품을 인도가능한 상태에 두고 무조건 계약에 충당하는 것이 필요하다.

다만 UCC에서는 SGA에서 사용하고 있는 소유권(property)이라는 용어 대신에 권원(title)을 용어로 사용하고 있으며, 또한 특정물이란 표현으로 SGA에서는 Specific or Ascertained Goods이라는 용어를 사용하고 있으나, UCC에서는 Identification이라는 용어를 사용하고 있다.

이상의 영미법상의 당사자의사가 분명하지 않은 경우, 당사자의 의사의 해석과 관련하여 살펴보면, 첫째, 인도가능한 상태에 있는 특정물에 관한 무조건적인 매매계약인 경우, 물품의 소유권은 계약체결 시에 이전한다. 이때 대금지급시기 또는 인도시기가 연기되는지 여부는 중요하지 않다.

둘째, 불특정물 매매계약인 경우 물품의 소유권은 불특정물이 계약에 충당된 때, 즉 계약의 목적물로 특정된 때에 이전한다. 따라서 불특정물 매매계약에서는 불특정물이 계약에 충당될 때, 즉 계약의 목적물이 특정될 때에 소유권은 이전한다. 이러한 불특정물 매매의 목적물이 특정되는 시기는 ① 매도인이 매수인에게 물품을 직접 인도하도록 요구하고 있는 경우에는 매수인에게 인도한 때이며, ② 매수인에게 송부할 목적으로 물품을 선박회사, 운송회사 등의 수탁자에게 인도하도록 요구되고 있는 경우에는 이러한 수탁자에게 인도할 때 목적물이 특정되는 때이며, 이러한 인도행위가 충당행위로 해석된다. 따라서 불특정물 매매에 있어서 소유권 이전은 매수인에 대한 인도, 혹은 운송인에게 인도할 때에 매도인으로부터 매수인에게 이전된다.

그리고 INCOTERMS에서 규정하고 있는 물품의 소유권 이전시기에 대해 FOB조건의 계약과 CIF조건의 계약을 비교해 보면, 먼저 FOB조건의 계약에서는 선박의 갑판(ship's board)에 적재될 때, 즉 물품인도가 이루어진 때 소유권이 이전하며, CIF조건 계약에서는 소유권의 이전시기는 물품을 인도한 때가 아닌 선하증권의 발행이 되고 이와 같은 선적서류를 매수인이나 그 대리인에게 교부할 때 소유권은 이전된다.

3) 처분권 유보와 소유권 이전 시기

(1) 처분권 유보의 의의

소유권 이전 문제와 관련하여 매도인이 특정조건이 성취될 때까지 물품의 처분권(right of disposal)을 유보할 수 있으며, 또한 물품의 소유권 이전을 조건부로 할 수 있다.

SGA(제19조)는 처분권의 유보(reservation of right of disposal)와 관련하여 다음과 같이 규정하고 있다.

① 특정물의 매매계약이 이행되는 경우 혹은 물품이 계약체결 후 충당되는 경우에는 매도인은 계약 또는 충당조항에 의해 어떤 조건이 충족될 때까지 물품의 처분권은 유보할 수 있다. 이러한 경우에는 매수인에게 송부할 목적으로 물품이 매수인, 운송인 또는 기타 수탁자 및 보관자에게 인도되더라도 그러한 조건이 충족될 때까지는 물품의 소유권은 매수인에게 이전되지 않는다.

② 물품이 선적될 때 선하증권에 의해 매도인 또는 그 대리인의 지시에 따라 물품이 인도되는 경우에는 매도인은 처분권을 유보한 것으로 추정한다.

③ 매도인이 대금을 받기 위해 매수인 앞으로 환어음을 발행하고 환어음의 인수 혹은 지불을 확보하기 위해 환어음과 선하증권을 같이 매수인에게 송부한 경우, 매수인이 환어음의 인수나 지급을 하지 못한다면 매수인은 선하증권을 반환하지 않으면 안된다. 매수인이 불법으로 선하증권을 유보하더라도 물품의 소유권은 매수인에게 이전되지 않는다.

여기서 처분권(right of disposal)이란 "물품의 소유권을 처분할 권리"를 의미하기 때문에 소유권과 개념상의 차이가 있다.

2 물품인도 의무

1) 물품인도의 의의

매도인은 계약에서 정하는 바에 따라 물품을 인도하여야 하는데, 이러한 물품인도 의무는 소유권 이전 의무와는 별개의 의무이므로 설령 물품의 소유권이 다른 방식을 통하여 매수인에게 이전된 경우라 하더라도 매도인은 여전히 계약에서 정하는 바에 따라 물품인도 의무를 이행하여야 한다.

여기서 물품인도(delivery of the goods)란 특정인이 타인에게 스스로 점유를 이전시키는 것(voluntary transfer of possession)을 말한다. 매도인은 매매계약 조건에 따라 물품을 인도할 의무를 부담하며, 매수인은 그러한 물품을 인수하고 그 대가로 대금을 지급할 의무를 부담한다. 이때 매매당사자가 부담하는 물품인도 의무와 대금지급 의무는 별도의 합의가 없으면 상호 동시에 이행해야 하는 동시이행조건(concurrent conditions)이 원칙이다.

우리 민법에 따르면, 물품인도는 물품에 관한 지배의 이전을 의미하는 바, 동산의 경우는 점유권의 양도를 의미한다(민법 제196조). 이는 일반적으로 현실적 인도를 의미하지만(민법 제188조 제1항), 그 외에도 간이인도(민법 제188조 제2항), 점유개정(민법 제189조), 목적물 반환청구권의 양도(민법 제190조) 등과 같은 변칙적인 인도를 인정하고 있다.

이와 같이 매매계약에서의 인도라는 용어는 여러 가지 다양한 의미로 사용되고 있다. 또한 개개의 매매계약서뿐만 아니라 INCOTERMS나 미국의 개정무역정의에서도 인도(delivery)는 상이한 의미로 사용되고 있으므로 각각의 경우에 있어 그 의미를 확실하게 구별해야만 한다.

한편 물품을 인도한다(to make delivery)는 의미는 매도인측에서 본 것으로 매수인의 입장에서는 물품을 인수하는 것이다(to take delivery). 인수는 매도인이 행한 인도를 수리하는 것이므로, 이 점에서 양자를 포괄하여 인수도(引受渡)라고도 한다.

물품을 인도하였다는 것은 물품을 매수인 또는 매수인의 대리인의 관리 하에 둔 상태, 즉 매수인의 입장에서 볼 때 물품을 지배할 수 있게 된 상태를 의미한다. 이러한 인도라는 구체적인 의미는 통상적으로 물품을 인수도(引受渡)한 경우에 물품은 실질적(물리적)으로 매도인에게서 매수인의 지배 하에 넘어간 것을 말한다(물리적 인도). 예를 들어, 해상운송 시에 선박회사로부터 물품을 수하인이 인수한 경우, 선박회사측은 화물을 인도하였다고 하는데 대해 수하인측은 화물을 인수하였다고 말하며, 물품은 물리적으로 선박회사로부터 수하인에게 이전한다.

그러나 매매계약의 이행상 물품의 물리적 이동 없이도 매도인이 물품을 언제라도 인도가능한 상태에 두었을 때, 즉 매수인이 인도를 수리해야만 하는 상태에 두었을 때 인도하였다고 말하는 경우가 있다. 이를 물리적 인도에 대응하여 법률적 인도라고 부른다. 따라서 인도가능한 상태로 두었다면 물품이 계속하여 매도인의 점유 하에 있다 하더라도 이는 매도인이 매수인의 수탁자로서 점유를 계속하는 것이므로 매수인은 그 물품에 대한 사실상의 지배권을 가진다는 것을 의미한다.

이와 같이 인도라는 동일한 용어를 사용하더라도 물리적 인도와 법률적 인도의 구분이 필요하며, 특히 법률적 인도는 위험과 비용의 분기점을 나타내는 인도의 개념으로서 매우 중요한 의미를 갖는다.

무역매매계약의 이행에 있어서 물품의 인도는 위험과 비용의 이전 및 지배권, 처분권을 비롯한 소유권 이전과 연결되기 때문에 중요한 법리이며, 이러한 물품인도와 관련하여 물품인도시기, 인도장소 및 인도방식 등이 핵심적인 내용이라 할 수 있다.

2) 물품인도방식

물품을 인도하는 방식에는 현실적 인도와 추정적 인도, 직접인도와 간접인도 및 단순인도와 복합인도 등으로 구분할 수 있다.

(1) 현실적 인도와 추정적 인도

현실적 인도(actual delivery)는 매도인으로부터 매수인 또는 매수인의 대리인, 예를 들면 운송인에게 현실적으로 물품의 점유를 이전시켜 계약을 이행하는 것을 말한다. 이러한 현실적 인도를 현물인도라고도 한다.

이에 반해 추정적 인도(constructive delivery)는 실제로 물품의 인수도를 행하지 않고 인도가 이루어진 것으로 추정하는 것을 말한다. 즉, 추정적 인도는 실제로 물품을 주고받지 않고 소유권을 이전할 수 있는데, 이러한 소유권 이전을 점유권 이전으로 의제하는 양도승인(attornment)에 의한 인도와 물품을 B/L 등으로 화체[4]시킨 물권적 유가증권의 제공을 물품의 인도로 보는 상징적 인도(symbolic delivery)가 있다. 이러한 상징적 인도를 서류인도라고도 한다.

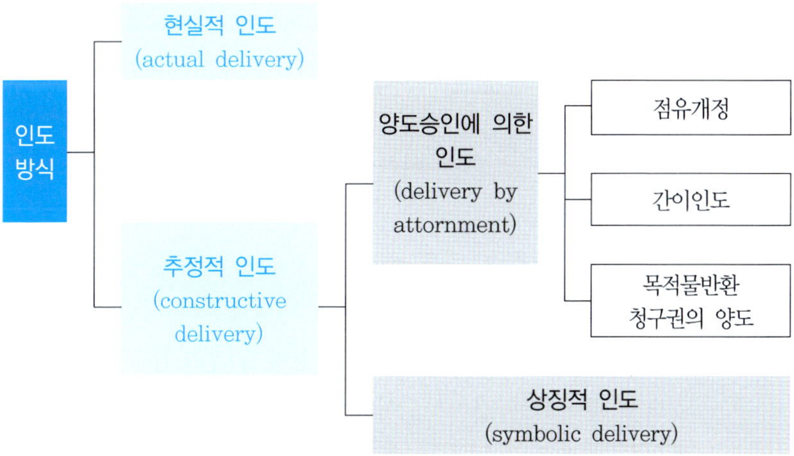

그림 6-1 인도방식

먼저 양도승인에 의한 인도(delivery by attornment)에는 다음의 세 가지 경우가 있다.

첫째, 점유개정을 들 수 있다. 이는 매도인이 물품을 점유하고 있다가 매매 후에도 점유권의 양도인인 매도인이 매수인의 대리인으로서 계속 물품을 점유하는 경우를 말한다.

둘째, 간이인도를 들 수 있다. 이는 매매가 이루어지기 전에 물품을 이미 매수인이 점유하고 있는 상태에서 매매가 이루어진 후 실제적인 인수도는 이루어지지 않고 당사자의 의사표시로써 매도인으로부터 매수인에게 인도가 이루

4 통상적으로 유가증권에 대해 화체라는 용어가 많이 사용되는데, 화체(貨體)란 권리가 물리적으로 포함된다는 의미이다. 즉, 권리가 B/L에 화체되었다는 것은 B/L에 그러한 권리가 포함되어 있다는 것을 의미한다.

어진 것으로 추정하는 경우를 말한다.

셋째, 지시인도 또는 목적물 반환청구권의 양도를 들 수 있다. 이는 물품이 매도인의 수탁자인 제3자에 의해 점유되고 있는 상태에서 매매계약이 체결된 후 매수인에게 물품을 양도하였다는 취지를 매도인이 제3자에게 통지하면 그 이후 제3자는 매수인의 권리를 승인하고 매수인의 수탁자로서 계속 물품을 보유하는 경우이다.

다음으로 상징적 인도(symbolic delivery)는 물품은 수탁자가 점유하고 있는 상태에서 매도인은 물품을 상징하는 선하증권(bill of lading)과 같은 권리증권(document of title)을 매수인에게 인도함으로써 물품 인도가 이루어진 것으로 추정하는 것이다. 이때 선하증권 등 권리증권의 양도는 물품의 인도와 동일한 효과를 갖는다.

다음으로 상징적 인도(symbolic delivery)는 물품은 수탁자가 점유하고 있는 상태에서 매도인은 물품의 권리를 나타내는 선하증권(bill of lading)과 같은 권리증권(document of title)을 매수인에게 인도함으로써 물품 인도가 이루어진 것으로 추정하는 것이다. 이때 선하증권 등 권리증권의 양도는 물품의 인도와 동일한 효과를 갖는다.

CIF계약의 본질은 선적서류의 인도를 조건부로 이행되는 물품매매로써, CIF계약에서 당사자의 목적은 매수인이 물품에 관련된 서류와 상환으로 약정된 방법에 의하여 물품대금을 지급함으로써 달성되는 것이며, 선적서류의 인도는 물품의 인도와 동일시되고 있다. 그리고 FOB계약은 거래관습상 현실적 인도조건이지만, 현행의 수출계약에서 오히려 일반적으로 행해지는 화환어음결제와 더불어 당사자간의 합의에 따라 상징적 인도가 이루어지는 예가 많다. 그리고 현실적 인도를 현물인도, 상징적 인도를 서류인도라고 부르기도 한다.

(2) 직접인도와 간접인도

직접인도란 매도인이 물품을 매수인 또는 매수인의 대리인에게 직접 인도하는 것을 의미하며, 간접인도란 계약이나 관습상 제3자인 운송인이나 운송주선인(freight forwarder)을 통해 인도하는 것을 의미한다. 특히 간접인도의 경우 FOB조건의 매매계약과 CIF조건의 매매계약은 물품인도의 방식에서 법적 의미가 다르다는 점에 주의할 필요가 있다.

먼저 FOB조건의 매매계약의 경우 고유 의미의 FOB조건의 매매계약이든 수정된 FOB조건의 매매계약(매도인의 의무추가 조건부)이든 그 본질은 현실적 인도조건이다. 따라서 운송인은 매수인의 이행보조자로서 행동하기 때문에 매도인은 매수인이 지정한 운송인에게 물품을 인도하면 매수인에게 인도한 것으로 간주된다. 따라서 매도인이 계약에 적합한 물품을 인도한 이상 매수인이 인수(take delivery)한 것으로 되어 즉시 대금지급의무를 이행해야 한다. 물론 특약에 따라 서류를 인수하고 대금을 지급하는 경우도 있다.

이에 대해 CIF계약의 경우에는 운송인은 매도인의 이행보조자로서 행동하기 때문에 운송계약상 물품운송의 수탁자로서 화물을 수취한 것으로 되어 FOB계약의 경우와는 법적 의미가 전혀 다르다.

(3) 단순인도와 복합인도

단순인도란 매매의 목적물만의 인도를 의미한다. 이와 같은 매매형식은 매매계약의 일반적 원칙에 해당하며, 대부분의 국내거래에서는 단순인도가 행해진다고 본다.

그러나 복합인도란 물품의 인도와 함께 부속서류를 수반하는 인도형식을 의미하기 때문에 무역거래에서는 실무상 물품인도와 함께 선적서류와 환어음 등의 부속물이 동시에 수반되는데, 복합인도의 전형적인 계약은 CIF계약이다.

복합인도의 무역관행을 성문화한 것은 1980년의 비엔나협약(제32조)이며, INCOTERMS에서 매도인의 선적통지의무도 이와 같은 발송통지를 의미한다.

3) 물품인도의 일반원칙

계약 당사자 간의 물품인도에 관하여 합의해야 할 주요 내용으로는 물품인도장소, 인도시기, 물품인도와 관련한 비용부담, 제3자의 점유 하에 있는 물품인도 등을 들 수 있다. 만약 물품의 인도에 관한 별도의 합의를 하지 않은 경우에 적용되는 일반원칙을 살펴보면 다음과 같다.

(1) 물품인도장소

물품인도장소는 원칙적으로 매매 당사자 간의 명시적 또는 묵시적 합의에 의하여 정해진다. 당사자가 이를 지정한 경우에는 약정된 장소에서, 또 확립된 관습이 있는 경우에는 관습에 따라 인도하여야 한다. 그러나 만약 당사자 간에 물품인도장소에 대해 합의가 없으면 일반적으로 무역거래에서는 물품의 소재지를 인도장소로 해석하고, 그곳에서 매수인이 인수하는 것이 일반적이다.

SGA는 매매당사자 간에 물품의 인도장소에 대하여 명시적 또는 묵시적 합의가 없을 경우에 물품인도의 장소는 매도인의 영업장소가 되고, 그 영업장소가 없는 경우에는 매도인의 주소가 인도장소로 된다. 다만, 특정물의 매매계약의 경우에는 계약성립시에 그 특정물이 다른 장소에 있음을 당사자가 안 때에는 그 장소가 인도장소로 된다(SGA 제29조 제2항).

비엔나협약은 매도인이 물품을 다른 특정한 장소에서 인도할 의무가 있는 경우에는 그 특정한 장소에서 물품을 인도해야 하며, 당사자 간의 약정이나 관습이 없을 경우에 인도될 장소에 관하여 다음과 같이 규정하고 있다(비엔나협약 제31조).

① 운송을 포함하는 매매계약

모든 매매계약은 물품의 이동을 수반하므로 불가피하게 운송인을 이용하게 된다. 이때 매도인은 물품을 매수인에게 보내기 위하여 최초의 운송인에게 인도함으로써 물품인도의무를 이행하는 것으로 본다(비엔나협약 제31조 a호). 특히 복합운송의 경우에 복수의 운송인에 의하여 순차적으로 운송될 것이 예정되어 있기 때문에 매수인에게 보낼 목적으로 물품을 최초의 운송인에게 교부함으로써 매도인은 자신의 인도의무를 이행한다. 이때 매도인이 물품을 현실적으로 운송인에게 인도한 장소가 인도장소가 된다. 최초의 운송인에게의 인도는 본선인도처럼 반드시 운송수단에 적재하여 인도하는 것을 전제로 하는 것은 아니고, 운송인의 관리 하에 인도하면 된다. INCOTERMS 조건 중에 FCA조건, CPT조건과 CIP조건이 여기에 해당한다.

② 운송을 포함하지 않는 매매

매매계약이 물품운송을 포함하지 않는 경우에는 물품이 특정물(specific goods)인 경우에는 그 물품의 현재 장소가 인도장소가 된다. 다만 계약 당사자가 계약체결 시에 그 물품이 특정장소에 있다는 사실을 알고 있어야 한다. 또한 매매계약이 특정한 재고품에서 선정되는 불특정물이나 제조・생산되는 불특정물의 경우에도 당사자 쌍방이 계약체결 시에 그 물품이 특정한 장소에 있거나 그 장소에서 제조 또는 생산되는 것을 알고 있었던 경우에는 그 장소에서 물품을 매수인의 처분 가능한 상태로 두었을 때 매도인은 물품인도의무를 다한 것으로 본다(비엔나협약 제31조 b호).

매수인의 처분 가능한 상태로 둔다는 것은 매수인의 점유취득이 가능한 상태에 두는 것을 말한다. 구체적으로 매도인이 물품을 특정하고 포장하는 등 인도에 필요한 준비를 마친 후 매수인에게 통지하면 된다. INCOTERMS 조건 중에 EXW조건이 여기에 해당한다.

③ 불특정물 매매로서 운송을 포함하지 않는 매매

위 두 가지 경우에 해당하지 않는 모든 경우, 즉 불특정물 매매로서 계약의 내용에 운송이 포함되지 아니하는 경우에는 계약체결시의 매도인의 영업소가 인도장소가 되며, 그 장소에서 매수인의 처분 가능한 상태에 두었을 때 매도인은 물품인도의무를 다한 것으로 본다(비엔나협약 제31조 c호). 영업소가 없는 경우에는 매도인의 주소가 인도장소로 되며, 이 경우 역시 매수인의 처분 가능한 상태로 두어야 한다. 영업소가 2개 이상인 경우에는 당해 거래를 한 영업소가 인도장소가 된다(상법 제56조 참조).

이처럼 영미법과 비엔나협약에서 모두 인도장소가 매매당사자간에 합의된 경우에 그에 따르며, 인도장소에 관한 명시적 또는 묵시적 합의가 없었을 경우의 적용 순위에서 최초의 운송인에게 인도하는 장소로 우선적으로 규정한 것은 무역거래관행을 반영한 것으로 보인다. 특히 무역계약에서 물품의 인도장소는 통상 선적지 조건인지 양륙지 조건인지에 관해서는 표준화된 정형거래조건에 의해 결정된다. 그리고 실제 무역거래는 대부분 운송을 포함하고 또 운송방법과 장소에 관해 합의를 하는 것이 보통이며, 그 합의는 대체적으로 INCOTERMS의 규정에 따르고 있다.

(2) 물품의 인도시기

계약물품의 인도나 선적기일이 준수되지 않으면 인도 및 선적지연 또는 불인도(non-delivery)에 따른 계약위반이 성립되기 때문에 계약해제나 손해배상 청구가 따르게 된다.

물품인도시기와 관련하여 비엔나협약은 "① 인도일이 계약에 의하여 확정되거나 또는 확정될 수 있는 경우에는 그 날, ② 인도기간이 계약에 의하여 확정될 수 있는 경우에는 그 기간 내이다. 다만, 매수인이 추정한 날을 선택하여야 할 사정이 있을 때에는 그러하지 아니하다. ③ 기타의 경우에는 계약체결 후 합리적인 기간 내(within a reasonable time)"라고 규정하여 매도인은 정해진 일자나 기간 내에 물품을 인도하도록 규정하고 있다(비엔나협약 제33조).

그리고 SGA는 매매계약에 의하여 매도인이 매수인에게 물품을 송부할 의무가 있는 경우 송부시기에 관한 별도의 합의가 없을 경우에는 매도인은 「합리적인 기간 내」(within a reasonable time)에 이를 송부하여야 한다고 규정하고 있다(SGA 제29조 제3항).

따라서 물품의 인도시기는 당사자의 명백한 의사표시에 의해 정확하게 표시되어야 한다. 따라서 매도인은 당사자간이나 관행에 따라 확정일자가 결정되면 그 기간 내에 인도해야 하지만, 명백하게 확정일이 정해지지 아니한 경우에는 합리적인 기간 내에 인도해야 한다(비엔나협약 제33조 c호). 여기서 어느 정도의 기간을 합리적인 기간으로 보느냐 하는 것은 사실의 문제(question of fact)이다.

다시 말해서 물품의 인도시기는 첫째, 인도일자가 계약에 의하여 확정되었거나 확정할 수 있는 경우에는 그 일자이다.

둘째, 인도시기가 계약에 의하여 기간으로 확정되었거나 확정될 수 있는 경우에는 그 기간 내이다. 다만, 사정에 의하여 매수인이 인도시기를 정하여야 하는 경우에는 매수인이 지정한 때이다.

셋째, 계약에 물품인도시기가 전혀 지정되어 있지 아니한 경우에는 관습에 따라 이를 결정해야 한다.

넷째, 관습도 없는 경우에는 계약체결 후 합리적인 기간 내에 물품을 인도하여야 한다.

3 서류인도의무

비엔나협약은 매도인이 물품에 관한 서류를 교부하여야 할 의무가 있는 경우에 매도인은 계약에서 정한 시기, 장소 및 방식에 따라 서류를 교부해야 한다고 규정하고 있다(비엔나협약 제30조 및 제34조). 그러나 비엔나협약에서는 서류인도의무에 관한 일반적인 사항만 규정할 뿐 인도되어야 할 서류의 구체적인 내용이나 그 효과 등에 관하여는 아무런 규정을 두지 않고 있다. 따라서 매도인의 서류인도의무에 관한 구체적인 내용은 전적으로 계약에 따르도록 하고 있다. 그러므로 서류제공의무는 당사자가 매매계약에서 합의한 구체적인 거래조건에 따라 그 내용이 달라진다.

1) 일치하는 서류의 제공

INCOTERMS에서는 매도인의 서류제공의무에 관하여 매매계약에 일치하는 물품 및 상업송장과 기타 일치성에 관하여 계약에서 요구되는 증거를 제공하여야 함을 규정하고 있으며, 이는 당사자들이 합의하거나 관습으로 되어 있는 경우, 전자기록 또는 절차(electronic record or procedure)에 서면통신과 동일한 효력을 부여하고 있다. 그리고 EXW조건을 제외한 모든 조건에서 매도인의 의무 A6에서는 매수인이 운송인으로부터 물품의 인도를 수령할 수 있도록 매도인은 운송인에게 물품을 인도하였음을 증명하는 운송서류 기타의 증거서류를 매수인에게 제공해야 하는 것으로 규정하고 있다. 그리고 매수인의 의무 조항 B6에서는 매수인은 매도인이 계약에 일치하는 운송서류를 제공하는 때에는 이를 인수해야 함을 규정하고 있다.

일반적으로 무역매매계약에서 말하는 서류(document)라 함은 물품을 대표하는 선적서류(shipping document)를 말하며, 여기에는 선하증권, 상업송장, 보험증권, 원산지증명서, 포장명세서 등 매수인에게 필요한 서류가 모두 포함된다.

2) 불일치 서류의 보완

비엔나협약은 "매도인이 이 계약에서 요구된 시기 이전에 서류를 교부한 경우에는, 매도인은 그 시기까지는 서류상의 모든 흠결을 보완할 수 있다. 다만 이러한 권리의 행사가 매수인에게 불합리한 불편이나 비용을 야기하지 아니하여야 한다."(비엔나협약 제34조). 이는 물품의 인도에 하자가 있는 경우에 이를 보완할 수 있는 매도인의 권리가 서류의 인도에까지 확대된 것이다.

즉, 인도기일 전에 하자 있는 인도를 제공한 매도인은 누락분을 인도하거나, 수량의 부족을 보충하거나 대체품을 인도하거나 또는 물품의 불일치를 시정할 수 있다(비엔나협약 제37조). 이러한 물품에 관한 규정이 서류에까지 확대 적용된 것이다.

이 조항은 선하증권을 이용하여 대금과 서류를 교환하는 거래에 적용되는 규정으로 매도인이 적합한 서류를 대체할 수 있는 기회를 부여함으로써 서류 불일치가 있더라도 계약의 파기보다는 계약을 유지시키고자 하는 취지를 반영한 규정이다. 그러나 매도인이 서류상의 부적합을 치유하는 경우에도 매수인은 손해배상을 청구할 수 있다(비엔나협약 제34조).

4 계약적합의무

매도인은 수량·종류·품질 및 포장 등 계약에서 정한 바에 따라 매수인에게 계약에 적합한 물품을 제공해야 한다. 그러나 만일 매도인이 제공한 물품이 계약내용에 적합하지 아니한 경우에는 매도인은 그에 따른 책임을 지게 된다.

비엔나협약에서는 매도인의 계약적합성(conformity of the contract)에 관하여 크게 물품 적합성(conformity of the goods)에 관한 규정(비엔나협약 제35조)과 권리 적합성에 관한 규정(비엔나협약 제41조 및 제42조)을 두고 있다. 물품적합성은 매도인이 물질적인 측면에서 수량·종류·품질 및 포장 등에 있어 계약에 적합한 물품을 인도해야 할 의무를 말하며, 권리적합성은 권리측면에서 매수인이 인도받은 물품에 대하여 권리를 행사하는데 아무런 지장이 없는 계약내용에 적합한 물품을 인도해야 할 의무를 말한다.

1) 물품적합성

(1) 물품적합성의 의의

물품의 적합성(conformity of the goods)이란 매도인은 수량·종류·품질 및 포장 등에 관하여 계약에서 합의한 내용과 일치하는 물품을 인도해야 한다는 것을 의미한다(비엔나협약 제35조). 즉, 비엔나협약에서는 물품의 계약 적합성을 수량・품질・종류 및 포장 적합성으로 구분하고, 각각의 적합성에 대한 기준을 규정하고 있다. 물품이 계약에 적합한지 여부는 1차적으로 계약에 의해 정해지기 때문에 매도인은 계약에서 명시적 또는 묵시적으로 정한 수량・품질・종류 및 포장 등과 일치하는 물품을 인도하여야 한다.

비엔나협약에서는 계약에서 정한 것과 다른 물품을 인도하는 것을 원칙적으로 물품 부적합(lack of conformity)으로 보며, 이 경우 매수인은 비엔나협약에 따라 계약 부적합에 관한 통지의무를 부담한다(비엔나협약 제39조).

(2) 수량의 적합성

매도인은 계약과 일치하는 수량의 물품을 인도하여야 한다. 만약 계약에서 정한 수량보다 부족하거나 초과하는 수량의 물품을 인도할 경우에는 물품의 적합성에 대한 계약위반이 된다.

무역거래 실무에서는 계약당사자들은 화물의 성질 등을 고려하여 물품인도에 관한 특약을 맺는데, 특히 수량의 과부족이 생기기 쉬운 광물이나 곡물 등과 같은 살화물(bulk cargo)의 경우에는 과부족허용조항(more or less clause : M/L clause)을 삽입하여 과부족 허용범위와 과부족에 대한 선택권자 등을 약정하여 약정한 과부족 한도 내에서 물품인도가 이루어지면 수량부족에 대한 클레임을 제기하지 않도록 하고 있다.

신용장방식의 거래에서는 신용장상에 명시된 신용장금액 또는 물품의 수량이나 단가 앞에 대략이라는 의미의 “about”, “circa”, “approximately” 등의 용어를 사용하는데, 이러한 용어가 사용되면 10% 범위 내의 과부족을 허용하는 것으로 하고 있다(UCP 600 제30조 a호). 또한 신용장상에 물품수량과 과부족허용문언이 명시되어 있지 않은 경우에는 과부족 금지문언이 없는 한, 환어음 발행금액이 신용장금액을 초과하지 않는 범위 내에서 5%까지의 과부족이 허용된다(UCP 600 제30조 b호). 그러나 포장단위 또는 개개품목에 의해 수량이 명기된 경우에는 이러한 규정은 적용되지 않는다.

(3) 종류 및 품질의 적합성 기준

비엔나협약에서는 물품의 종류와 품질[5]에 관한 적합성의 기준으로 통상 사용목적, 특별 사용목적 및 견본·모형에 적합해야 한다고 규정하고 있다(비엔나협약 제35조 제2항).

① 통상 사용목적에 적합

물품의 종류와 품질은 통상적인 사용목적에 적합해야 하는데, 매수인이 사용목적을 명시하지 아니한 채 물품의 종류만 지정한 경우, 매도인은 지정된 물품이 통상적으로 사용되는 목적에 적합한 물품을 인도하여야 한다(비엔나협약 제35조 제2항 a호). 여기서 통상적인 사용목적에 적합하다는 것은 그러한 종류의 물품을 구매하는 사람들이 그 물품이 일반적으로 가지고 있으리라고 기대하는 성능과 품질을 가져야 한다는 것을 의미한다. 이에 대한 적합성의 판단기준은 동종 물품의 통상적인 사용목적은 일반적으로 매도인의 영업소 소재지를 기준으로 한다.

② 특별 사용목적에 적합

매도인은 계약체결시에 명시적 또는 묵시적으로 알려진 특별의 사용목적에 적합한 물품을 인도하여야 한다(비엔나협약 제35조 제2항 b호). 이는 매수인이 계약체결 시에 직접 또는 간접적으로 특정의 사용목적을 매도인에게 미리 알려 두었을 경우에는 매도인은 그 특정목적에 적합한 물품을 인도해야 함을 의미하는 것이다. 다만, 이러한 특별한 사용목적에 적합한 물품인도는 거래상황으로 보아 매수인이 매도인의 기술 및 판단에 의존하고 있는 경우에만 적용된다. 따라서 매수인이 물품의 특별한 사용목적을 매도인에게 표시했다고 하더라도 거래상황으로 미루어 볼 때, 매수인이 매도인의 기술과 판단을 신뢰하지 아니하였거나 또는 신뢰하는 것이 불합리하였다고 인정되는 경우에는 부적합한 것이 아니므로 특정한 사용목적에 합치하지 아니하는 물품을 인도했다고 하더

5 품질은 해당 물품 그 자체의 물리적인 특성에 관한 것으로서, 물품의 일반적인 상태는 물론이고, 화학적인 구성과 같은 물질적 속성, 크기나 색상과 같은 외형적인 특성, 상표의 부착 등이 포함된다. 그리고 물품과 관련한 외적인 속성으로서 원산지, 이용 가능성 내지 사용 가능성, 거래계의 평가 가치 등도 고려되어야 한다.

라도 그에 대한 책임을 지지 아니한다(비엔나협약 제35조 제2항 b호 단서).

③ 견본 및 모형에 적합

매도인이 매수인에게 인도하는 물품은 견본 및 모형에 합치해야 한다. 즉, 매도인이 매수인에게 제시한 견본 또는 모형과 동일한 품질의 제품을 인도해야 한다(비엔나협약 제35조 제2항 c호). 이는 SGA(제15조) 및 UCC도 마찬가지로 입장을 취하고 있다. 즉, 거래의 기초에 일부분이 되는 견본이나 모형은 전체 물품이 견본이나 모형과 일치하여야 한다는 명시적 담보를 발생시킨다"(제2-313조 제1항 c호[6]). 여기서 "견본"(sample)이란 당해 매매의 목적물인 물품의 일부를 구성하는 물품으로 그 매매대상 물품 전체의 품질을 대표하는 1개 내지 수개의 물품을 말하고, "모형"(model)이란 매매의 목적물이 아닌 물품으로서 검사를 위하여 제시된 것을 말한다.

(4) 포장의 적합성 기준

포장의 적합성과 관련하여 매도인은 계약에 정해진 방법에 따라 포장을 해야 한다. 그러나 포장방법에 관하여 약정이 없는 경우에는 동일한 물품에 통상적으로 사용되는 방법으로 포장하여야 한다. 다만, 통상의 포장방법이 확립되어 있지 않거나 혹은 이러한 종류의 포장방법이 없는 경우에는 그 물품을 보존하고 보호하는데 적절한 방법으로 용기에 담거나 포장을 하여야 한다(비엔나협약 제35조 제2항 d호). 이러한 포장의 적합성 요건은 물품 외적인 것으로서 매도인의 계약상 의무가 단순히 물품의 인도뿐만 아니라 그 용기나 포장까지 확대됨을 의미한다. 그리고 이러한 포장요건은 특히 물품의 운송과정에서 발생하는 손해의 방지는 물론이고, 운송 후의 물품의 보존이나 전매를 위해서도 요구된다.

6 2-313 Express Warranties by Affirmation, Promise, Description, Sample.
(1) Express warranties by the seller are created as follow:
....
(c) Any sample or model which is made part of the bassis of the bargain creates an express warranty that the whole of the goods shall conform to the sample or model.

(5) 위험이전과 계약 적합성의 결정시기

매도인은 원칙적으로 물품에 관한 위험이전 시점을 기준으로 위험이전 시점까지 존재하였던 물품부적합에 대하여 책임을 부담한다. 따라서 물품의 부적합이 매수인에게 위험이전 이후에 나타났다 하더라도, 매수인에게 위험을 이전하기 전에 존재하던 부적합에 대해서는 매도인이 책임을 부담한다(비엔나협약 제36조 제1항). 즉, 매도인은 매수인에게 위험이 이전하는 시점에 존재하던 물품의 부적합에 대하여 책임을 부담한다.

따라서 FOB조건이나 CIF조건의 매매계약에서 위험이전 시점은 선적시점이기 때문에 매도인은 선적 후에 발생한 계약 부적합에 대해서 원칙적으로 책임을 부담하지 않는다. 다만, 위험이전 당시에는 이러한 부적합이 존재하지 않았지만, 위험이 이전된 후에 발생한 부적합이라도 매도인의 잘못된 지시나 발송 또는 포장의 결함 때문에 발생한 부적합성에 대해서는 매도인이 책임을 부담한다.

한편 매도인이 합의된 일자 이전에 물품을 인도한 경우에는 매수인에게 불합리한 불편이나 비용을 초래하지 않는 한, 계약에 정해진 인도일까지 결함을 보완할 수 있다(비엔나협약 제37조). 예컨대, 분실된 부분을 추가로 인도하거나, 수량부족을 보충하거나, 물품의 결함을 수선하거나 또는 계약에 적합한 물품으로 대체할 수 있다.

(6) 계약 적합성 의무의 면책

매도인은 매수인이 계약체결 시에 물품이 계약에 적합하지 않음을 알았거나 알 수 있었던 경우에 물품의 계약 부적합에 따른 적합성 요건(제35조 a호 내지 d호)상의 책임을 부담하지 않는다(비엔나협약 제35조 제3항). 따라서 매도인이 인도한 물품이 계약에서 명시적으로 정한 품질이나 수량 등에 부적합한 경우에도 매수인이 이를 사전에 알고 물품을 수령한 경우에는 그 부적합성을 이유로 매도인에게 책임을 물을 수 없다. 왜냐하면 이러한 경우 신뢰원칙에 따라 매수인이 그러한 부적합한 물품을 매매의 목적물로 삼고 인수하였다는 것으로 추정되기 때문이다.

2) 권리적합성

(1) 권리적합성의 의의

권리적합성이란 권리측면에서 매도인은 그 물품에 대한 권리를 행사하는데 아무런 지장이 없는 계약에 적합한 상태, 즉 그 물품에 대한 제3자의 권리주장의 대상이 아닌 물품을 인도해야 한다는 것을 의미한다(비엔나협약 제41조). 이는 우리 민법상 권리 하자에 대한 매도인의 담보책임과 유사한 것으로써, 가령 권리의 일부가 타인에게 속한 경우(민법 제572조), 제한물권이 있는 경우(민법 제575조) 등 권리 부적합에 대한 매도인의 담보책임을 규정하고 있다. 따라서 매도인은 이러한 권리부적합 상태가 아닌 매수인이 완전한 권리를 행사할 수 있는 상태로 물품을 인도할 의무가 있다.

(2) 권리적합성의 주요 내용

권리적합성이란 권리측면에서 매도인은 그 물품에 대한 권리를 행사하는데 아무런 지장이 없는 계약에 적합한 상태, 즉 그 물품에 대한 제3자의 권리주장의 대상이 아닌 물품을 인도해야 한다는 것을 의미한다(비엔나협약 제41조). 이는 우리 민법상 권리하자에 대한 매도인의 담보책임과 유사한 것으로써, 가령 권리의 일부가 타인에게 속한 경우(민법 제572조), 제한물권이 있는 경우(민법 제575조) 등 권리부적합에 대한 매도인의 담보책임을 규정하고 있다. 따라서 매도인은 이러한 권리부적합 상태가 아닌 매수인이 완전한 권리를 행사할 수 있는 상태로 물품을 인도할 의무가 있다.

그러나 매도인의 법적적합성의 의무는 계약체결시 매수인이 그 권리 또는 청구를 알았거나 알 수 있었던 경우(비엔나협약 제42조 제2항 a호) 및 매수인이 제공한 기술도면(drawing), 의장도안(design), 명세서(specification) 및 기타 지시에 매도인이 따른 결과로 이러한 제3자의 권리 또는 청구가 발생한 경우에는 적용되지 아니한다(제42조 제2항 b호).

따라서 매수인이 제3자의 권리 등에 대한 침해 사실을 알았거나 알았어야 하는 때로부터 합리적인 기간 내에 매도인에게 통지하지 않았을 경우(비엔나협약 제43조 제1항) 및 매도인의 제3자의 권리 또는 청구권의 존재 및 그 내용을 알고 있었던 경우에는 매수인은 제3자의 권리침해를 원용할 수 있는 권리가 상실된다(비엔나협약 제43조 제2항).

(3) 권리적합성 판단기준관련 법률

지적재산권을 근거로 한 권리 또는 청구의 정당성 여부는 당사자 쌍방이 계약시에 물품을 어느 국가에 전매하거나 달리 사용할 것을 예상한 경우에는 당해 물품을 전매 또는 사용하게 될 국가의 법률을 기준으로 판단하며(비엔나협약 제42조 제1항 a호), 기타의 경우에는 매수인의 영업소 소재 국가의 법률을 기준으로 판단한다(비엔나협약 제42조 제1항 b호).

Ⅲ 매수인의 의무

매수인은 계약 및 이 협약에서 정하는 바에 따라 물품 대금을 지급하고 물품을 수령할 의무를 진다(비엔나협약 제53조). 대금지급의무 및 물품수령의무 외에도 매수인은 물품을 검사하고 하자를 통지하여야 한다. 이와 같은 매수인의 의무는 우리 민법과 상법상의 매수인의 의무와 유사하나, 비엔나협약은 매수인의 물품수령의무를 명문화하고 있다.

1 대금지급의무와 환어음

1) 대금지급

(1) 대금지급의 의의

매수인의 대금지급의무는 매도인의 소유권 이전 의무에 상응하는 매수인의 가장 기본적인 의무이다. 매매 당사자 간의 별도의 약정이 없는 한, 물품의 인도 및 대금지급은 동시이행조건이다. 그러나 무역매매계약은 격지자간의 거래라는 특성상 대부분의 경우 현실적으로 무역매매 당사자 간에 물품인도와 대금지급을 동시에 이행하는 것은 불가능하다. 이에 무역매매거래 당사자들은 대금지급과 관련한 현실적인 다양한 대금결제방법을 발전시켜 왔는데, 대표적인 대금결제수단이 화환어음결제방식이다.

화환어음결제방식은 물품을 선적한 후 선적 물품을 유가증권화하여 이를 담보로 매도인은 선적지의 외국환은행을 통하여 선하증권 등 선적서류가 첨부된 화환어음의 매입 또는 추심을 의뢰하여 대금을 회수하는 방식을 이용하고 있다.

(2) 대금지급의 일반원칙

비엔나협약 제3장은 매수인의 의무로서 대금지급의무를 비롯한 물품인도수령의무, 검사 및 통지의무, 매수인의 계약위반에 대한 구제 등을 규정하고 있다. 따라서 매수인은 계약 및 이 협약의 규정에 따라서 매매대금을 지급하고 물품을 수령할 의무가 있다(비엔나협약 제53조).

이러한 매수인의 대금지급의무는 매도인의 소유권이전의무에 상응하는 것으로써 매수인의 가장 기본적인 의무로, 비엔나협약은 대금결정방법, 대금의 지급장소 및 지급시기에 관한 규정을 두고 있으나, 구체적인 대금의 지급방법에 관해서는 규정을 두지 않고, 당사자의 계약과 무역거래관행에 의하여 대금결제가 이루어질 것으로 예정하고 있다.

예컨대, 신용장(L/C)방식으로 거래가 이루어지는 경우, 매수인은 자신의 거래은행에 신용장 발행을 의뢰하고 경우에 따라서는 정부기관에 거래신고를 함으로써 필요한 외화취득의 절차를 취하거나 해외송금 허가신청을 할 필요가 있다. 이에 따라 비엔나협약에서는 매수인의 대금지급의무에 필요한 이러한 준비과정의 필요성을 반영하고 있는데, 계약 또는 법규범에서 정한 바에 따라 지급을 가능하게 하는 조치를 취하고 절차를 이행하는 것이 포함된다(비엔나협약 제54조). 따라서 대금지급을 위한 조치와 절차는 대금지급의 준비행위 및 기타 의무도 존재할 수 있지만, 이들 역시 매수인의 계약의무와 동일하게 취급하여 대금지급의무에 포함한다. 이러한 대금지급을 위한 조치와 절차에는 무역거래에서 일반적인 관행으로 인정되어 있는 신용장발행이나 은행의 지급보증, 수입허가 신청, 해외송금을 위한 정부의 허가신청 등 각국의 국내법 규정에서 요구하고 있는 사항들을 들 수 있다.

① 대금의 결정 기준

매매거래상의 물품대금은 일반적으로 당사자간의 합의에 의해 결정된다. 그러나 계약은 유효하게 성립되었으나 계약상 명시적 또는 묵시적으로 대금을 약정하지 아니하거나 대금을 확정하기 위한 합의조항을 두지 아니한 경우, 당사자는 반대의 의사표시가 없는 한 계약체결 시에 당해 거래실무계에서 유사한 상황에서 매매되는 물품에 대하여 일반적으로 청구되는 대금을 묵시적으로 물품대금으로 정한 것으로 본다(비엔나협약 제55조).

한편 대금이 물품의 중량에 따라 정하여지는 경우에, 당사자의 의사가 명확하지 않을 때에는 순중량(net weight)에 의하여 대금을 결정하는 것으로 한다(비엔나협약 제56조).

대금이 물품의 중량에 따라 정하여지는 경우란 곡물, 철광석 등 대량 원자재로 대체로 따로 포장하지 않고 살화물(bulk cargo)로 거래되는 경우를 말한다. 그리고 순중량(net weight)이란 총중량(gross weight)에서 포장의 중량을 제외한 내용물의 중량을 의미한다.

② 대금지급장소

대금지급장소 및 지급통화는 매매계약에서 명시되는데, 비엔나협약도 당사자들간에서 확립된 관습을 포함한 당사자들의 합의를 존중하고 있다. 즉, 대금지급장소의 결정과 관련하여 첫째, 당사자 간에 합의한 특정한 장소가 있으면, 그 특정한 장소에서 지급해야 한다.

둘째, 계약에서 대금지급장소에 대하여 별도로 규정하고 있지 않다면, 대금지급이 물품 또는 서류의 교부와 상환으로 지급되어야 할 경우가 아닌 경우에는 원칙적으로 매도인의 영업소에서 지급하여야 한다(비엔나협약 제57조 제1항 a호)고 규정하고 있다. 이 규정은 국제거래상의 일반관행을 명문화한 것이다.

셋째, 대금지급이 물품 또는 서류의 교부와 상환으로 지급되어야 하는 경우에는 예외적으로 그 물품 또는 서류의 교부가 이루어지는 장소가 대금지급장소가 된다(비엔나협약 제57조 제1항 b호).

넷째, 계약체결 이후에 매도인이 영업소를 변경함으로써 대금지급에 부수적으로 발생하는 비용의 증가분은 매도인이 부담하여야 한다(비엔나협약 제57조 제2항). 이는 매수인은 매도인의 영업소에서 대금을 지급할 것을 전제로 계약을 체결할 것이므로 계약체결 후 매도인이 영업소를 변경한 경우에는 그러한 영업소의 변경으로 인하여 증가되는 대금지급비용은 매도인이 부담해야 한다는 것이다.

우리 민법상으로는 대금지급장소에 관하여 특약과 관습이 없는 경우에는 변제장소의 일반원칙(지참채무의 원칙)상 매도인의 현주소에서 지급하여야 한다(민법 제467조 제2항). 그리고 지점거래로 인한 이행장소가 그 행위의 성질 또는 당사자의 의사표시에 의해 특정되지 아니한 경우에는 그 거래지점을 이행장소로 한다(상법 제56조). 또한 민법은 일반거래의 사정과 당사자의 의사를 추측하여 매매물품의 인도와 동시에 대금을 지급해야 하는 경우에는 그 인도장소에서 대금을 지급하여야 한다(민법 제586조)는 점에서 비엔나협약과 크게 다르지 않다고 하겠다.

③ 대금지급시기

i) 원칙

대금지급시기와 관련하여 비엔나협약은 우선 계약상 당사자 간의 약정이 있으면 그 시기에 대금을 지급해야 한다. 그러나 대금지급시기에 관한 당사자 간의 약정이 없는 경우에는 원칙적으로 매수인은 매도인이 계약과 협약에 따라 물품 또는 물품을 처분할 수 있는 서류(예를 들면, 선하증권 등)를 매수인의 처분하에 교부한 때에 대금을 지급하여야 한다(비엔나협약 제58조 제1항). 매매계약에서는 매도인의 물품인도와 매수인의 대금지급이 동시이행의 관계에 있으므로 매수인의 대금지급은 물품과 상환으로 이루어지게 된다. 따라서 만일 매수인이 대금을 지급하지 않을 경우 매도인은 물품이나 그 처분을 지배하는 서류를 인도하지 않아도 되며, 반대로 매수인 역시 물품이나 서류를 인도 받기 전에는 대금을 지급할 의무가 없다. 이는 민법(제536조)의 동시이행의 항변권과 유사하다고 하겠다.[7]

그러나 무역매매에는 국제물품운송이 포함되기 때문에 매도인은 운송인에게 물품을 인도함으로써 매수인에 대한 물품인도의무를 이행한다(비엔나협약 제31

7 SGA(1979) 제28조에서는 물품의 인도와 대금의 지급이 동시이행조건임을 규정하고 있으며, UCC 제2-507조 제1항에도 동일한 취지를 규정하고 있다.

조 a호). 이때 운송인은 운송물품을 대표하는 선적서류를 발급하며, 이후 선적서류의 교부는 물품 그 자체의 인도와 동일한 효력을 가진다. 따라서 이러한 선적서류가 제시될 경우 매수인은 선적서류와 상환으로 대금을 지급해야 한다.

ii) 운송을 포함하는 매매

매도인은 그 대금지급을 물품 또는 서류를 매수인에게 교부하는 조건으로 할 수 있다. 즉, 매매당사자 간의 계약에서 물품의 운송을 포함하는 경우에는 매도인은 대금의 지급과 상환으로 물품이나 물품을 처분할 수 있는 서류를 매수인에게 교부한다는 조건을 붙여 물품을 발송할 수 있다(비엔나협약 제58조 제2항). 이 경우에는 대금이 지급될 때까지는 물품의 처분권이 매도인에게 유보된다. 여기서 말하는 대금의 지급과 상환으로 물품이나 물품을 처분할 수 있는 서류란 선하증권을 말한다.

iii) 매수인의 물품검사

당사자 간에 합의한 인도절차나 지급절차가 물품을 검사할 기회를 부여하고 있는 경우에는 매수인은 물품을 검사할 기회를 가질 때까지는 대금을 지급할 의무가 없다. 다만 당사자 간에서 합의한 인도 또는 지급의 절차가 매수인이 검사의 기회를 가지는 것과 양립되지 아니할 때에는 그러하지 아니하다(비엔나협약 제58조 제3항). 이는 대금지급 전에 물품을 검사한 후 만일 부적합이 있다면 매수인으로 하여금 대금의 전부 또는 일부를 거절할 수 있도록 하기 위한 것이다. 따라서 여기서의 물품검사는 대금지급을 위한 것이므로 반드시 엄격하게 검사해야 하는 것은 아니고, 간단하고 피상적인 검사로도 충분하다.

따라서 매수인이 물품을 인수하기 위해 검사를 하였더라도 비엔나협약 제38조에 따라 물품의 인도 후 정해진 기간 내에 물품을 검사하고 부적합을 통지할 수 있다. 즉, 비엔나협약에서는 매수인이 피상적 검사 후 부적합을 발견한 때에 매수인은 대금을 지급하고 계약위반에 따른 구제수단을 행사할 수 있으며, 또한 매도인의 본질적 계약위반으로 매수인이 계약을 해제하거나 대체물 인도를 청구하는 경우에도 매수인은 물품수령을 거절할 수 있다.

그리고 대금 지급에 앞서 매수인에게 물품에 대한 검사기회를 부여하는 것은 매도인의 의무이지만, CIF조건의 매매계약과 같이 선적된 물품의 대금지급이 선적서류와 교환으로 행해져야 하는 경우에는 비록 그 시점에서 물품이 아직 운송 중일지라도 매수인은 대금을 지급하여야 한다. 이 경우는 당사자 간에 합의한 지급의 절차가 매수인이 물품검사의 기회를 가지는 것과 양립하지 않는 경우라고 할 수 있다.

예를 들면, CIF조건으로, 대금지급은 매도인은 매수인을 지급인으로 하는 환어음을 발행하여 매수인의 거래은행(추심은행)에 어음을 송달하고, 추심은행은 어음대금의 지급을 조건으로 선하증권(기타 서류 포함)을 매수인에게 교부하는 내용으로 계약을 체결하였다. 환어음이 제시되면 매수인은 대금을 지급하도록 합의되어 있으므로, 만약 물품이 아직 운송 중인 경우에는 매수인이 대금을 지급하기 전에 물품을 검사할 기회를 갖는다는 것과 양립할 수 없는 경우에 해당된다. 따라서 이 경우에는 매수인에게 물품검사권이 인정되지 않는다.

iv) 매수인의 지급의무

"매수인은 계약 또는 이 협약에서 정한 날 또는 확정할 수 있는 날에 대금을 지급하여야 하며, 매도인측이 어떠한 요구를 하거나 어떠한 방식을 준수함을 요하지 아니한다."고 규정하고 있다(비엔나협약 제59조). 입법례에 따라서는 계약상의 지급기일이 도래하여도 지체가 되기 위해서는 매도인이 매수인에게 지급을 정식으로 요구한 경우에만 한정하는 것이 있으나 비엔나협약은 이러한 입장을 배제한다는 취지이다.

따라서 비엔나협약에서는 매도인의 지급요구가 없어도 매수인은 약정한 기일에 대금을 지급하여야 하며, 그렇지 못한 경우에는 계약위반으로 인한 책임을 부담하게 된다. 우리 민법에서도 "채무이행의 확정한 기한이 있는 경우에는 채무자는 기한이 도래한 때로부터 지체책임이 있다."(민법 제387조 제1항)고 규정함으로써 이행을 위한 최고는 필요 없으며, 이는 비엔나협약과 같은 입장이라고 할 수 있다.

2) 환어음

(1) 환어음의 의의

환어음은 무역거래에서 채권자가 채무자에 대하여 그 채권금액을 지명인 또는 소지자에게 일정한 기일 및 장소에서 지급할 것을 무조건 위탁하는 요식증권이며, 유가증권을 말한다.

환어음의 효력은 원칙적으로 행위지의 법률에 의해 처리되고, 보통 2통이 발행되어 하나가 결제되면 나머지는 무효로 된다.

이러한 환어음을 이용하는 대금결제방식을 추심(collection)이라고 한다. 추심은 은행이 사전에 미리 접수된 지시에 따라 인수 또는 지급을 받기 위하여, 또는 인수 또는 지급과 상환으로 서류를 인도하기 위하여, 또는 기타의 조건으로 서류를 인도하기 위하여 서류를 취급하는 것을 말한다. 즉, 추심거래는 수입자가 신용장을 개설하지 않고 수출상이 수입상에게 신용을 제공하는 거래로서 수출상은 물품을 선적한 후 환어음과 선적서류를 첨부하여 이를 은행을 통하여 추심하여 수출대금을 회수하는 거래로 수입상의 은행은 대금지급을 약속하지 않고 단순히 어음을 추심하는 업무만 수행한다.

(2) 환어음의 당사자

환어음과 관련한 당사자로는 발행인, 지급인, 수령인 등이 있다. ① 발행인(drawer)은 환어음을 발행하고 서명하는 자, 즉 수출상인 채권자를 말하며, ② 지급인(drawee, accountee)은 환어음의 지급을 위탁받는 채무자, 즉 발행은행 또는 수입상을 말한다. 그리고 ③ 수령인(payee)은 환어음의 지급을 받는 자로서 발행인이 될 수도 있고 발행인이 지정하는 제3자가 될 수 있다.

(3) 환어음의 종류

① 화환어음과 무담보어음

화환어음(documentary bill of exchange)은 물품에 대한 담보권을 확보하기 위해 선하증권 등 운송서류가 첨부되어 있는 어음을 말한다. 그리고 무담보어음(clean bill of exchange)은 선하증권 등 운송서류가 첨부되지 않고 환어음 단독으로 결제 가능한 어음을 말한다.

일반적으로 물품대금결제에서는 물품에 대한 담보능력이 있는 운송서류가 첨부되어 있는 화환어음을 사용하며, 수수료, 보험료, 운임 등을 결제하는 경우에는 무담보어음이 쓰인다.

② 일람불어음과 기한부어음

환어음의 만기일(tenor)에 따라, 어음이 제시(present)되면 즉시 지급되는 어음을 일람불어음(sight draft, demand draft)이라 하며, 어음을 제시한 후 일정 기간 경과된 후에 대금을 지급하는 어음을 기한부어음이라 한다. 기한부어음(usance bill, time draft, after sight draft)은 다시 일람 후 정기출금(after sight : d/s)과 일부 후 정기출금(after date : d/d)으로 구분된다.

ex) at 00 days after sight(00d/s), at 30 days after date(30d/d)

③ 상환청구가능과 상환청구불능

환어음을 매입한 후 지급인이 지급을 거절한 경우 환어음을 매입한 선의의 소지인(bona fide holder)이 어음 발행인에게 대금상환을 청구할 수 있느냐에 따라 상환청구가능어음(with recourse)과 상환청구불능어음으로 구분할 수 있다. 다만, 한국의 어음법상 상환청구불능어음(without recourse)은 인정하지 않고 있다.

(4) 환어음과 기재사항

환어음은 요식증권이므로 그 형식은 기재사항에 의해 결정되는데, 이러한 지재사항에는 필수 기재사항과 임의 기재사항으로 구분할 수 있다. 필수 기재사항은 어느 하나만 누락되어도 환어음으로서의 법적 효력이나 구속력을 갖지 못하게 된다.

① 필수 기재사항

우리나라 어음법(제1조)에서는 환어음의 필수 기재사항으로 ⓐ 증권의 본문 중에 그 증권의 작성에 사용하는 국어로 환어음임을 표시하는 문자, 즉 환어음(bill of exchange)의 표시, ⓑ 일정한 금액을 지급할 뜻의 무조건의 위탁, ⓒ 지급인(drawee)의 명칭, ⓓ 만기(tenor)의 표시, ⓔ 지급지, ⓕ 수취인(payee), 즉 지급을 받을 자 또는 지급을 받을 자를 지시할 자의 명칭, ⓖ 발행일과 발행지, ⓗ 발행인의 기명날인을 정하고 있다.

② 임의 기재사항

임의 기재사항은 어음 자체의 효력에는 아무런 영향을 미치지 않으나, 이를 기재함으로써 어음의 성격이나 내용을 좀 더 명확하게 표시하게 된다. 이러한 임의 기재사항으로는 어음번호, 신용장 번호, 신용장 발행일자, D/A・D/P어음의 표시, 환율 및 이자문언 등을 들 수 있다.

(5) 환어음의 작성

① BILL OF EXCHANGE

② No. 202011-001　　③ Date : MAY 11, 2020

④ For US$10,000.00　　⑤ Place : JINJU, KOREA

⑥ At _XXX_ sight of this FIRST of Exchange(Second of the same tenor and date being unpaid) ⑦ pay to the order of ⑧ CITY BANK or order the sum of ⑨ U.S. DOLLARS TEN THOUSAND ONLY

⑩ Value received and charge the same to account of GNTECH CO., LTD. JINJU, KOREA

⑪ Drawn under CITY BANK, NEW YORK, USA

⑫ L/C No. M5101-504NS00720　　⑬ Dated MAY 11, 2020

⑭ To CITY BANK,　　⑯ GNTECH CO., LTD.

⑮ NEW YORK, N.Y. U.S.A.

C.H. Kim.

C.H. Kim

PRESIDENT

그림 6-2 환어음

① 환어음의 표시

어음문언 중에 "환어음"(Bill of Exchange)의 표시가 있어야 한다.

② 환어음 번호

환어음 유통과정에서 필요한 단순한 참조사항으로써 기재하지 않는 경우도 많다.

③ 발행일

환어음 발행일은 선적완료일로부터 신용장의 유효기일 사이의 어느 날이라도 좋으나 보통 환어음을 은행에 제시하는 날짜를 기입한다.

④ 환어음 발행금액

환어음 발행금액은 상업송장 금액과 일치해야 한다. 특히 분할방식거래에서 어느 한 분할분의 이행지체 또는 불일치가 있으면 그 부분을 포함하여 그 이후 분할분까지 모두 지급거절 사유가 됨에 주의하여야 한다. 환어음은 외국환어음이므로 반드시 화폐의 종류를 명시하여야 한다. 그리고 일정한 화폐단위로 인쇄된 환어음을 지워서(cross out) 다른 화폐 단위로 기재하면 무효가 된다.

⑤ 발행지

환어음의 발행지는 발행인 주소지의 도시명을 기입한다.

⑥ 지급만기일의 표시

지급만기일은 매매계약서의 대금결제조건에서 결정되어 신용장상에 나타난다. 대금지급의 만기일에 관하여 일람출급(at sight), 일람 후 정기출급(at xx days after sight), 일부 후 정기출급(at xx days after date), 확정일출급(on a fixed date) 등을 표시하여야 한다.

일람출급인 경우에는 “at xxx sight”와 같이 표시하고, 일람 후 30일인 경우 “at 30 days after sight”와 같이 표시한다. 단, 만기일의 표시가 없는 것은 일람출급어음으로 간주하며, 어음금액의 분할지급은 우리나라에서는 무효이나 지급지에서 허용하고 있으면 유효하다.

⑦ 무조건 위탁문언

“pay to … the of US$TEN THOUSAND ONLY”와 같이 지급금액을 단일통화로 일정 금액의 무조건 지급위탁의 문언(unconditional order in writing)을 표시하여야 한다. 즉, 지급에 조건을 붙이거나 지급자금 또는 지급방법을 한정하는 문언이 기재되어 있는 경우에는 어음이 무효가 된다.

⑧ 수령인의 표시

수령인(payee)의 표시는 어음금액의 지급을 받을 사람의 표시인데 기명식, 지시식, 무기명식 등으로 표시할 수 있다. 통상 환어음의 매입은행을 기입하며, 실무에서는 수출상이 거래은행의 환어음 양식을 사용하기 때문에 매입은행이 인쇄되어 있다.

⑨ 환어음 문자금액

앞서 기재한 숫자금액을 문자로 표시한다. 문자와 숫자를 병기하는 경우 양자 간에 차이가 나면 문자로 표시된 금액을 어음금액으로 간주하며, 문자 또는 숫자로 중복하여 기재할 경우 그 금액에 차이가 있을 때는 최소금액을 어음금액으로 한다.

그리고 다음에 있는 "value received"란 문구는 보통 대가문언이라고 하는데, 이것은 "환어음발행인이 대금을 수령했다."고 하는 뜻으로 환어음면의 상투적인 문구로서 기재하는데 실질적으로는 유통어음이 아니라 상거래의 결정임을 표시하는 것이다.

⑩ 지급청구문언

어음발행인이 지급인에게 지급을 지시하는 것으로서 지급인이 환어음을 결제하면 그 대금은 "account of~" 이하에 기재되는 자에게 청구하라는 문구이다. 따라서 "account of~" 이하는 "지급인"(accountee)이 기재된다. 이 문구는 법적인 필수기재사항은 아니나 상관습상 오랫동안 사용되어 왔다.

⑪ 신용장 발행은행

"drawn under" 이하에는 신용장방식의 거래인 경우에는 신용장 발행은행을 기재하며, 추심결제방식인 어음지급서류인도(D/P) 또는 어음인수서류인도(D/A) 거래의 경우에는 실제로 환어음의 지급인이 되는 수입상을 기재한다.

⑫ 신용장번호

환어음 발행의 근거가 되는 신용장의 번호를 기재하며, 어음지급서류인도(D/P) 또는 어음인수서류인도(D/A)거래의 경우에는 계약서 번호를 기재한다.

⑬ 신용장 발행일자

환어음 발행의 근거가 되는 신용장의 발행일자를 기재한다. 통지은행의 양식으로 통지된 신용장의 경우에는 통지일자와 발행일자를 구분하여야 한다.

⑭ 지급인(drawee)

어음 문언 중의 지급인은 지급행위를 위탁받은 자로서 신용장방식거래의 경우에는 발행은행을 기재하며, 어음지급서류인도(D/P) 또는 어음인수서류인도(D/A)거래 등 무신용장방식거래의 경우에는 수입상을 기재한다. 즉, 신용장의 어음발행요령에서 "value on" 또는 "drawn on" 뒤에 수입상이 기재되어 있으면 수입상을 기입하고, 'us' 또는 발행은행명이 기재되어 있으면 발행은행을 기재한다.

⑮ 지급지

추심에 관한 통일규칙 제8조에 지급인의 주소가 정확히 기재되어야 한다고 규정하고 있는데, 신용장에 별도 명시가 없는 한 수입지 지명의 표시만으로도 충분하다.

⑯ 발행인의 기명날인

환어음의 발행인인 수출상의 회사명, 대표자 또는 대리인의 자격을 명시하고 기명날인한다.

영국 환어음법 제55조에 "매입은행은 발행인에 대해서 상환청구권을 갖는다."(Bank has recourse against the drawer of the bill)고 규정하고 있다. 발행인은 만일 그 발행어음이 지급거절(dishonored)되면 그 어음소지인 또는 배서인(endorser)에게 보상해 주어야 한다.

⑰ 어음지급서류인도(D/P) · 어음인수서류인도(D/A) 어음의 표시

어음지급서류인도(D/P) 또는 어음인수서류인도(D/A)방식의 거래에서 환어음상에 어음지급서류인도(D/P), 어음인수서류인도(D/A) 여부를 명확히 표시하지 않은 경우 어음지급서류인도(D/P)로 간주한다. 어음인수서류인도(D/A)거래의 경우 "D/A at xxx days after sight"라고 기재하고, 어음지급서류인도(D/P)거래의 경우에는 "D/P"라고 기재한다.

2 인도수령의무

1) 인도수령의무 개요

매수인은 매도인이 인도하는 물품을 수령해야 하는데, 이러한 매수인의 인도수령의무(the buyer's obligation to take delivery)는 대금지급의무와 함께 기본적인 의무이다. 매수인의 인도수령의무는 단순히 물품을 수령하는 것뿐만 아니라 매도인이 물품을 인도할 수 있도록 하기 위해 매수인에게 합리적으로 기대할 수 있는 협력의무도 포함된다. 따라서 넓은 의미에서의 매수인의 인도수령의무에는 물품검사의무, 하자통지의무가 포함되며, 이를 게을리 할 경우에는 이행지체로써 계약위반이 된다.

비엔나협약에서 매수인은 물품을 수령할 의무가 있음을 규정하고 있다(비엔

나협약 제60조), 이러한 매수인의 인도수령의무를 인정하는 이유는 매수인이 물품을 수령함으로써 매도인의 계속적인 이행의 제공으로 인한 비용지출, 예컨대 운송료, 체선료 등을 방지하는데 목적이 있다. 그러나 물품수령시기와 관련하여서는 명문의 규정이 없으나 신의칙상 합리적인 기간 내에 이를 수령해야 한다.

2) 매수인의 협력의무

매수인의 인도수령의무는 실제로 물품을 수령하는 의무는 물론 매도인이 물품을 인도할 수 있도록 매수인에게 합리적으로 기대할 수 있는 모든 행위, 즉 매도인의 물품인도와 관련한 협력의무를 포함한다(비엔나협약 제60조 a호). 이러한 매수인의 협력행위는 인도수령을 위한 사전행위로서, 예컨대 매도인이 물품을 발송해야 할 정확한 목적지를 지정하거나, 목적지에서 물품을 수령할 매수인의 대리인이 대기하거나, 수입통관서류의 준비, 물품의 보관을 위한 준비행위 등을 들 수 있다.

예를 들면, FOB조건이나 FAS조건의 계약과 같이 매도인이 운송인에게 물품을 인도할 수 있도록 매수인은 운송인과 운송계약을 체결하고 통지하여야 한다. 매수인에게 이러한 협력의무를 인정하는 것은 오늘날 무역거래가 당사자간의 소극적인 계약관계보다는 적극적인 협력관계를 필요로 한다는 점에서 타당하다고 하겠다.

3) 물품의 수령

물품수령(to take delivery)이란 물품인도(to make delivery)에 대응하는 개념으로서 물품의 점유 혹은 지배를 취득하는 것을 의미한다. 물품의 수령은 운송을 포함하는 계약, 즉 양륙지 인도조건에서 중요하다. 이 경우에는 매도인이 운송계약을 체결하는 데 있어 만일 매수인이 적기에 물품을 수령하지 않으면 운임 및 체선료의 부담이 커지기 때문이다(비엔나협약 제35조 제2항, 제66조 내지 제70조). 또한 운송을 포함하지 않고 물품을 특정장소 또는 매도인의 영업소에서 인도하는 경우, 즉 EXW조건의 매매의 경우에도 역시 매수인의 물품수령이 중요하다.

비엔나협약에서는 물품의 수령장소 및 시기에 관하여 특별한 규정이 없으나, 매매계약조건에서 인도장소와 시기에 따라 정해지는 것이 일반적이다.

비엔나협약은 물품이 계약에 부적합하더라도 매수인의 인도수령의무에는 영향을 받지 않는다(비엔나협약 제86조). 따라서 매수인은 일단 물품을 수령한 후 상황에 맞는 구제수단을 강구해야 한다. 다만, 매도인의 사전인도나 초과인도 시에는 수령을 거절할 수 있으며, 이때에는 매도인이 수령의무위반에 따른 구제수단을 행사할 수 없다.

또한 매도인의 본질적 계약위반으로 매수인이 계약을 해제하거나 대체물 인도를 청구하는 경우에도 매수인은 물품수령을 거절할 수 있다. 다만, 이러한 경우에도 매수인은 물품을 보관해야 할 의무가 있을 수 있다. 본질적 계약위반이 아닌 경우에는 매수인은 물품을 수령하고 계약 부적합에 대한 보완 청구, 대금감액 청구 또는 손해배상 청구 등의 구제수단을 행사할 수 있다.

3 물품검사 및 통지의무

1) 물품검사의무

(1) 물품검사 개요

일반적으로 무역거래에서 물품의 검사(examination of goods)는 물품이 최종 목적지에 도착한 뒤 수입업자 또는 그의 대리인에 의해 이루어지는 것이 일반적이다. 이러한 물품검사는 선적시점을 기준으로 선적 전 검사와 선적 후 검사로 나누어지며, 검사 주체에 따라 정부검사, 수입업자 검사, 국제검사기관에 의한 검사로 구분할 수 있다.

선적 전 검사(pre-shipment inspection : PSI)는 수입업자 또는 수입국 정부가 선적지에서 행하는 검사로 전문검사기관에 의해 선적 물품이 계약물품에 적합한지 여부를 검사하는 것을 말한다. 이는 개발도상국 기업 및 정부기관이 상품 수입시 수입국의 관세평가 능력 등 세관업무능력 부족을 이유로 관세포탈 방지를 위해 국제적인 전문검사기관에 위탁하여 수출상품의 수량과 품질 등이 수입허가 내역과 일치하는지 여부를 확인하거나 수입가격이 수출국 현지나 국제시장에서 일반적으로 형성되는 가격과 부합되는 범위 내의 가격인지 여부를 판별하기 위해 활용된다. 특히 수출업자나 수입업자가 물품매매대금을 과대 또는 과소하게 책정하여 외환규제를 회피하거나 자본 도피를 하는 것을 방지하기 위한 목적으로도 활용된다.

선적 후 검사는 수입국 세관에서 수입신고시 수입신고내용과 물품이 일치하는지의 여부를 확인하는 것을 말한다.

그리고 정부검사는 당해 수출국가가 수출상품의 품질 및 대외 성가의 유지를 목적으로 하는 검사를 말하며, 국제검사기관의 검사는 세계적인 국제검사기관에 의뢰하여 검사하는 것을 말한다.

비엔나협약에서는 매수인의 물품검사의무와 관련하여 매도인의 물품부적합에 대한 책임, 즉 하자담보책임을 묻기 위한 전제로 매수인은 수령한 물품의 계약적합성의 여부를 검사하고, 그 결과를 매도인에게 통지하도록 규정하고 있다(비엔나협약 제38조 및 제39조). 이는 매수인이 물품검사 및 통지의무를 위반한 경우, 단지 매도인에게 담보책임을 물을 수 없다는 것을 의미하므로 진정한 의무가 아닌 자신의 권리유지를 위한 의무, 즉 간접의무 또는 매수인의 책무에 해당하는 것이다. 따라서 매수인의 검사의무에 대해 매도인은 검사를 청구할 권리가 없으며, 검사를 하지 않았다 하더라도 매수인에게 손해배상을 청구할 수도 없다.

(2) 물품 검사시기

먼저 물품 검사시기와 관련하여 "매수인은 그 상황에서 실제로 가능한 한 짧은 기간 내에 물품을 검사하거나 또는 검사하게 하여야 한다."(비엔나협약 제38조 제1항). 이러한 기준은 시기적절한 검사의 중요성을 강조하기 위한 것으로 제39조가 요구하는 하자에 대한 적절한 통지를 위해 필요한 사전단계이다. 여기서 "실행 가능한 짧은 시간 내"(within as short a period as is practicable)란 "지체없이"와 같은 의미로, 매수인이 물품을 수령한 후 이를 검사하는 것이 실제로 가능하다는 것을 전제로 하기 때문에 물품의 종류에 따라 다르다고 하겠다.

계약에서 물품운송을 포함하는 경우 매수인은 물품이 목적지에 도착한 후가 아니면 실질적인 검사를 할 합리적인 기회를 가질 수 없는 것이 일반적이다. 이 경우에는 물품이 목적지에 도착한 후까지 물품검사를 연기할 수 있다(비엔나협약 제38조 제2항). 따라서 물품운송을 포함하는 매매계약의 경우 매도인의 인도의무는 최초의 운송인에게 교부하면 끝나지만, 매수인의 검사의무는 그 물품이 목적지에 도착할 때까지 연기된다.

그리고 매수인이 물품을 검사할 합리적인 기회를 갖지 못한 상태에서 매수인에 의해 운송 중에 물품의 목적지가 변경되거나 재발송되거나, 계약체결 시에 매도인이 이러한 목적지 변경이나 재발송의 가능성을 알았거나 당연히 알았어야 하는 경우에는 물품 검사시기는 물품이 새로운 목적지에 도착한 후까지 연장될 수 있다(비엔나협약 제38조 제3항).

(3) 물품 검사장소

물품의 운송장소가 특정 목적지로 예정되어 있는 경우에는 그 목적지가 물품검사장소가 되며, 만약 운송 중에 물품의 목적지를 변경하거나 재발송되는 경우에는 새로운 도착지가 검사장소로 된다(비엔나협약 제38조 제3항 참조).

(4) 물품 검사방법

물품 검사방법과 관련하여 비엔나협약에서는 명문의 규정이 없기 때문에 통상적인 방법으로 물품을 검사하면 된다. 따라서 매수인의 검사의무는 통상적인 검사에 한하고, 전문적인 기술을 동원하여 검사할 것을 요구하는 것은 아니다.

2) 계약 부적합의 통지의무

비엔나협약은 물품이 계약 내용에 적합하지 않다는 것을 이유로 매도인의 하자담보책임을 묻기 위해서는 매수인의 계약 부적합 통지의무에 대해 규정하고 있다. 비엔나협약 제39조는 통지시기와 이를 준수하지 못한 결과에 대한 일반원칙을 규정한 것이며, 제40조와 제44조는 제39조의 일반원칙에 대한 예외를 규정하고 있다.

(1) 계약 부적합의 통지대상

계약 부적합에 대한 매수인의 통지내용은 물품이 계약 내용에 부적합한 부분이며, 통지의 대상은 물품의 수량·품질·포장 부적합 등 물질적 부적합뿐만 아니라 권리상의 부적합도 포함된다.

서류의 부적합에 대하여는 명문규정은 없지만 비엔나협약 제34조 규정에 의하면 정확한 서류를 교부하는 것은 매도인 의무의 일부이고, 더구나 서류의 하자보완을 인정하고 있으므로 서류상의 하자도 통지의 대상이 된다 하겠다.

(2) 계약 부적합의 통지시기

계약 부적합에 대한 통지기간은 매수인이 물품의 부적합을 발견하였거나 발견할 수 있었던 때로부터 합리적인 기간 내에 통지하면 된다(비엔나협약 제39조 제1항). 여기서 합리적인 기간(reasonable time)이란 매수인이 당해 물품을 검사하기 위한 합리적인 기회를 확보한 시기부터 기산하여 실현가능한 가장 짧은 기간을 말한다.

그리고 이러한 통지기간은 물품이 매수인에게 현실적으로 교부된 날로부터 늦어도 2년 내로 규정하고 있는데(비엔나협약 제39조 제2항), 이는 장기간이 지난 후 매수인이 부적합에 대해 통지하는 경우 매도인이 예측하지 못한 손해를 입는 경우를 방지하기 위함이다. 여기서 규정하고 있는 2년의 제척기간은 강행규정이 아니라 임의규정으로 당사자 간의 특약으로 이 기간보다 연장하거나 단축하는 보증기간을 정할 수 있다(비엔나협약 제39조 제2항 참조).

(3) 계약 부적합의 통지방법

계약 부적합에 대한 통지방법은 비엔나협약에서는 별도의 규정을 두고 있지 않기 때문에 구체적인 상황에 적절한 방법으로 통지를 하면 된다. 다만, 명확한 하자이든 숨은 하자이든 그 통지에는 부적합의 특징과 성질을 명확하게 지적하여야 한다(비엔나협약 제39조 제1항). 이때 매수인은 계약 부적합의 성질을 특정하여 매도인에게 통지를 하여야 한다는 것은 계약 부적합 통지의 취지, 즉 증거획득과 보존을 용이하게 하고, 매도인으로 하여금 부적합을 치유할 기회를 제공하기 위한 것이기 때문에 매수인이 단순히 물품에 하자가 있다는 뜻을 전하는 것만으로는 부족하다는 것을 의미한다. 계약 부적합에 대해 적절한 방법으로 통지, 청구 또는 그 밖의 통지를 한 이상 그 통지가 매수인의 책임있는 사유가 아닌 사유로 지연되거나 오류가 있거나 또는 도달하지 아니 하더라도 통지의무를 다한 것으로 본다(비엔나협약 제27조).[8] 비엔나협약은 이러한 계약 부적합에 따른 의사표시와 관련하여 통신상의 오류가 있는 경우에는 의사표시의 일반원칙인 도달주의가 아닌 발신주의의 입장을 취하고 있다.

(4) 계약 부적합 통지의무 불이행의 효과

매수인이 이 협약에서 규정된 기간 내, 즉 물품이 매수인에게 현실로 교부된 날로부터 늦어도 2년 이내에 매도인에게 부적합 통지를 이행하지 아니하는 경우에는 물품의 계약 부적합에 관련된 손해배상청구권을 비롯한 계약해제권, 대금감액청구권, 하자보완청구권 등 제45조 이하의 청구권을 상실한다.

그러나 이러한 권리상실의 원칙에 대한 예외로서, 계약 부적합에 대해 매도인의 악의적인 의도가 있는 경우(비엔나협약 제40조)와 매수인이 통지를 하지 못한 점에 합리적인 이유가 있는 경우에는 설령 부적합 통지가 없었다고 하더라도 매수인이 모든 권리를 상실하는 것은 아니다(비엔나협약 제44조).

계약 부적합에 대해 매도인의 악의적인 의도가 있는 경우란 매도인이 물품의 부적합을 알았거나 또는 모를 수가 없었던 때에 매도인이 매수인에게 이를 밝히지 않은 경우를 말한다. 만약 매도인이 물품의 불일치를 알고 있었던 경우에는 사기에 관한 국내법이 적용될 수도 있다. 이러한 경우에 매도인은 비엔나협약 제38조와 제39조를 원용할 수 없다(비엔나협약 제40조). 즉, 매도인이 물품의 부적합을 알았거나 모를 수 없었을 때에는 매도인은 매수인이 합리적인 기간 내에 부적합통지를 하지 않아 권리를 상실했다는 주장을 할 수 없다. 여기서 매도인의 악의는 물품의 인도 시가 기준이 되며, 모를 수 없었을 때란 중과실로 모른 경우를 의미한다. 이때에는 제39조를 모두 원용할 수 없으므로 매도인은 일반적인 부적합 통지뿐만 아니라 2년의 제척기간도 주장할 수 없다.

그리고 매수인은 정해진 통지의무 불이행에 대한 합리적인 이유가 있는 경우에는 대금을 감액하거나 또는 이익손실을 제외한 손해배상을 청구할 수 있

8 비엔나협약 제27조 : 이 협약 제3편에 별도의 명시규정이 있는 경우를 제외하고, 당사자가 이 협약 제3편에 따라 상황에 맞는 적절한 방법으로 통지, 청구 그 밖의 통신을 한 경우에, 당사자는 통신의 전달 중에 지연이나 오류가 있거나 또는 통신이 도달되지 아니하더라도 그 통신을 주장할 권리를 상실하지 아니한다.

다(비엔나협약 제44조). 여기서 합리적인 이유가 있는 경우란 예컨대 매수인이 물품에 대한 전문지식이 부족하여 하자를 인식하지 못하였거나 그 심각성을 인식하지 못하여 하자를 통지하지 못한 경우를 들 수 있다.

또한 계약불합치에 대한 통지의무는 물품에 대한 권리의 내용이 계약에 부적합한 경우에도 그대로 적용된다(비엔나협약 제43조 제1항).

PART

3

무역계약 위반과 권리구제

Chapter

7

계약위반과 권리구제의 개요

Chapter

7 계약위반과 권리구제의 개요

I 계약위반

1 계약위반의 의의

계약위반(breach of contract)이란 당사자 일방이 정당한 사유없이 계약상의 의무이행을 지체 또는 거절하거나, 불완전하게 이행하거나 혹은 게을리 하는 것을 말한다.

계약위반이라는 용어는 주로 영미법에서 사용하는 개념으로 계약상 발생하는 금전채무만을 대상으로 하고 있는데 반해, 우리 민법이나 대륙법계에서는 모든 종류의 채무를 대상으로 하기 때문에 채무불이행 또는 계약불이행(non-performance or non-fulfillment of contract)이라는 용어를 사용하고 있다.

일반적으로 무역계약에서 계약위반의 문제는 계약이행의 문제와 관련하여 발생하게 되기 때문에 당사자 일방이 계약상의 협력의무에 위반하든지 또는 상대방의 의무이행을 방해하였을 경우에 실질적으로 계약의 위반이 성립하게 된다.

비엔나협약에서는 계약위반자에게 상당한 불이익을 초래하는 계약해제권, 대체품 인도청구권을 행사하기 위해서는 본질적 계약위반(fundamental breach of contract)을 요구하고 있는데, 이는 계약위반자가 계약위반으로 상대방에게 실질적인 손해를 초래하게 된다는 결과를 예견하거나 동일한 부류의 합리적인 인간이 동일한 상황에서 이를 예견할 수 있어야 한다는 주관적인 요소를 그 요건으로 하고 있다(비엔나협약 제25조). 따라서 무역계약에 있어서 당사자 일방에게 책임있는 사유에 의한 선적 지체와 수령지체 및 수령 거절과 같은 경우에 계약위반이 성립하게 된다. 따라서 피해당사자는 이미 성립된 계약내용을 강제적으로 이행시키는 이행강제, 계약을 소멸시키는 계약해제 및 손해배상청구 등 계약위반에 대한 일반적인 구제방법을 선택적으로 행사할 수 있다.

이러한 계약위반에 관한 각국의 개별 법규범을 살펴보면, SGA, UCC 및 비엔나협약은 물품매매당사자의 계약위반과 구제에 관한 명문규정을 두고 있으나, 우리 민법의 경우에는 제3편 제2절 채권의 효력에서 규정하고 있는데, 특히 물품매매에서의 계약위반의 문제를 채무불이행의 개념으로 파악하고 있다. 우리 민법의 채무불이행과 그 구제에 관하여 이행지체 시의 기한이익의 상실(민법 제387조 및 제388조), 강제이행(민법 제389조), 손해배상(민법 제390조) 및 계약해제(민법 제542조 내지 제552조)에 관한 규정을 두고 있다.

2 민법상 채무불이행의 유형

채무불이행은 입법례에 따라 계약위반(breach of contract) 내지 불이행(non-performance) 등 다양한 용어로 사용되고 있는데, 채무자가 행한 채무이행이 원래의 내용대로 실현되지 아니한 경우를 통틀어서 채무불이행이라고 부른다. 여기서 채무란 채무자가 채권자에게 일정한 행위(급부)를 하여야 할 의무를 말하는데, 이러한 의무는 주된 의무인 '급부의무'와 이행에 대하여 요청되는 '부수적 주의의무'가 있다. 그리고 불이행이란 용어 자체의 의미로 본다면 이행자체를 하지 않은 것을 의미하지만, 일반적으로 채무를 원래의 내용대로 이행하지 않는 것을 말한다. 따라서 우리 민법상 채무불이행의 유형에는 이행지체, 이행불능 및 불완전이행을 들 수 있다. 우리 민법은 계약상 의무를 상정하고 각각 그 위반에 따른 구제법리를 설정하지 않고, 그 의무위반의 결과인 채무불이행의 모습에 따라 채무의 이행을 강제하거나 손해배상의 청구 또는 계약의 해제를 인정하고 있다.

1) 이행지체

(1) 이행지체의 의의

이행지체라 함은 채무가 이행기에 있고 그 이행이 가능함에도 불구하고 채무자가 자신에게 책임있는 사유로 인하여 채무의 내용에 좇은 이행을 하지 않는 것을 의미한다. 이행지체가 있는 경우에는 채권자에게 지연손해가 발생하기 때문에 손해배상을 청구할 수 있다(민법 제390조 참조). 이러한 이행지체의 요건으로는 첫째, 이행기가 도래하였을 것, 둘째 채무의 이행이 가능함에도 불구하고 채무자가 채무를 제공하지 않을 것, 셋째 채무자의 고의나 과실 등 책임있는 사유가 있을 것, 넷째 이행하지 않은 것이 위법할 것 등이다.

첫째, 이행기의 도래란 ① 채무이행의 확정기한이 있는 경우에는 채무자는 기한이 도래한 때로부터 지체책임이 있다. ② 채무이행의 불확정한 기한이 있는 경우에는 채무자는 기한이 도래함을 안 때로부터 지체책임이 있다. ③ 채무이행의 기한이 없는 경우에는 채무자는 이행청구를 받은 때로부터 지체책임이 있다(민법 제387조). ④ 기한의 이익을 상실한 채무는 채무자가 담보를 손상·감소·멸실하게 한 때(민법 제388조 제1호), 채무자가 담보제공을 이행하지 않은 때(민법 제388조 제2호) 및 채무자가 파산선고를 받은 때부터이다(채무자 회생 및 파산에 관한 법률 제425조).

둘째, 채무의 이행이 가능하다는 것은 채무의 이행이 이행기에 이행이 가능함에도 불구하고 이행하지 않음으로써 이행지체가 됨을 의미한다. 만약 채무의 이행이 불가능하다면 이는 이행불능으로 된다. 따라서 이행 지체 중에 불능사유가 발생하면 지체는 종료되고, 채권자는 이 시점까지 발생한 지체손해를 이행지의 규정에 따라 그리고 불능으로 인한 손해는 불능의 규정에 따라 손해배상을 받을 수 있다.

셋째, 채무자의 책임있는 사유라 함은 채무자의 고의·과실 혹은 신의성실의 원칙상 이와 동일시할 수 있는 법정대리인이나 이행보조자 및 피사용자의 고의·과실을 의미한다. 이행지체와 관련한 채무자의 책임있는 사유에 대한 입증책임에 관해서는 규정한 바 없지만, 채무자가 불가항력으로 항변할 수 있음은 명백하다.

넷째, 채무불이행이 있으면 위법성이 추정되므로, 채무자가 유치권이나 동시이행의 항변권 등을 가지는 경우와 같이 이행이 지연되더라도 법률상 채무자의 불이행을 정당화해 주는 사유가 있는 때에는 이행지체의 책임이 생기지 않는다.

(2) 이행지체의 효과

우리 민법에서는 이행지체가 발생할 때는 다음과 같은 효과가 있다.

① 이행지체의 경우 본래의 급부는 아직 가능하므로 채권자는 채무자에게 급부를 청구할 수 있으며, 채무자가 불응하면 강제이행을 법원에 청구할 수 있다(민법 제389조 제1항).

② 이행지체가 발생하면 채권자는 원칙적으로 상당한 기간을 정하여 이행을 최고하고, 채무자가 그 기간 내에 이행하지 않으면 계약을 해제할 수 있다(민법 제544조). 이러한 계약의 해제는 손해배상의 청구에는 영향을 미치지 않는다. 따라서 채권자는 계약의 해제와 함께 손해배상도 청구할 수 있다.

③ 이행지체가 채무자에게 책임있는 사유가 있다면 채권자는 채무자에 대해 손해배상을 청구할 수 있다. 여기서의 손해배상은 원칙적으로 지연배상이지만, 예외적으로 전보배상을 청구할 수 있다.[1] 즉, 채권자가 상당기간을 정하여 이행청구를 하였음에도 채무자가 이행하지 않거나, 지체 후의 이행이 채권자에게 이익이 없을 때에는 채권자는 수령을 거절하고 그 이행에 갈음한 손해배상을 청구할 수 있다.

2) 이행불능

(1) 이행불능의 의의

이행불능이라 함은 채권이 성립한 후에 채무자에게 책임있는 사유로 종국적으로 이행이 불가능하게 되는 경우를 의미한다. 여기서 불가능은 단지 채무자가 주관적으로 그와 같이 생각하는 것이 아니라 사회 일반의 관념으로 보아 당해 채무자로부터 채무의 이행을 기대할 수 없다는 것을 의미한다. 영미법에서는 이행불능(impossibility) 등의 개념은 주로 채무자의 면책사유라는 관점에서 논의될 뿐이고, 적극적 계약위반의 유형으로서 거의 문제되지 않는다.

이행불능에 대한 요건은 다음과 같다.

1 급부가 이루어지지 않은 경우의 손해배상과 같이 채무의 내용인 본래의 급부에 갈음하는 손해배상을 전보배상이라 하며, 지연배상은 이행지체로 인하여 손해배상은 급부가 지연되었기 때문에 채권자가 입은 손해배상을 말한다.

첫째, 계약 또는 채무가 성립한 후에 이행이 불능으로 된 것을 의미한다. 이행불능은 물리적(자연적, 사실적) 불능뿐만 아니라 사회생활에서 경험법칙 또는 거래상 관념에 의해 채권자가 채무자의 채권 이행이 실현될 것이라고 기대할 수 없는 것을 의미한다. 이러한 이행불능에는 계약성립 당시부터 불능인 원시적 불능(existing impossibility)과 계약성립 시에는 가능하였지만 계약이 성립한 이후에 불능으로 된 후발적 불능(subsequent or supervening impossibility)이 있다.

여기서 채무불이행으로서 이행불능은 후발적 불능으로 그것에 채무자의 귀책사유가 있는 경우이며, 타인의 권리를 매매하는 경우에서와 같이 원시적·주관적 불능은 이행불능이 아니다. 다만, 매도인이 타인 권리를 취득하여 이전할 수 없게 되는 경우, 매도인이 귀책사유가 있다면 채무불이행으로서 이행불능이 된다.

둘째, 이행불능이 채무자에게 책임있는 사유에 기인할 것을 요건으로 한다.

셋째, 이행불능이 위법할 것을 요건으로 한다.

(2) 이행불능의 효과

이행불능의 경우에는 본래의 급부를 청구할 수 없기 때문에 이행지체 시와 같은 이행의 강제는 문제가 되지 않는다.

첫째, 채무자의 책임있는 사유에 의해 이행불능으로 된 경우에, 채무자는 채권자에 대하여 손해배상의무를 부담한다(민법 제390조). 즉, 채권자는 더 이상 이행을 청구할 수 없고, 이행청구권에 갈음하여 이행이익의 배상을 내용으로 하는 손해배상청구권을 가진다. 이행불능으로 인한 손해배상액의 산정은 이행불능시를 기준으로 하며, 그 당시의 시가 상당액이 통상의 손해이고, 그 후의 시가의 등락은 특별한 사정으로 인한 손해로서 채무자가 알았거나 알 수 있었을 경우에 한하여 그 배상을 청구할 수 있다(민법 제393조). 채무자에게 책임있는 일부불능의 경우에 채무자는 그 한도에서 손해배상을 하여야 하며, 아울러 아직 가능한 부분의 채무는 이행하여야 한다. 즉, 이행불능으로 인한 손해배상청구권의 요건은 채무자의 급부가 채권 성립 후, 즉 후발적으로 불가능하게 되었을 것, 이행불능이 채무자에게 책임 있는 사유에 기인하여 야기되었을 것 및 이행불능이 위법할 것 등이다.

둘째, 채무자의 책임있는 사유로 이행불능이 된 경우에는 채권자는 계약을 해제할 수 있다(민법 제546조).

3) 불완전이행

(1) 불완전이행의 의의

불완전이행이란 채무자가 채무의 이행으로서 일정한 급부를 행하였으나 그것이 채무의 내용에 좇은 완전한 급부가 아니라 하자 있는 불완전한 급부이거나 또는 채무이행과 관련한 주의의무를 위반하여 채권자에게 손해를 끼친 경우를 말한다. 이행이 불완전하다는 것은 채무의 내용에 좇은 것이 아닌 경우, 즉 급부의 목적물에 하자가 있는 경우뿐만 아니라 급부의 방법, 시기, 장소 등의 불완전한 모든 경우를 말한다. 이러한 불완전이행은 채무자가 적극적으로 일정한 급부를 하였다는 점에서 채무자가 이행행위가 없는 이행지체나 이행불능과는 근본적으로 구별된다.

첫째, 채무 이행행위가 있어야 한다.

둘째, 채무 이행이 불완전한 것을 요건으로 한다. 여기서 채무이행의 불완전이란 급부된 목적물 및 급부된 행위의 내용에 하자가 있을 때 및 급부시 주의를 게을리 했을 때를 의미한다.

셋째, 채무자의 책임있는 사유가 있어야 한다.

(2) 불완전이행의 효과

첫째, 불완전 이행시에 채권자는 목적물을 수령하더라도 완전이행청구권을 가지며, 다시 완전한 급부를 하지 않으면 신의원칙상 완전이행청구권을 가진다.

둘째, 완전이행이 불가능한 경우에는 확대 손해의 배상과 이행불능에 의한 손해배상을 청구할 수 있다.

셋째, 완전이행이 가능한 경우 채권자가 상당한 기간을 정하여 이행의 최고를 하여도 이행하지 않을 때는 계약을 해제할 수 있다.

3 영미법상 계약위반의 유형

영미법에서는 계약에서 발생하는 채무(금전채무)의 불이행을 문제 삼아 채무자가 계약에서 약속한 사항의 전부 또는 일부를 정당한 이유 없이 이행하지 않는 것을 계약위반(breach of contract)으로 본다. 따라서 계약위반의 일반적 유형으로 이행태만(failure to perform), 이행불능(impossibility to perform) 및 이행거절(renunciation or repudiation)이라는 개념을 도입하고 있다.

1) 이행태만

이행태만(failure to perform)은 대륙법계의 이행지체와 유사한 것으로, 여기서는 채무자가 이행이 가능함에도 불구하고 이행기 도래 후에 현실적으로 채무를 이행하지 아니하는 실질적이고 현실적인 계약위반(actual and present breach)을 의미한다.

이행태만에는 전부 이행태만과 일부 이행태만으로 구분할 수 있다. 또한 쌍무계약에 있어서 각 당사자의 채무가 상호 독립적인 것인가 또는 관련성이 있는 것이냐에 기준을 두고 구별하는 경우도 있다. 특히 계약이 독립적인 것일 때는 일방의 채무불이행은 상대방의 이행을 면제하지 않기 때문에 이행태만의 책임을 면하지 못한다. 그리고 일부 이행태만에는 계약이 분할 가능한 경우(divisible contract)에 한하며, 태만하지 않은 부분에는 이행태만의 효과가 나타나지 않는다.

2) 이행불능

이행불능(impossibility to perform)이라 함은 계약상 채무를 이행하는 것이 불가능하게 되는 것을 의미한다. 여기서 먼저 당사자의 행위에 의해 이행불능이 되는 묵시적 이행불능의 경우와 계약체결 후에 예기치 못한 사태가 발생함에 따라 계약의 이행이 불가능하게 되는 경우도 있다. 또한 채무자의 행위에 의한 불능도 이행기 전의 예상되는 위반(anticipatory breach) 또는 이행기 후의 실제적이고 현실적인 위반(actual and present breach)으로 나눌 수 있다. 그리고 계약성립 당초부터 불능인 원시적 불능(existing impossibility)과 그 후에 불능이 되는 후발적 불능으로 구분할 수도 있다.

이행불능과 이행거절의 차이점은 이행불능은 상대방에게 명확하게 의사표시를 할 필요가 없으나, 이행거절은 명확하게 표시해야 한다는 점이다.

3) 이행거절

이 이행기 전후를 불문하고 채무를 이행할 의사가 없거나 불가능함을 표명하는 것이다. 대륙법계에는 없는 이행거절이 영미법상에서 계약위반의 한 유형으로 인정하는 이유는 이행을 거절한 당사자에게 이행기까지 기다리거나 혹은 자신의 변제를 제공해야만 하는 불합리한 낭비를 제거하기 위해서이다.

영미법상 이행거절이 발생하는 것은 명시적인 의사표시뿐만 아니라 계약에 따른 이행이 불가능한 상태로 만드는 채무자의 자발적·적극적 행위에 의해서 성립할 수 있다. 그러나 단순한 의혹이나 두려움만으로는 이행거절이 성립되지는 않는다. 그리고 일방 당사자가 상대방의 계약상 수정제의에 동의하지 않는 한 계약을 이행하지 않겠다는 의사표시는 이행거절이 된다.

이행거절의 효과로는 ① 이행을 거절한 상대방은 그의 선택에 의하여 계약상 자신의 의무가 소멸한 것으로 간주하고, ② 이행거절을 계약 전부에 대한 위반으로 간주하여 이행기의 도래를 기다리지 않고 즉시 계약을 해제하고 손해배상을 청구할 수 있으며, ③ 거절 당사자의 채무의 전제조건이 성취되지 못했음에도 불구하고 조건이 성취된 것과 같이 채무이행을 요구할 수 있다.

여기서 이행거절을 당한 당사자가 계약을 해제하고 손해배상을 청구할 수 있음에도 불구하고 권리행사를 하지 않는 경우에는 그러한 태만으로 인한 손해는 손해배상을 할 수 없으며, 아무런 손해도 발생하지 않았기 때문에 상대방의 이행거절을 그대로 승낙한 경우에는 계약이 해제된 것으로 볼 수 있다.

4) 계약의 전부위반과 일부위반

계약의 전부위반(total breach)이라 함은 계약의 중요한 위반(material breach of contract)으로, 이 경우 상대방은 자기의 채무를 이행할 의무를 면하고 손해배상 또는 기타 구제권을 행사할 수 있다.

이에 대해 일부위반(partial breach)이라 함은 계약의 중요하지 않은 부분

(minor breach of contract)의 위반을 말하며, 상대방의 채무를 소멸시키지 않고 단순히 손해배상을 청구할 수 있을 뿐이다. 그러나 양자의 구별에 관한 명확한 기준이 없으므로 구체적인 사항에 따라 판단해야 하지만, 대체로 다음과 같다.

첫째, 계약위반자가 자신의 채무를 이행하기 위하여 준비한 정도를 살펴보아 그가 채무이행의 초기단계에서부터 계약을 위반하였다면 이는 중대한 계약위반이다.

둘째, 계약위반이 고의(wilful)로 인한 것인가 과실(negligent)로 인한 것인가, 아니면 선의의 이행 결과(result of purely innocent behavior)인가를 구별하여 고의라면 중대한 계약위반이 된다. 이행거절이 항상 중대한 계약위반이 되는 것도 이 때문이다.

셋째, 계약위반자가 계약을 이행할 때 ① 불확실성의 다소, ② 불이행의 상대방이 거래에서 얻은 실질적 이익의 정도, ③ 위반자에게 계약상의 권리를 박탈할 경우 위반자에게 가해지는 곤경의 정도 등도 양자를 구별하는 기준이 된다.

넷째, 중대한 위반의 효과와 경미한 위반의 효과를 보면, 중대한 위반의 경우에는 상대방의 반대채무가 소멸되어 채권자는 계약 전부를 해제하고 불이행으로 인한 손해배상을 청구할 수 있다. 그러나 경미한 위반의 경우 상대방은 자기의 이행채무로부터 면제되지 않기 때문에 계약의 해제나 이행거절은 할 수 없고, 다만 계약위반으로 발생한 손해배상만을 청구할 수 있을 뿐이다.

5) 조건위반과 담보위반

영국법에서는 당사자가 의도한 중요도에 따라 계약조항(terms of contract)을 조건과 담보로 구분하고 있다(SGA 제11조).

조건(condition)은 계약의 중요사항에 관한 약정으로써 그 위반이 있을 경우에는 손해배상청구권뿐만 아니라 계약해제권도 인정된다. 이에 반해 담보(warranty)는 조건의 경우보다 덜 중요하거나 또는 계약의 종속적인(collateral) 계약조항으로써 손해배상청구권만 인정할 뿐 계약해제권은 인정하지 않는다. 이러한 담보에 대해 SGA(제61조 제1항)는 "담보는 그것의 위반이 손해배상청구권은 발생시키지만 그 물품을 거절하고 그 계약이 거부된 것으로 다룰 수 있는 권리는 발생시키지 않는, 매매계약의 대상인 물품에 관한 계약의 주된 목적에

부수적인 합의를 의미한다."고 규정하고 있다.[2]

그러나 계약조항이 조건인지 담보인지를 명확하게 구분하기가 사실상 어렵다. 이러한 조건과 담보의 구분은 첫째, 기본적으로 계약에 나타나 있는 당사자들의 의도에 따라 구분할 수 있다. 즉 어떠한 규정이 어느 범주에 들어가는가의 문제는 해석의 문제이다. 둘째, 당사자들의 의도를 계약으로부터 알 수 없는 경우에는 법원은 계약이행에 있어서의 실질적인 위반의 일반적 요건에 근거하여 판단할 수밖에 없다.

그리고 계약조항은 명시적 조항(express terms)과 묵시적 조항(implied terms)으로 구분된다. 명시적 조항이냐 묵시적 조항이냐는 당사자들이 합의에 이르는 과정에서 사용한 언어에 의한 명문화 여부에 의해 결정된다. 명시적 조항은 계약이 서면으로 이루어진 경우에는 이른바 구두증거배제의 원칙(parol evidence rule)은 당사자들이 서면의 명시적 조항과 상반되는 다른 증거를 원용하는 것을 금하고 있다. 묵시적 조항은 당사자들의 약속의 성질에 따라, 사실적으로 묵시되어 있는 조항, 법적으로 묵시되어 있는 조항과 관습 및 관행에 묵시되어 있는 조항으로 구분된다.

Ⅱ 권리구제

1 구제의 개념

구제(remedy)란 당사자 일방이 매매계약상의 이행의무를 불이행함에 따라 피해당사자가 입은 손실을 보상하여 주는 것을 말한다. 즉, 일정한 권리가 침해 당한 경우에 그러한 침해를 방지하거나 시정하거나 또는 보상하게 하는 것을 말한다.

2 한편 보험에서 담보(warranty)는 일반 계약법상의 조건(condition)과 같은 의미를 가지는 것으로 해석된다는 점에 주의할 필요가 있다.

일반적으로 매도인이 계약을 위반하였을 경우 그 위반의 중요도에 따라 매수인에게는 일정한 범위의 여러 가지 구제방법을 선택할 권리가 법적으로 보장되어 있는데, 이러한 매수인의 구제방법을 영미법에서는 구제 내지 구제수단이라 한다.

UCC 제2-711조에 의하면 계약위반에 대한 구제방법이 총괄적으로 규정되어 있다.

(1) 매도인이 물품을 인도하는 것을 태만히 하였거나 이행을 거절하였을 경우에 매수인은 계약을 해제할 수 있으며, 또한 해제하였거나 아니하였거나 그 계약위반이 계약전체의 가액을 감손하였을 경우에는 그 전체에 대하여 매수인은 계약을 해제할 수 있고, 해제여부를 불문하고 이미 지급한 대가를 회복할 수 있으며,

(a) 해당 물품이 계약상의 물품으로 특정되었는지의 여부에 관계없이 그 물품 전부에 관하여 다음 조에 의하여 대체물품을 입수하거나 손해배상을 청구할 수 있다. 또는

(b) 본편의 규정 제2-713조의 규정에 따라 인도를 하지 않은 것에 대해서도 손해배상을 청구할 수 있다.

(2) 매도인이 인도할 것을 태만히 하였거나 이행을 거절한 경우에 매수인은 동시에,

(a) 해당 물품이 이미 특정되었을 경우에는 동법 제2-502조 규정에 따라 그 물품을 양도받거나, 또는

(b) 적절한 경우에는 동법 제2-716조 규정에 따라 특정이행[3]을 청구하거나 또는 물품반환의 소[4]를 제기할 수 있다.

(3) 매수인이 정당하게 물품을 수리할 것을 거절하였거나 철회하였을 경우에는 매수인은 대가 중에서 이미 지급한 금액 및 그 물품의 검사・수령・운송・주의 내지 보관을 위하여 합리적으로 지출한 비용에 대하여 그 점유 또는 지배

3 특정이행(specific performance)이란 계약의 목적으로 되어 있는 채무를 약속한 대로 이행할 것을 법원이 명령하는 구제방법을 말한다.

4 동산점유회복소송(replevin)을 말하며, 불법으로(wrongfully) 침탈되거나 유치된 특정동산의 점유를 회복하기 위한 소송, 그러한 절차 또는 구제방법을 말한다.

하고 있는 물품에 대한 담보권(security interest)을 행사할 수 있다. 그러한 물품을 점유하면서 손해를 입은 매도인(aggrieved seller)과 동일한 방법으로 이를 전매할 수 있다고 규정하고 있다.

이와 같이 구제방법이라고 하면 일반적으로 매도인의 계약위반에 대한 매수인의 구제방법을 의미한다.

영미법상에서는 매도인의 담보책임(warranty)과 매수인의 구제방법(remedy)을 따로 규정하고 있으나, 우리 민법에서는 매도인의 담보책임을 규정하는 조문에서 매수인의 구제방법에 대한 내용을 규정하고 있다(민법 제570조 및 제581조).

2 우리 민법상 구제형태

우리 민법에서는 매수인의 구제방법은 매도인의 담보책임과 표리관계에 있으며, 대금감액청구권, 계약해제권 및 손해배상청구권의 3가지 규정이 있으나, 이 외에 계약해제나 손해배상청구는 하지 않고 그 대신 하자 없는 물품을 청구할 수 있는 종류매매에 관한 규정이 있다(민법 제581조 제2항).

첫째, 대금감액청구권은 물품의 수량 및 중량이 부족한 경우나 일부 멸실의 경우에 행사할 수 있으며, 대금후불조건의 매매에 있어서는 대금지급 이전에 대금감액을 청구하는 것이 합리적이지만, 국제물품매매에 있어서는 대금지급 이후에 매수인이 검사한 결과로 발견된 수량부족 사실을 합리적인 기간 내에 매도인에게 통지하여 대금을 반환받을 수 있다(민법 제574조 및 상법 제69조).

둘째, 매수인은 매매의 객체인 권리 또는 물품 자체의 불완전한 점, 즉 하자가 있을 경우에는 계약을 해제할 수 있으며, 계약을 해제하면 그 계약은 처음부터 존재하지 아니하였던 것으로 되어 이미 이행한 부분이 있으면 매매 당사자 상호간에 각각 이를 반환함으로써 원상회복할 수 있다(민법 제548조). 매매의 목적물에 수량부족이나 하자가 있을 경우에는 손해배상을 매도인에게 청구할 수 있다(민법 제570조 및 제581조).

셋째, 매매의 목적물에 하자가 있을 때는 그 하자로 인하여 매수인이 계약의 목적을 달성할 수 없는 때에 한하여 계약을 해제할 수 있으며(민법 제580조), 이와 함께 손해배상을 청구할 수도 있다.

또한 종류매매의 경우에는 매수인이 계약의 해제나 손해배상청구를 하지 아니하고 그 대신 하자가 없는 물품인도를 청구할 수 있다(민법 제581조 제2항).

3 영미법상의 구제형태

계약에 의해서 계약당사자간에 채권・채무가 발생하게 되면 채권자는 채무자에 대하여 채권을 이행할 것을 요구할 수 있다. 이와 같은 계약위반이 있는 경우 구제방법으로써 우리나라에서는 어떠한 종류의 채무에 관해서도 채권자는 원칙적으로 채권내용 자체의 강제이행을 법원에 청구할 수 있으나, 영미에서는 채무 내용자체의 강제이행을 구할 수 있는 것은 오직 금전채무 뿐이다. 그 밖의 채무에 관하여는 원칙적으로 손해배상만을 청구할 수 있을 뿐이며, 손해배상만으로 완전한 구제가 될 수 없는 경우에 한해서 예외적으로 채무내용 자체의 강제이행인 특정이행과 금지명령을 허용하고 있다.

영미법상 매도인과 매수인의 구제방법은 다음과 같다.

1) 매도인의 구제방법

SGA에 의하면 매도인의 구제방법은 매수인이 계약을 위반한 그 내용에 따라 달라지지만, 대체로 손해배상의 청구와 물품대금의 청구로 구분할 수 있다.

손해배상의 청구는 계약이 그 위반으로 인하여 소멸하는 경우에 당연한 결과이나 물품대금의 청구는 물품의 소유권이 매수인에게 이전한 경우나 물품의 인도여부와 관계없이 대금은 일정기간에 지급하기로 되어 있는 경우에만 인정된다. 이때 물품의 소유권이 이전하지 않은 경우 및 물품이 계약에 충당되지 않아도 마찬가지이다(SGA 제49조 제1항 및 제2항).

이때 손해배상액은 매수인의 계약위반으로 인하여 통상적인 경우에는 직접적이고 당연히 발생하는 예견된 손실에 의하여 결정하며(SGA 제50조 제2항), 문제의 물품을 매매할 수 있는 시장이 있는 경우에는 손해배상액은 계약가격과 물품을 수령하였을 때의 시장가격(market price) 또는 시가(current price)와의 차액에 의한 것으로 추정한다. 다만, 수령의 시기에 관하여 정함이 없는 때에는 수령을 거절할 당시의 시장가격(market price) 또는 시가(current price)에 의한 것으로 추정한다(SGA 제50조 제3항).

2) 매수인의 구제방법

SGA(제51조 제1항)는 매수인의 구제방법에 대하여 매도인이 매수인에게 물품인도를 불법적으로 게을리 하거나 거절한 경우에는 매수인은 매도인에 대하여 인도거절로 인한 손해배상청구권을 가진다. 즉, 매수인은 매도인이 물품을 전혀 인도하지 않거나 혹은 인도를 지체하는 경우, 물품인도의 불이행 또는 그 지체로 인한 손해배상을 청구할 수 있다.

그러나 지체의 경우 인도기일이 계약의 조건(condition)으로 되어 있는 경우에는 매수인은 그 이행지체를 받아들일 필요 없이 물품인도의 불이행(non delivery)으로 간주하여 계약을 해제할 수 있다. 반면 당사자가 인도기일을 중요시하고 있지 아니할 때, 인도기일이 담보(warranty)로 되어 있는 경우에는 매수인은 그 지체로 인한 손실에 대하여 손해배상만을 청구할 수 있을 뿐이다.

한편 매도인이 물품을 인도하였거나 계약의 내용에 합치하지 않는 경우, 물품의 중요하지 않은 부분에 하자가 있는 경우에는 매수인은 물품의 수령을 거절할 수 없고, 담보의 위반으로 손해배상만을 청구할 수 있을 뿐이다(SGA 제53조 참조).

이와 같은 손해배상은 물품의 계약가격과 현실적으로 인도받은 물품의 가액과의 차액을 배상할 수 있을 뿐이며, 다만 예외적인 경우에만 추가액을 청구할 수 있다. 이때 매수인은 그 대금에 상당하는 물품의 감액 또는 멸실에 대하여 손해배상을 청구할 수도 있다.

이에 반하여 매도인이 제공한 물품이 본질적인 위반이 되는 경우에는 매수인은 물품의 수령을 거절할 수 있으며, 만일 매수인이 합법적으로 거절하고 매도인이 정해진 이행기일 내에 계약에 합치되는 물품을 다시 제공할 수 없는 때는 매수인은 물품인도의 불이행에 따라 손해배상을 청구할 수 있다.

한편 UCC에서는 계약위반 시 매수인이 이용할 수 있는 구제방법에 대하여 계약위반이 계약전체의 가액을 멸실하였을 경우에는 그 전체에 대하여 매수인은 계약을 해제하고(UCC 제2-612조) 이미 지급한 대가를 회복할 수 있을 뿐만 아니라 관계물품의 전량에 대하여는 대체품 구입을 하는 동시에 손해배상을 청구할 수 있으며, 또한 불인도로 인한 손해배상을 청구할 수 있다(UCC 제2-613조). 그러나 만약 물품이 이미 특정되었을 경우에는 그 물품을 회복할 수 있을 뿐만 아니라 적절한 경우에는 특정이행을 청구하거나 또는 물품반환청구 소송을 제기할 수도 있다(UCC 제2-716조).

그리고 매수인이 정당하게 물품의 수리를 거절하였거나 철회하였을 경우에는 매수인은 대가 중에서 합리적으로 지출한 비용을 확보하기 위하여 그 점유 또는 지배하고 있는 물품에 대해 담보권을 행사할 수 있으며, 그러한 물품을 보유하면서 구제를 요구하는 매도인과 동일한 방법으로 이를 전매할 수 있다(UCC 제2-706조).

Ⅲ 비엔나협약상 권리구제의 특징

비엔나협약상 권리구제의 특징을 살펴보면 다음과 같다.

1 대륙법과 영미법의 타협

계약위반에 대한 권리구제 중 중요한 것은 현실적 이행강제와 손해배상이 있다. 우리 민법을 포함하여 대륙법계에서는 전통적으로 당사자 일방이 계약을 위반한 경우의 구제로서 가능한 한 현실적 이행강제를 원칙으로 한다. 본래 계약에서 합의한 급부의 내용을 그대로 이행하도록 하는 것이 채권자에게 유리하며 계약의 본래 취지에도 부합한다는 것이 그 이유이다. 다만, 계약대로 이행이 불가능할 경우 예외적으로 손해배상청구권을 허용한다. 이에 대하여 영미법의 통상적인 구제수단은 만약 계약이 제대로 이행되었다면, 계약위반의 상대방이 놓였을 위치와 동일한 위치에 계약위반의 상대방을 둘 수 있을 만큼 충분한 금전으로 배상하는 것, 즉 손해배상이 원칙적이며, 예외적으로 이행을 강제하는 특정이행(specific performance)을 인정한다. 이처럼 비엔나협약은 대륙법계와 영미법계의 법원칙을 적절히 타협하여 조절하고 있다.

2 당사자에 따른 권리구제 내용의 개별규정화

비엔나협약상의 권리구제에 관한 규정은 각 당사자별로 구분하여 매도인의 계약위반을 근거로 한 권리구제 규정(비엔나협약 제45조 내지 제52조)과 매수인의 계약위반을 근거로 한 권리구제규정(비엔나협약 제61조 내지 제65조)을 별도로 둔 다음, 보충적으로 양 당사자에게 모두 적용될 규정, 즉 이행중지와 이행기 전의 계약위반(비엔나협약 제71조 내지 제72조), 손해배상 및 면책(비엔나협약 제74조 내지 제77조, 제79조 및 제80조) 그리고 계약의 해제(비엔나협약 제81조 내지 제84조) 등을 별도로 규정하고 있다.

3 고의 · 과실 불문주의

비엔나협약의 주요 특징 중 하나는 의무위반이 고의나 과실에 의한 것임을 요구하지 아니한다는 점이다. 다만, 불가항력으로 인하여 의무를 위반한 당사자는 손해배상책임을 면한다(비엔나협약 제79조). 우리 민법을 비롯한 대륙법계에 속하는 여러 나라의 매매법에서는 과실책임주의의 원칙에 따라 채무불이행의 요건으로서 채무자의 귀책사유가 있어야 하나, 비엔나협약은 채무자의 과실유무를 묻지 않는다. 이는 비엔나협약이 국제거래에 관한 통일규범으로서 오늘날 과실책임주의의 원칙이 크게 변질되고 있는 일반적인 경향을 수용한 것이다.

Chapter

8

매수인의 권리구제

Chapter 8

매수인의 권리구제

I 매수인의 권리구제 개요

매도인의 주된 의무는 계약에 따라 매수인에게 물품을 인도하는 것이다. 그러나 만약 매도인이 그의 의무를 이행하지 못하는 경우, 즉 계약위반이 있는 경우 매수인에게 자신의 권리에 대한 구제수단이 주어진다. 비엔나협약에서는 매도인의 계약위반에 대한 매수인의 구제수단에 계약대로의 의무이행(특정이행) 청구권(비엔나협약 제46조 제1항), 대체품 인도청구권(비엔나협약 제46조 제2항), 하자보완청구권(비엔나협약 제46조 제3항), 부가기간지정권(비엔나협약 제47조), 계약해제권(비엔나협약 제49조), 대금감액청구권(비엔나협약 제50조), 손해배상청구권(제45조 제1항 b호) 등을 규정하고 있다. 그리고 이행정지청구(제71조), 이행 전 계약해제권(제72조), 분할인도계약의 해제권(제73조) 등 매수인의 구제수단에 대해 규정하고 있다.

이러한 구제수단 중에서 손해배상청구권은 다른 구제수단과 중복하여 행사할 수 있다(비엔나협약 제45조 제2항). 따라서 매수인은 매도인에 대하여 의무의 이행을 요구함과 동시에 이행의 지연이나 그 이행과정에서의 결함 등으로 인하여 발생한 손해배상을 청구할 수 있고, 계약을 해제하면서 계약위반으로 발생한 손해배상도 함께 청구할 수 있다.

그리고 비엔나협약 제45조에서는 매수인이 계약위반에 대한 구제를 행사하는 경우에는 법원 또는 중재기관은 매도인에게 유예기간을 허용할 수 없다고 규정하고 있는데(비엔나협약 제45조 제3항), 유예기간을 허용하는 것이 국제거래의 현실에 적합하지 않을 뿐만 아니라 특정 국가의 법원이 자국민에게 편파적인 결정을 할 소지가 있기 때문이다.

이하에서는 비엔나협약상 매도인의 계약위반에 따른 매수인의 구제방법에 대해 살펴본다.

Ⅱ 계약이행청구권

1 특정이행청구권

1) 특정이행의 의의

특정이행(specific performance)이란 영미법상의 개념으로 법원이 계약의 목적으로 되어 있는 채무를 약속한 대로 이행할 것을 명하는 구제방법이다. 이는 금전적인 손해배상청구만으로 피해당사자에게 충분한 구제가 되지 못할 경우에 형평법(equity)상 인정된 구제방법이다.

예를 들면, SGA(제52조)는 법원에게 특정의 물품을 인도하도록(deliver specific or ascertained goods) 할 수 있는 재량권(discretion)을 부여하고 있다. 물품매매계약에 있어서는 물품이 유일한(unique) 것이기 때문에 만족스러운 대체품(satisfactory substitute)의 취득이 어려울 경우에 이러한 특정이행이 제한적으로 인정된다. 가령 유명한 화가가 그린 명화(名畵)와 같이 매매 목적물이 하나밖에 없거나 또는 대체품이 있다고 하더라도 다른 곳에서 구하는 것이 현실적으로 불가능한 경우에는 매도인의 계약위반에 대해 손해배상을 인정하는 것만으로는 매수인에게 충분히 보상이 되지 않는 경우에는 예외적으로 허용되는 구제방법이 특정이행(specific performance)이다.

전통적으로 대륙법계에서는 가능한 한 계약에서 약속되었던 급부의 내용을 그대로 실현되도록 하는 것이 계약의 본래 취지에 맞다는 이유로 현실적 이행강제를 원칙으로 하고 예외적으로 손해배상에 의한 구제방식을 채택하고 있다.

특정이행은 우리 민법(제398조)의 현실적 이행강제와 유사한 개념이다. 우리 민법은 매도인의 채무불이행(이행지체 내지 불완전이행)이 있는 경우에 매수인은 그 이행을 청구할 수 있는 것이 원칙이다. 매도인의 의무로서는 소유권이전의무, 목적물인도의무, 서류교부의무 등이 있는데, 이들은 거의 모든 경우에 강제이행이 허용된다. 다만 주의할 것은 이행불능의 경우에는 본질적으로 강제이행이 불가능하며, 단지 손해배상을 청구하든지 아니면 계약해제와 동시에 손해배상을 청구할 수 있다는 점이다.

그러나 영미법계에서는 계약위반의 경우에 약속된 채무에 대체되는 수단으로서 금전적 손해배상을 원칙으로 하고 예외적으로 특정이행을 인정하고 있다.

비엔나협약은 대륙법계의 입장과 영미법계의 입장을 조율하여 구제수단의 목적을 계약위반의 방지보다는 위반으로 발생한 손해배상에 두고 계약이 그 내용대로 이행되었더라면 피해당사자가 처했을 위치로 되돌려 놓는 것, 즉 그가 계약으로부터 기대한 이익을 회복하는 것을 구제의 기준으로 하고 있다. 따라서 비엔나협약은 구제수단에 대한 이러한 이해를 바탕으로 현실적 이행강제의 방식인 특정이행을 가장 원칙적인 구제수단으로 하되 국내법에 따라 특정이행의 구제수단을 허용할 수 없는 경우에는 이를 허용하지 않을 수 있도록 하고 있다.

국제물품매매는 대개 불특정물을 대량으로 거래하는 종류매매이기 때문에 특정이행을 청구하더라도 실익이 없는 경우가 대부분이다.

2) 특정이행의 청구

매도인이 이행기 후에 여전히 계약을 이행하지 않는 경우에 매수인은 원칙적으로 계약대로의 이행, 즉 특정이행(specific performance)을 청구할 수 있다(비엔나협약 제46조 제1항)고 규정하여 매수인의 이행청구권을 인정하고 있다. 이는 비엔나협약 제62조에서 규정하고 있는 매수인의 계약위반에 대한 매도인의 구제에 관하여 매도인은 매수인에 대하여 대금의 수령, 인도의 수령 기타 매수인의 의무의 이행을 청구할 수 있다는 비엔나협약 제62조의 규정과 대칭되는 규정이다.

이러한 매수인의 이행청구(계약대로의 의무이행 청구)에는 물품의 인도가 없는 경우에는 매도인에 대한 물품 인도청구, 부적합 물품의 인도의 경우에는 대체물 인도청구(비엔나협약 제48조 제2항) 또는 하자보완청구(비엔나협약 제46조 제3

항), 일부 인도의 경우에는 부족분에 대한 인도청구(비엔나협약 제37조 및 제48조), 그 밖에 계약에 따른 이행을 완료함에 필요한 일체의 이행청구가 포함된다. 다만, 이행청구권, 즉 물품인도청구권, 대체물인도청구권, 부적합보완청구권은 매수인이 그 요구와 양립할 수 없는 구제수단, 예컨대 해제권을 이미 사용한 경우에는 이행청구권을 행사할 수 없다. 즉, 매수인이 계약의 해제를 선언함으로써 물품의 인수를 거절하는 입장을 취한 경우에는 매수인은 인도를 강제할 권리를 상실한다. 이러한 구제수단들이 양립할 수 없다는 점은 비엔나협약 제81조, 즉 "계약의 해제는 정당한 손해배상의무를 제외하고는 당사자 쌍방을 모두 계약상의 의무로부터 해방시킨다."는 규정을 보면 분명하다.

국제물품매매에 있어서 특정이행이 구제수단으로 인정되기 위해서는 국내법상 유사한 물품매매계약에 대하여 특정이행이 허용되는 경우에 한정된다. 따라서 각국의 법원이 이 협약이 적용되지 아니하는 유사한 물품매매계약에 대하여 그 국내법에서 이행을 명하는 판결을 하게 될 경우가 아니면, 법원은 이행을 명하는 판결을 할 의무가 없다(비엔나협약 제28조).

2 부가기간지정권

매수인은 매도인의 의무이행을 위하여 합리적인 기간을 부가기간으로 부여할 수 있다(비엔나협약 제47조 제1항). 이 부가기간 설정의 가장 중요한 기능은 설정된 부가기간이 경과하면 매수인이 계약을 해제할 수 있는 데 있다. 예컨대, 매도인이 물품을 인도하지 않았으나 그 불인도가 본질적 계약위반이 아닌 경우에도 매수인이 부가기간을 정하여 이행을 청구하였으나 매도인이 이행하지 않으면 바로 계약을 해제할 수 있다(비엔나협약 제49조 제1항 b호).

원래 매도인의 채무불이행이 있는 경우에도 상당한 기간을 정하여 그 이행을 최고(催告)하지 않으면 계약해제나 손해배상을 청구할 수 없다(민법 제544조; 비엔나협약 제26조). 부가기간은 이러한 최고기간의 일종이지만 의무로서 부여되는 것이 아니라 채권자(매수인)의 재량으로 부여된다는 점에서 최고기간과는 다르다. 부가기간이 부여되면 매수인은 이 기간 중에는 매도인으로부터 그 부가기간 내에 이행을 하지 아니하겠다는 통지를 수령한 경우를 제외하고는 어떠한 구제수단도 행사할 수 없다. 다만, 이행지체에 대한 손해배상청구는 허용될 뿐이다(비엔나협약 제47조 제2항). 이러한 부가기간은 상대방의 요구에 응하여 이행준비를 하고 있는 당사자를 보호하기 위한 규정이라 할 수 있다. 그리고 이러한 부가기간은 특정일로 정하거나 또는 일정기간으로 정하여야 하며, 즉시(promptly) 등과 같은 추상적인 표현을 사용해서는 안 된다.

Ⅲ 물품의 하자로 인한 권리

1 대체물인도청구권

물품의 인도가 계약에 부적합하게 이루어진 경우에 비엔나협약에서는 그것이 본질적인 계약위반(fundamental breach)인 경우에 한해서 매수인에게 대체물 인도를 청구할 수 있다고 규정하고 있다(비엔나협약 제46조 제2항).

대체물 인도청구의 요건으로는 첫째, 부적합의 정도가 계약의 본질적 위반에 해당해야 하고, 둘째 매수인이 검사의무와 하자통지의무를 이행하였으며, 셋째 대체물 인도청구가 합리적인 기간 내에 이루어져야 한다(비엔나협약 제46조 제2항). 따라서 본질적 계약위반이 존재하는 경우에는 대체물 청구권과 계약해제권을 선택적으로 행사할 수 있다.

그러나 국제물품매매거래의 특성상 대체물 인도청구는 계약해제의 경우보다 매도인에게 더 큰 부담을 지우게 된다. 따라서 이러한 대체물 인도청구권은 그 요건이 엄격하게 제한되어 있는데, 불일치로 인하여 본질적인 계약위반이 되고 또한 대체물의 청구가 합리적인 기간 내에 매도인에게 불일치에 대한 통지를 행한 경우에 한하여 행사할 수 있다(비엔나협약 제46조 제2항 단서 참조).

그리고 대체물 인도청구는 매수인이 이미 수령한 하자 있는 물품의 반환을 전제로 하기 때문에 만일 매수인이 이를 분실하거나 훼손하여 수령한 상태와 실질적으로 동등한 상태로 반환할 수 없는 경우에는 대체물 인도청구권을 상실한다(비엔나협약 제82조 제2항).

2 하자보완청구권

인도된 물품의 부적합이 계약의 본질적인 위반에 이르지 아니할 경우에는 하자의 보완(repair)을 청구할 수 있다.

하자보완청구권의 요건으로는 첫째, 하자보완의 내용이 주위의 모든 사정에서 보아 불합리하지 아니하고, 둘째 물품 부적합의 통지와 함께 또는 그 후 합리적인 기간 내에 하자보완청구를 하여야 한다(비엔나협약 제46조 제3항). 하자보완청구의 합리성 여부는 매도인과 매수인 모두의 상황을 고려하여 판단해야 하며, 기술적인 불합리성뿐만 아니라 경제적인 불합리성도 고려되어야 한다.

그러나 우리 민법에서는 물건의 하자의 경우에는 계약해제권과 손해배상청구권만 인정하고 있다. 그러나 민법의 해석상 하자보완청구권을 당연한 것으로 인정하고 있고, 실무계에서도 이를 인정하고 있다. 다만 그러한 하자를 치유하는데 매도인에게 불합리한 불편을 초래하거나 또는 매도인이 쉽게 수선할 수 있는 위치에 있지 않는 경우, 그리고 수선시설이 외국에 있어 매도인이 수선에 어려움이 있는 경우에는 매수인은 수선을 요구할 수 없도록 하고 있다.

3 대금감액청구권

비엔나협약은 물품의 계약 부적합의 경우에 매수인의 대금감액청구권을 인정하고 있다. 이러한 대금감액청구권은 매수인의 일방적인 의사표시에 의해 이루어지는 형성권[1]으로, 그 의사표시는 발신주의 원칙에 따른다.

비엔나협약은 물품이 계약에 부적합한 경우 매도인의 책임있는 사유나 대금

1 형성권이란 권리자의 일방적인 의사표시에 의해 법률관계의 발생, 변경, 소멸 등의 변동을 일으키는 권리를 말한다. 즉, 형성권은 상대방의 동의나 승낙을 필요로 하지 않으며 일방적인 의사표시를 통하여 행사할 수 있다. 그러나 그 의사표시의 효과가 발생하기 위해서는 법률규정의 일정요건이 충족되어야 한다. 예컨대 계약당사자 일방이 상대방에게 계약해제 사유가 없음에도 불구하고 계약해제의 의사표시를 한다고 하여 바로 계약해제의 효과가 발생하는 것이 아니고, 계약해제 사유가 있을 경우에만 계약해제의 효과가 발생한다.

이 이미 지급되었는지 여부에 관계없이 매수인은 실제 인도된 물품의 인도시점의 가액이 계약에 적합한 물품이라면 그때 가졌을 가액에 대하여 가지는 비율에 따라 대금감액을 청구할 수 있다. 다만, 매도인이 물품의 하자를 보완하였거나 매수인이 매도인의 하자보완을 거절한 경우에는 대금의 감액은 인정되지 않는다(비엔나협약 제50조).

대금감액을 주장하면 즉시 대금에서 감액이 이루어진다. 따라서 매수인이 이미 대금을 지급하였다면 감액된 액수는 반환을 청구할 수 있다. 이때, 그에 대한 이자도 함께 청구할 수 있다(제84조 제1항 참조).

대금감액청구권은 계약의 일부 해제와 동일한 성질을 가지고 있다. 즉, 대금감액청구권은 하자 있는 물품이 실제 인도되었을 때의 물품가치와 계약조건에 일치되는 물품가치에 대한 비율에 따라 이루어진다.[2] 이처럼 물품 인도시점의 가액을 기준으로 감액을 산정하는 것은 계약시점에서의 물품가액 산정이 곤란하거나 때로는 불가능한 경우가 많기 때문이다.

대금감액청구권은 구제수단으로서 손해배상청구권과 유사하지만 요건에 차이가 있다. 예컨대, 대금감액은 손해의 발생을 요구하지 않으며 또한 손해배상에서와 같은 면책사유(제79조)가 허용되지 않는다.

매수인의 대금감액청구권은 물품의 부적합이 매도인의 책임있는 사유에 의한 것임을 요구하지 아니한다. 이러한 매수인의 대금감액청구권에 대하여는 손해배상청구권에 적용되어지는 다양한 항변, 즉 예견성(foreseeability), 불가항력 등은 적용되지 않는다. 이에 따라 불가항력 등의 사유로 인해 매도인의 손해배상 책임이 면제되는 경우에도 매수인은 대금감액청구를 할 수 있기 때문에 대금감액청구권은 불가항력의 경우에 중요성을 가진다. 매도인에게 책임있는 사유가 있는 경우에는 매수인은 대금감액청구권과 손해배상청구권을 선택적으로 또는 중첩적으로 행사할 수 있다(비엔나협약 제45조 제2항).

대금감액청구권은 우리 민법이나 상법에서 일반적으로 인정되는 권리는 아니다. 그러나 우리 민법에서도 권리의 일부가 타인에게 속한 경우(민법 제572

2 매도인은 1,000,000달러 어치 곡물을 매수인에게 매도하기로 계약을 체결하고, 곡물을 인도하였으나 인도된 곡물의 가치가 계약조건에 일치되는 물품가액의 50%였다면 매수인은 대금의 50%, 500,0000달러를 매도인에게 지급하면 된다.

조)와 목적물의 수량부족·일부 멸실이 있는 경우(민법 제574조)에 매도인의 담보책임의 내용으로서 대금감액청구권을 명시적으로 인정하고 있다. 이러한 대금감액청구권은 매수인의 일방적 의사표시에 의하여 그 효과가 발생하는 형성권이며, 따라서 대금감액청구권의 법적 성격은 계약의 일부 해제권에 해당한다. 대금감액의 비율을 감액청구권의 행사 당시의 가액에 의하여 객관적으로 확정된다. 만일 매수인이 이미 대금의 전액을 지급한 경우에는 매도인에 대하여 감액부분의 반환을 청구할 수 있다.

4 일부 이행 및 일부 부적합의 경우

매도인이 물품의 일부만을 인도하거나 전부 인도되더라도 그 일부만이 계약에 적합한 경우에는 그 비율에 따라 계약의 일부인 해제권이 인정되며, 미인도분이나 부적합분에 대하여는 매수인의 이행청구, 대체물 인도청구, 계약 부적합 보완청구, 부가기간 지정, 매도인의 보완권, 계약해제, 대금감액청구 등의 구제수단이 인정된다(비엔나협약 제51조 제1항). 즉, 물품의 일부 인도 내지 일부 불일치의 경우에 대해서 매수인은 첫째, 매도인에게 대체물의 인도를 요구할 수 있으며(비엔나협약 제46조 제2항), 둘째 매수인은 계약 부적합에 대한 보완을 요구할 수 있으며(비엔나협약 제46조 제3항), 셋째 하자있는 계약의 일부에 대하여 계약을 해제할 수 있다(비엔나협약 제49조 제1항 a호). 그리고 넷째, 매수인은 하자 있는 물품을 인수하고 대금 감액을 청구하거나(비엔나협약 제50조) 또는 손해배상을 청구할 수 있다. 그리고 이러한 일부 이행 또는 불완전한 이행이 계약의 본질적인 계약위반이 되는 경우에는 매수인은 계약 전체를 해제할 수 있다(비엔나협약 제51조 제2항). 이때, 반드시 본질적 계약위반을 요구하므로 일부의 불인도에 대해 부가기간을 정한 이후에도 인도되지 않은 경우에는 그것이 계약 전체의 본질적 계약위반이 되지 않는 한 원칙적으로 계약을 해제할 수 없다.

여기서 일부 부적합한 경우는 물품 부적합의 경우뿐만 아니라 권리하자의 경우도 포함하는 것으로 볼 수 있다.

5 이행기 전 인도 및 초과인도

1) 이행기 전 인도

무역실무상으로는 계약된 물품이 인도기일 이전에 매수인에게 인도되는 경우, 매수인으로서는 선박의 수배라든지, 창고사정, 시장상황 등으로 보아 오히려 불리한 경우도 있을 수 있다. 이에 따라 매도인이 약정된 인도기일 이전에 물품을 인도한 경우에 매수인은 이를 수령하거나 또는 거절할 수 있다(비엔나협약 제52조 제1항). 여기서 이행기 전 인도의 여부를 결정함에 있어서는 계약의 해석이 필요하다. 만약 계약에 의하여 "늦어도 9월 30일까지" 인도해야 하는 경우에는 9월 20일의 인도가 반드시 지정된 기일 전에 행해진 인도는 아니다. 인도를 수령거절할 수 있는 매수인의 선택권은 실제로 인도된 일자가 계약과 일치하지 않는 경우에만 적용된다. 즉, 계약에서 "9월 25일부터 9월 30일 사이"에 인도하도록 약정된 경우, 9월 20일에 인도하는 경우이다.

그리고 만일 매수인이 수령을 거절할 경우에는 매도인은 정해진 인도기일에 다시 인도해야 하지만, 물품이 이미 매수인에게 도달된 경우에는 매수인은 매도인을 위해 이를 보관할 책임을 부담하게 된다(비엔나협약 제86조 제2항). 그러나 매수인이 사전인도를 거절하든 수령하든 이로 인해 손해가 발생한 경우에는 손해배상을 청구할 수 있다.

2) 초과인도

매도인이 계약에서 정한 수량을 초과하여 인도한 후에는 매수인은 초과분을 수령하거나 거절할 수 있다(비엔나협약 제52조 제2항).

매수인이 이를 수령할 때에는 계약금액의 비율에 따라 대금을 지급해야 하며, 그 기준가격은 시장가격이 아니라 계약가격이다. 만약 이를 거절하였을 때에는 매수인은 매도인에게 부적합통지를 하여야 한다. 이때 거절의 시기에 대한 언급이 없으나, 역시 제46조 제2항과 제3항과 마찬가지로 부적합통지와 함께 또는 그 후 합리적인 기간 내에 하면 된다. 그리고 매수인은 선량한 관리자의 주의, 즉 합리적인 조치를 취하여 이를 보관·관리할 책임이 있다(비엔나협약 제86조 제2항).

그리고 매수인은 초과인도를 수령하든 거절하든 이로 인해 발생된 손해에 대해서는 손해배상을 청구할 수 있다

Ⅳ 매수인의 계약해제권

1 해제의 의의

계약해제(avoidance of contract)란 일방적인 의사표시로 계약관계를 해소시키는 형성권이다. 즉, 유효하게 성립된 물품매매계약을 당사자 일방의 의사표시에 의해서 계약을 처음부터 존재하지 않았던 것과 같은 효과가 생기게 하는 것을 말한다.[3] 계약의 해제는 계약을 해제할 수 있는 권리, 즉 해제권의 행사는 계약 당사자 또는 당사자의 지위를 승계한 자만이 할 수 있으며, 만약 당사자가 여러 명인 경우 당사자 모두가 해제의 의사표시를 하여야 한다(민법 제547조). 이것을 해제권 불가분의 원칙이라고 하며, 해제의 의사표시는 이것을 표시한 이상 철회할 수 없다(민법 제543조 제2항). 계약해제의 종류로는 ① 법률행위에 근거한 약정해제, ② 채무불이행이 있을 경우에 법률규정에 의한 법정해제, ③ 합의해제, 즉 기존 계약을 해소하여 계약이 없었던 것과 같은 상태로 만들려는 해제계약(반대계약) 등이 있다.

2 해제의 요건

해제권은 법이 정한 사유가 발생하거나 계약에서 정한 해제사유가 발생한 경우에 한하여 행사할 수 있으며, 계약이 해제되면 이미 이행된 사항에 대하여 원상으로 회복할 의무가 있다. 어떠한 경우에 계약해제를 인정하는가는 영미법

3 계약의 해제는 해지와 구별되는데, 계약의 해제는 소급적 효력이 인정되는데 반하여 해지는 소급적 효력이 인정되지 않고 장래를 향하여만 효력이 인정된다.

계과 대륙법계 국가들 간에 차이가 있다. 우리 민법에 의하면, 채무자의 이행 지체가 있고 상당한 기간을 정하여 그 이행을 최고하였지만 그 기간 내에 이행하지 아니한 때, 또는 채무자의 책임있는 사유로 이행이 불가능하게 된 때 계약을 해제할 수 있다(민법 제543조 및 제546조). 이와 같이 우리 민법상 해제권은 계약위반의 정도에 관계없이 모든 채무불이행에 대한 구제수단으로 인정되지만, 영미법에서는 원칙적으로 계약의 본질적인 위반에 대해서만 계약해제가 인정된다.

비엔나협약은 대륙법과 영미법의 절충적인 입장을 택하여, 매수인이 계약을 해제할 수 있는 근거를 명시하고 있는데, 첫째 매도인의 계약위반이 본질적 위반(fundamental breach of contract)을 구성하는 경우, 둘째 불인도(non-delivery)의 경우에는 매수인이 정한 부가기간 내에 매도인이 목적물을 인도하지 않거나 그 지정된 기간 내에 인도하지 않겠다고 선언한 경우에는 계약을 해제할 수 있다(비엔나협약 제49조 제1항).

3 본질적인 위반

비엔나협약상 계약해제의 가장 중요한 요건이 되는 계약의 본질적 위반(fundamental breach of contract)이란 당해 계약에서 상대방이 당연히 기대하는 바를 실질적으로 박탈하는 것과 같은 불이익한 결과를 초래하는 계약위반을 의미한다(비엔나협약 제25조). 어떠한 계약위반이 당사자의 당연한 기대를 실질적으로 박탈하는 것으로 되는가는 계약의 경제적인 가치라든지, 계약위반의 결과 상대방의 영업활동에 지장을 주는 정도나 계약위반으로 인하여 생기는 손해의 정도 등을 종합적으로 판단하여야 한다. 예컨대, 확정기 매매[4]의 경우에 매도인이 인도시기를 지키지 않았다면 본질적 계약위반이 된다. 또한 다른 종류의 물품을 인도하였거나 권리하자가 있는 물품을 인도한 경우에도 종종 본질적 계약위반이 될 것이다.

그러나 계약을 위반한 당사자가 그러한 결과를 예견하지 못하였고, 동일한

4 확정기 매매란 매매의 성질 또는 당사자의 의사표시에 의하여 일정한 일시 또는 일정한 기간 내에 이행하지 않으면 계약의 목적을 달성할 수 없는 매매를 말한다.

부류에 속하는 합리적인 사람일지라도 동일한 상황에서 그러한 결과를 예견할 수 없었을 경우에는 본질적 위반으로 되지 않는다(비엔나협약 제25조 단서).

4 이행기 전의 계약위반

이행기 전의 계약위반(anticipatory breach)이란 상대방의 의무이행 기일이 아직 도래하지 아니하였으나, 상대방의 이행능력 또는 신뢰성에 중대한 결함이 생겼다든지 계약이행을 준비하는 상대방의 행위로부터 판단할 때, 이행기에 이행을 기대할 수 없는 경우를 말한다(비엔나협약 제71조 제1항).

예를 들면, 공장폐쇄나 파산신청이 있거나, 상대방이 원료를 공급해 주지 않거나 허가를 얻어 주지 않는 경우를 들 수 있다. 이와 같은 경우에 일방 당사자의 계약불이행 위험으로부터 상대방을 보호하기 위하여 상대방에게 의무이행 정지권(suspend the performance)과 계약해제권이 부여된다. 즉, 계약의 이행기일 이전에 당사자 일방이 본질적인 계약위반을 할 것이 확실한 경우에는 상대방은 의무이행 기일이 도래하기 이전에도 계약을 해제할 수 있다(비엔나협약 제72조 제2항).

이행기 전의 계약위반은 실제로 의무위반이 존재할 필요는 없고, 단지 의무위반의 가능성만으로 족하다는 점이다. 그러나 이러한 이행정지권을 행사하는 당사자는 물품의 발송 전후에 관계없이 즉시 상대방에게 통지하여야 한다(비엔나협약 제제3항). 이때 발신주의원칙이 적용되며, 만약 통지하지 않은 경우에는 그로 인해 발생한 손해를 배상해야 할 것이다. 또한 이러한 이행정지의 장애사유가 사라지거나 상대방이 실질적 부분을 이행하거나 또는 이행에 관하여 적절한 보장을 하는 경우에는 이행정지권이 소멸하므로 다시 이행하여야 한다(비엔나협약 제71조 제3항). 여기서 적절한 보장이란 담보제공, 은행의 보증, 보증인설정 등이 있을 것이며 상대방이 이행하리라는 확실한 증명이 있으면 된다.

5 분할이행계약 위반

분할이행계약(installment contract)이란 물품을 수회 나누어서 수령할 수 있도록 계약목적인 물품을 분할하여 인도하는 계약을 말한다. 이러한 분할이행계약에서는 어느 분할 부분에 관한 불이행이 본질적 위반에 해당하는 경우에 당해 분할부분에 대하여 계약을 해제할 수 있다(비엔나협약 제73조 제1항). 또한 분할이행계약에 관한 일방 당사자의 어떤 의무불이행이 상대방으로 하여금 장래의 분할이행계약에 관한 본질적 계약위반이 발생할 것이라고 판단할 수 있는 상당한 근거를 제공하는 경우에는 상대방은 합리적인 기간 내에 장래에 대하여 계약을 해제할 수 있다(비엔나협약 제73조 제2항). 그리고 어떤 이행계약에 관하여 계약을 해제하는 매수인은 물품간의 상호의존성으로 인하여 그 공급이 당사자가 계약체결 시 고려한 목적에 사용될 수 없는 경우에는 종전의 또는 장래의 이행계약에 관한 계약을 동시에 해제할 수 있다(비엔나협약 제73조 제3항).

6 해제권의 행사방법

계약해제권은 형성권으로 상대방에 대한 의사표시(통지)로 한다(민법 제543조; 비엔나협약 제26조). 매수인이 계약을 해제하기 위해서는 상대방에게 그러한 취지를 통지하여야 한다. 그러나 어떤 방식을 요구하지는 않기 때문에 서면이든 구두든 상관없지만, 당사자간에 서면으로 할 것을 합의할 수 있다. 그리고 해제 역시 의사표시에 의해 이루어져야 하므로 그 효력 발생과 전달위험은 원칙적으로 발신주의에 입각하고 있다. 따라서 매수인이 그러한 통지를 발송하였음에도 불구하고, 그것이 매도인에게 도달하지 아니한 경우의 위험부담은 매도인이 부담한다.

7 해제권행사의 제한

해제권의 행사는 매수인이 부가기간을 정하거나 매도인이 보완기간을 정하여 불이행을 보완할 의사를 표명한 때에는 그 기간 중에는 제한된다. 또한 매수인이 물품검사 및 하자통지의무에 위반하거나 물품수령 후 2년이 경과한 경우 및 원상회복의무를 이행할 수 없는 경우에도 해제권을 행사할 수 없다. 이러한 개별적인 제한 이외에도 비엔나협약은 일정한 기간의 도과에 따른 해제권행사의 제한을 다음과 같이 규정하고 있다.

첫째, 인도지연을 이유로 하는 계약해제는 매수인이 인도된 사실을 알게 된 때로부터 합리적인 기간 내에 한정된다.

둘째, 인도지연 이외의 사유로 인한 계약해제는 ① 매수인이 그 위반을 알았거나 알 수 있었던 때, ② 매수인이 정한 부가기간이 경과한 때나 매도인이 부가기간 내에 의무이행을 하지 아니할 의사를 명백히 한 때, ③ 매도인이 제시한 부가기간이 경과하거나 매수인이 이를 수락하지 아니한다는 의사를 명백히 한 때로부터 합리적인 기간 내로 한정된다(비엔나협약 제49조 제2항).

8 해제의 효과

계약이 해제되면 계약당사자는 계약의 구속으로부터 해방되어 아직 이행하지 아니한 부분은 이행할 의무가 없게 되고, 이미 이행한 부분은 상호 반환하는 원상회복(restitution)의무를 부담하게 된다. 그리고 원상회복 이후에도 계약의 해제사유에 기인한 손해가 남아 있을 때에는 그러한 손해에 대한 배상을 청구할 수 있다(비엔나협약 제81조 내지 제84조). 다만, 비엔나협약은 우리 민법과는 달리 해제의 소급효를 인정하지 않고 있다.

V 손해배상청구권

1 손해배상청구의 개요

매도인의 계약위반에 대해 매수인은 이행청구, 계약해제, 대금감액청구 이외에도 손해배상(damages)을 청구할 수 있으며, 매수인의 계약위반에 대해 매도인도 이행청구, 계약해제 외에 손해배상을 청구할 수 있다. 이와 같이 손해배상청구는 매도인과 매수인 양 당사자에게 공통으로 인정되는 구제수단이며, 다른 구제수단의 행사에 의하여 보상되지 아니하는 손해를 배상하는 궁극적인 구제수단이라는 점에서 중요한 의미를 가진다.

매도인이 계약 또는 이 협약상의 의무를 이행하지 아니하는 경우에는 매수인은 이로 인해 발생한 손해에 대해 비엔나협약 제74조 내지 제77조의 규정에 의한 손해배상을 청구할 수 있는데(비엔나협약 제45조 제1항 b호), 손해배상의 범위, 산정기준 등에 대해 비엔나협약 제74조 내지 제77조에서 규정하고 있다.

한편 손해배상청구는 다른 구제수단과 함께 청구할 수 있기 때문에 계약해제, 대체물 인도청구, 하자보완청구 및 대금감액청구 시에도 여전히 손해가 남아 있다면 그 손해배상을 함께 청구할 수 있으며(비엔나협약 제45조 제2항), 심지어 이자를 청구한 후에도 남아 있는 손해가 있으면 별도로 배상청구가 가능하다(비엔나협약 제78조).

그러나 소위 간접의무의 위반인 경우에는 손해배상을 청구할 수 없다. 예컨대, 물품의 검사의무(비엔나협약 제38조 제1항)나 하자통지의무(비엔나협약 제39조 제1항과 제43조 제1항) 또는 손해경감의무(비엔나협약 제77조)는 간접의무이므로 그 위반에 대해 위반자가 불이익을 받을 뿐이다.

2 손해배상의 범위

1) 손해액산정의 일반원칙

(1) 비엔나협약의 규정

계약을 위반한 당사자가 상대방에게 배상해야 할 손해액은 계약을 이행하였더라면 피해당사자가 얻을 수 있었던 위치에 둘 수 있어야 한다. 즉, 손해배상액은 계약위반이 없었더라면 얻을 수 있었던 이익의 상실을 포함하여 위반의 결과 상대방이 입은 손해의 합계와 같아야 한다. 다만, 그러한 손해는 위반 당사자가 알았거나 알 수 있었던 사실을 기초로 하여 계약체결 시 그가 계약위반으로부터 발생할 가능성이 있는 것으로 예상했거나 예상할 수 있었던 손해액을 초과할 수 없다(비엔나협약 제74조).

(2) 예견 가능성

손해배상의 범위는 계약위반자가 계약체결 시에 예견 가능했던 손해에 한정되는데, 이렇게 손해배상액을 예상할 수 있었던 범위로 제한하는 것은 영미법상 예견가능성(foreseeability or improbability) 법리에 따른 것이다. 이에 따르면, 첫째 피해당사자가 배상을 청구할 수 있는 손해는 계약위반 자체로부터 사물의 통상적인 경과에 따라 발생한 것으로 공정하고도 합리적으로 생각할 수 있는 손해이어야 한다. 둘째, 그 손해는 계약위반의 개연적인 결과로써 양 당사자가 계약체결 시 합리적으로 예상할 수 있는 손해이어야 한다. 이는 우리 민법(제393조)에서 말하는 상당인과관계의 법리와 그 취지를 같이 하는 것으로써 손해액이 무한정 확대되는 것을 막기 위한 것이다.

(3) 손해배상액의 예정

국제매매계약에는 당사자들의 합의에 의해 손해배상액의 예정(liquidated damages)에 관한 조항을 두는 경우가 많다. 우리 민법에서는 당사자는 채무불이행에 관한 손해배상액을 예정할 수 있으며(민법 제389조 제1항), 손해배상의 예정액이 부당하게 과다한 경우에만 법원이 적당히 감액할 수 있게 함으로써(민법 제389조 제2항) 원칙적으로 손해배상액의 예정을 인정하고 있다. 또한 위약금의 약정은 손해배상액의 예정으로 추정하고 있다(민법 제389조 제3항). 그러나 입법례에 따라서는 이를 무효로 하는 경우도 있기 때문에 비엔나협약은 이에 관한 규정을 두지 않고 국제사법의 원칙에 의해 정해지는 준거법에 의해 결정되도록 맡기고 있다(비엔나협약 제7조 제2항).

2) 계약이 해제된 경우의 손해액 산정

(1) 대체거래 경우의 손해액 산정

물품이 계약에 적합하지 아니한 경우에 매수인은 대체품의 인도를 청구할 수 있다(비엔나협약 제46조 제2항). 그러나 매도인이 이에 응하지 아니하면 매수인은 계약을 해제하고 이를 다른 거래처에서 대체품을 구매한 후 그에 따른 차액 등을 손해액으로 청구할 수 있다. 또 매수인이 계약을 해제한 후 매도인이 부적합 물품을 다른 데 판매했을 경우에도 매도인의 판매가액과 계약금액의 차액을 손해액으로 청구할 수 있다. 이러한 취지에서 비엔나협약은 계약이 해제된 경우에, 합리적인 방법에 의하여 또한 해제 후 합리적인 기간 내에 매수인이 대체물을 매수하거나 또는 매도인이 목적물을 재매도한 경우에는 손해배상청구 당사자는 계약대금과 대체거래상의 대금의 차액 및 여타 손해를 배상받을 수 있다(비엔나협약 제75조).

여기에서 합리적인 방법이라고 함은 매수인은 가능한 한 최저가격으로 재매입해야 하며, 매도인은 가능한 한 최고가격으로 재매도할 의무가 있음을 의미한다. 그러나 합리적인 방법으로 합리적인 기간 내에 대체거래를 하지 못했다 하더라도 피해당사자는 본래의 이행청구를 할 수 있다.

(2) 시가에 기한 손해액 산정

① 해제 당시의 시가

계약물품에 시가(current price)가 형성되어 있는 경우에는, 계약이 해제된 후 대체거래가 없었거나 대체거래가 있었다고 하더라도 합리적인 기간 내에 합리적인 방법으로 대체거래가 이루어지지 않은 경우에는 계약대금과 해제 당시 시가의 차액 및 여타 손해를 배상받을 수 있다(비엔나협약 제76조 제1항). 가령 계약위반이 예상되기 때문에 계약을 해제하는 경우, 물품 인도시 또는 그 이전에 매수인이 대금지급을 하지 아니하였기 때문에 매도인이 계약을 해제한 경우, 극심한 하자가 있는 물품의 수령을 거부하면서 매수인이 계약을 해제하는 경우에는 해제 당시의 시가로 손해액을 산정하게 된다.

② 수령 당시의 시가

손해배상을 청구하는 자가 물품을 수령한 후 계약을 해제한 경우에는 계약해제 당시의 시가 대신 물품 수령 당시의 시가를 적용한다(비엔나협약 제76조 제1항). 예컨대 매수인이 물품을 수령하여 사용하는 동안에 중대한 물품의 하자가 발견된 경우에 손해액 산정은 매수인이 물품을 수령한 때의 시가에 의한다. 이는 매수인이 물품을 수령한 후 물품의 시가가 하락한 경우에 매수인이 계약을 해제함으로써 매도인에게 부당한 손해를 입히거나 투기하는 것을 방지하기 위함이다.

③ 시가 결정 장소

시가(current price)라 함은 물품이 인도되어야 할 장소에서의 일반적인 가격을 의미하며, 그러한 장소에서의 시가가 없는 경우에는 그 장소와 비교될 수 있는 다른 장소(시장)에서의 시가로 하되 물품의 운송비용을 고려하여 합리적으로 산출해야 한다(비엔나협약 제76조 제2항). 물품이 인도되었어야 하는 장소는 매수인에게 전달을 위하여 최초의 운송인에게 인도한 장소를 의미한다(비엔나협약 제31조).

최초의 운송인에게 인도되는 장소의 가격을 기준으로 하면, 매수인이 이행거절 또는 계약위반을 하였기 때문에 물품의 선적을 하지 아니하게 된 경우에 매도인이 선적지의 시가를 용이하게 결정할 수 있으므로 매도인에게 편리하다. 반면 물품이 도착한 후 매수인이 물품의 검사를 한 후 적법하게 물품 수령을 거절함으로써 계약을 해제한 때에는 매도인의 소재지에서의 물품의 시가를 기준으로 하여 매수인이 손해액을 산정하는 것은 부적절하다.

(3) 기대이익의 상실

계약위반을 주장하는 피해당사자는 계약위반 당사자로부터 배상받을 수 있는 손해에는 계약이 이행되었더라면 피해당사자가 얻을 수 있었던 이익(기대이익 또는 신뢰이익)을 포함한다. 즉, 대체거래와 시가에 의한 배상액을 청구하는 경우에도 그에 부가하여 기대이익을 청구할 수 있음은 완전배상원칙에 비추어 볼 때 당연하다고 하겠다. 이때 피해당사자는 그 위반으로 인하여 발생하는 이익의 상실을 포함한 손실의 감소를 위하여 상황에 따른 합리적인 조치를 취하여야 한다. 만약 그러한 조치를 취하지 아니한 경우 위반당사자는 감소될 수 있었던 손해액수에 해당하는 금액에 대해 감액을 청구할 수 있다(비엔나협약 제77조).

3) 계약이 해제되지 아니한 경우의 손해액 산정

계약위반에도 불구하고 피해당사자가 계약을 해제하지 않거나 계약위반이 본질적이 아닌 때에는 피해당사자는 다른 여러 가지의 구제수단을 가진다. 그러나 이 구제수단으로도 피해당사자의 기대가 충분히 충족되지 아니할 경우에는 피해당사자는 이익의 상실을 포함하여 계약위반으로 인한 모든 손해의 배상을 청구할 수 있으며, 이때 손해액산정은 일반원칙에 따라 예견가능성이 있는 손해액에 한정된다(비엔나협약 제74조).

(1) 매수인의 손해액

매도인이 물품을 인도하지 아니한 경우, 매수인이 계약해제 대신에 특정이행을 청구하였다면 매수인은 인도지연에 따른 손해배상을 청구할 수 있다. 다만, 계약체결 당시 예견 가능하였으며, 매수인이 손해를 감경하려는 합리적인 노력을 하였음에도 불구하고 발생한 손해액에 한정된다. 또 물품의 계약부적합성을 이유로 대금감액 및 대체품 인도를 청구하거나, 하자보수를 요구하는 경우에도 매수인에게 손해가 있으면 예견가능한 모든 손해를 청구할 수 있다.

(2) 매도인의 손해액

매수인이 물품수령과 대금지급을 거절한 경우, 매도인은 계약해제 대신 이행청구와 함께 이행지체에 따른 예견 가능한 손해배상을 청구할 수 있다. 이 손해액 가운데는 매도인이 부담한 물품보관비용이 포함된다. 만일 매수인이 물품수령과 대금 및 보관비용의 지급을 부당하게 지연한 경우, 매도인은 매각의사를 매수인에게 합리적으로 통지한 후, 적절한 방법으로 물품을 매각하고 소요된 비용을 공제할 수 있다(비엔나협약 제88조 제1항). 이 경우 매도인은 여전히 매수인에 대하여 물품대금지급을 청구할 수 있으나, 물품을 매각한 경우 매각대금 중에서 합리적인 보관비용 및 매각비용을 초과한 이익이 발생한 경우 매도인은 그 이익을 매수인에게 반환하여야 한다(비엔나협약 제88조 제3항 참고).

4) 손해경감의무

손해배상을 청구하는 자는 손해를 경감하거나 손해의 확대를 방지하기 위한 조치를 취해야 할 손해경감의무(duty to mitigate the loss)를 부담한다. 즉, 계약위반을 주장하는 피해당사자는 기대이익의 손실 등 그 위반으로부터 발생한 손실을 경감시키기 위한 합리적인 조치를 취해야 하며, 이러한 조치를 취하지 않은 경우, 위반 당사자는 감소될 수 있었던 액수에 해당하는 손해액의 감액을 청구할 수 있다(비엔나협약 제77조).

이처럼 피해당사자가 손해의 경감을 위하여 노력하는 것은 상관습과 일치할 뿐 아니라 낭비와 비능률을 억제함으로써 넓게는 상업사회의 이익에 기여한다. 다만, 손해배상청구권자는 자신의 손실을 경감시킬 의무만 부담할 뿐이고, 달리 손해배상청구에 있어 가장 저렴한 산정기준을 택하거나 대체물품 인도청구 대신에 손해배상청구를 하는 것과 같이 위반당사자에게 가장 유리한 구제방법을 선택하여야 하는 것은 아니다. 손해배상 청구권자는 자신의 손실을 경감시킬 정도의 의무만 부담하면 되는데, 매매계약에서 계약위반으로 인한 손실을 회피하기 위하여 보통 취해지는 조지로는 재매입이나 재매각을 들 수 있다.

5) 손해배상과 이자

계약당사자가 대금 기타 금액의 지급을 지체한 경우 그에 대한 이자(interest)를 지급할 의무가 있다. 우리 민법에서는 금전채무불이행에 대한 손해배상에 대한 특칙을 허용하여 당사자 간에 이율에 대한 약정이 있으면 그에 따르고, 약정이율을 정하지 않은 경우에는 법정이율에 따라 배상하도록 하고 있다(민법 제397조). 이에 대해 비엔나협약은 금전채무의 지체에 대한 이자의 청구는 손해배상액의 청구로서가 아닌 대금 또는 기타 금액의 지급지체에 대한 지연이자의 청구로 규정하고 있다(비엔나협약 제78조).

이에 따라 이자 이외에 별도의 손해가 있으면 그에 대한 손해배상청구를 할 수 있으며, 의무위반에 대한 면책이 허용되는 경우에도 면제되는 것은 손해배상에 한정되기 때문에 이자는 지급해야 한다. 그러나 비엔나협약에서는 이자지급의무에 관하여만 규정하고 이자율 결정에 대하여는 아무런 규정을 두고 있지 않다.

6) 손해배상의무의 면책

(1) 면책의 요건

면책(exemptions)이란 일정한 사유가 발생함으로써 계약의 목적을 달성하지 못함에 따라 발생한 손해에 대해 손해를 입은 당사자가 그 손해배상을 청구할 수 없는 경우를 말한다. 일반적으로 계약의 목적을 달성할 수 없는 사태가 당사자 일방의 책임있는 사유에 기인하였을 경우에는 계약을 해제하거나 손해배상을 청구하는 등 여러 가지 구제수단을 원용할 수 있다. 그러나 계약의 목적을 달성할 수 없는 사유가 당사자 쌍방에게 책임을 돌릴 수 없는 사정에 의해 초래된 경우에는 누구에게 그 손해를 귀속시킬 것인가 하는 문제가 발생한다.

이에 관하여 대륙법계와 영미법계는 상당한 차이를 보여 왔다. 즉, 대륙법계에서는 이를 불가항력(act of god, force majeure)이라고 하여, 이러한 사유가 발생해도 계약은 존속시키되 단지 손해배상에 대한 책임을 면하는 것만 인정하였다.

이에 반해 영미법계에서는 이를 이행불능(frustration; impracticability of performance)이라 하여 계약 전체의 소멸사유로 취급하여 이미 이루어진 급부만 조정하였다. 그러나 비엔나협약에서는 영미법과 대륙법의 차이를 감안하여 불가항력(force majeure)이나 이행불능(frustration)과 같은 용어를 사용하지 않고 단순히 면책(exemptions)이라고 함으로써, 가급적 중립적인 입장을 취하고 있다.

비엔나협약은 계약이행상의 어떤 장애로 인하여 채무를 이행하지 못한 경우, 그 장애가 그 불이행 당사자의 책임있는 사유로 인하여 발생한 것이 아닌 경우 불이행 당사자의 손해배상책임을 면제하고 있다. 즉, 비엔나협약은 계약상 의무의 불이행이 첫째, 자신의 통제를 벗어나는 장애가 발생하고, 둘째 계약체결 당시에 이를 예견하는 것이 합리적으로 보아 기대될 수 없었으며, 셋째 계약체결 당시에 그 장애 또는 그 결과를 회피하거나 극복하는 것이 합리적으로 보아 기대될 수 없는 경우에는 의무불이행자는 그 불이행에 대한 책임을 지지 않는다고 규정하고 있다(비엔나협약 제79조 제1항).

"통제를 벗어나는 장애"(impediment beyond his control)라 함은 사회 통념상 의무이행을 불가능하게 하는 모든 객관적인 사정을 의미한다. 예를 들면, 전쟁, 폭동, 수출입금지조치, 선박의 입출항금지, 운송시설의 봉쇄, 스트라이크, 원재료 및 에너지의 입수불능, 외환통제 등을 들 수 있다. 문제는 경제적인 이유에 의한 이행곤란, 이른바 hardship이 발생한 경우에 면책이 인정되는가 하는 문제이다. 당사자는 약속한 물품을 조달 또는 생산하는 경제적 능력을 일반적으로 담보하고 있기 때문에 원칙적으로 조달 또는 생산비용이 증대되었다고 하여 면책이 정당화되지 않는다.

(2) 이행보조자의 장애

당사자가 계약의 전부 또는 일부를 이행하기 위하여 제3자(이행보조자)를 사용하였을 때, 그 제3자의 불이행으로 인해 계약을 이행하지 못하는 경우가 있다. 이러한 경우에 대해 비엔나협약은 첫째, 계약당사자가 앞서 살펴본 일반원칙에 의해 면책되고, 둘째 이행보조자도 일반원칙상의 면책에 해당하는 경우에만 계약당사자는 면책된다(비엔나협약 제79조 제2항)고 규정하고 있다. 즉, 계약의 이행을 위해 제3자를 사용한 경우에는 불이행을 한 계약당사자와 이행보조자 모두 면책요건을 충족하여야만 면책되도록 그 요건을 엄격하게 하고 있다.

(3) 장애발생의 통지

통제를 벗어나는 장애로 인하여 면책을 받을 당사자는 상대방에게 장애발생사실과 그 장애가 자신의 이행능력에 미치는 효과에 관해 통지하여야 한다. 만약 불이행 당사자는 장애발생사실을 알았거나 알 수 있었던 때로부터 합리적인 기간 내에 그 통지가 상대방에게 도달하지 아니한 경우에는 그로 인한 손해에 대해서 책임을 져야 한다(비엔나협약 제79조 제4항). 장애발생통지에 대하여는 도달주의를 취하며, 상대방에 의해 수령되어야 하기 때문에 통지의 지연이나 부도달의 위험은 발신자인 불이행당사자가 부담한다.

여기서 불이행 당사자가 부담하는 손해배상책임이라 함은 상대방이 장애발생에 대한 통지를 수령하지 못함에 따라 발생하는 손해이기 때문에 계약 불이행 자체로 인한 손해배상과는 다르다. 장애발생통지는 상대방에게 계약을 예정대로 이행할 수 없는 사정을 전달함으로써 손해를 가능한 한 경감할 수 있게 하기 위한 것이다. 따라서 통지가 제때에 도달하지 않음으로써 입게 되는 손해는 통지가 제때에 도달하였다면 피할 수 있었던 추가비용 정도가 될 것이다.

(4) 면책의 범위

면책의 범위와 관련하여 계약의 불이행에 대하여 면책의 요건이 충족되더라도 불이행 당사자는 오직 손해배상의 책임만을 면할 따름이다. 따라서 계약의 이행청구, 대금감액, 계약의 해제 등 기타의 모든 구제수단은 어떠한 영향도 받지 않는다(비엔나협약 제79조 제5항). 그러나 불이행 당사자가 본래의 물품에 상당하는 합리적인 대체품을 공급함으로써 장애를 극복한 경우에는 상대방은 대체이행을 거절하고 계약의 본질적 위반을 이유로 계약을 해제할 수 없다. 한편 매수인이 예상할 수 없었던 외환관리의 강화로 인하여 계약에서 합의된 방법으로 지급기일에 대금을 지급할 수 없는 경우에 매수인은 대금지급채무의 불이행으로 인하여 매도인에게 생기는 손해배상책임은 면제되지만 지급지체로 인하여 생기는 이자는 이 경우에도 계속 누적된다고 할 것이다.

또한 장애가 일시적인 것에 불과한 경우에는 불이행 당사자의 손해배상책임은 그 장애기간동안만 면제된다(비엔나협약 제79조 제3항). 따라서 장애가 제거되면 즉시 손해배상책임의 면제는 종료되고, 동시에 이행기가 도래한다. 한편 장애가 일시적인 경우에도 그 결과로 생기는 불이행이 본질적인 위반이 된다면 상대방은 계약을 해제할 수 있다.

Chapter

9

매도인의 권리구제

Chapter 9

매도인의 권리구제

I 매도인의 권리구제 개요

매수인은 대금지급기일이 도래하면 대금을 지급하여야 하고, 계약에서 정하는 바에 따라 물품을 수령할 의무가 있다. 매수인이 의무를 이행하지 아니하는 경우에 매도인은 특정이행 청구(비엔나협약 제62조), 부가기간 지정(비엔나협약 제63조), 계약해제(비엔나협약 제64조), 물품명세 확정(비엔나협약 제65조) 및 손해배상청구(비엔나협약 제74조 내지 제77조)에 대해 규정하고 있다. 이러한 매도인의 구제는 매도인의 의무위반에 대한 매수인의 구제와 유사하다.

이하에서는 비엔나협약상 매도인의 계약위반에 따른 매수인의 구제방법 중 특정이행청구, 부가기간 지정, 계약해제 및 물품명세 확정을 중심으로 살펴본다.

II 계약이행청구권

1 특정이행청구권

매수인이 의무를 이행하지 않는 경우에 매도인은 매수인에 대하여 물품대금의 지급, 물품의 인도수령 그 밖의 의무이행을 청구할 수 있다. 다만, 매도인이 그 이행청구권을 행사하려면 계약해제권의 행사 등과 같이 이행청구와 서로 모순되는 구제수단을 행사하지 않아야 한다(비엔나협약 제62조).

가령 매도인이 계약을 해제하였거나 매수인에게 부가기간을 허용한 경우에는 매수인에게 의무이행을 청구할 수 없다. 그러나 손해배상의 청구는 이행청구권과 양립할 수 있기 때문에 매도인은 이행청구와 더불어 손해배상도 청구할 수 있다.

만일 매수인이 물품을 수령하고 나아가 이를 인수한 경우에는 비엔나협약 제62조가 적용되어 매도인은 매수인에게 대금지급을 청구할 수 있으나, 문제는 매수인이 아직 물품을 수령하지 않았거나 수령을 거절함으로써 매도인이 물품을 계속 점유하고 있는 때에도 매수인으로 하여금 물품을 수령하고 대금지급을 강제할 수 있는가가 문제로 된다.

비엔나협약 제62조에서 규정하고 있는 매도인의 매수인에 대한 이행청구에 대한 규정은 매수인이 매도인에게 이행을 청구하는 비엔나협약 제46조 규정(매수인의 매도인에 대한 이행청구)에 대응하는 규정이다. 이들 구제는 모두 비엔나협약 제28조[1]에 따라 국내법에 의해 처리되어야 할 것으로 보인다. 비록 이 협약의 규정에 따라 어느 일방이 상대방에게 그 의무의 이행을 청구할 수 있는 경우라 하더라도 이러한 구제에 대해 법정지의 국내법 하에서 이행을 명하는 판결을 내리게 될 경우가 아니라면 이행을 명하는 판결을 내릴 의무는 없다.

2 부가기간지정권

매수인이 대금지급이나 물품수령의무를 이행하지 아니하는 경우에 곧 바로 그 불이행을 이유로 계약해제 또는 손해배상 등의 구제수단을 행사하는 것보다는 계약을 유지하고자 하는 차원에서 매수인에게 의무를 이행할 수 있는 기회를 제공하는 것이 바람직하다. 따라서 매도인은 매수인의 의무이행을 위해 필요한 합리적인 부가기간을 정할 수 있으며(비엔나협약 제63조 제1항), 이 기간 중에는 매수인이 이행의사가 없다는 통지를 하지 않는 한 손해배상을 제외한 다른 구제청구를 할 수 없다(비엔나협약 제63조 제2항). 이는 매수인이 매도인에

1 비엔나협약 제28조 : 당사자의 일방이 이 협약의 규정에 따라 상대방의 의무이행을 요구할 수 있는 때에도, 법원은 이 협약이 적용되지 아니하는 유사한 매매계약에 관하여 국내법에 의하여 특정이행을 명하는 판결을 하게 되는 경우를 제외하고는 특정이행을 명하는 판결을 할 의무를 부담하지 아니한다.

의한 의무의 이행을 위하여 설정하는 부가기간(비엔나협약 제47조)에 대응하여, 매수인의 의무이행을 위하여 설정하는 부가기간에 관한 규정이다. 그러나 매도인은 이로 인하여 이행지체에 대한 손해배상의 청구권 행사에는 아무런 영향을 미치지 않는다(비엔나협약 제63조 제2항).

만약 매수인이 부가기간 내에 그 이행을 하지 않는 경우에 매도인은 매수인의 계약위반이 중대한 본질적인 것임을 입증하지 않고서도 계약을 해제할 수 있다(비엔나협약 제64조 제1항 b호).

매수인의 부가기간 지정이 매도인의 물품인도의무를 불이행한 경우에만 계약해제의 전제가 되는 것과 마찬가지로 매도인의 부가기간의 지정 및 그 해제는 매수인의 의무 중 가장 중요한 대금지급 및 물품수령의무가 부가기간 내에 이행되지 않는 때에만 이를 할 수 있다.

3 물품명세확정권

비엔나협약은 계약상 매수인이 물품의 형태, 규격 그 밖의 특징을 지정(specification)해야 함에도 불구하고, 매수인이 의도적으로 그것을 지정하지 않는 경우가 있다. 이러한 경우를 대비하여 계약상 매수인이 물품의 형태, 규격 그 밖의 특징을 지정하여야 하는 경우에, 매수인이 합의된 기일 또는 매도인으로부터 요구를 받은 후 합리적인 기간 내에 그러한 지정을 하지 아니한 경우 매도인은 그가 보유하고 있는 다른 모든 권리의 침해 없이 매도인에게 알려진 매수인의 요구조건에 따라 스스로 물품명세를 확정할 수 있다(비엔나협약 제65조 제1항).

매도인이 스스로 물품명세를 확정하는 경우에, 매도인은 매수인에게 이에 관한 세부사항을 통지해야 하고, 또한 매수인이 상이한 물품명세를 확정할 수 있는 합리적인 기간을 지정해야 한다. 매수인은 이러한 통지를 받은 후 합리적인 기간 내에 상이한 물품명세를 확정하지 아니하면 매도인이 한 물품명세 확정이 구속력을 가진다(비엔나협약 제65조 제2항).

물품명세 확정권의 행사에 따른 효력은 매도인이 지정한 내용이 구속력을 갖는다는 점이다. 그러나 물품명세확정권 행사는 매도인의 의무는 아니며, 매도인은 물품명세확정권 행사와 함께 또는 별도로 매수인의 물품명세확정의무 위반을 이유로 손해배상을 청구할 수 있다. 또한 매수인에 의한 물품명세 확정 의무 위반이 본질적 계약위반을 구성할 경우에는 계약해제도 가능하다. 따라서 비엔나협약 제65조는 물품명세를 상세하게 확정하지 않은 청약도 계약을 성립시킬 수 있음을 나타내고 있다.

Ⅲ 하자보완권

1 매도인의 하자보완권의 의의

우리나라 등 대륙법계 매매계약법은 계약을 위반한 매도인에게 하나의 권리로서 하자보완권을 인정하지 않고 있는데, 매도인이 하자 있는 물품으로 계약을 이행하면 매수인은 계약을 해제하든지 매도인에게 하자담보책임을 물을 수 있을 뿐, 매도인에게 하자를 제거할 권리를 부여하지는 않는다.

우리 민법상 매도인이 제공한 물품이 계약에 적합하지 아니하는 경우 이에 대한 매수인의 구제수단으로 계약해제권과 손해배상청구권이 있고(민법 제580조, 제581조), 종류매매의 경우 매수인은 하자 없는 물품을 청구할 수 있다(민법 제581조 제2항). 따라서 종류매매에서 매수인이 계약해제와 손해배상청구에 앞서 하자 없는 새로운 물품을 청구한 경우를 제외하고는 매도인은 자신의 불이행(하자 있는 물품의 제공)을 보완할 기회를 가지지 못한다.

이에 반해 비엔나협약은 영미법의 영향을 받아 하자있는 물품이 인도된 경우, 매수인에게 바로 계약을 해제하도록 하지 않고, 오히려 그 하자를 매도인으로 하여금 사후에 제거하도록 하여, 다시 한번 계약의 완전한 이행을 할 수 있는 기회를 제공하고 있다. 즉, 비엔나협약에서는 서류를 비롯하여 물품이나, 이행기 이전이든 이행기 이후이든 간에 그 이행하지 않은 부분에 대해, 특히 하자있는 물품이 인도된 경우, 계약의 본질적인 위반에 이르지 아니할 경우에 매도인에게 자기의 비용부담 하에 다시 한번 계약의 완전한 이행을 할 수 있는 권리를 제한적으로 인정하고 있다. 이를 매도인의 재이행권 또는 하자보완권이라 하며, 매수인의 하자보완청구권에 상응하는 매도인의 권리이다.

국제매매거래에서는 계약을 해제하고, 그 결과 목적물과 매매대금을 반환하는 것은 상품을 다시 수출하는 것과 마찬가지로 복잡하고 비용 및 위험이 따른다는 점을 감안하여 비엔나협약은 매도인의 하자보완권을 규정하고 있다.

2 이행기 전의 매도인의 하자보완권

1) 의의

매도인이 인도하여야 할 날 이전에 목적물을 교부한 경우에는, 매수인에게 불합리한 불편이나 비용을 발생시키지 아니하는 한, 매도인은 인도일까지 결함이 있거나 부족한 부분을 치유 내지 보충하거나 부적합한 물품을 대체하는 등 목적물의 부적합을 치유할 수 있다. 그러나 이러한 경우에도 매수인은 비엔나협약에서 정한 손해배상청구권을 가진다(비엔나협약 제37조). 이것이 바로 이행기 도래 전의 매도인의 하자보완권이다.

2) 이행기 전의 매도인의 하자보완권의 행사요건

이행기 전의 매도인의 하자보완권의 행사요건은 첫째, 이행기 전에 이행하였을 것, 둘째 보완가능한 하자일 것, 셋째 불합리한 불편을 초래하지 않을 것 등이다. 하자보완권은 매도인이 매수인에게 계약에 적합하지 않은 서류를 인도한 경우에도 행사할 수 있다(비엔나협약 제34조 제2문).

3) 하자보완비용

하자제거의 비용은 당연히 매도인의 부담이고, 매수인이 그 비용을 선급한 경우 그 상환을 청구할 수 있다.

4) 하자보완권 행사 거절의 효과

매수인이 매도인의 하자보완권의 행사를 부당하게 거절한 경우의 법적 효과에 관하여 비엔나협약에서는 아무런 규정이 없다. 이 경우에는 매수인은 목적물의 계약부적합으로 인한 항변, 즉 계약해제권, 대금감액청구권 및 손해배상청구권을 잃는다고 해석된다. 그러나 일단 매수인이 매도인의 하자보완권 행사를 거부하였다고 하더라도 하자보완청구권은 계속 보유하고 있다고 본다.

3 이행기 후의 매도인의 하자보완권

1) 의의

이행기 후의 매도인의 하자보완권에 관하여 비엔나협약(제48조 제1항)은 매도인은 불합리한 지체가 되지 않고, 또 매수인에게 불합리한 불편 또는 매수인이 선급한 경비를 매도인이 상환하는 것에 관한 불안이 생기지 아니한 경우에는, 인도할 날 이후에도, 제49조의 규정에 따라 자기의 비용으로 그 의무의 불이행을 보완할 수 있다. 그러나 매수인은 이 협약에서 정한 손해배상을 청구할 권리를 보유한다고 규정하고 있다. 따라서 매도인은 계약에 부적합한 물품을 인도한 경우, 이행기 후에도 이른바 하자보완권을 가지는데, 하자보완의 방법으로는 대체물을 인도하거나, 부적합 부분을 보완하거나, 부족한 부분을 보충하거나 권리에 하자가 있을 경우 이러한 권리하자를 제거하는 것 등의 방법이 있다.

2) 이행기 후의 매도인의 하자보완권의 행사요건

이행기 후의 매도인의 하자보완권의 행사요건은 첫째 이행기가 경과하였을 것, 둘째 계약해제권의 행사 전일 것, 셋째 불합리한 불편을 초래하지 않을 것, 넷째 불합리한 지체가 없을 것, 다섯째 매수인이 선급한 비용을 매도인이 상환함에 있어 불안이 없을 것 등이다(비엔나협약 제48조 제1항).

3) 하자보완권 행사의 효과

첫째, 매도인이 하자보완권을 행사하면 매수인은 비엔나협약(제48조 제1항 2

문)에서 정한 이행지체로 인한 손해 및 이에 수반하는 손해배상청구권을 제외하고, 비엔나협약 제45조에 정한 바, 매도인의 계약불이행으로 인한 모든 법적 항변을 상실한다. 즉 계약해제권, 대금감액청구권, 하자보완청구권, 대체물인도청구권, 특정이행청구권 등의 법적 항변을 상실하게 된다. 만약 매수인이 매도인이 보완을 위해 수리가 끝난 물건 또는 대체물의 수령을 거절한 경우 이는 매수인의 수령의무 위반에 해당한다. 또한 매수인이 매도인의 하자보완권 행사를 거절하거나 합리적인 기간의 경과 전에 매수인 스스로 수리한 경우에도 손해배상청구권을 제외한 모든 권리를 상실하게 된다.

둘째, 비엔나협약 제48조 제1항에 따라 매도인에게 하자 보완권을 행사할 권리가 있음에도 불구하고 매수인이 그 행사를 방해한 경우, 예컨대 매수인이 대체물 인수를 거부하거나 하자있는 물품의 수리를 허용하지 않고 합리적인 기간의 경과 전에 매수인 스스로 그 수리를 한 경우에도 매수인은 비엔나협약 제45조에서 정한 권리를 상실한다. 다만, 이때에도 비엔나협약 제48조 제1항 제2문의 손해배상청구권은 그 청구권이 매도인의 계약불이행에 따른 매수인의 행위여하와 상관없이 이미 발생한 것인 경우에는 상실하지 않는다. 예컨대, 이행지체로 생긴 조업중단 등 여러 가지 손해와 사용할 수 없는 물품을 철거하는데 필요한 비용과 같은 부대비용 등이 이에 속한다.

4 매수인의 묵시적 동의에 의한 하자보완권

1) 의의

매도인의 지위가 장기간 불안한 상태에 두어서는 안 되기 때문에, 하자보완권의 성립여부는 신속하게 결정되어야 한다. 매도인은 계약위반이 본질적인 것인지의 여부, 매수인이 해제권을 행사할 것인지의 여부, 그리고 매도인의 하자보완에 필요한 시간이 합리적인 것으로 인정될 수 있는지의 여부에 관하여 불확실한 처지에 놓여 있다. 매도인은 하자보완조치를 취하기 전에 먼저 이들 불확실한 점에 대한 확인이 필요하다.

이러한 점을 고려하여 비엔나협약은 매도인이 매수인에 대하여 이행(하자보완)을 수령할지 여부를 통지할 것을 요구하고, 매수인이 합리적인 기간 내에 이에 응하지 아니한 때에는, 매도인은 그 요구 중에 제시한 기간 내에 이행을 할 수 있다고 정하고, 매수인은 그 기간 중에는 매도인의 이행과 일치하지 아니하는 구제를 할 수 없다(비엔나협약 제48조 제2항). 더욱이 매도인이 일정한 기간 내에 이행을 한다는 뜻의 통지를 한 경우에는 전항의 규정에 의하여 그 통지에는 매수인이 그 결정을 알게 한다는 뜻의 요구를 포함하는 것으로 추정한다(비엔나협약 제48조 제3항). 비엔나협약 제48조 제2항 또는 제3항의 규정에 의한 매도인의 요구 또는 통지는 매수인이 이를 수령하지 아니하면 그 효력이 생기지 아니한다(비엔나협약 제48조 제4항). 이를 매수인의 묵시적 동의에 의한 하자보완권이라 한다.

매도인이 스스로 정한 이행기 내에 이행을 하지 못한 경우, 매수인은 다시 비엔나협약 제49조 제1항 제1호에 따라 계약을 해제할 수 있다. 이와 같이 매도인이 매수인에 대하여 하자보완조치를 수령할지의 여부를 알려달라고 요구하였음에도 매수인이 합리적인 기간 내에 이에 응답하지 아니한 때에는 매도인의 이행제의에 대한 매수인의 동의가 있은 것으로 간주되므로, 매도인의 하자보완권은 비엔나협약 제48조 제2항 내지 제4항에 의하여 강화되고 있다고 할 수 있다.

2) 하자보완권의 행사요건

매수인의 묵시적 동의에 의한 하자보완권의 행사요건은 첫째, 매수인이 계약을 해제하지 아니하였을 것, 둘째 수령여부에 대한 통지를 요구하였을 것, 셋째 매도인이 즉시 이행통지를 하였을 것, 넷째 통지가 도달하였을 것, 다섯째 합리적인 기간 내에 매수인의 이의가 없을 것 등이다.

3) 묵시적 동의에 의한 하자보완권 성립의 효과

매도인의 하자보완 제의를 매수인이 수령한 경우에는 당연히 매수인은 이에 구속된다. 이에 반해 매수인이 이 제의를 거절한 경우에는 매수인은 각각의 요건을 만족하는 경우에 한해 계약해제권, 대금감액권, 손해배상청구권을 행사할 수 있다.

그러나 하자보완 제의를 거절한 이상 대체품인도청구권이나 하자보완청구권과 같은 물품의 계약부적합을 치유시키는 권리는 더 이상 인정되지 않는다. 또한 본질적인 계약위반의 요건이 아직 충족되지 않았음에도 불구하고, 매수인이 매도인의 하자보완 제의를 거절하여 부당하게 계약해제의 의사표시를 한 경우에도 매수인은 더 이상 매도인의 불이행에 기초한 법적구제를 받을 수 없다.

매도인의 하자보완 제의에 대해 매수인이 합리적인 기간 내에 그에 응하지 아니한 경우에는, 매도인은 그 요구에서 정한 기간 내에 이행을 할 수 있고, 그 결과 매수인은 그 기간 중에는 매도인의 이행과 양립하지 아니하는 구제를 구할 수 없다(비엔나협약 제48조 제2항). 즉, 계약해제권이나 대금감액권, 손해배상청구권의 행사가 불가능하다.

Ⅳ 손해배상청구권

매수인이 물품의 수령을 거절하거나 물품의 대금을 지급하지 아니하여 매도인이 계약을 해제하는 경우, 매도인은 물품을 재매도하고 계약당시의 가액과 그 처분당시의 가액 사이의 차액을 배상받고, 추가적인 손해가 있는 경우 그 손해를 배상받을 수 있다(비엔나협약 제75조). 매도인의 손해배상청구권은 다른 구제수단을 행사하더라도 상실되지 아니한다. 손해배상청구권을 행사하려면 매수인의 의무불이행이 있으면 충분하고, 매수인의 과실 등의 증명은 필요하지 아니한다(비엔나협약 제16조 제1항 b호).

Ⅴ 계약해제권

매도인은 계약의 본질적 위반이 있을 경우에는 해제의 통지만으로 계약을 해제할 수 있다. 또한 매도인이 부가기간을 허용하였음에도 불구하고 그 기간 내에 대금을 지급하지 않거나 인도를 수령하지 아니하거나 그 지정된 기간 내에 이행을 하지 않겠다는 의사표시를 한 경우에는 계약을 해제할 수 있다(비엔나협약 제64조 제1항). 그러나 매수인이 이미 대금을 지급한 경우에는 매도인은 원칙적으로 계약해제권을 상실하고, 다만 매도인이 지급사실을 알지 못한 경우에 예외적으로 해제권이 허용되는 경우가 있다(비엔나협약 제64조 제2항 참조).

해제의 요건과 제한 및 효과는 매수인의 해제권에 대한 내용과 같다.

해제권은 법이 정한 사유가 발생하거나 계약에서 정한 해제사유가 발생한 경우에 한하여 행사할 수 있으며, 계약이 해제되면 이미 이행된 사항에 대하여 원상회복할 의무가 있다.

이에 대해 비엔나협약상에서의 계약해제의 요건으로는 첫째, 계약 또는 이 협약상 매수인에게 부과되는 의무불이행이 본질적인 계약위반에 해당하는 경우(비엔나협약 제64조 제1항 a), 둘째 매수인이 제63조 제1항에 따라 매도인이 정한 부가기간 내에 대금지급 또는 물품수령의무를 이행하지 아니하거나 그 기간 내에 그러한 의무를 이행하지 아니하겠다고 선언한 경우에 매도인은 계약을 해제할 수 있다(비엔나협약 제64조 제1항 b). 따라서 대금지급의무나 물품수령의무의 위반은 단순한 이행지체에 해당하는 경우로 대부분을 차지한다.

비엔나협약에서의 대금지급의무는 대금지급을 위한 준비의무까지 포함하며(비엔나협약 제54조), 매수인의 물품수령의무에는 물품수령 외에 물품의 인도를 가능하게 하는 매수인의 모든 행위가 포함된다(비엔나협약 제60조).

먼저 매수인의 이행지체가 있는 경우에는 매도인이 이행이 이루어진 것을 알기 전에 계약을 해제하지 아니하는 한 계약해제권을 상실한다(비엔나협약 제64조 제2항 a). 즉, 매수인이 이행지체 후에 이행한 경우 매도인은 매수인의 이행사실을 알게 된 후에는 계약을 해제할 수 없다. 그리고 매수인의 이행지체 이외의 계약위반의 경우, ① 매도인이 그 위반을 알았거나 또는 알 수 있었던 때, ② 매도인이 부가기간을 부여한 경우 그 부가기간이 경과한 때 또는 매수인이 그 부가기간 내에 의무를 이행하지 아니하겠다고 선언한 때로부터 합리적인 기간 내 매도인은 계약을 해제할 수 있으며, 합리적인 기간이 경과한 후에는 계약을 해제할 수 없다(비엔나협약 제64조 제2항 b).

한편 우리 민법에서는 물품매매계약이 유효하게 성립된 후에 당사자가 약정한 사유 또는 법정의 사유가 발생한 경우에 매수인은 당해 계약을 해제 또는 해지할 수 있고(민법 제543조 제1항), 해제권의 법정 발생원인으로 이행지체, 이행불능이 있으며, 불완전이행도 인정하고 있다(민법 제544조 내지 제546조).

VI 운송정지권

1 운송정지권의 의의

운송정지권(right of stoppage in transit)이란 계약을 체결한 후에 매수인에게 이행정지의 사유가 존재하는 경우, 즉 매수인이 의무이행의 중요한 부분을 이행하지 않을 것이 판명된 경우, 매도인이 이미 물품을 발송하고 매수인이 물품을 취득할 수 있는 권리가 있는 서류, 즉 선하증권을 보유하더라도 매도인은 매수인에게 물품의 교부를 정지시킬 수 있는 권리를 말한다(비엔나협약 제71조 제2항). 즉, 운송중지권은 매도인이 매수인에게 이전할 목적으로 운송인 또는 기타 수탁자에게 물품을 인도한 경우에 유치권을 상실한 매도인에게 그 유치권을 회복시킬 수 있는 권리를 말한다. 매도인은 운송중지권의 행사를 통해 지불불능이 된 매수인에게 물품을 인도하지 않아도 된다. 예를 들면, 매도인이 물품을 발송하였으나 매수인에게 물품을 인도하기 전에 매수인이 파산절차를 진행하고 있거나 재정상태의 현저한 악화 등으로 인하여 대금을 지급하지 않을 위험이 명백해진 경우에는 매도인은 물품에 대한 처분권을 보유하지 않아도 물품인도를 정지시킬 수 있다.

한편 SGA(제39조 제1항)[2]에 의하면, 대금을 지급받지 못한 매도인의 권리

2 SGA 1979 제39조 Unpaid seller's rights.
(1) Subject to this and any other Act, notwithstanding that the property in the goods may have passed to the buyer, the unpaid seller of goods, as such, has by implication of law—
(a) a lien on the goods or right to retain them for the price while he is in possession of them;

(unpaid seller's rignts)에 대해 첫째, 물품을 점유하는 때에는 물품에 대한 유치권(lien)을 가지며, 둘째 물품이 매도인의 점유를 이탈한 때에는 운송 정지권(right of stoppage in transit)을 가지며, 셋째 매도인이 그 유치권 또는 운송정지권에 의하여 물품을 지배하고 있고, 매수인이 대금을 지불하지 않은 경우에 물품을 전매할 수 있는 재매각권(right of resale)을 가진다고 규정하고 있다.

이러한 SGA(제39조)에서 규정하고 있는 운송정지권은 물품이 매도인의 점유를 이탈하고, 매수인이 지불불능으로 된 경우에 가지는 권리로 매도인은 운송 중인 물품의 점유를 회복하여 대금의 지급이 있을 때까지 보유하는 권리이다. 즉, 이러한 운송정지권의 핵심은 매수인이 지급불능의 상태에 있고 물품이 아직 운송 중에 있으며, 비록 선하증권이 매수인이나 그 대리인에게 인도된 경우에도 매도인은 물품의 운송을 정지시켜 그 점유를 회복하고 대금지급 시까지 이를 보유할 수 있는 권리가 있다는 것이다. 이는 향후 매수인의 지급불능 위험에 대하여 매도인은 비록 물품의 소유권이 매수인에게 이전된 경우라 하더라도, 운송 중에 있는 물품이 매수인에게 인도되지 못하도록 운송인에게 지시함으로써 장래의 불안을 해소하고자 하는 것이며, 이를 통해 매도인의 권리를 구제할 수 있는 수단으로써 운송의 정지 내지 유보를 규정한 것이라 할 수 있다.

따라서 만약 매수인이 매도인의 운송정지권 행사에도 불구하고 물품을 수령한다면 이는 운송정지권을 침해하는 것이 되어 계약위반이 된다.

현실적으로 매수인이 이미 그 물품의 권리를 나타내는 선하증권 등을 수령하여 이를 제3자에게 양도한 경우에는 이를 정지시킨다는 것은 사실상 불가능하다. 따라서 운송 도중에 있는 물품의 인도정지에 관한 규정은 매매당사자 상호간의 물품에 대한 권리관계에만 적용되고, 제3자의 권리를 해하지 못한다(비엔나협약 제71조 제2항). 즉, 매수인으로부터 제3자에게 이미 물품의 소유권이

(b) in case of the insolvency of the buyer, a right of stopping the goods in transit after he has parted with the possession of them;

(c) a right of re-sale as limited by this Act.

(2) Where the property in goods has not passed to the buyer, the unpaid seller has (in addition to his other remedies) a right of withholding delivery similar to and coextensive with his rights of lien or retention and stoppage in transit where the property has passed to the buyer.

이전되었거나 물품을 처분할 수 있는 선하증권 등의 운송서류가 넘겨졌다면 매도인은 이 권리를 행사할 수 없다. 또한 매도인은 매수인에게만 권리를 행사할 수 있으므로 운송인이나 창고업자에게는 행사할 수 없다.

또한 매도인은 운송정지권의 행사 즉시 매수인에게 이를 통지해야 하며, 만약 매수인이 그 이행에 관하여 적절한 보장을 하는 경우에는 운송정지권이 소멸한다(비엔나협약 제71조 제3항).

이러한 운송정지권의 법적 취지는 물품대금에 대한 신용위험의 회피와 일방적인 계약불이행으로 인한 위험의 현실화에 따른 당사자의 직접구제가 가능할 수 있도록 한다는 점이다.

2 운송정지권의 요건

운송정지권의 성립요건은 이행정지권의 성립요건과 유사하며, 이행정지권에서 확장된 것으로 볼 수 있다. 이러한 운송정지권이 이행정지권과 다른 점은 첫째, 매도인에게 운송 중에 있는 물품에 접근할 수 있는 권리를 획득하게 한다는 점, 둘째 물품을 선적하였지만 매수인에게는 아직 인도되지 않은 상황이어야 한다는 점, 셋째 물품이 매수인의 영업소로 직접 운송된 경우뿐만 아니라 매수인에게 운송된 경우 모두에게 적용되는 권리라는 점, 넷째 매수인의 계약의 목적물로서 물품 자체가 이행장소에 위치한 것이거나 매도인의 영업소가 이행장소에 해당하는 경우에도 적용된다는 점이다. 이 경우 물품을 이미 매수인에게 인도하였거나 물품의 인도를 요구하는 권리에 관한 서류를 매수인이 가지고 있는지의 여부와는 상관없다는 점이다.

3 운송정지권 행사의 효력

운송정지권의 행사에 관한 효력을 살펴보면, 운송정지권이 행사되면 운송정지권을 행사한 당사자에게는 의무를 이행할 필요가 없어진다. 그러나 운송정지권은 당사자 간에서만 효력이 존재하며(비엔나협약 제71조 제2항), 제3자의 권리를 침해하지 못한다.

운송정지권의 행사에 따른 당사자에 대한 효력은 당해 계약은 일시적으로 정지되고, 매도인의 이행정지는 계약의 위반에 해당하는 것은 아닌 것으로 취급된다. 이 경우 매수인은 매도인의 운송정지권의 행사에 대하여 항변하는 것은 어렵다. 다만, 매수인은 운송서류 혹은 창고증권을 기초로 운송인과 창고업자로부터 물품을 인도해 줄 것을 요구하여 운송정지권을 약화시킬 수는 있다. 그러나 매수인의 운송정지권을 약화시키는 행위는 또 다른 계약위반을 발생시킬 가능성이 있으며, 계약위반으로 인정되는 경우에는 손해배상의 책임이 있다.

한편 운송정지권의 효력과 관련하여 제3자에 대한 규정은 존재하지 않고 있다. 그러나 제3자가 매도인의 운송정지 명령을 준수하여야 하는지는 개별계약에 따라야 하며, 분쟁이 발생한 경우에는 당해 계약의 준거법에 의하여 결정되어야 한다.

Chapter

10

공통적 권리구제

Chapter

10 공통적 권리구제

비엔나협약 제3편 제5장에서는 매도인 및 매수인에게 공통적으로 적용될 수 있는 권리구제에 관하여 규정하고 있다.

제1절 이행기 전의 계약위반과 분할이행계약(비엔나협약 제71조 내지 제73조)에서는 상대방이 그 의무의 중대한 부분을 이행하지 아니할 것이 명백하게 된 경우 보호방안으로 자기의 의무이행을 정지하거나(비엔나협약 제71조), 계약을 해제할 수 있다(비엔나협약 제72조). 그리고 분할하여 물품인도를 이행하도록 약정된 계약에서 발생할 수 있는 문제들에 대해 규정하고 있다(비엔나협약 제73조).

제2절 손해배상액(비엔나협약 제74조 내지 제77조)에서는 손해배상의 범위, 산정방법, 손실감경조치의무 등에 관하여 규정하고 있으며, 제3절 이자(비엔나협약 제78조)에서는 지연이자 지급의무에 대해 규정하고 있다.

제4절 면책(비엔나협약 제79조 내지 제80조)에서는 당사자의 합리적인 통제범위 밖에 속하는 소위 불가항력사유에 의한 의무불이행의 경우 그 면책에 대해 규정하고 있다.

그리고 제5절 계약해제의 효과(비엔나협약 제81조 내지 제88조)에서는 본질적인 계약위반이 있는 경우 계약관계를 종료시켜 그 의무로부터 벗어날 수 있는 권리구제에 대해 규정하고 있다.

여기서는 비엔나협약 제5장 제1절 이행기 전의 계약위반과 분할이행계약에 대해서 살펴본다.

I 이행기 전의 계약위반

1 이행기 전 계약위반의 의의

물품매매계약이 체결된 후 어느 일방 당사자에게 상황의 변화가 발생하여 그 의무의 이행이 불확실하게 된 경우, 형평의 원칙을 고려할 때 상대방으로 하여금 그에 대응하는 의무의 이행을 중단할 수 있도록 허용하는 것이 필요하다. 따라서 비엔나협약은 영미법상의 이행기 전의 계약위반(anticipatory breach of contract)의 법리를 도입하여 이행기 전 계약위반에 관한 제71조를 규정하게 되었다.

이행기 전 계약위반에 관한 비엔나협약 제71조는 매도인이 후불조건으로 물품을 인도하기로 합의하였는데, 그 물품을 인도하기 전에 매수인의 재정상태가 지급불능상태가 되었거나 기타 사유로 물품의 대금을 지급할 수 없음이 분명해진 경우, 혹은 매수인이 물품수령 이전에 그 대금을 지급하기로 약속하였는데 그 지급 전에 매도인의 재정상태가 악화되어 물품을 인도할 수 없음이 분명해진 경우에 당사자들의 권리를 구제하기 위한 방안에 관하여 규정하고 있다. 즉, 비엔나협약 제71조 다음과 같이 규정하고 있다.

제71조(이행정지)

(1) 당사자는 계약체결 후 다음의 사유로 상대방이 의무의 실질적 부분을 이행하지 아니할 것이 판명된 경우에는, 자신의 의무 이행을 정지할 수 있다.
(a) 상대방의 이행능력 또는 신용도의 중대한 결함
(b) 계약의 이행 준비 또는 이행에 관한 상대방의 행위
(2) 제1항의 사유가 명백하게 되기 전에 매도인이 물품을 발송한 경우에는, 매수인이 물품을 취득할 수 있는 증권을 소지하고 있더라도 매도인은 물품이 매수인에게 교부되는 것을 저지할 수 있다. 이 항은 매도인과 매수인간의 물품에 관한 권리에 대하여만 적용된다.
(3) 이행을 정지한 당사자는 물품의 발송 전후에 관계없이 즉시 상대방에게 그 정지를 통지하여야 하고, 상대방이 그 이행에 관하여 적절한 보증을

제공한 경우에는 이행을 계속하여야 한다.

영미법에서는 ① 이행기 전의 이행거절, ② 이행기 전의 당사자 일방의 행위로 인한 이행불능의 초래, ③ 이행계속 중에 당사자 일방의 선언에 의한 이행계속의 결정적 거절 등을 이행기 전 계약위반으로 하고 있다.

이러한 이행기 전의 계약위반과 관련하여 비엔나협약에서는 당사자 일방은 계약 체결 후 상대방의 이행능력 또는 신용상의 중대한 결함, 계약이행준비 또는 이행상의 행위로 인하여 그 의무의 중요부분을 불이행할 것이 명백하게 된 경우에는 자신의 의무 이행을 정지할 수 있다(비엔나협약 제71조 제1항).

이처럼 이행기 전 계약위반이 있을 때 상대방의 이행의 정지는 상대방이 그 의무의 중요한 부분을 이행하지 않으려고 함이 명백하게 되었을 때 허용된다. 즉, 불이행의 가능성이 크다는 사실을 보여주는 객관적인 정황증거가 있는 경우에 인정된다.

2 이행정지

1) 이행정지의 의의

이행정지는 계약의 이행기가 도래할 때까지 기다릴 필요없이 계약상 일방 당사자의 의무불이행이 있을 것으로 예견된 때에 상대방 당사자가 자신의 의무이행을 정지하는 제도이다. 따라서 계약을 체결한 후에 상대방이 실질적인 의무를 이행하지 않을 것이라는 사실이 명백하게 예견되는 경우 당사자는 자신의 의무이행을 정지할 수 있다(비엔나협약 제71조 제1항).

SGA(제41조 제1항)는 “매도인이 매수인의 대금지급 전에 물품을 먼저 인도하기로 약속하였더라도 매도인은 ....(c) 매수인이 지급불능상태가 되었을 경우에는 그 물품을 계속 보유할 수 있다.”고 규정하여 상대방의 장래 불이행을 이유로 자기의 의무이행을 정지할 수 있도록 허용하고 있다. 그러나 정지권은 매수인의 재정상태 악화라는 한 가지 상황 하에서만 매도인에게 주어진다.

한편 UCC(제2-609조 제1항)의 이행정지에 관한 규정은 매도인과 매수인 양자를 보호함에 있어 비엔나협약 제71조와 유사하다. 그러나 UCC는 ‘합리적으로 불안전하다는 근거가 생긴 때'에 정지할 수 있도록 규정함으로써 이행정지에 관한 근거를 좀 더 넓게 설정하고 있는데, 이는 당사자가 적정한 이행을 받을 수 있는 기대감(a party's expectation of receiving due performance)을 보호하며, 나아가 합리적인 불안의 근거가 발생할 때에도 적용되기 때문이다.

우리 민법도 이러한 동시이행의 항변권에 관하여 "쌍무계약의 당사자 일방은 상대방이 그 채무이행을 제공할 때까지 자기의 채무이행을 거절할 수 있다. .....또한 당사자 일방이 상대방에게 먼저 이행하여야 할 경우에 상대방의 이행이 곤란할 현저한 사유가 있는 때에도 마찬가지로 자기의 채무이행을 거절할 수 있다."고 규정하고 있다(민법 제536조 제2항 참고).[1]

2) 이행정지의 요건

이행정지는 이행기 전 일방 당사자의 의무불이행이 명확하고, 또 그 의무의 불이행은 실질적인 부분이어야 한다는 것을 요건으로 하고 있다. 그 의무의 불이행 사유는 계약당사자의 이행능력 또는 신용도에 심각한 결함이 있거나, 계약이행의 준비나 이행행위에 의한 결과로서 불이행이 명확해야 된다. 그리고 물품이 이미 매수인에게 운송되었고 당해 물품을 통제할 수 있는 서류를 거래상대방이 보유하고 있더라도 상관없다. 이러한 이행정지의 구성요건을 살펴보면 다음과 같다.

첫째, 이행기 전에 상대방의 장래 계약위반의 근거가 명백하여야 한다(비엔나협약 제71조 제1항). 그리고 이러한 예견의 시기는 장래의 위반의 근거가 명백하게 될 때이다. 즉, 상대방의 이행능력 또는 신용도의 중대한 결함이 명백해지거나 계약의 이행준비 또는 이행에 관한 행위 면에서 상대방이 계약상 의무의 실질적인 부분을 이행하지 않을 것임이 명확하게 되는 때이다. 여기서 실질적 부분의 의무불이행은 이행가능성에 대한 심각한 결함의 형태로 나타나는 것으로, 장차 의무불이행이 있을 가능성이 어느 정도인지에 대한 명확한 기준

1 민법 제536조(동시이행의 항변권) ① 쌍무계약의 당사자 일방은 상대방이 그 채무이행을 제공할 때 까지 자기의 채무이행을 거절할 수 있다. 그러나 상대방의 채무가 변제기에 있지 아니하는 때에는 그러하지 아니하다.
② 당사자 일방이 상대방에게 먼저 이행하여야 할 경우에 상대방의 이행이 곤란할 현저한 사유가 있는 때에는 전항 본문과 같다.

은 없다. 그러나 장래의 의무불이행의 개연성은 상당히 높아야 하되, 비엔나협약 제25조와 제72조의 '본질적 계약위반'보다 낮은 수준으로 이해된다. 그리고 계약체결 이후에 발생한 위반에 대한 이행정지는 그 근거를 상대방 당사자가 인지하였을 때 즉시 행할 수 있다. 그러나 그러한 의무불이행 사유가 계약체결 이전부터 이미 존재하였고, 당사자가 그 사실을 계약체결 당시 혹은 그 이전부터 이미 알고 있었다면 의무의 이행을 정지할 수 없다.

둘째, 상대방의 의무불이행의 명확성이다. 이행기 전 의무불이행에 대하여 자신의 의무 이행정지를 선언하기 위해서는 상대방 당사자의 계약상 의무불이행이 객관적으로 명백해야 한다. 또한 일방 당사자의 의무불이행은 그의 고의 또는 과실에 의한 것인지 불문하고 이행정지권을 발생시키는데, 이는 비엔나협약이 엄격책임주의 원칙을 취함으로써 당사자의 계약위반 내지 의무불이행의 존부에 관하여 그의 고의나 과실이 있을 것을 요구하지 않기 때문이다.

셋째, 의무의 실질적 부분의 불이행이어야 한다. 당사자 의무의 실질적 부분의 불이행이 존재하는지의 여부는 계약 전반에 비추어 판단되어야 하고, 불이행될 것이 예견되거나 불이행된 그 의무가 계약 내에서 차지하는 비중이 고려되어야 한다. 다만, 일반적으로 부수적 의무의 불이행만으로는 이행정지가 행사될 수 없다.

비엔나협약 제30조에 의하면 매도인은 물품인도의무, 서류교부의무, 소유권 이전의무를 부담하고, 매수인은 대금지급의무와 물품수령의무를 부담한다. 이에 따라 매도인의 실질적 의무불이행은 예컨대, 공장이 파업으로 인하여 생산이 중지된 경우, 물품생산에 필요한 원료를 확보하지 못한 경우, 필요한 라이센스를 획득하지 못한 경우, 물품인도 전에 파산 또는 기타의 사유로 물품인도가 불가능한 경우 등이다. 반면 매수인의 실질적 의무불이행은 예컨대, 매수인이 파산하거나, 신용장 개설을 불이행하는 경우 등을 들 수 있다.

넷째, 이행정지에 관한 통지가 있어야 한다. 이행을 정지하는 당사자는 즉시 그 이행정지에 관하여 상대방에게 통지해야 한다(비엔나협약 제71조 제3항). 이러한 통지는 즉시 이루어질 것을 요구하고 있는데, 여기서 즉시는 피할 수 있는 지연이 없이(without avoidable delay)라는 의미를 가진다. 다만, 그 통지를 이행정지 전에 해야 하는 것은 아니다. 당사자는 통지의 전달 중에 지연이나 오류가 있거나 또한 통지가 도달되지 못하더라도 그 통지를 주장할 권리를 상실하지 않고 통지전달상의 위험은 이행정지를 행사하는 당사자가 아니라 계약위반 당사자가 부담하게 된다. 즉, 통지방법에는 제한이 없고, 통지의 효력에 대해서는 발신주의가 적용된다(비엔나협약 제27조).

3) 이행정지의 효력

상대방의 이행기 전 계약위반으로 이행정지권을 행사한 당사자는 자신의 계약상 의무이행으로부터 면제된다. 이행정지권은 의무의 모든 부분에서 발생할 수 있는 이행의 정지로 인하여 계약위반을 초래하는 부분에 대해 권한을 주는 것이지, 이행을 불가능하게 하여 계약을 무효로 만드는 효력을 가지도록 하는 것은 아니다. 그러므로 이행정지권이 행사된 후에는 계약을 재개하기 위한 적절한 보증이 이루어져야 한다.

계약의 이행은 계약체결 이후와 당사자의 이행기 사이에 언제나 이루어질 수 있으므로 이행정지 역시 그와 동일한 기간에 적용된다. 다만 당사자는 계약체결 시에 임박하여 계약위반의 위험을 예견한 직후, 즉각적으로 이행정지권을 행사할 필요는 없다. 왜냐하면 위험이 발생할 것을 예견하였더라도 이행기가 도래하기 전에 장애가 호전될 만한 특단의 상황이 발생할 수도 있기 때문이다. 채권자가 이행정지권을 행사하는 경우, 계약상의 일정은 계약이 일시적으로 정지된다는 사실을 감안해야 할 것이다. 특히 대체적으로 이행을 가능하게 할 수 있도록 적절한 시간을 보증하는 것이 당사자 사이에서 암묵적으로 동의하는 사항일 것이다. 계약위반 당사자가 이행 혹은 이행의 적절한 보증을 하는 경우, 위반의 위험은 해소되므로 이행정지권은 종료되며, 그 이후 이행에 관한 사항에 대해서는 당사자간에 새로운 합의로 이루어져야 할 것이다.

Ⅱ 이행정지의 통지와 적절한 보증 후의 이행계속

1 이행정지의 통지

이행정지를 하는 당사자는 물품운송 전후에 관계없이 상대방(이하 채무자라 함)에게 즉시 정지에 관하여 통지를 하여야 한다(비엔나협약 제71조 제3항 전문). 여기서 즉시(immediately)라 함은 불가피한 경우를 제외하고 지체없이(without avoidable delay)를 의미한다. 나아가 이행정지를 하는 당사자는 이행정지권을 행사하는 시점이 물품이 발송되기 전후를 불문하고 상대방에게 즉시 그 정지에 관한 통지를 알려야 한다. 따라서 이행정지를 행하는 당사자는 상대방이 물품을 인도하기 전에 이행정지 및 운송정지를 통지하여야 할 것이다.

통지의 내용은 이행을 정지하고자 하는 취지만을 포함할 뿐, 이행정지의 근거가 되는 구체적인 사유와 적절한 보증의 내용까지 포함하지 않는다. 다만, 통지의무의 취지에 비추어 이행정지의 근거가 되는 구체적인 사유를 표시하는 것이 신의성실의 원칙에 비추어 요구된다.

통지의 형식에 관한 규정이 없기 때문에 이행정지의 통지형식과 전송은 비엔나협약 제27조의 규정에 따라 통지하면 된다. 즉, 통지에 대한 어떠한 특정한 요건을 필요로 하고 있지 않기 때문에 구두나 서면으로 하든 상관없으며, 각 상황에 맞는 적절한 수단으로 통지하면 된다.

2 적절한 보증 후의 이행계속

이행정지를 하는 당사자는 물품운송 전후에 관계없이 상대방에게 즉시 정지에 관하여 통지를 하여야 한다. 이때 상대방이 이행에 관한 적절한 보증(adequate assurance)을 제공한 경우에는 이행을 계속하여야 한다(비엔나협약 제71조 제3항). 즉, 이행정지에 대해 통지를 받은 당사자가 만약 이행정지에 대해 적절한 이행보증을 제공할 경우 이행정지권이 해제되어 계약은 존속될 수 있다. 여기서 이행을 보증하는 행위는 이행정지를 행하는 당사자의 요구를 충족시키는 범위 내에서 이루어져야 하고, 나아가 보증은 실질적인 범위 내에서 제공되어야 한다.

보증이 적절한 지의 여부는 합리적인 자에 의한 객관적인 기준과 개별적인 계약내용을 고려하여 판단되어야 한다. 보증은 인적·물적 담보를 제공해야 하지만, 그러한 보증에는 제한이 없으며 단지 이행을 계속할 수 있도록 하는 것으로도 적절한 보증이 될 수 있다. 그러나 단순히 안심시키는 말과 동일한 정도의 상황만으로는 부족할 것이므로 구체적인 사실에 관한 증거나 행위를 통하여 불안요소를 제거하는 정도로 이루어져야 한다. 다만, 이행의 적절한 보증은 반드시 완전한 이행을 보증할 필요는 없고 의무의 실질적인 부분의 이행에 관한 적절한 보증에 해당하는 정도면 족하다 하겠다.

한편 적절한 보증이 제공된 경우에는 첫째, 당사자 간에 발생하는 계약상의 의무가 회복된다. 즉, 당사자들은 계약에 명시된 것과 같이 의무를 이행해야 한다. 비엔나협약에서는 적절한 보증기간에 대한 규정을 두고 있지 않을 뿐 아니라 마찬가지로 적절한 보증제공의 실패로 인한 법적 결과도 규정하고 있지 않다. 따라서 제공된 보증이 적절하지 않다면, 이행정지를 행하는 당사자는 당연히 다른 권리구제수단을 통하여 자신의 손해를 줄여야 할 것이다.

둘째, 이행정지를 행하는 당사자가 상대방으로부터 적절한 보증을 제공받은 경우에 당사자들은 계약을 재개하기 위해 계약의 세부사항을 재검토할 필요가 있다. 이 단계에서 반드시 제기되고 논의되어야 하는 바는 재개된 계약의 이행기일 것이다. 비엔나협약에서는 적절한 보증제공 이후 계약의 이행기에 대해서 명시적인 규정이 없으나, 통상 이행이 정지된 기간만큼 이행기가 연장되어야 하며, 또한 적절한 보증을 제공하는 당시 이행기 역시 새로이 조정되는 것이 더욱 합리적이다.

3 적절한 보증을 제공하지 아니한 경우의 효과

비엔나협약 제71조 제3항에 따라 이행정지의 통지를 한 후 상대방이 그 이행에 관하여 적절한 보증을 제공하지 않은 경우, 이는 즉시 계약해제의 사유가 되므로 계약해제의 사전통지가 불필요하다. 즉, 이행정지의 통지는 이행기 전 계약해제권과의 관계에 있어서 계약해제의 최고로서의 효과를 갖는다.

Ⅲ 이행기 전 계약위반에 대한 계약해제

1 의 의

물품매매계약의 일방 당사자에게 이행기 전에 그의 의무이행에 관하여 어떤 사정이 발생함으로써 이행기에 이르러도 계약 내용을 이행하지 못할 것이 예상되고, 그 불이행의 내용이 중대한 계약위반에 해당할 것이 명료한 경우에 상대방은 이행기까지 기다려 중대한 계약위반을 이유로 해제할 필요 없이 즉시 계약을 해제할 수 있는데(비엔나협약 제72조), 이를 이행기 전 계약해제라 한다. 즉, 이행기가 도래하기 전에 일방당사자에게 사정이 발생하여 이행기가 도래하더라도 그 의무를 이행하지 못할 것이 확실하고 또한 그 불이행이 본질적 계약위반에 해당하는 경우에 상대방은 이행기까지 기다릴 필요 없이 즉시 계약을 해제하여 목적달성이 불가능하게 된 당해 계약관계로부터 벗어날 수 있도록 하고 있다.

2 이행기 전 계약위반에 대한 계약해제의 요건

비엔나협약상 이행기 전 계약해제의 요건으로는 상대방이 계약의 본질적인 위반을 할 것이 명백한 경우, 상대방이 이행의 거절을 선언한 경우, 상대방의 이행정지의 통지에 대하여 적절한 보증(adequate assurance)을 제공하지 못한 경우 등으로 구분할 수 있다

1) 예상되는 본질적 계약위반

이행기 전 계약해제의 요건으로서 당사자의 일방이 계약의 본질적인 위반을

할 것이 명백한 경우를 규정하고 있다(비엔나협약 제72조 제1항). 다만 이행기 전에는 실제적 위반이 있을 수 없고, 예상되는 위반만이 존재하므로 그 위반이 객관적 확실성을 가져야 한다. 따라서 이행기 전 계약해제에 있어서는 어느 정도의 위반이 본질적 계약위반에 해당하는지와 예상되는 위반을 할 것이 명백한 경우에 대한 판단기준이 중요한 문제가 된다.

비엔나협약상 본질적 계약위반이란 당사자 일방이 행한 계약위반이 그 계약에서 상대방이 기대할 수 있는 권리를 실질적으로 박탈할 수 있는 정도의 손해를 상대방에게 주고(비엔나협약 제25조 본문), 위반 당사자가 그러한 결과를 예견하였거나, 동일한 종류의 합리적인 자도 동일한 사정에서 그러한 결과를 예견할 수 있었던 경우의 계약위반을 말한다(비엔나협약 제25조 단서).

본질적 계약위반의 요건을 살펴보면, 첫째, 본질적 계약위반을 판단하는 기준으로는 '실질적 손해'와 '예견가능성'이 중요한 기준이 된다. 먼저, '실질적 손해'란 상대방의 당연한 기대를 실질적으로 박탈하는 손해라 할 수 있는데, 이는 각 경우의 계약상황을 고려하여 판단하여야 한다. 예컨대, 계약의 경제적 가치라든가, 계약위반의 결과 상대방의 영업활동에 지장을 주는 정도나 계약위반으로 생기는 손해의 정도 등을 종합적으로 판단하여야 한다. 이때 만약 계약당사자가 비엔나협약 제6조에 따라 어떠한 유형과 어떠한 규모의 의무위반이 본질적 계약위반을 구성하는가에 대해 계약에 명시한 경우는 본질적 계약위반을 판단하는 것이 문제가 되지 않는다. 따라서 제25조에서 정의한 본질적 계약위반의 의미를 해석하는 것은 불필요하게 된다.

그리고 예견가능성이란 비엔나협약 제25조 제2문은 본질적 계약위반의 성립요건으로 "다만 위반당사자가 그러한 결과를 예견하지 못하였고 또한 동일한 종류의 합리적인 자도 동일한 사정에서 그러한 결과를 예견할 수가 없었던 경우에는 그러하지 아니하다."라고 규정하고 있다. 이는 '동일 부류의 합리적인 사람'이 '동일한 사정'에서 그러한 결과를 예견할 수 있어야 함을 의미한다. 즉, 이는 예견가능한 결과만이 본질적 계약위반으로 인한 계약해제나 매수인의 대체물인도청구권 등과 같은 권리구제수단의 기초로 고려되어야 한다는 것을 뜻한다.

둘째, 이행기 전 계약해제의 요건으로서 비엔나협약 제72조 제1항은 "계약의 이행기일 이전에 당사자의 일방이 계약의 '본질적인 위반을 범할 것이 명백한 경우'에는, 상대방은 계약을 해제할 수 있다."고 규정하고 있다. 즉 이행기 전이라도 상대방의 계약위반이 본질적 위반에 상당하는 것이 명백한 경우에는 손해를 입게 될 당사자는 비엔나협약 제71조 제1항에 따른 이행정지권의 행사 후 상대방의 보증을 기다릴 필요 없이 즉시 계약을 해제할 수 있다.

그러나 당사자가 '본질적 계약위반을 할 것이 명백하게 된 경우'란 언제를 의미하는지 실제에 있어서 이를 판단하기는 매우 어려우므로 이행기 전 예상되는 본질적 계약위반을 이유로 계약을 해제하고자 하는 당사자는 구체적인 경우에 따라 이를 신중하게 판단하여야 한다. 일반적으로 이행정지의 통지를 받은 후에도 자기의 의무이행에 대한 적절한 보증을 제공하지 않은 경우, 또는 당사자가 자기의 의무를 이행할 의사가 없음을 분명히 한 경우, 또는 매수인이 파산하여 대금을 지급할 수 없거나 대금지급을 불가능하게 하는 행정처분 등으로 그 의무불이행이 객관적으로 확실하게 된 경우에는 본질적 계약위반이 예상되는 객관적 확실성을 갖추었다고 볼 수 있다.

2) 이행정지 후의 계약해제

비엔나협약상 상대방이 이행정지의 통지를 받은 후에도 자기의 의무이행에 대한 적절한 보증을 제공하지 못한 경우는 이행기 전 계약해제의 사유가 된다. 비엔나협약 제71조 제1항에 따라 계약당사자는 계약 체결 후에 상대방의 이행능력 또는 그 신뢰성의 중대한 결함이 있거나(제71조 제1항 a호), 또는 상대방의 계약이행의 준비 또는 계약이행의 행위의 결과(제71조 제1항 b호) 그 의무의 중요한 부분을 이행하지 아니할 것이 명백하게 된 경우에는 자기의 의무이행을 정지할 수 있다.

비엔나협약 제71조 제3항에 따라 이행정지를 행하는 당사자는 물품의 발송 전후에 관계없이 상대방에게 그 정지의 통지를 즉시 발송해야 하고, 또 상대방이 그 이행에 관하여 적절한 보증을 제공하는 경우에는 이행을 계속해야 한다. 따라서 이행정지의 통지는 그 자체가 이행기 전 계약해제의 최고가 되며, 만약 상대방이 이행정지의 통지를 받은 후에도 이행에 대하여 적절한 보증으로 자기의 이행을 보장할 수 없다면 이행정지를 통지한 당사자는 계약을 해제할 수 있다.

3) 이행거절의 선언

예상되는 계약위반 당사자가 그 의무를 이행하지 아니할 것을 선언한 경우에 이는 이행기 전 계약해제의 사유가 된다(비엔나협약 제72조 제3항). 여기에서 이행거절을 선언한 경우란 예상되는 위반 당사자의 행위나 진술이 계약이행의 거절을 구성하는 경우를 말한다.

예컨대, 매도인이 매수인에게 판매하기로 한 물품을 제3자에게 매각하는 행위 또는 매도인이 매수인에게 판매하기로 한 물품을 생산하는 제조공장이나 기계를 매각하는 행위 등은 이행거절행위에 해당한다. 또한 계약의 무효나 취소, 해제를 일방적으로 통지하거나 자신의 의무를 이행하지 않기 위한 구실로 새로운 조건을 요구하거나 명확한 근거를 제시하지 않고 계약위반을 주장하는 경우도 이행거절의 의사로 보아 계약을 즉시 해제할 수 있다.

상대방이 이행거절의 의사표시를 한 경우에는 비엔나협약 제72조 제2항에 따른 계약해제의 사전통지 없이 즉시 계약을 해제할 수 있다. 즉, 제72조 제3항은 "전항의 요건은 상대방이 그 의무를 이행하지 아니할 것을 선언한 경우에는 이를 적용하지 않는다."고 규정하고 있다. 왜냐하면 계약해제의 사전통지의무는 본질적 계약위반을 발생할 것이 명백하지만 계약해제를 선언하고자 하는 당사자가 사실상 이행을 하려는 당사자에 대하여 시간이 허용하는 한 그 이행에 관한 적절한 보증을 제공할 수 있도록 함으로써 계약해제로 인한 계약의 소멸을 방지하기 위한 것이다. 그러나 이행거절은 당사자가 계약을 이행하려는 의도가 없는 경우로서 계약유지를 위한 노력이 의미가 없으므로 계약해제의 사전통지는 의미가 없기 때문이다.

4) 사전통지요건

비엔나협약 제72조 제2항은 이행기 전 계약해제에 있어서 사전통지에 대해 규정하고 있다. 즉, 이행기 전에 계약을 해제하고자 하는 당사자는 시간이 허용하는 경우 상대방이 그 이행에 관하여 적절한 보증을 제공할 수 있도록 하기 위하여 상대방에게 합리적인 통지를 발송하여야 한다(비엔나협약 72조 제2항). 이러한 사전통지의무는 상대방으로 하여금 이행의 충분한 보장을 제공할 수 있는 기회를 제공하여 계약해제권의 남용을 방지하기 위한 규정이므로 비엔나협약이 채택한 계약유지의 이념에 대한 구체적 표현이라고 할 수 있다.

비엔나협약상의 사전통지는 계약을 해제하기 전에 상대방에게 이행을 보장할 수 있는 기회를 주기 위한 통지이며, 계약해제의 통지가 아니다. 따라서 사전통지 후에도 상대방이 이행에 관하여 적절한 보증을 제공하지 않은 경우에는 비엔나협약 제72조 제2항의 통지 외에 별도로 계약의 해제를 통지하여야 한다.

비엔나협약 제72조 제2항에서 '합리적인 통지'는 '시간이 허용하는 경우'에 하도록 되어 있으나, 오늘날의 통신기술을 고려할 때 시간상의 이유로 해제통지를 할 수 없는 경우란 생각하기 어렵다. 따라서 이행기 전의 본질적 계약위반을 이유로 계약을 해제하기 위해서는 언제나 사전에 통지를 하도록 하여 상대방에게 의무이행을 위한 적절한 보증을 제공할 수 있는 기회를 주어야 하는 것으로 해석하는 것이 타당하다.

비엔나협약 제72조 제2항의 사전통지의무는 상대방에게 이행에 관한 '적절한 보증'을 제공할 기회를 주기 위한 취지이므로, 만약 상대방이 적절한 보증을 제공한다면 계약을 해제할 수 없고 의무이행을 계속해야 한다. 따라서 이때의 적절한 보증은 자신의 계약적 의무를 이행하겠다는 진술만으로는 충분하지 않고 계약해제의 사유가 완전히 제거되었음을 입증해야만 적절한 보증이 될 것이다.

예컨대 매수인의 지급불능을 사유로 매도인이 계약의 해제를 선언하고자 했을 경우에는 은행의 지급보증은 적절한 보증이 될 수 있으며, 매도인이 소재하는 국가의 수출금지를 이유로 매수인이 계약해제를 선언하고자 했을 경우에는 정부에서 발급한 수출허가서가 적절한 보증이 될 수 있을 것이다.

그리고 상대방이 그 의무를 이행하지 아니할 것을 선언한 경우에는 통지의 필요가 없다(비엔나협약 제72조 제3항). 왜냐하면 상대방의 이행거절은 그 자체가 계약해제의 사유가 되기 때문이다. 따라서 상대방의 이행거절이 있으면 해제의 통지 없이 즉시 계약을 해제할 수 있다. 또한 비엔나협약 제71조 제3항에 따라 이행정지의 통지를 한 후 상대방이 그 이행에 관하여 적절한 보증을 제공하지 않은 경우, 이는 즉시 계약해제의 사유가 되므로 계약해제의 사전통지가 불필요하다. 즉, 이행정지의 통지는 이행기 전 계약해제권과의 관계에 있어서 계약해제의 최고로서의 효과를 갖는다.

3 이행기 전 계약위반에 대한 계약해제권 행사 및 효과

1) 해제권의 행사

비엔나협약 제72조 제2항은 이행기 전 계약해제에 있어서의 사전통지 요건을 규정하고 있다. 즉, 이행기 전에 계약을 해제하고자 하는 당사자는 시간이 허용하는 경우 상대방이 그 이행에 관하여 적절한 보증을 제공할 수 있도록 하기 위하여 상대방에게 합리적인 통지를 발송하여야 한다(비엔나협약 제72조 제2항). 이러한 이 협약상의 사전통지의무는 상대방으로 하여금 이행의 충분한 보장을 제공할 수 있는 기회를 제공하여 계약해제권이 남용되는 것을 방지하기 위한 규정이다.

비엔나협약상의 사전통지는 계약을 해제하기 전에 상대방에게 이행을 보장할 수 있는 기회를 주기 위한 통지이므로, 이는 계약해제의 통지가 아니다. 따라서 사전통지 후에도 상대방이 이행에 관하여 적절한 보증을 제공하지 않은 경우에는 비엔나협약 제72조 제2항의 통지 외에 별도로 계약의 해제를 통지하여야 한다.

그러나 상대방이 그 의무를 이행하지 아니할 것을 선언한 경우에는 통지의 필요가 없다(비엔나협약 제72조 제3항). 왜냐하면 상대방의 이행거절은 그 자체가 계약해제의 사유가 되기 때문이다. 따라서 상대방의 이행거절이 있으면 해제의 통지 없이 즉시 계약을 해제할 수 있다. 또한 비엔나협약 제71조 제3항에 따라 이행정지의 통지를 한 후 상대방이 그 이행에 관하여 적절한 보증을 제공하지 않은 경우, 이는 즉시 계약해제의 사유가 되므로 계약해제의 사전통지가 불필요하다. 즉, 이행정지의 통지는 이행기 전 계약해제권과의 관계에 있어서 계약해제의 최고로서의 효과를 갖는다.

2) 해제권 행사의 효과

이행기 전 계약해제권을 행사하게 되면 이행기의 계약해제에서와 마찬가지로 비엔나협약 제49조 및 제64조에 따른 계약해제의 효과가 발생한다. 즉, 비엔나협약 제81조에 따라 당사자는 손해배상의 의무를 제외하고 계약상의 의무로부터 면하게 되고, 이미 공급하였거나 지급한 것에 대해서는 반환을 청구할 수 있다. 또한 비엔나협약 제75조에 따라 계약의 당사자에게는 물품의 매각이나 재매입이 가능하다.

Ⅳ 분할이행계약 위반

1 분할이행계약의 의의

분할이행계약(installment contract)이란 물품을 수회에 나누어서 수령할 수 있도록 계약 목적인 물품을 분할 인도하거나 할 수 있는 계약으로서 미국통일상법전에는 이를 규정하고 있으나(UCC제2-612조 제1항), 우리 민법에는 이에 관한 규정이 없다. 분할이행계약에서 어느 분할부분에 관하여 그 불이행이 중대한 계약위반에 해당하는 경우에 당해 분할부분, 장래의 미이행부분 및 과거의 기이행부분에 어떠한 영향이 있는가 하는 점에 관하여 비엔나협약에서는 특별한 규정을 두고 있다. 각 분할부분은 그 이행하여야 할 양이 모두 균등할 필요는 없고, 또 각 그 인도시기가 일정하여야 할 필요도 없으며, 계약서에 분할이행계약임이 명시될 필요도 없고, 법원으로부터 확인받을 필요도 없다. 다만, 매도인이 계약에 정한 목적물의 수량 전부를 한번에 인도하는 것이 아니라 일부를 인도할 수 있음이 나타나 있으면 된다.

분할이행계약의 분할부분 불이행에 대한 해제에 관한 비엔나협약의 입장은 본 목적물의 일부가 불이행된 경우(비엔나협약 제51조)와 거의 같으며 다만 그 내용이 좀 더 자세하게 규정되어 있다.

2 의무 불이행이 있는 분할부분에 대한 해제

매매당사자가 분할이행계약의 일부 분할이행부분에 관하여 그 의무를 불이행하고 그것이 그 부분에 관한 한 중대한 계약위반을 구성하는 경우에는 계약해제에 관한 일반원칙(비엔나협약 제49조 및 제64조)에 따라 그 분할부분에 관한 계약을 해제할 수 있다(비엔나협약 제73조 제1항). 따라서 분할이행계약에서 개별적인 인도부분은 독자적인 계약처럼 다루어지며, 여기에 비엔나협약의 일반적인 규정들이 적용된다.

3 장래의 분할부분에 대한 해제

현재 이행하여야 할 또는 이행한 분할부분에 의무 불이행이 있고 그것이 상대방으로 하여금 장래의 이행부분에 관하여 중대한 계약위반이 발생할 것이라고 예상하게 하는 상당한 근거가 된다면, 그 상대방은 상당한 기간 내에 통지함으로써 장래의 분할부분을 미리 해제할 수 있다(비엔나협약 제73조 제2항). 분할이행계약의 해제가 이행기 전의 계약해제와 비교하여 해제권을 인정한 요건이 주관적이며 덜 엄격한 것은 이미 객관적으로 계약위반 사실이 현실적으로 발생하였다는 점이 고려된 것이다. 이때 해제권은 합리적인 기간 내에 행사하지 않으면 상실된다는 사실에 주의를 요한다.

4 상호의존관계에 있는 분할부분에 대한 해제

특정분할부분에 대한 계약해제의 의사표시를 하는 자는 당해 분할 부분이 과거의 기이행부분이나 장래의 미이행부분과 상호의존관계에 있어서 과거 또는 장래의 이행부분만으로는 계약체결 시 당사자가 의도하였던 목적을 달성할 수 없는 경우에는 과거의 이행부분 또는 장래의 이행할 부분에 대하여도 동시에 해제의 의사표시를 할 수 있다(비엔나협약 제73조 제3항).

UCC도 마찬가지로 분할이행부분에 존재하는 부적합 또는 불이행이 전체 계약의 가치를 실질적으로 저해하는 때에는 전체 계약의 위반이 된다고 규정하고 있다(UCC 제2-612조 제3항).[2]

2 UCC § 2-612. "Installment contract"; Breach. (3) Whenever non-conformity or default with respect to one or more installments substantially impairs the value of the whole contract there is a breach of the whole. But the aggrieved party reinstates the contract if he accepts a non-conforming installment without seasonably notifying of cancellationor if he brings an action with respect only to past installments or demands performance as to future installments.

부록

비엔나협약 원문

United Nations Convention on Contracts for the International Sale of Goods, 1980

부록 비엔나협약 원문

United Nations Convention on Contracts for the International Sale of Goods, 1980

PREAMBLE

The States Parties to this Convention,

Bearing in mind the broad objectives in the resolutions adopted by the sixth special session of the General Assembly of the United Nations on the establishment of a New International Economic Order,

Considering that the development of international trade on the basis of equality and mutual benefit is an important element in promoting friendly relations among States,

Being of the opinion that the adoption of uniform rules which govern contracts for the international sale of goods and take into account the different social, economic and legal systems would contribute to the removal of legal barriers in international trade and promote the development of international trade,

Have agreed as follows:

Part I. Sphere of application and general provisions

Chapter I. Sphere of application

Article 1

(1) This Convention applies to contracts of sale of goods between parties whose places of business are in different States:

(a) when the States are Contracting States; or

(b) when the rules of private international law lead to the application of the law of a Contracting State.

(2) The fact that the parties have their places of business in different States is to be disregarded whenever this fact does not appear either from the contract or from any dealings between, or from information disclosed by, the parties at any time before or at the conclusion of the contract.

(3) Neither the nationality of the parties nor the civil or commercial character of the parties or of the contract is to be taken into consideration in determining the application of this Convention.

Article 2

This Convention does not apply to sales:

(a) of goods bought for personal, family or household use, unless the seller, at any time before or at the conclusion of the contract, neither knew nor ought to have known that the goods were bought for any such use;

(b) by auction;

(c) on execution or otherwise by authority of law;

(d) of stocks, shares, investment securities, negotiable instruments or money;

(e) of ships, vessels, hovercraft or aircraft;

(f) of electricity.

Article 3

(1) Contracts for the supply of goods to be manufactured or produced are to be considered sales unless the party who orders the goods undertakes to supply a substantial part of the materials necessary for such manufacture or production.

(2) This Convention does not apply to contracts in which the preponderant part of the obligations of the party who furnishes the goods consists in the supply of labour or other services.

Article 4

This Convention governs only the formation of the contract of sale and the rights and obligations of the seller and the buyer arising from such a contract. In particular, except as otherwise expressly provided in this Convention, it is not concerned with:

(a) the validity of the contract or of any of its provisions or of any usage;

(b) the effect which the contract may have on the property in the goods sold.

Article 5

This Convention does not apply to the liability of the seller for death or personal injury caused by the goods to any person.

Article 6

The parties may exclude the application of this Convention or, subject to article 12, derogate from or vary the effect of any of its provisions.

Chapter II. GENERAL PROVISIONS

Article 7

(1) In the interpretation of this Convention, regard is to be had to its international character and to the need to promote uniformity in its application and the observance of good faith in international trade.

(2) Questions concerning matters governed by this Convention which are not expressly settled in it are to be settled in conformity with the general principles on which it is based or, in the absence of such principles, in conformity with the law applicable by virtue of the rules of private international law.

Article 8

(1) For the purposes of this Convention statements made by and other conduct of a party are to be interpreted according to his intent where the other party knew or could not have been unaware what that intent was.

(2) If the preceding paragraph is not applicable, statements made by and other conduct of a party are to be interpreted according to the understanding that a reasonable person of the same kind as the other party would have had in the same circumstances.

(3) In determining the intent of a party or the understanding a reasonable person would have had, due consideration is to be given to all relevant circumstances of the case including the negotiations, any practices which the parties have established between themselves, usages and any subsequent conduct of the parties.

Article 9

(1) The parties are bound by any usage to which they have agreed and by any practices which they have established between themselves.

(2) The parties are considered, unless otherwise agreed, to have impliedly made applicable to their contract or its formation a usage of which the parties knew or ought to have known and which in international trade is widely known to, and regularly observed by, parties to contracts of the type involved in the particular trade concerned.

Article 10

For the purposes of this Convention:

(a) if a party has more than one place of business, the place of business is that which has the closest relationship to the contract and its performance, having regard to the circumstances known to or contemplated by the parties at any time before or at the conclusion of the contract;

(b) if a party does not have a place of business, reference is to be made to his habitual residence.

Article 11

A contract of sale need not be concluded in or evidenced by writing and is not subject to any other requirement as to form. It may be proved by any means, including witnesses.

Article 12

Any provision of article 11, article 29 or Part II of this Convention that allows a contract of sale or its modification or termination by agreement or any offer, acceptance or other indication of intention to be made in any form other than in writing does not apply where any party has his place of business in a Contracting State which has made a declaration under article 96 of this Convention. The parties may not derogate from or vary the effect of this article.

Article 13

For the purposes of this Convention "writing" includes telegram and telex.

Part II. Formation of the contract

Article 14

(1) A proposal for concluding a contract addressed to one or more specific persons constitutes an offer if it is sufficiently definite and indicates the intention of the offeror to be bound in case of acceptance. A proposal is sufficiently definite if it indicates the goods and expressly or implicitly fixes or makes provision for determining the quantity and the price.

(2) A proposal other than one addressed to one or more specific persons is to be considered merely as an invitation to make offers, unless the contrary is clearly indicated by the person making the proposal.

Article 15

(1) An offer becomes effective when it reaches the offeree.

(2) An offer, even if it is irrevocable, may be withdrawn if the withdrawal reaches the offeree before or at the same time as the offer.

Article 16

(1) Until a contract is concluded an offer may be revoked if the revocation reaches the offeree before he has dispatched an acceptance.

(2) However, an offer cannot be revoked:

(a) if it indicates, whether by stating a fixed time for acceptance or otherwise, that it is irrevocable; or

(b) if it was reasonable for the offeree to rely on the offer as being irrevocable and the offeree has acted in reliance on the offer.

Article 17

An offer, even if it is irrevocable, is terminated when a rejection reaches the offeror.

Article 18

(1) A statement made by or other conduct of the offeree indicating assent to an offer is an acceptance. Silence or inactivity does not in itself amount to acceptance.

(2) An acceptance of an offer becomes effective at the moment the indication of assent

reaches the offeror. An acceptance is not effective if the indication of assent does not reach the offeror within the time he has fixed or, if no time is fixed, within a reasonable time, due account being taken of the circumstances of the transaction, including the rapidity of the means of communication employed by the offeror. An oral offer must be accepted immediately unless the circumstances indicate otherwise.

(3) However, if, by virtue of the offer or as a result of practices which the parties have established between themselves or of usage, the offeree may indicate assent by performing an act, such as one relating to the dispatch of the goods or payment of the price, without notice to the offeror, the acceptance is effective at the moment the act is performed, provided that the act is performed within the period of time laid down in the preceding paragraph.

Article 19

(1) A reply to an offer which purports to be an acceptance but contains additions, limitations or other modifications is a rejection of the offer and constitutes a counter-offer.

(2) However, a reply to an offer which purports to be an acceptance but contains additional or different terms which do not materially alter the terms of the offer constitutes an acceptance, unless the offeror, without undue delay, objects orally to the discrepancy or dispatches a notice to that effect. If he does not so object, the terms of the contract are the terms of the offer with the modifications contained in the acceptance.

(3) Additional or different terms relating, among other things, to the price, payment, quality and quantity of the goods, place and time of delivery, extent of one party's liability to the other or the settlement of disputes are considered to alter the terms of the offer materially.

Article 20

(1) A period of time for acceptance fixed by the offeror in a telegram or a letter begins to run from the moment the telegram is handed in for dispatch or from the date shown on the letter or, if no such date is shown, from the date shown on the envelope. A period of time for acceptance fixed by the offeror by telephone, telex or other means of instantaneous communication, begins to run from the moment that the offer reaches the offeree.

(2) Official holidays or non-business days occurring during the period for acceptance are included in calculating the period. However, if a notice of acceptance cannot be delivered at the address of the offeror on the last day of the period because that day falls on an official holiday or a non-business day at the place of business of the offeror, the period is extended until the first business day which follows.

Article 21

(1) A late acceptance is nevertheless effective as an acceptance if without delay the offeror orally so informs the offeree or dispatches a notice to that effect.

(2) If a letter or other writing containing a late acceptance shows that it has been sent in such circumstances that if its transmission had been normal it would have reached the offeror

in due time, the late acceptance is effective as an acceptance unless, without delay, the offeror orally informs the offeree that he considers his offer as having lapsed or dispatches a notice to that effect.

Article 22

An acceptance may be withdrawn if the withdrawal reaches the offeror before or at the same time as the acceptance would have become effective.

Article 23

A contract is concluded at the moment when an acceptance of an offer becomes effective in accordance with the provisions of this Convention.

Article 24

For the purposes of this Part of the Convention, an offer, declaration of acceptance or any other indication of intention "reaches" the addressee when it is made orally to him or delivered by any other means to him personally, to his place of business or mailing address or, if he does not have a place of business or mailing address, to his habitual residence.

Part III. Sale of goods

Chapter I. General provisions

Article 25

A breach of contract committed by one of the parties is fundamental if it results in such detriment to the other party as substantially to deprive him of what he is entitled to expect under the contract, unless the party in breach did not foresee and a reasonable person of the same kind in the same circumstances would not have foreseen such a result.

Article 26

A declaration of avoidance of the contract is effective only if made by notice to the other party.

Article 27

Unless otherwise expressly provided in this Part of the Convention, if any notice, request or other communication is given or made by a party in accordance with this Part and by means appropriate in the circumstances, a delay or error in the transmission of the communication or its failure to arrive does not deprive that party of the right to rely on the communication.

Article 28

If, in accordance with the provisions of this Convention, one party is entitled to require performance of any obligation by the other party, a court is not bound to enter a judgement for specific performance unless the court would do so under its own law in respect of similar contracts of sale not governed by this Convention.

Article 29

(1) A contract may be modified or terminated by the mere agreement of the parties.

(2) A contract in writing which contains a provision requiring any modification or termination by agreement to be in writing may not be otherwise modified or terminated by agreement. However, a party may be precluded by his conduct from asserting such a provision to the extent that the other party has relied on that conduct.

Chapter II. OBLIGATIONS OF THE SELLER

Article 30

The seller must deliver the goods, hand over any documents relating to them and transfer the property in the goods, as required by the contract and this Convention.

Section I. Delivery of the goods and handing over of documents

Article 31

If the seller is not bound to deliver the goods at any other particular place, his obligation to deliver consists:

(a) if the contract of sale involves carriage of the goods—in handing the goods over to the first carrier for transmission to the buyer;

(b) if, in cases not within the preceding subparagraph, the contract relates to specific goods, or unidentified goods to be drawn from a specific stock or to be manufactured or produced, and at the time of the conclusion of the contract the parties knew that the goods were at, or were to be manufactured or produced at, a particular place—in placing the goods at the buyer's disposal at that place;

(c) in other cases—in placing the goods at the buyer's disposal at the place where the seller had his place of business at the time of the conclusion of the contract.

Article 32

(1) If the seller, in accordance with the contract or this Convention, hands the goods over to a carrier and if the goods are not clearly identified to the contract by markings on the goods, by shipping documents or otherwise, the seller must give the buyer notice of the consignment specifying the goods.

(2) If the seller is bound to arrange for carriage of the goods, he must make such contracts as are necessary for carriage to the place fixed by means of transportation appropriate in the circumstances and according to the usual terms for such transportation.

(3) If the seller is not bound to effect insurance in respect of the carriage of the goods, he must, at the buyer's request, provide him with all available information necessary to enable him to effect such insurance.

Article 33

The seller must deliver the goods:

(a) if a date is fixed by or determinable from the contract, on that date;

(b) if a period of time is fixed by or determinable from the contract, at any time within that period unless circumstances indicate that the buyer is to choose a date; or

(c) in any other case, within a reasonable time after the conclusion of the contract.

Article 34

If the seller is bound to hand over documents relating to the goods, he must hand them over at the time and place and in the form required by the contract. If the seller has handed over documents before that time, he may, up to that time, cure any lack of conformity in the documents, if the exercise of this right does not cause the buyer unreasonable inconvenience or unreasonable expense. However, the buyer retains any right to claim damages as provided for in this Convention.

Section II. Conformity of the goods and third-party claims

Article 35

(1) The seller must deliver goods which are of the quantity, quality and description required by the contract and which are contained or packaged in the manner required by the contract.

(2) Except where the parties have agreed otherwise, the goods do not conform with the contract unless they:

(a) are fit for the purposes for which goods of the same description would ordinarily be used;

(b) are fit for any particular purpose expressly or impliedly made known to the seller at the time of the conclusion of the contract, except where the circumstances show that the buyer did not rely, or that it was unreasonable for him to rely, on the seller's skill and judgement;

(c) possess the qualities of goods which the seller has held out to the buyer as a sample or model;

(d) are contained or packaged in the manner usual for such goods or, where there is no such manner, in a manner adequate to preserve and protect the goods.

(3) The seller is not liable under subparagraphs *(a)* to *(d)* of the preceding paragraph for any lack of conformity of the goods if, at the time of the conclusion of the contract, the buyer knew or could not have been unaware of such lack of conformity.

Article 36

(1) The seller is liable in accordance with the contract and this Convention for any lack of conformity which exists at the time when the risk passes to the buyer, even though the lack of conformity becomes apparent only after that time.

(2) The seller is also liable for any lack of conformity which occurs after the time indicated

in the preceding paragraph and which is due to a breach of any of his obligations, including a breach of any guarantee that for a period of time the goods will remain fit for their ordinary purpose or for some particular purpose or will retain specified qualities or characteristics.

Article 37

If the seller has delivered goods before the date for delivery, he may, up to that date, deliver any missing part or make up any deficiency in the quantity of the goods delivered, or deliver goods in replacement of any non-conforming goods delivered or remedy any lack of conformity in the goods delivered, provided that the exercise of this right does not cause the buyer unreasonable inconvenience or unreasonable expense. However, the buyer retains any right to claim damages as provided for in this Convention.

Article 38

(1) The buyer must examine the goods, or cause them to be examined, within as short a period as is practicable in the circumstances.

(2) If the contract involves carriage of the goods, examination may be deferred until after the goods have arrived at their destination.

(3) If the goods are redirected in transit or redispatched by the buyer without a reasonable opportunity for examination by him and at the time of the conclusion of the contract the seller knew or ought to have known of the possibility of such redirection or redispatch, examination may be deferred until after the goods have arrived at the new destination.

Article 39

(1) The buyer loses the right to rely on a lack of conformity of the goods if he does not give notice to the seller specifying the nature of the lack of conformity within a reasonable time after he has discovered it or ought to have discovered it.

(2) In any event, the buyer loses the right to rely on a lack of conformity of the goods if he does not give the seller notice thereof at the latest within a period of two years from the date on which the goods were actually handed over to the buyer, unless this time limit is inconsistent with a contractual period of guarantee.

Article 40

The seller is not entitled to rely on the provisions of articles 38 and 39 if the lack of conformity relates to facts of which he knew or could not have been unaware and which he did not disclose to the buyer.

Article 41

The seller must deliver goods which are free from any right or claim of a third party, unless the buyer agreed to take the goods subject to that right or claim. However, if such right or claim is based on industrial property or other intellectual property, the seller's obligation is governed by article 42.

Article 42

(1) The seller must deliver goods which are free from any right or claim of a third party based on industrial property or other intellectual property, of which at the time of the conclusion of the contract the seller knew or could not have been unaware, provided that the right or claim is based on industrial property or other intellectual property:

(a) under the law of the State where the goods will be resold or otherwise used, if it was contemplated by the parties at the time of the conclusion of the contract that the goods would be resold or otherwise used in that State; or

(b) in any other case, under the law of the State where the buyer has his place of business.

(2) The obligation of the seller under the preceding paragraph does not extend to cases where:

(a) at the time of the conclusion of the contract the buyer knew or could not have been unaware of the right or claim; or

(b) the right or claim results from the seller's compliance with technical drawings, designs, formulae or other such specifications furnished by the buyer.

Article 43

(1) The buyer loses the right to rely on the provisions of article 41 or article 42 if he does not give notice to the seller specifying the nature of the right or claim of the third party within a reasonable time after he has become aware or ought to have become aware of the right or claim.

(2) The seller is not entitled to rely on the provisions of the preceding paragraph if he knew of the right or claim of the third party and the nature of it.

Article 44

Notwithstanding the provisions of paragraph (1) of article 39 and paragraph

(1) of article 43, the buyer may reduce the price in accordance with article 50 or claim damages, except for loss of profit, if he has a reasonable excuse for his failure to give the required notice.

Section III. Remedies for breach of contract by the seller

Article 45

(1) If the seller fails to perform any of his obligations under the contract or this Convention, the buyer may:

(a) exercise the rights provided in articles 46 to 52;

(b) claim damages as provided in articles 74 to 77.

(2) The buyer is not deprived of any right he may have to claim damages by exercising his right to other remedies.

(3) No period of grace may be granted to the seller by a court or arbitral tribunal when the buyer resorts to a remedy for breach of contract.

Article 46

(1) The buyer may require performance by the seller of his obligations unless the buyer has resorted to a remedy which is inconsistent with this requirement.

(2) If the goods do not conform with the contract, the buyer may require delivery of substitute goods only if the lack of conformity constitutes a fundamental breach of contract and a request for substitute goods is made either in conjunction with notice given under article 39 or within a reasonable time thereafter.

(3) If the goods do not conform with the contract, the buyer may require the seller to remedy the lack of conformity by repair, unless this is unreasonable having regard to all the circumstances. A request for repair must be made either in conjunction with notice given under article 39 or within a reasonable time thereafter.

Article 47

(1) The buyer may fix an additional period of time of reasonable length for performance by the seller of his obligations.

(2) Unless the buyer has received notice from the seller that he will not perform within the period so fixed, the buyer may not, during that period, resort to any remedy for breach of contract. However, the buyer is not deprived thereby of any right he may have to claim damages for delay in performance.

Article 48

(1) Subject to article 49, the seller may, even after the date for delivery, remedy at his own expense any failure to perform his obligations, if he can do so without unreasonable delay and without causing the buyer unreasonable inconvenience or uncertainty of reimbursement by the seller of expenses advanced by the buyer. However, the buyer retains any right to claim damages as provided for in this Convention.

(2) If the seller requests the buyer to make known whether he will accept performance and the buyer does not comply with the request within a reasonable time, the seller may perform within the time indicated in his request. The buyer may not, during that period of time, resort to any remedy which is inconsistent with performance by the seller.

(3) A notice by the seller that he will perform within a specified period of time is assumed to include a request, under the preceding paragraph, that the buyer make known his decision.

(4) A request or notice by the seller under paragraph (2) or (3) of this article is not effective unless received by the buyer.

Article 49

(1) The buyer may declare the contract avoided:

(a) if the failure by the seller to perform any of his obligations under the contract or this Convention amounts to a fundamental breach of contract; or

(b) in case of non-delivery, if the seller does not deliver the goods within the additional period of time fixed by the buyer in accordance with paragraph (1) of article 47 or declares that he will not deliver within the period so fixed.

(2) However, in cases where the seller has delivered the goods, the buyer loses the right to declare the contract avoided unless he does so:

(a) in respect of late delivery, within a reasonable time after he has become aware that delivery has been made;

(b) in respect of any breach other than late delivery, within a reasonable time:

(i) after he knew or ought to have known of the breach;

(ii) after the expiration of any additional period of time fixed by the buyer in accordance with paragraph (1) of article 47, or after the seller has declared that he will not perform his obligations within such an additional period; or

(iii) after the expiration of any additional period of time indicated by the seller in accordance with paragraph (2) of article 48, or after the buyer has declared that he will not accept performance.

Article 50

If the goods do not conform with the contract and whether or not the price has already been paid, the buyer may reduce the price in the same proportion as the value that the goods actually delivered had at the time of the delivery bears to the value that conforming goods would have had at that time. However, if the seller remedies any failure to perform his obligations in accordance with article 37 or article 48 or if the buyer refuses to accept performance by the seller in accordance with those articles, the buyer may not reduce the price.

Article 51

(1) If the seller delivers only a part of the goods or if only a part of the goods delivered is in conformity with the contract, articles 46 to 50 apply in respect of the part which is missing or which does not conform.

(2) The buyer may declare the contract avoided in its entirety only if the failure to make delivery completely or in conformity with the contract amounts to a fundamental breach of the contract.

Article 52

(1) If the seller delivers the goods before the date fixed, the buyer may take delivery or refuse to take delivery.

(2) If the seller delivers a quantity of goods greater than that provided for in the contract, the buyer may take delivery or refuse to take delivery of the excess quantity. If the buyer

takes delivery of all or part of the excess quantity, he must pay for it at the contract rate.

Chapter III. OBLIGATIONS OF THE BUYER

Article 53

The buyer must pay the price for the goods and take delivery of them as required by the contract and this Convention.

Section I. Payment of the price

Article 54

The buyer's obligation to pay the price includes taking such steps and complying with such formalities as may be required under the contract or any laws and regulations to enable payment to be made.

Article 55

Where a contract has been validly concluded but does not expressly or implicitly fix or make provision for determining the price, the parties are considered, in the absence of any indication to the contrary, to have impliedly made reference to the price generally charged at the time of the conclusion of the contract for such goods sold under comparable circumstances in the trade concerned.

Article 56

If the price is fixed according to the weight of the goods, in case of doubt it is to be determined by the net weight.

Article 57

(1) If the buyer is not bound to pay the price at any other particular place, he must pay it to the seller:

(a) at the seller's place of business; or

(b) if the payment is to be made against the handing over of the goods or of documents, at the place where the handing over takes place.

(2) The seller must bear any increase in the expenses incidental to payment which is caused by a change in his place of business subsequent to the conclusion of the contract.

Article 58

(1) If the buyer is not bound to pay the price at any other specific time, he must pay it when the seller places either the goods or documents controlling their disposition at the buyer's disposal in accordance with the contract and this Convention. The seller may make such payment a condition for handing over the goods or documents.

(2) If the contract involves carriage of the goods, the seller may dispatch the goods on terms whereby the goods, or documents controlling their disposition, will not be handed over to the buyer except against payment of the price.

(3) The buyer is not bound to pay the price until he has had an opportunity to examine the goods, unless the procedures for delivery or payment agreed upon by the parties are inconsistent with his having such an opportunity.

Article 59

The buyer must pay the price on the date fixed by or determinable from the contract and this Convention without the need for any request or compliance with any formality on the part of the seller.

Section II. Taking delivery

Article 60

The buyer's obligation to take delivery consists:

(a) in doing all the acts which could reasonably be expected of him in order to enable the seller to make delivery; and

(b) in taking over the goods.

Section III. Remedies for breach of contract by the buyer

Article 61

(1) If the buyer fails to perform any of his obligations under the contract or this Convention, the seller may:

(a) exercise the rights provided in articles 62 to 65;

(b) claim damages as provided in articles 74 to 77.

(2) The seller is not deprived of any right he may have to claim damages by exercising his right to other remedies.

(3) No period of grace may be granted to the buyer by a court or arbitral tribunal when the seller resorts to a remedy for breach of contract.

Article 62

The seller may require the buyer to pay the price, take delivery or perform his other obligations, unless the seller has resorted to a remedy which is inconsistent with this requirement.

Article 63

(1) The seller may fix an additional period of time of reasonable length for performance by the buyer of his obligations.

(2) Unless the seller has received notice from the buyer that he will not perform within the period so fixed, the seller may not, during that period, resort to any remedy for breach of contract. However, the seller is not deprived thereby of any right he may have to claim damages for delay in performance.

Article 64

(1) The seller may declare the contract avoided:

(a) if the failure by the buyer to perform any of his obligations under the contract or this Convention amounts to a fundamental breach of contract; or

(b) if the buyer does not, within the additional period of time fixed by the seller in accordance with paragraph (1) of article 63, perform his obligation to pay the price or take delivery of the goods, or if he declares that he will not do so within the period so fixed.

(2) However, in cases where the buyer has paid the price, the seller loses the right to declare the contract avoided unless he does so:

(a) in respect of late performance by the buyer, before the seller has become aware that performance has been rendered; or

(b) in respect of any breach other than late performance by the buyer, within a reasonable time:

(i) after the seller knew or ought to have known of the breach; or

(ii) after the expiration of any additional period of time fixed by the seller in accordance with paragraph (1) of article 63, or after the buyer has declared that he will not perform his obligations within such an additional period.

Article 65

(1) If under the contract the buyer is to specify the form, measurement or other features of the goods and he fails to make such specification either on the date agreed upon or within a reasonable time after receipt of a request from the seller, the seller may, without prejudice to any other rights he may have, make the specification himself in accordance with the requirements of the buyer that may be known to him.

(2) If the seller makes the specification himself, he must inform the buyer of the details thereof and must fix a reasonable time within which the buyer may make a different specification. If, after receipt of such a communication, the buyer fails to do so within the time so fixed, the specification made by the seller is binding.

Chapter IV. PASSING OF RISK

Article 66

Loss of or damage to the goods after the risk has passed to the buyer does not discharge him from his obligation to pay the price, unless the loss or damage is due to an act or omission of the seller.

Article 67

(1) If the contract of sale involves carriage of the goods and the seller is not bound to hand them over at a particular place, the risk passes to the buyer when the goods are handed over to the first carrier for transmission to the buyer in accordance with the contract of sale. If the seller is bound to hand the goods over to a carrier at a particular place, the risk does not pass

to the buyer until the goods are handed over to the carrier at that place. The fact that the seller is authorized to retain documents controlling the disposition of the goods does not affect the passage of the risk.

(2) Nevertheless, the risk does not pass to the buyer until the goods are clearly identified to the contract, whether by markings on the goods, by shipping documents, by notice given to the buyer or otherwise.

Article 68

The risk in respect of goods sold in transit passes to the buyer from the time of the conclusion of the contract. However, if the circumstances so indicate, the risk is assumed by the buyer from the time the goods were handed over to the carrier who issued the documents embodying the contract of carriage. Nevertheless, if at the time of the conclusion of the contract of sale the seller knew or ought to have known that the goods had been lost or damaged and did not disclose this to the buyer, the loss or damage is at the risk of the seller.

Article 69

(1) In cases not within articles 67 and 68, the risk passes to the buyer when he takes over the goods or, if he does not do so in due time, from the time when the goods are placed at his disposal and he commits a breach of contract by failing to take delivery.

(2) However, if the buyer is bound to take over the goods at a place other than a place of business of the seller, the risk passes when delivery is due and the buyer is aware of the fact that the goods are placed at his disposal at that place.

(3) If the contract relates to goods not then identified, the goods are considered not to be placed at the disposal of the buyer until they are clearly identified to the contract.

Article 70

If the seller has committed a fundamental breach of contract, articles 67, 68 and 69 do not impair the remedies available to the buyer on account of the breach.

Chapter V. PROVISIONS COMMON TO THE OBLIGATIONS OF THE SELLER AND OF THE BUYER

Section I. Anticipatory breach and instalment contracts

Article 71

(1) A party may suspend the performance of his obligations if, after the conclusion of the contract, it becomes apparent that the other party will not perform a substantial part of his obligations as a result of:

(a) a serious deficiency in his ability to perform or in his creditworthiness; or

(b) his conduct in preparing to perform or in performing the contract.

(2) If the seller has already dispatched the goods before the grounds described in the preceding paragraph become evident, he may prevent the handing over of the goods to the buyer even though the buyer holds a document which entitles him to obtain them. The present paragraph relates only to the rights in the goods as between the buyer and the seller.

(3) A party suspending performance, whether before or after dispatch of the goods, must immediately give notice of the suspension to the other party and must continue with performance if the other party provides adequate assurance of his performance.

Article 72

(1) If prior to the date for performance of the contract it is clear that one of the parties will commit a fundamental breach of contract, the other party may declare the contract avoided.

(2) If time allows, the party intending to declare the contract avoided must give reasonable notice to the other party in order to permit him to provide adequate assurance of his performance.

(3) The requirements of the preceding paragraph do not apply if the other party has declared that he will not perform his obligations.

Article 73

(1) In the case of a contract for delivery of goods by instalments, if the failure of one party to perform any of his obligations in respect of any instalment constitutes a fundamental breach of contract with respect to that instalment, the other party may declare the contract avoided with respect to that instalment.

(2) If one party's failure to perform any of his obligations in respect of any instalment gives the other party good grounds to conclude that a fundamental breach of contract will occur with respect to future instalments, he may declare the contract avoided for the future, provided that he does so within a reasonable time.

(3) A buyer who declares the contract avoided in respect of any delivery may, at the same time, declare it avoided in respect of deliveries already made or of future deliveries if, by reason of their interdependence, those deliveries could not be used for the purpose contemplated by the parties at the time of the conclusion of the contract.

Section II. Damages

Article 74

Damages for breach of contract by one party consist of a sum equal to the loss, including loss of profit, suffered by the other party as a consequence of the breach. Such damages may not exceed the loss which the party in breach foresaw or ought to have foreseen at the time of the conclusion of the contract, in the light of the facts and matters of which he then knew or ought to have known, as a possible consequence of the breach of contract.

Article 75

If the contract is avoided and if, in a reasonable manner and within a reasonable time after avoidance, the buyer has bought goods in replacement or the seller has resold the goods, the party claiming damages may recover the difference between the contract price and the price in the substitute transaction as well as any further damages recoverable under article 74.

Article 76

(1) If the contract is avoided and there is a current price for the goods, the party claiming damages may, if he has not made a purchase or resale under article 75, recover the difference between the price fixed by the contract and the current price at the time of avoidance as well as any further damages recoverable under article 74. If, however, the party claiming damages has avoided the contract after taking over the goods, the current price at the time of such taking over shall be applied instead of the current price at the time of avoidance.

(2) For the purposes of the preceding paragraph, the current price is the price prevailing at the place where delivery of the goods should have been made or, if there is no current price at that place, the price at such other place as serves as a reasonable substitute, making due allowance for differences in the cost of transporting the goods.

Article 77

A party who relies on a breach of contract must take such measures as are reasonable in the circumstances to mitigate the loss, including loss of profit, resulting from the breach. If he fails to take such measures, the party in breach may claim a reduction in the damages in the amount by which the loss should have been mitigated.

Section III. Interest

Article 78

If a party fails to pay the price or any other sum that is in arrears, the other party is entitled to interest on it, without prejudice to any claim for damages recoverable under article 74.

Section IV. Exemptions

Article 79

(1) A party is not liable for a failure to perform any of his obligations if he proves that the failure was due to an impediment beyond his control and that he could not reasonably be expected to have taken the impediment into account at the time of the conclusion of the contract or to have avoided or overcome it, or its consequences.

(2) If the party's failure is due to the failure by a third person whom he has engaged to perform the whole or a part of the contract, that party is exempt from liability only if:

(a) he is exempt under the preceding paragraph; and

(b) the person whom he has so engaged would be so exempt if the provisions of that

paragraph were applied to him.

(3) The exemption provided by this article has effect for the period during which the impediment exists.

(4) The party who fails to perform must give notice to the other party of the impediment and its effect on his ability to perform. If the notice is not received by the other party within a reasonable time after the party who fails to perform knew or ought to have known of the impediment, he is liable for damages resulting from such non-receipt.

(5) Nothing in this article prevents either party from exercising any right other than to claim damages under this Convention.

Article 80

A party may not rely on a failure of the other party to perform, to the extent that such failure was caused by the first party's act or omission.

Section V. Effects of avoidance

Article 81

(1) Avoidance of the contract releases both parties from their obligations under it, subject to any damages which may be due. Avoidance does not affect any provision of the contract for the settlement of disputes or any other provision of the contract governing the rights and obligations of the parties consequent upon the avoidance of the contract.

(2) A party who has performed the contract either wholly or in part may claim restitution from the other party of whatever the first party has supplied or paid under the contract. If both parties are bound to make restitution, they must do so concurrently.

Article 82

(1) The buyer loses the right to declare the contract avoided or to require the seller to deliver substitute goods if it is impossible for him to make restitution of the goods substantially in the condition in which he received them.

(2) The preceding paragraph does not apply:

(a) if the impossibility of making restitution of the goods or of making restitution of the goods substantially in the condition in which the buyer received them is not due to his act or omission;

(b) if the goods or part of the goods have perished or deteriorated as a result of the examination provided for in article 38; or

(c) if the goods or part of the goods have been sold in the normal course of business or have been consumed or transformed by the buyer in the course of normal use before he discovered or ought to have discovered the lack of conformity.

Article 83

A buyer who has lost the right to declare the contract avoided or to require the seller to deliver substitute goods in accordance with article 82 retains all other remedies under the contract and this Convention.

Article 84

(1) If the seller is bound to refund the price, he must also pay interest on it, from the date on which the price was paid.

(2) The buyer must account to the seller for all benefits which he has derived from the goods or part of them:

(a) if he must make restitution of the goods or part of them; or

(b) if it is impossible for him to make restitution of all or part of the goods or to make restitution of all or part of the goods substantially in the condition in which he received them, but he has nevertheless declared the contract avoided or required the seller to deliver substitute goods.

Section VI. Preservation of the goods

Article 85

If the buyer is in delay in taking delivery of the goods or, where payment of the price and delivery of the goods are to be made concurrently, if he fails to pay the price, and the seller is either in possession of the goods or otherwise able to control their disposition, the seller must take such steps as are reasonable in the circumstances to preserve them. He is entitled to retain them until he has been reimbursed his reasonable expenses by the buyer.

Article 86

(1) If the buyer has received the goods and intends to exercise any right under the contract or this Convention to reject them, he must take such steps to preserve them as are reasonable in the circumstances. He is entitled to retain them until he has been reimbursed his reasonable expenses by the seller.

(2) If goods dispatched to the buyer have been placed at his disposal at their destination and he exercises the right to reject them, he must take possession of them on behalf of the seller, provided that this can be done without payment of the price and without unreasonable inconvenience or unreasonable expense. This provision does not apply if the seller or a person authorized to take charge of the goods on his behalf is present at the destination. If the buyer takes possession of the goods under this paragraph, his rights and obligations are governed by the preceding paragraph.

Article 87

A party who is bound to take steps to preserve the goods may deposit them in a warehouse of a third person at the expense of the other party provided that the expense incurred is not unreasonable.

Article 88

(1) A party who is bound to preserve the goods in accordance with article 85 or 86 may sell them by any appropriate means if there has been an unreasonable delay by the other party in taking possession of the goods or in taking them back or in paying the price or the cost of preservation, provided that reasonable notice of the intention to sell has been given to the other party.

(2) If the goods are subject to rapid deterioration or their preservation would involve unreasonable expense, a party who is bound to preserve the goods in accordance with article 85 or 86 must take reasonable measures to sell them. To the extent possible he must give notice to the other party of his intention to sell.

(3) A party selling the goods has the right to retain out of the proceeds of sale an amount equal to the reasonable expenses of preserving the goods and of selling them. He must account to the other party for the balance.

PART IV. FINAL PROVISIONS

Article 89

The Secretary-General of the United Nations is hereby designated as the depositary for this Convention.

Article 90

This Convention does not prevail over any international agreement which has already been or may be entered into and which contains provisions concerning the matters governed by this Convention, provided that the parties have their places of business in States parties to such agreement.

Article 91

(1) This Convention is open for signature at the concluding meeting of the United Nations Conference on Contracts for the International Sale of Goods and will remain open for signature by all States at the Headquarters of the United Nations, New York until 30 September 1981.

(2) This Convention is subject to ratification, acceptance or approval by the signatory States.

(3) This Convention is open for accession by all States which are not signatory States as from the date it is open for signature.

(4) Instruments of ratification, acceptance, approval and accession are to be deposited with the Secretary-General of the United Nations.

Article 92

(1) A Contracting State may declare at the time of signature, ratification, acceptance, approval or accession that it will not be bound by Part II of this Convention or that it will not be bound by Part III of this Convention.

(2) A Contracting State which makes a declaration in accordance with the preceding paragraph in respect of Part II or Part III of this Convention is not to be considered a Contracting State within paragraph (1) of article 1 of this Convention in respect of matters governed by the Part to which the declaration applies.

Article 93

(1) If a Contracting State has two or more territorial units in which, according to its constitution, different systems of law are applicable in relation to the matters dealt with in this Convention, it may, at the time of signature, ratification, acceptance, approval or accession, declare that this Convention is to extend to all its territorial units or only to one or more of them, and may amend its declaration by submitting another declaration at any time.

(2) These declarations are to be notified to the depositary and are to state expressly the territorial units to which the Convention extends.

(3) If, by virtue of a declaration under this article, this Convention extends to one or more but not all of the territorial units of a Contracting State, and if the place of business of a party is located in that State, this place of business, for the purposes of this Convention, is considered not to be in a Contracting State, unless it is in a territorial unit to which the Convention extends.

(4) If a Contracting State makes no declaration under paragraph (1) of this article, the Convention is to extend to all territorial units of that State.

Article 94

(1) Two or more Contracting States which have the same or closely related legal rules on matters governed by this Convention may at any time declare that the Convention is not to apply to contracts of sale or to their formation where the parties have their places of business in those States. Such declarations may be made jointly or by reciprocal unilateral declarations.

(2) A Contracting State which has the same or closely related legal rules on matters governed by this Convention as one or more non-Contracting States may at any time declare that the Convention is not to apply to contracts of sale or to their formation where the parties have their places of business in those States.

(3) If a State which is the object of a declaration under the preceding paragraph subsequently becomes a Contracting State, the declaration made will, as from the date on which the Convention enters into force in respect of the new Contracting State, have the effect of a declaration made under paragraph (1), provided that the new Contracting State joins in such declaration or makes a reciprocal unilateral declaration.

Article 95

Any State may declare at the time of the deposit of its instrument of ratification, acceptance, approval or accession that it will not be bound by subparagraph (1)*(b)* of article 1 of this

Convention.

Article 96

A Contracting State whose legislation requires contracts of sale to be concluded in or evidenced by writing may at any time make a declaration in accordance with article 12 that any provision of article 11, article 29, or Part II of this Convention, that allows a contract of sale or its modification or termination by agreement or any offer, acceptance, or other indication of intention to be made in any form other than in writing, does not apply where any party has his place of business in that State.

Article 97

(1) Declarations made under this Convention at the time of signature are subject to confirmation upon ratification, acceptance or approval.

(2) Declarations and confirmations of declarations are to be in writing and be formally notified to the depositary.

(3) A declaration takes effect simultaneously with the entry into force of this Convention in respect of the State concerned. However, a declaration of which the depositary receives formal notification after such entry into force takes effect on the first day of the month following the expiration of six months after the date of its receipt by the depositary. Reciprocal unilateral declarations under article 94 take effect on the first day of the month following the expiration of six months after the receipt of the latest declaration by the depositary.

(4) Any State which makes a declaration under this Convention may withdraw it at any time by a formal notification in writing addressed to the depositary. Such withdrawal is to take effect on the first day of the month following the expiration of six months after the date of the receipt of the notification by the depositary.

(5) A withdrawal of a declaration made under article 94 renders inoperative, as from the date on which the withdrawal takes effect, any reciprocal declaration made by another State under that article.

Article 98

No reservations are permitted except those expressly authorized in this Convention.

Article 99

(1) This Convention enters into force, subject to the provisions of paragraph

(6) of this article, on the first day of the month following the expiration of twelve months after the date of deposit of the tenth instrument of ratification, acceptance, approval or accession, including an instrument which contains a declaration made under article 92.

(2) When a State ratifies, accepts, approves or accedes to this Convention after the deposit of the tenth instrument of ratification, acceptance, approval or accession, this Convention, with the exception of the Part excluded, enters into force in respect of that State, subject to the provi-

sions of paragraph (6) of this article, on the first day of the month following the expiration of twelve months after the date of the deposit of its instrument of ratification, acceptance, approval or accession.

(3) A State which ratifies, accepts, approves or accedes to this Convention and is a party to either or both the Convention relating to a Uniform Law on the Formation of Contracts for the International Sale of Goods done at The Hague on 1 July 1964 (1964 Hague Formation Convention) and the Convention relating to a Uniform Law on the International Sale of Goods done at The Hague on 1 July 1964 (1964 Hague Sales Convention) shall at the same time denounce, as the case may be, either or both the 1964 Hague Sales Convention and the 1964 Hague Formation Convention by notifying the Government of the Netherlands to that effect.

(4) A State party to the 1964 Hague Sales Convention which ratifies, accepts, approves or accedes to the present Convention and declares or has declared under article 92 that it will not be bound by Part II of this Convention shall at the time of ratification, acceptance, approval or accession denounce the 1964 Hague Sales Convention by notifying the Government of the Netherlands to that effect.

(5) A State party to the 1964 Hague Formation Convention which ratifies, accepts, approves or accedes to the present Convention and declares or has declared under article 92 that it will not be bound by Part III of this Convention shall at the time of ratification, acceptance, approval or accession denounce the 1964 Hague Formation Convention by notifying the Government of the Netherlands to that effect.

(6) For the purpose of this article, ratifications, acceptances, approvals and accessions in respect of this Convention by States parties to the 1964 Hague Formation Convention or to the 1964 Hague Sales Convention shall not be effective until such denunciations as may be required on the part of those States in respect of the latter two Conventions have themselves become effective. The depositary of this Convention shall consult with the Government of the Netherlands, as the depositary of the 1964 Conventions, so as to ensure necessary coordination in this respect.

Article 100

(1) This Convention applies to the formation of a contract only when the proposal for concluding the contract is made on or after the date when the Convention enters into force in respect of the Contracting States referred to in subparagraph (1)*(a)* or the Contracting State referred to in subparagraph (1)*(b)* of article 1.

(2) This Convention applies only to contracts concluded on or after the date when the Convention enters into force in respect of the Contracting States referred to in subparagraph (1)*(a)* or the Contracting State referred to in subparagraph (1)*(b)* of article 1.

Article 101

(1) A Contracting State may denounce this Convention, or Part II or Part III of the Convention, by a formal notification in writing addressed to the depositary.

(2) The denunciation takes effect on the first day of the month following the expiration of twelve months after the notification is received by the depositary. Where a longer period for the denunciation to take effect is specified in the notification, the denunciation takes effect upon the expiration of such longer period after the notification is received by the depositary.

DONE at Vienna, this day of eleventh day of April, one thousand nine hundred and eighty, in a single original, of which the Arabic, Chinese, English, French, Russian and Spanish texts are equally authentic.

IN WITNESS WHEREOF the undersigned plenipotentiaries, being duly authorized by their respective Governments, have signed this Convention.

참고문헌

강병창, "국제물품매매에 관한 UN협약의 적용범위", 「무역학회지」 제21권 제1호, 한국무역학회, 1996.

강원진, 「무역계약론」, 박영사, 2012.

강이수, 「무역클레임」, 삼영사, 1995.

고범준, "국제물품매매계약에 관한 UN협약", 대한상사중재협회, 1982.

고준환, 「국제거래법론」, 경진사, 1982.

곽윤직, 「채권각론」, 박영사, 2003.

권 오, "국제운송 관련 규칙의 멸실・손상 및 지연 손해 조항에 관한 연구", 「관세학회지」 제13권 제3호, 한국관세학회, 2012.

김동호, "국제물품매매계약에서 위험과 위험이전에 관한 연구", 「무역상무학회지」 제60권, 한국무역상무학회, 2013.

김병학 외, "국제물품매매계약에 있어서 위험이전에 관한 연구", 「지역발전연구」 제11집 제2호, 조선대학교, 2006.

김봉수, "유엔국제물품매매협약에서의 매도인의 추완권", 「법학연구」 제43집, 한국법학회, 2011.

김봉수, "유엔국제물품매매협약에서의 물품의 계약부적합", 「동아법학」 제62권, 동아대학교, 2014.

김봉수, "특정물 매수인의 하자보수청구권", 「비교사법」 제1권 제1호, 한국비교사법학회, 2010.

김상만, "국제물품매매계약에 관한 유엔협약 제66조의 위험의 이전 및 그 예외에 대한 고찰", 「법학논총」 제35집, 숭실대학교 법학연구소, 2016.

김안식, "국제무역관습의 변천과정과 Documentless Trade에 관한 연구," 「무역학회지」 제10권, 한국무역학회, 1985.

김용일 외, "국제물품매매협약상 이행지체에 관한 연구", 「통상정보연구」 제12권 제4호, 한국통상정보학회, 2010.

김원배・홍성규, "국제물품매매에 있어서 위험이전에 대한 비교연구", 「무역학회지」 제20권 제1호, 한국무역학회, 1995.

김증한, 「채권각론」, 박영사, 1989.

김진우, "국제물품거래에서의 매수인의 대금감액권 -「국제물품매매계약에 관한 UN협약」제50조를 중심으로 -", 「국제거래법연구」 제18권 제1호, 국제거래법학회, 2009.

김진우, "매수인의 계약해제권 - 국제물품매매계약에 관한 UN협약(CISG)제49조를 중심으로 -", 「통상법률」 제84권, 법무부, 2008.

김철수, "영국계약법상의 조건, 담보 그리고 중간조항", 「해사산업연구소 논문집」 제15권, 한국해양대학교, 2004.

김학동, 「영미법상의 Frustration의 법리(계약의 특수문제)」, 삼영사, 1983.

대한상공회의소, 「인코텀즈 (INCOTERMS 2010)」, 대한상공회의소, 2010.

대한상공회의소, 「인코텀즈 2020-국내・국제거래조건의 사용에 관한 ICC규칙」, 대한상공회의소, 2019. 9.

박남규, "INCOTERMS 2010과 CISG", 「한국무역상무학회지」 제49권, 한국상무학회, 2011.

박복재, "국제물품매매계약에 있어서 서식의 분쟁과 그 해결책에 대한 연구", 「무역학회지」 제19권 제1호, 한국무역학회, 1994. 4.

박상기 · 최준선, "CISG상의 계약위반과 UNIDROIT 원칙의 계약불이행에 관한비교연구", 「한국무역학회지」 제27권 제2호, 한국무역학회, 2002.

박정기 · 윤광운, 「미국통일상법전」, 법문사, 2006.

박홍근 · 이태희 외, 「국제물품매매계약에 관한 UN협약상의 제문제」, 삼지원, 1991

배정한, "국제물품매매계약에 있어서의 불가항력에 관한 연구", 「무역상무연구」 제9권, 한국무역상무학회, 1996.

배준일, "국제매매계약 성립에 관한 비교법적 연구", 「무역상무연구」 제12권, 한국무역상무학회, 1999.

법무부, 「국제물품매매협약에 관한 유엔협약해설」, 2005.

법무부, 「국제물품매매계약에 관한 유엔협약 사례연구Ⅰ」, 2004.

법무부, 「국제물품매매계약에 관한 유엔협약 사례연구Ⅱ」, 2006.

서헌제, "주요국에서의 CISG의 적용과 우리의 과제", 「국제거래법연구」 제18집 제1호, 국제거래법학회, 2009.

서헌제, 「국제거래법」, 법문사, 2006.

서희원, 「영미법강의」, 박영사, 1984.

석광현, 「국제물품매매계약의 법리」, 박영사, 2010.

송희영, "국제무역관습의 생성과 발달에 관한 연구," 「상경연구」 제8권 제1호, 건국대학교, 1983.

안병수, "매도인의 계약위반에 따른 매수인에 대한 구제책의 비교법적 고찰", 「무역학회지」 제31권 제2호, 한국무역학회, 2006. 4.

양명조, 「미국계약법」, 법문사, 1996.

양석완, "국제상사매매의 이행정지권에 관한 법적 쟁점-국제물품매매계약에 관한 UN협약(CISG)를 중심으로", 「경영법률」 제20권 제4호, 한국경영법률학회, 2010.

양석완, "운송유지권에 관한 법적 검토-국제물품매매계약에 관한 UN협약(CISG)을 중심으로-" 「상사법연구」 제28권 제4호, 한국상사법학회, 2010.

양영환 · 오원석, 「최신무역상무론」, 법문사, 2003.

오석웅, "CISG에 있어서 이행기 전 계약해제요건에 관한 고찰", 「법학연구」 제35권, 한국법학회, 2008.

오석웅, "국제물품매매에 관한 UN협약상 이행기후의 매도인의 하자보완권 – 매도인의 계약위반에 대한 매수인의 구제권과의 관계를 중심으로 –", 「기업법연구」 제20권 제2호, 한국기업법학회, 2006.

오석웅, "CISG에 있어서 이행기 전 계약해제요건에 관한 고찰", 「법학연구」 제22권, 한국법학회, 2009.

오석웅, "CISG에 있어서 중대한 계약위반과 매수인의 계약해제권," 「법학연구」 제22권, 한국법학회, 2006.

오석웅, "국제물품매매계약의 이행에 관한 연구", 「법학연구」 제31집, 한국법학회, 2008.

오세창, "INCOTERMS® 2010 Rules의 문제점과 대안", 「무역상무연구」 제51권, 한국무역상무학회, 2011.

오세창, "국제물품매매에 필요한 일반거래협정서와 계약서 내용에 관한 연구", 「무역학회지」 제26권 제3호, 한국무역학회, 2001.

오세창, "국제물품매매협약하의 손해배상금산정에 관한 연구", 「무역상무연구」 제17권, 한국무역상무학회, 2002.

오세창 · 박성호, 「무역계약론」, 박영사, 2014.

오원석 역(John O. Honnold 저), 「유엔통일매매법」, 삼영사, 2004.
오원석, "국제물품매매계약에서 계약의 유효성문제 관한 CISG와 UNDROIT 원칙의 입장비교와 적용상의 시사점", 「무역학회지」 제28권 제3호, 한국무역학회, 2003.
오원석, "국제물품매매계약에서 물품의 위험이전시기에 관한 비교고찰", 「국제거래법연구」 제6권, 국제거래법학회, 1997.
오원석, "국제물품매매에서 계약의 근본적 위반(fundamental breach of contract)의 효과와 문제점", 「국제상학」 제11권, 한국국제상학회, 1996.
오원석, "국제물품매매계약에서 물품에 대한 매도인의 계약적합의무", 「무역학회지」 제27권 제3호, 한국무역학회, 2002.
오원석・박성철, 「무역상무의 이해」, 문영사, 2005.
오원석・하강헌, 「국제물품매매법」, 박영사, 2004.
오원석・허해관, "INCOTERMS와 국제물품매매협약과의 관계에 관한 연구 – INCOTERMS2010의 시행에 즈음하여–", 「무역보험연구」 제11권 제4호, 한국무역보험학회, 2010.
옥선종, 「무역계약론」, 법문사, 1991.
옥선종・박영태・김웅진, 「최신 무역계약론」, 두남, 2008.
윤광운, 「국제통상법」, 삼영사, 2009.
윤광운, 「무역계약론」, 탑북스, 2014.
윤광운・박정기・김철호・박재홍, 「국제거래법」, 탑북스, 2013.
윤광운・박정기・최영봉・조현숙, 「영국물품매매법」, 탑북스, 2011.
윤광운・김철호, "1980년 비엔나협약하에서 EDI에 의한 매매계약의 성립에 따른 증거문제", 「무역학회지」 제22권 제2호, 한국무역학회, 1997. 6.
윤남순, "국제물품매매에 관한 UN 협약상의 위험이전", 「경영법률」 제18권 제2집, 한국경영법률학회, 2008.
이균성, "국제매매계약의 성립", 「국제물품매매계약에 관한 UN협약상의 제문제」, 삼지원, 1991.
이용근, 「무역계약론」, 삼영사, 2017.
이용근, 「무역실무」, 삼영사, 2006.
이용근, "무역계약상 상품불인도에 따른 매수인의 손해배상청구", 「무역학회지」 제19권, 한국무역학회, 1994.
이우영・이양기, "국제물품매매계약에서 물품의 계약적합성에 관한 연구", 「국제상학」 제24권 제3호, 한국국제상학회, 2009.
이창재, "국제물품매매에서 매도인의 운송중지권–CISG와 UCC의 비교를 중심으로–", 「국제거래법연구」 제22집 제2호, 국제거래법학회, 2014.
이천수, "CISG상 매도인의 계약위반에 대한 매수인의 구제", 「국제무역연구」 제8권 제1호, 국제무역학회, 2002.
이천수・이병문, "국제물품매매거래에서 매도인의 계약적합성물품 인도의무에 관한비교연구", 「무역상무학회지」 제37권, 한국무역상무학회, 2008.
이태희, 「국제계약법」, 학연사, 1985.
이해일, "국제물품매매법상 매수인의 계약위반에 대한 구제", 「비교사법」 제12권 제2호, 한국비교사법학회,

2005.

임석민, 「국제운송론」, 삼영사, 2007.

임재욱, "국제물품매매계약(CISG)의 운송유보권 하에서 운송인의 법적지위에 관한 연구". 「통상정보연구」 제16권 제3호, 한국통상정보학회, 2014.

조현숙, "CISG에서 무역관습 및 관행의 수용 범위에 관한 연구", 「무역학회지」 제38권 제4호, 한국무역학회, 2013.

채진익, "CISG상의 손해배상의 의무와 면책에 관한 소고", 「무역상무연구」 제11권, 한국무역상무학회, 1998.

채진익, "국제물품매매계약에서 이행기 전 계약위반과 그 구제에 관한 연구",「무역학회지」 제33권 제5호, 한국무역학회, 2008.

채진익, "국제물품매매계약에서 이행기 전 계약위반과 그 구제에 관한 연구", 「무역학회지」 제33권 제5호, 한국무역학회, 2008.

최준선, "UN 국제물품매매법상의 위험부담", 「상사법연구」 제12집, 한국상사법학회, 1993.

최준선, 「국제거래법」, 삼영사, 2001.

최창렬, "계약의 서식분쟁(Battle of Forms)에 관한 소고", 「국제거래법연구」 제20집 제2호, 국제거래법학회, 2011. 12, pp.223-247.

최철호・김철호, "CISG상 위험이전에 관한 사례연구", 「국제상학」 제32권 제3호, 한국국제상학회, 2017.

하강헌, "국제물품매매계약에서 하자보완권에 관한 고찰", 「무역상무연구」 제12권, 한국무역상무학회, 1999.

하강헌, "근본적 계약위반 조항의 적용 사례에 관한 고찰 - 매도인의 의무위반을 중심으로-," 「무역상무연구」 제19권 제3호, 한국무역상무학회, 2003.

하강헌, "국제물품매매에서 이행기 전 계약위반에 대한 구제권 연구(사례를 중심으로), 「무역상무연구」 제39권, 한국무역상무학회, 2008.

한낙현, "국제물품거래상 계약위반의 구제제도에 관한 고찰," 「무역상무연구」 제42권, 한국무역상무학회, 2009.

한낙현・허윤석, "국제상거래상 Frustration이론에 관한 고찰", 「통상법률」 제91권, 법무부. 2010.

한상현, "국제물품매매계약에서 불가항력조항의 합리적 설정방안 - 최근 판례를 중심으로-", 「창업정보학회지」 제8권 제3호, 한국창업정보학회, 2005.

한승철・김철호, "무역매매계약에 있어서 소유권이전시기에 관한 고찰", 「무역학회지」 제21권 제2호, 한국무역학회, 1996. 11.

허광욱, "CISG상 이행정지의 요건에 관한 연구 - 의무의 실질적 부분의 불이행 및 의무 불이행의 판명을 중심으로-", 「무역보험연구」 제16권 제4호, 한국무역보험학회, 2015. 12.

허영회, "비엔나협약과 통일상법전상 위험이전 규정의 기본방침과 그 특성", 「경상대학교 법학연구」, 제9집, 경상대학교 법학연구소, 2000.

허은숙, "국제물품매매계약에 관한 UN협약(CISG)에서 매도인의 서류교부의무", 「통상정보연구」 제13권 제3호, 한국통상정보학회, 2011.

허해관, "국제물품매매협약상 상대방의 계약위반이 예견됨에 따른 대응수단", 「무역학회지」 제34권 제2호, 한국무역학회, 2009.

허해관, "국제물품매매협약상 매수인의 의무", 「무역학회지」 제35권 1호, 한국무역학회, 2010.
허해관・한병완, "국제물품매매계약상의 면책규칙에 관한 일고찰", 「통상법률」 제61호, 법무부, 2005.
홍성규, "국제물품매매계약에서 위험이전에 관한 법리", 「무역상무연구」 제64권, 한국무역상무학회, 2014.

加藤亮太郎, "国際取引における信義誠実の原則 – ウィーン売買条約(CISG)を中心として –", 「神戸学院法学」 第37巻第2号, 2007. 12.
甲斐道太郎・石田喜久夫・田中英司(編), 「注釈国際統一売買法 Ⅰ」, 法律文化社, 2000.
甲斐道太郎・石田喜久夫・田中英司(編), 「注釈国際統一売買法 Ⅱ」, 法律文化社, 2003.
高橋正彦, 「貿易契約の法理」, 同文館, 1964.
望月禮二郎, 「英美法」, 青林書院, 1997.
木下毅, 「英美契約法의 基礎」, 東洋經濟新報社, 1983.
山手正史, 「國際賣買法」, 青林書院, 1992,
杉浦保友・久保田隆(編), 「ウィーン売買条約の実務解説」, 中央経済社, 2011.
末川 博, 「契約法」, 法經出版社, 1985.
上坂酉三, 「貿易慣習」, 東京:東洋經濟, 1964.
新堀聰, 「ウィーン売買条約と貿易契約」, 同文館, 2009.
新堀聰, 「國際統一賣買法」, 同文館, 1991.
新堀聰, 「貿易去來入門」, 日本經濟新聞社, 1992.
朝岡良平, 「貿易賣買と 商慣習」, 東京:東京布井出版株式會社, 1978.
中村嘉孝, "ＣＩＳＧにおける商慣習の解釈", 「神戸市外国語大学外国学研究」 第75巻, 2010.
中村己喜人, 「貿易契約論」, 有朋堂, 1976.
中村弘, 「貿易契約の基礎」, 東洋經濟, 1983.

American Law Institute, *Uniform Commercial Code*, 2013–2014 Edition, Official Text and Comments, Thomson Reuters, 2013.
Anderson, R. A. and Kumpf, W.A., *Business Law*, 10th.ed., South–Western Publishing Co., 1976.
Anderson, R. A., *Business Law*, 11th ed . South–Western Publishing Co., 1981.
Atiyah, P. S. *A n Introduction to the Law of Contract*, Clarendon Law Series, 1989.
Atiyah, P. S., *The Sale of Goods*, 6th. ed., London, Pitman, 1980.
Benjamin, P. J., *Benjamin's Sale of Goods*, 7th ed, Sweet & Maxwell, 2006.
Corley, Robert N. and Robert willlian J., *Principales of Busines & Law* 11th, ed . prentice–hall, Inc. 1979.
Day, D. M.,. *The law of international trade*, London, Butterworths, 1981.
Grebler, E.,"Fundamental Breach of Contract under the CISG: A Controversial Rule," *American Society of International Law*, Vol.101, 2007.
Guest, A. G. et al., *Chitty on contract*, 2nd ed., London, 1977.
Guest, A. G., *Anson's Law of Contract*, 25th.ed., Oxford, 1979
Guest, A. G., *Benjamin's Sale of Goods*, 4th ed ., Sweet & Maxwell, 1993.

Honnold, J. O., *Uniform Law for International Sale under the 1980 United Nations Convention*, 4th ed. Kluwer Law International, 2009.

Honnold, O. J., *Uniform Law for International Sales*, Third Edition, Kluwer Law International, 1998.

Honnold, O. J., *Documentary History of the Uniform Law for International Sales*, Kluwer Law and Taxation Publishers, 1989.

International Chamber of Commerce. *INCOTERMS® 2010*. ICC Publication No. 715E, 10, 2010.

Murray, C., et al., *Schmitthoff's Export Trade: The Law and Practice of International Trade*, 11th ed., Sweet & Maxwell Ltd., 2007.

Nicholas, B.,"The Vienna Convention on Contracts for the International Sale of Goods," *Law Quarterly Review*, Vol.15, 1989.

Peel, E. & Treitel, G. H., *Treitel on the Law of Contract*, 12th ed., Sweet & Maxwell Ltd., 2007.

Sassoon, D. M. & Merren, O. H., *C.I.F. and F.O.B. Contracts*, 4th ed., Sweet & Maxwell Ltd., 1995.

Sassoon, D. M., *CIF and FOB contracts*, 2nd ed., London, 1975.

Schmitthoff, Clive. M., *The Export Trade*, 9th ed ., Stevens & Sons, 1990.

Sieghart. p., *Chalmers' Sale of Goods Act*, 1893, 14th.ed., 1963.

Smith., S. A., *Atiyah's Introduction to the Law of Contract*, 6th ed., Oxford University Press Ltd., 2005.

Tetley, William, *Marine cargo claims*, 2nd ed., Toronto, Butterworths, 1978.

Treitel, G.H., *The law of Contract*, 6th.ed., London, Stevens & Sons, 1983.

UNCITRAL, *Case Law on UNCITRAL Texts(CLOUT) User Guide*, 2010.

http://www.kcab.or.kr/intro.jsp

http://www.kita.net/

http://www.uncitral.org/

https://iccwbo.org/

찾아보기

ㄱ

ㄴ

ㄷ

ㅁ

ㅇ

A~Z

저자소개

이 우 영

- 부산대학교 무역학과 졸업
- 부산대학교 대학원 무역학과 박사과정 수료(경제학박사)
- 한국무역통상학회, 한국국제상학회, 한국관세학회 이사
- 현) 경성대학교 국제무역통상학과 교수
- e-mail : wyrhee@ks.ac.kr

▮ 주요 저서 및 논문

- 국제무역과 통상(공저)
- 국제상무론(공저)
- 무역결제론(공저)

외 관련 저서 및 연구논문 다수

김 철 호

- 부산대학교 대학원 무역학과 박사과정 수료(경제학박사)
- 경남과학기술대학교 상경대학 학장
- 한국무역통상학회 이사
- 현) 경상국립대학교 글로벌무역통상학과 교수
  커뮤니티비즈니스연구소 소장
- e-mail : kch8357@gnu.ac.kr

▮ 주요 저서 및 논문

- 무역결제론(공저)
- 전자상거래와 온라인무역
- 국제무역 패러다임의 변화와 전자무역관습에 관한 연구
- 무역거래에서 블록체인기술의 활용을 위한 해결과제
- 신용장거래 사기방지를 위한 블록체인기술의 적용(공저)

외 관련저서 및 연구논문 다수

저자와의
협의하에
인지생략

무역계약론[제2판]

2018년 8월 3일 1판 1쇄 발행
2021년 8월 20일 2판 1쇄 인쇄
2021년 8월 27일 2판 1쇄 발행
2023년 8월 25일 2판 2쇄 발행

저 자 이 우 영 · 김 철 호
발행인 고 성 익
조 판 플 러 스

143-853
발행처 서울특별시 광진구 아차산로 335 삼영빌딩
도서출판 三 英 社
등 록 제300-1972-1호
전 화 737-1052 · 734-8979 FAX 739-2386

정가 27,000원

ISBN 978-89-445-0530-0-93320